이동과 자유

KB173244

이 저서는 2018년 대한민국 교육부와 한국연구재단의 지원을 받아 수행된 연구임 (NRF-2018S1A6A3A03043497)

MI16
bility
manities
rconnect

이동과 자유

하가르 코테프 지음   장용준 옮김

MOVEMENT AND
THE ORDERING OF FREEDOM

엘피

모빌리티인문학은 기차, 자동차, 비행기, 인터넷, 모바일 기기 등 모빌리티 테크놀로지의 발전에 따른 인간, 사물, 관계의 실재적 · 가상적 이동을 인간과 테크놀로지의 공-진화co-evolution라는 관점에서 사유하고, 모빌리티가 고도화됨에 따라 발생하는 현재와 미래의 문제들에 대한 해법을 인문학적 관점에서 제안함으로써 생명, 사유, 문화가 생동하는 인문-모빌리티 사회 형성에 기여하는 학문이다.

모빌리티는 기차, 자동차, 비행기, 인터넷, 모바일 기기 같은 모빌리티 테크놀로지에 기초한 사람, 사물, 정보의 이동과 이를 가능하게 하는 테크놀로지를 의미한다. 그리고 이에 수반하는 것으로서 공간(도시) 구성과 인구 배치의 변화, 노동과 자본의 변형, 권력 또는 통치성의 변용 등을 통칭하는 사회적 관계의 이동까지도 포함한다.

오늘날 모빌리티 테크놀로지는 인간, 사물, 관계의 이동에 시간적 · 공간적 제약을 거의 남겨두지 않을 정도로 발전해 왔다. 개별 국가와 지역을 연결하는 항공로와 무선통신망의 구축은 사람, 물류, 데이터의 무제약적 이동 가능성을 증명하는 물질적 지표들이다. 특히 전 세계에 무료 인터넷을 보급하겠다는 구글Google의 프로젝트 룬Project Loon이 현실화되고 우주 유영과 화성 식민지 건설이 본격화될 경우 모빌리티는 지구라는 행성의 경계까지도 초월하게 될 것이다. 이 점에서 오늘날은 모빌리티 테크놀로지가 인간의 삶을 위한 단순한 조건이나 수단이 아닌 인간의 또 다른 본성이 된 시대, 즉 고-모빌리티high-mobilities 시대라고 말할 수 있다. 말하자면, 인간과 테크놀로지의 상호보완적 · 상호구성적 공-진화가 고도화된 시대인 것이다.

고-모빌리티 시대를 사유하기 위해서는 우선 과거 '영토'와 '정주' 중심 사유의 극복이 필요하다. 지난 시기 글로컬화, 탈중심화, 혼종화, 탈영토화, 액체화에 대한 주장은 글로벌과 로컬, 중심과 주변, 동질성과 이질성, 질서와 혼돈 같은 이분법에 기초한 영토주의 또는 정주주의 패러다임을 극복하려는 중요한 시도였다. 하지만 그 역시 모빌리티 테크놀로지의 의의를 적극적으로 사유하지 못했다는 점에서, 그와 동시에 모빌리티 테크놀로지를 단순한 수단으로 간주했다는 점에서 고-모빌리티 시대를 사유하는 데 한계를 지니고 있었다. 말하자면, 글로컬화, 탈중심화, 혼종화, 탈영토화, 액체화를 추동하는 실재적 · 물질적 행위자agency로서의 모빌리티 테크놀로지를 인문학적 사유의 대상으로서 충분히 고려하지 못했던 것이다. 게다가 첨단 웨어러블 기기에 의한 인간의 능력 향상과 인간과 기계의 경계 소멸을 추구하는 포스트-휴먼 프로젝트, 또한 사물인터넷과 사이버 물리 시스템 같은 첨단 모빌리티 테크놀로지에 기초한 스마트시티 건설은 오늘날 모빌리티 테크놀로지를 인간과 사회, 심지어는 자연의 본질적 요소로 만들고 있다. 이를 사유하기 위해서는 인문학 패러다임의 근본적 전환이 필요하다.

이에 건국대학교 모빌리티인문학 연구원은 '모빌리티' 개념으로 '영토'와 '정주'를 대체하는 동시에, 인간과 모빌리티 테크놀로지의 공-진화라는 관점에서 미래 세계를 설계할 사유 패러다임을 정립하려고 한다.

서문

공항 게이트에 카메라가 있다. 그것은 눈에 잘 띄지 않지만, 누군가 그것에 대해 질문을 받는다면 아마도 카메라가 거기 있다는 사실을 알고 있다고 답할 것이다. 지금은 많은 사람들이 공항, 거리, 술집, 기차역, 쇼핑몰, 엘리베이터 등 공공장소에 설치된 카메라나 다양한 보안장치들에 익숙할 것이다. 이 책 독자들 대부분은 그러한 메커니즘의 팽창, 그 이용과 남용에 관한 많은 비평들에도 익숙할 것이다. 그런데 카메라가 감시하는 것은 무엇인가? 오늘날 일부 카메라들은 얼굴을 인식하고(도망자의 프로파일과 대조하기 위해), 체온을 감지하고(불안한—따라서 의심이 가는—사람을 감지하면 경보를 울리기 위해), 자동차 로고를 식별할(개인의 경제적 지위를 식별하여 광고판에 그에 적합한 광고를 내보내기 위해) 수 있다. 그러나 사실 오늘날 대다수의 보안장치들은 운동movement을 감시한다.[1]

---

1 서론의 기술적 데이터는 최근까지 선도적인 국제적 보안 시스템 제공 업체에서 알고리즘 선임 개발자로 일한 보안 감시 회사의 대표와 나눈 일련의 인터뷰에 토대를 두고 있다.

이러한 보안장치들은 다양한 센서를 통해 축적된 데이터를 분석하는 알고리즘에 기반을 둔다. 알고리즘은 우선 규칙적인 운동의 패턴을 식별하고, 그런 다음 이렇게 식별된 규칙에서 일탈한 운동들을 표시한다. 따라서 그 규칙은 자연적·사회적 현상 일속들로부터 추론된 운동의 패턴이 된다.[2] 그렇게 일단 규칙이 마련되면 이 규칙에서 벗어난 모든 일탈은 문제나 잠재적 위협으로 규정된다. 그러므로 우리는 "정상적인", 그리고 "비정상적인" 운동들을 갖게 된다: 공항 여행객(그리고 항공기 자체들)의 운동, 비즈니스맨이나 쇼핑객의 일상적인 운동, 지하철 승객의 운동, 거기에 더해 그들을 또는 스스로를 죽이려 하는 사람들의 운동(철로에서의 자살은 운송업체들의 주요한 경제적 위험이다),[3] 훔치기 위한 운동, 혹은 단순히 비거주 지역 공간에서 거주하기 위한 운동(지자체, 정부, 경제 당국이 그 존재를 싫어하는 홈리스들). 첫 번째 (정상적인) 운동은 극대화되어야 한다; 두 번째 운동(비정상적인 운동)은 제거되거나 적어도 최소화되어야 한다.

운동을 감시하는 것은 기술적 어려움에 대한 해결책으로 시작됐다: 한 물체를 그 배경에서 분리해 낼 필요성. 보안 위협은 종종 물체(보통 그 안에 숨겨졌다고 추정되는 폭탄의 지표가 되는 가방)로 상상

---

2 미셸 푸코는 이미 1977~1978년 콜레주 드 프랑스에서 펼친 강연에서 이 규칙의 의미를 밝혔다.

3 서구 세계에서 자살은 열차 운행시간을 지연시키는 주요 원인 중 하나며, 자살을 막는 일이 공공운송 회사들의 최우선 과제다.

된다. 그러나 인간의 눈은 사물을 식별할 수 있지만, 최초의 학습 알고리즘은 그렇지 못했다. 원시 두뇌처럼, 그것은 운동을 볼 수밖에 없었다.[4]

물체는 움직이거나 움직여지거나 움직이다가 멈춰질 때만 이러한 알고리즘에 의해 식별될 수 있었다. 따라서 질문을 다시 고쳐야만 했다: 의심의 원인은 물체가 아니라 그 물체를 의심스러운 위치로 가져온 불규칙한 운동에 돌려야 한다. 이것이 운동을 동시대 보안장치들의 전면에 위치하게 만든 기술적 필요조건이다. 그러나 우리는 둘―운동과 보안―사이의 연결이 긴 역사를 지니고 있음을 보게 될 것이다. 이러한 감시 테크놀로지는 의심의 여지 없이 규제에 대한 새로운 욕망을 만들어 내고 오랜 질문들을 재구성하게 되지만, 운동의 통제는 적어도 플라톤 이래 정치적 욕망의 대상이었다. 이 책은 이러한 욕망들을 추적하고, 그 욕망들이 포착하고자 하는, 그러면서 그 과정에서 생산하고 모양을 잡는 다른―그리고 차별화된―몸들을 추적할 것이다. 이것은 운동에 관한―물리적 현상/이미지/신화/수치로서의 움직임motion, 운동력locomotion, 모빌리티에 관한, 그리고 무엇보다도 차이의 축으로서 운동에 관한―책이다.[5]

---

4 운동을 보는 일은 매우 원시적인 계산 능력을 요하는 것으로, 사실상 기억은 전혀 필요치 않다. 그것은 단순히 짧은 간격으로 받아들인 이미지들을 비교해 유사점을 버리고 변화를 지칭하는 능력에 의지한다.

5 예를 들어, 감시된 운동은 차이가 나는 "사물thing"(보호받거나 혹은 방지될 실체)로, 차이점들(승객과 도둑 또는 여행객과 테러리스트 사이)을 식별해 내기 위한 고정점anchor이며, 차이점들이 표현되는 프리즘(즉, 운동 패턴으로서의 정상 상태)이다. 이 모든 것들의 결과로,

그러나 이러한 테크놀로지의 이야기는 정상적인 운동과 비정상적인 운동을, 혹은 공간 내 존재의 방식을 가르는 데 토대를 둔 침투력 강한 운동의 통제로 끝나지 않는다. 불규칙적인 운동은 꽤 흔하고, 그러므로 이러한 시스템들은 끊임없이 경보를 울리게 한다. 그러니 다시 질문이 바뀌어야 한다. "문제는 더 이상 의심스러운 가방을 어떻게 식별해 내느냐 하는 게 아니다"라고 내가 이 프로젝트를 위해 인터뷰했던 큰 보안회사의 CEO가 말했다. "오히려 문제는 2주에 한 번 공항을 소개疏開하는 일을 어떻게 멈추느냐 하는 것이다." 따라서 목표가 바뀌었다: 의심스러운 물건을 찾아내거나 의심스러운 운동을 감지하는 것이 아니라, 바로 물품과 승객과 항공기의 규칙적인 운동을 확보하는 일이다. 그가 말했다, "폭탄은 그렇게 자주 터지지 않아요. 그러니 이렇게 통계적으로 사소한 가능성 때문에 그렇게 자주 공항의 활동을 멈추는 일은 이치에 닿지 않습니다."[6] 이것은 푸코가 밝힌 자유주의적 보안/생명정치적biopolitical 체제의 특성을 떠올리게 한다: 위협─최소화된 것이긴 해도─을 정상적인 운동의 질서에 통합시키는 일. 이 통합은 위협을 완전히 제거하려는

차이는 또한 뚜렷하게 다른 운동 방식들의 생산과 억제에 의해 구체적으로 생산된다. 운동이 겉으로 보기에 보편적인 토대에서 주체들 간에 차별화를 가능케 하기 때문에 자유주의 체제의 차별과 배제, 지배, 물리력을 정당화시키는 데 소환된다.

6 우리는 두 개의 가방이 폭발하여 3명이 죽고 170명이 다친 2013년 보스턴마라톤 직후 두 번째 인터뷰를 실시했다. 대표는 이전의 보안 알고리즘이 가방을 찾아냈을 수도 있었을 것이라고 말했다. 그러면서 만약 그랬다면, 어떤 물건이든 하나가 분실되거나 버려질 때마다 경보가 울려 마라톤 행사 자체가 이루어지지 못했을 거라고 말했다. 그는 "바로 그러한 이유로 아무도 그런 시스템을 더 이상 사용하지 않습니다"라고 했다.

그 어떤 시도도 정치의 가장 근본적인 목표인 사물과 사람의 순환을 멈추게 할 것이라는 가설에 토대를 두고 있다.[7] 운동은 사물의 질서이다.

---

7 Michel Foucault, *Security, Territory, Population: Lectures at the Collège De France, 1977–78* (New York: Palgrave Macmillan, 2007).

지난 수년간 점령당한 팔레스타인 영토(oPt)의 이동체제에 관하여 많은 연구가 이루어졌다. 1990년대 이후 팔레스타인인들은 이동의 자유를 점점 더 제약받았다. 가장 심하게 통제받은 때는 2000년대의 첫 10년간이었다. 나는 바로 그 시기에《이동과 자유》와 관련된 연구에 집중했다. 학술 연구, 인권단체들의 보고서, 자유로운 이동 문제를 다루기 위해 설립된 NGO들(예를 들어 '기샤Gisha' 같은 단체)이 그러한 제약과 점점 줄어드는 팔레스타인 영토 문제에 관여해 왔는데, 이러한 관여는 이동을 다른 것을 위한 수단으로 본다. 하지만 이처럼 이동을 수단으로만 보는 것, 예를 들어 이동을 건강을 위한 출입, 가족의 유대감 유지, 경제의 지속가능성, 정치공동체의 활력 또는 교육의 권리 등과 연관된 수단으로만 보는 것이 당면한 진짜 문제다.《이동과 자유》는 이동 자체를 정치적 현상으로서 연구해 보고자 한다.

이런 면에서《이동과 자유》는 oPt 내의 이동체제―검문소, 바리케이드, 허가증 등―에 관한 책이 아니다. 물론 그것이 내가 이동에 관한 생각을 시작한 구체적 사례였고 그 맥락이 이 책의 경험적 거점으로 기능한다 하더라도, 이 책은 물리적 현상에 관한 책이다. 즉, 내가 주장하듯, 자유주의의 자유freedom의 물질적 의미가 된 물리적 현상을 말하는 동시에 차별과 배제, 체계적 폭력의 방식을 정당화하는 데 일조한 물리적 현상을 말한다. 따라서 이 책은 자유가 어떻게 억압과 폭력의 형태와 서로 얽히는지에 관한 책이다. 그 관계는 하나를 설명하면 다른 하나가 설명되는 식이다.

그러므로 이 책은 주요 이론적 주장을 유지하면서 다른 곳에서 시작되었을 수도 있다. 어쩌면 주로 이동 통제를 통해 이루어지는 억압의 구체적 형태로서 노예제를 생각하는 것에서 발생했을 수도 있다: 납치, 유형流刑, 사슬 압박. 노예의 강제 이동과 무엇보다 자유로운 이동(도망)을 막기 위해 도입된 엄격한 자유 제약은 또 다른 이동 체계를 위한 토대이다. 그것들은 이전 세계에는 없던 자본의 유통을 촉발시켰고, 그와 함께 새로운 형태의 소유권과 **소유권으로서의 자유** 개념을 새롭게 만들어 냈다(로크John Locke가 이에 해당된다). 이런 면에서 이 책이 oPt 내 이동체제를 연구함으로써 보여 주고자 하는 것과 유사한 패턴을 볼 수 있다. 즉, 자유와 폭력은 동전의 양면이고 그것들은 모빌리티 관리 주위에서 만난다는 점이다. 궁극적으로 이동의 자유는 폭력의 형태들과 구조적 · 역사적으로 서로 얽혀 있기 때문에 일부의 자유가 다른 이들의 내쫓김, 퇴거, 배척을 의미한다. 이러한 폭력은 종종 자유라는 이름으로 명시적으로 제정되고 때로는 자유의 숨은 조건 혹은 결과가 되기도 한다. 그러나 결론은 동일하다. 자유에 대한 우리의 계산서 안에는 그것이 수반하는 폭력과의 계약이 함께 담겨 있다는 것이다.

노예제를 시발점으로 삼으면 자유에 대한 분석에서 '도망 가능성'이 그 중심에 서게 된다. 혹자는 이동을 되찾는 이런 방식의 물리적 탈출이 바로 그 물질적 성격 때문에 자유의 자유주의적 방식들과 대조를 이룬다고 주장할 수도 있다. 그러나 이 책의 임무 중 일부는 우리가 자유주의적 자유(그리고 자유주의적 주체성)에 대해 갖고 있는 이미지, 곧 좀 더 추상적이고 몸과 분리된(표현의 자유, 믿음의 자유 등에 초점을 맞추는) 이미지와는 반대로 자유주의적 자유는 그 시초부터 이동의 **육체적**corporeal 현상을 통해 상상되어 왔음을 보여 주는 것이다. 하지만 이 책의 분석을 통해 육체성이 자유주의적 자유의 핵심에 서 있는 것으로 대두된다 하더라도, 자유로운 자유주의적 몸은 도망자의 모습과는 매우 다르게 유형화된다. 이 두 자유의 이미지—이동으로서의 자유주의적 자유와 도망 가능성—사이의 대조는 자유의 체화된 개념과 실체 없는 개념 사이의 차이에 있는 게 아니라, 그것들이 질서와 맺는 서로 다른 관계에 존재한다. 나는 로크나 칸트Immanuel Kant, 울스턴크래프트Mary Wollstonecraft 같은 철학자들의 자유주의적 전통에서, 자유가 근본적으로 자기-규제적으로 표현되는 제약 안에서 작동할 때만 자유의 문제로 대두된다는 점을 보여 줄 것이다. 그러한 제약들은 자유주의로 하여금 질서화된 자유를 상상하게 만들었고—따라서 자유주의로 하여금 개인의 자유를 강조할 수 있는 정치사상으로 출현하게 해 주었다. 또한 그러한 제약들은 전체 그룹들을 자유 그 자체가 불가능하다고 묘사하게 해 주었다. 반면 도망자는 그가 새로운 질서를 창시하건 기존의 모든 질서를 거부하건 그러한 질서의 위반이다. 역사적으로 일부가 다른 이들의 재산을 갖도록 만들어 준 법 체계 안에서 자유주의적 질서가 조직되는 그만큼(가장 명백하게는 노예들을 들 수 있겠으나, 마르크스가 주장하듯 생존하기 위해 자신의 몸을 팔 수밖에 없는 노동자들 또한 마찬가지다) 도망 가능성은 자유주의적 질서/자유의 파괴가 된다.

하지만 노예제 또한 이 책의 주장을 위한 여러 가지 가능한 시발점 중 하나에 불과하다. 오늘날 이 책을 썼다면 출발점이 코로나19와 함께 출현한 국제적 이동체제와 팬데믹 관리의 핵심이 된 모빌리티 관리가 되었을지도 모른다. 봉쇄 규칙과 무엇이(또는 누가) 면제되었는지, 또는 부자의 이동을 더 풍요롭게 만든 여행(값비싼 코로나 검사를 거치도록 하고 개인 전용기에만 공항을 개방하는 것부터 비행 허가증에 이르기까지)의 경제를 들여다보고 연구하는 것은 이동으로서의 자유의 융합에 이르게 된 물질적, 사상적, 역사적 조건을 연구할 수 있는 다른 장을 제공할 것이다. 그와 함께 종종 다른 이들의 희생을 바탕으로 일부의 번영을 이끌어 낸 차별화된 모빌리티 체제 또한 연구할 수 있게 해 줄 것이다.

너무 불균형적으로 소수인종에게 치중된 필수 노동자들이 봉쇄 기간 동안 집에서 나와 상품을 배달해야 할 때나(예를 들어 슈퍼마켓 운송 요원와 배달 요원) 사람들의 통근을 도울 때(예를 들어 대중교통 운송 노동자), 그들의 이동은 자유의 표시가 아니라 강제적으로 이동할 수밖에 없는 경제적 필요성일 따름이다. 유럽과 영국 · 북미의 통계는 다른 형태의 유통(상품과 서비스의 유통)—더 중요하다고 여겨지는—이 차질을 빚지 않도록 하기 위해 이루어지는, 자유와는 상관없는 이동의 결과로 그들이 얼마나 코로나에 광범위하게 노출되는지 보여 준다.

코로나19와 함께 차별화된 국제적 이동체제는 그 이전보다 훨씬 불평등해졌다. 내가 이 책에서 지적하듯 많은 학자들이 세계화가 사실상 "모빌리티 격차mobility gap"의 체계라고 주장하고 있지만,[1] 백신 여권의 새로운 국제 체제는 백신의 국제적 배분에서의 과도한 불평등과 함께 작동하면서, 세계가 일부에게 빗장을 다시 여는 동안 다른 이들은 점차 심한 제한을 받고 있다.

내가 노예제와 코로나19에 대하여 짧은 의견을 개진하는 이유는 이 책의 주장이 다루는 잠재적 범주를 보여 주기 위해서다. 그것은 그 중심에 서 있는 맥락보다 훨씬 광범위하다. 나는 분명 한국의 독자들이 다른 맥락들도 염두에 두고 이 책을 읽으리라고 확신한다.

---

1 Shamir, "Without Borders? Notes on Globalization as a Mobility Regime", *Sociological Theory* 23, no. 2 (2005). 각기 다른 사회 그룹들 사이의 모빌리티 격차는 세계화 안에 새겨 넣은 이중적 작업의 결과이다: 새로운 형태의 폐쇄와 봉쇄를 개발하는 한편, 선택받은 소수 의 "과잉 모빌리티"를 촉진하기.

◆ ◆ ◆

점차 커지고 있는 양극화된 모빌리티 위계의 격차에 대해 많은 연구가 이루어졌다. 그 위계의 체계 속에서는 이동의 일부 형태들을 촉진하면, 다른 이들에 대한 봉쇄가 이루어질 수밖에 없다. 《이동과 자유》는 그러한 이중성을 좀 더 긴 자유주의적 사상의 전통에서 찾아봄으로써 연구에 기여한다. 이 책은 신자유주의적 또는 세계화된 지배구조의 동시대적 방식으로 보이는 것, 동시대적(따라서 예외적) '위기'에 대한 반응으로 보이는 것, 또는 특정 기술 개발의 결과로 제시되는 것들이 훨씬 더 오랜 역사적 계보에 얽혀 있는 필수적인 것임을 드러낸다. 이 책은 현재의 순간들과 역사를 정치이론과 깊이 연관된 것으로 분석한다.

전통적 정치이론은 현재 우리가 처한 곤궁한 국면을 설명하기 위해 이용되고, 그 방식은 대개 철학이 이용되는 매우 추상적인 영역으로부터 복원되는 식이다. 따라서 이 책은 몇 가지 측면에서 작동하는데, 나는 이 책이 서로 무관해 보일 수도 있는 그것들을 궁극적으로 강하게 결부시킬 것이라 믿는다.

첫 번째는 주체와 주체의 자유에 대한 자유주의적 개념화의 변화를 식별해 내려는 자유주의적 주체성의 계보다: 움직일 수 있는 능력과 자유가 밀접하게 연결된 좀 더 육체적인 주체들부터 좀 더 추상적인 법적 실체에 이르기까지. 이러한 계보는 정치적 주체성에 대해 좀 더 폭넓게 논의할 수 있게 해 준다. 자유주의적 전통을 들여다볼 뿐만 아니라 그 너머를 봄으로써, 나는 우리의 현재 존재(또는 지금의 모습으로 변해 온 우리 존재)와 우리 삶의 많은 국면을 좌우하는 이동의 체제들 사이의 관계를 보여 주고자 한다. 이러한 관점에서 이동의 체제들은 단순히 이동을 통제하고 규제하고 촉진시키는 방식으로 간주될 수 없다. 이동의 체제는 다른 존재 방식의 형성에 있어 필수적이다. 이것은 내가 주로 푸코Michel Foucault에게 얻은 통찰력이다. 푸코의 권력과 통치성에 대한 이론은 많은 면에서 이동을 우회하고 제한하고 선동하는 체제와 사상에 대한 이론이다.

　두 번째 측면은 이동으로서의 자유의 역사와 사상의 핵심에 인종적, 계급적, 젠더상의 선들을 따라 작동하는 이중성이 어떻게 존재하는지 보여 준다. 자유주의적 주체들의 이동이 번성하기 위해 지위가 낮은 주체들의 이동은 관리되어야 했다. 따라서 이 책은 이동이 각기 다른 인구들이 통치되는 방식, 그리고 주체들이 통치 가능하게 대두되면서도 잠재적으로 자유로운 주체로 대두되는 방식 사이의 구분을 어떻게 만들어 내는지 보여 준다. 정치이론의 긴 역사에서 내가 찾은 이동의 유형화에 있어서의 이러한 역사적 분열은, 우리 시대에는 팔레스타인 영토 내 이스라엘 체제를 통해 내가 예증한 공간의 문제와 맞물린다.

　따라서 세 번째 측면은 점령당한 팔레스타인 영토에 대한 구체적인 공간적 분석이다. 위에서 언급했듯, 나는 1990년대와 2010년대 사이에 기하급수적으로 발전한, 팔레스타인인들의 이동을 통제하는 밀집한 격자망으로 팔레스타인인들을 관리하는 이동체제에 초점을 맞춘다. 그 격자망은 점령당한 영토에서 1948년에 정한 이스라엘 국경 지역으로의 이동을 제한하는 벽이자, 또한 종종 녹색 선(1949년 이스라엘과 아랍 국가 사이에 맺은 정전협정에서 합의된 국경 경계선–옮긴이) 동쪽에 위치해(48 국경) 팔레스타인 영토 자체를 쪼개 놓은 벽이다. 주요 팔레스타인 도시들 밖 또는 주요 도로에 위치한 검문소들, 더 작은 도로들과 진입로를 폐쇄한 바리케이드, "비행하는" 검문소들(언제 어디서든 나타날 수 있는 임시 검문소들), 분리된 도로 체계, 그러한 검문소를 통해 소수에게는 진입을 허락하지만 대부분 금지하는 데 이용되는 허가증 체제 등. 나는 이러한 이동체제가 단순한 통제의 수단일 뿐만 아니라, 폭력과 폭력이 수반하는 과격한 권리의 부정을 통해 점령 자체를 정당화하는 방식임을 보여 줄 것이다. 그러면 그것은 네 번째 주장으로 이어진다.

　네 번째는 차별의 체제들—식민주의부터 형편없는 법에 이르기까지—을 정당화하는 데 이용된 역사적 이동의 이중성을 소환함으로써 이스라엘이 팔레스타인 지배를 어떻게 정당화하는지 설명해 주는 움직임과 자유의 계보이다. 구체적으로, 팔레스타인인들이 둘둘 말린 제한의 체계 안에서 자신들의 이동을 "자기규제"하는 데 "실패"하는 이미지와 현실을 만들어 냄으로써, 이스라엘은 팔레스타인인들이 자유주의적 주체가 되는 데 "실패"하는 현실을 만들어 내고 그것을 이용한다. 가난한 자들, 피식민지인들, 심지어 여성들과 마찬가지로 이러한 "실패"는 그들을 억압하는 일의 근거가 된다. 그것은 다시 우리를 주장의 첫 번째 단계로 이끈다. 즉, 자유주의적 주체성이 출현하는 울타리는 (재산이 있는 백인으로, 주로 남성) 자유주의적 주체와 세계의 다른 모든 거주민들을 가르는 분리선을 만드는 데 이용된다.

◆ ◆ ◆

《이동과 자유》는 주로 폭력과 차별이 정당화되는 개념적 장치에 관한 책이다. 나는 이 책에서 그것이 필요한 이유가 "국가들은 자신들의 폭력이 일종의 윤리적 도식에 고정되지 않는 한 자신들의 폭력을 참아 낼 수 없"기 때문인 것 같다고 주장했다. 따라서 나는 모빌리티에 관한 역사적 제약들을 통해 폭력의 분석을 제공하고자 했다. 가장 기본적으로 특정 모빌리티 패턴들이 어떻게 처벌 가능하고, 점령 가능하고, 노예 삼기가 가능한 특정한 정체성 범주들을 이루는 요소가 되었는지 보여 주고자 했다. 그러나 나는 이것이 오늘날 우리의 정치 현실을 지배하는 논리라고 더 이상 확신할 수 없다. 나의 책 《자기 식민화The Colonizing Self》는 더 이상 정당화를 추구하지 않는 폭력을 들여다본다. 이는 이동 연구에서 한 발 더 나아가 언어와 안정성 관행들, 즉 정착에 관해 들여다보는 연구이다.

감사의 말

다른 모든 책이 그럴 테지만, 이 책은 나 혼자만의 책이 아니다. 나의 생각은 언제나 집단적 노력의 한 부분인 듯하며, 수년 간 나는 단어와 논점을 찾고 아이디어를 형성하고 다듬고 쓰고 다듬는 끝없는 분투의 과정에서 절대적으로 필수적인 몇몇 경이로운 지적 공동체에 참여할 수 있는 특혜를 받아 왔다.

　더 구체적으로, 그리고 개인적으로 몇 분께 감사를 표하고 싶다. 아디 오피르, 내게 스승이 되어 주고, 새로이 생각하고 읽고 문제에 접근하는 법을 가르쳐 주었으며, 회합을 결성하여 함께 연구할 수 있는 기회를 주었고, 그 덕에 이 책이—다른 여러 책들 가운데서—형태를 갖출 수 있었다(개념들, 프로젝트, 그리고 무엇보다 사람들과의 회합). 나는 또한 메라브 아미르께 감사를 표한다. 아미르와 나는 매우 친밀한 방식으로 생각을 나누었는데, 그것은 진정 흔치 않은 경험이었다. 그리고 그녀는 이 책 1장을 집필하는 데 기여했다. 주디스 버틀러는 나의 특정 생애 과정을 가능하게 해 주었다. 그 점에 대해 나는 영원히 못 잊을 빚을 졌다. 버틀러는 또한 많은 질문들을 샘

솟게 했고, 내가 이미 "거기"에 도달했다고 생각할 때면 더욱 멀리 나아가도록 나를 채찍질했다. 그녀는 훌륭한 공동체에 나를 참여시키고 지적인 집을 제공해 주었다(학문적 집과 개인적 집 둘 다를 아우르는 말로, 나는 그녀 없이는 살 수 없었을 것이다). 이브 윈터에게도 무한한 감사를 표한다. 무엇보다 감사하게도 그는 내가 말하는—혹은 쓰는—것에 언제나 만족을 몰랐고, 내가 내 자신에게 불만스러울 때마다 나를 잡아 주어 자신감을 회복할 수 있는 안심감의 네트워크를 제공해 주었다. 그의 우정에 감사한다. 길 아니자르는 무수히 고친 이 책의 원고를 매번 세심하게 읽고 통찰력 깊은 조언을 해 주었다. 나는 그의 조언 대부분을 이해하는 데 몇 달이 걸렸으나, 결국 그의 조언은 내가 원한 것보다 훨씬 더 크게 이 책에 도움이 되었다. 아낫 빌레츠키는 나를 철학과 사랑에 빠지게 이끌었으며, 그게 왜 여전히 가치 있는 일인지 항상 일깨워 주었다. 그 점에, 또한 박사과정 지도교수로서 내게 글 쓰는 기술을 가르쳐 준 것에 언제나 깊은 감사를 드린다. 그 외 읽고 듣고 묻고 더 많은 것을 요구했던 친구와 동료들에게 감사를 전한다: 아리엘 헨델, 니마 바시리, 아미르 엥겔, 니자 야나이, 우데이 메타, 엘리자베스 라덴슨, 애니카 티엠, 조지 시카리엘로-마허, 닐 로버츠, 제임스 잉그램, 조시 듀블러, 에밀리 오그덴, 다나 필즈, 애덤 스미스, 로이 와그너, 요아브 케니, 윌리엄 월터스, 앤 스톨러, 잭 할버스탐, 에티엔 발리바르, 리즈 도넬리, 데보라 애슈케네스, 뉴욕과 텔아비브의 사전 그룹 회원들—이 연구의 초기 글들은 이 그룹의 영어 저널뿐만 아니라 유대어 저널에서 출간

되었다: *Mafte'akh and Political Concepts*, 컬럼비아대학교 교수협회의 임원들, 컬럼비아대학교 '사회·정치사상 세미나'의 참여자들, '속박을 향한 움직임' 워크숍에 참여했던 사람들, 이 책에 반영된 매우 훌륭한 피드백을 선사했던 몇몇 학회지의 익명의 평론가들. 이외에도 더 많은 이들이 있을 것이다.

나는 이 책 원고의 대부분을 컬럼비아대학교 교수협회 연구원이었던 3년 동안에 썼다. 거기로 날 초대하여 나로서는 꿈도 꾸지 못했을 제도적·학문적·개인적 도움을 주고 소중한 친구, 동료, 대화 상대가 되어 주었던 이들에게 감사를 표한다. 무엇보다 그곳을 진정한 집으로 만들어 주었던 이들에게 감사한다: 에일린 길루리, 크리스 브라운, 데이비드 존스턴, 엘리자베스 포비넬리, 멀리사 슈와츠버그, 힐러리 할렛.

나는 텔아비브대학교의 '미네르바 휴머니티 센터'와 벤구리온대학교 정치행정학과에서 이중 직책을 맡는 동안 원고를 완성했다. 이들 기관과 사람들이(구체적으로 말하자면 다니 필크와—다시 말하지만—아디 오피르) 내게 베푼 귀한 시간의 선물에 감사한다.

다소 비-전통적인 이 프로젝트에서 내가 무엇을 하려고 하는지 처음부터 이해하고 결국 이루게 도와준(그것도 매우 매끄럽고 기분 좋은 방식으로) 듀크대학교 출판부의 코트니 버거에게 말로 표현할 수 없을 만큼 감사하다. 그에 더해 원고를 읽고 평을 해 주고 생각과 제안을 나눈 두 명의 독자에게 그들의 도움이 매우 귀중하고 생산적이었음을 밝힌다.

마지막으로, 두 살에 벌써 책상에 앉아 있는 것보다 함께 노는 게 더 중요하다는 사실을 내게 가르쳐 준 마야에게 고맙다. 내가 이 교훈을 충분히 잘 배웠기를 바란다. 그리고 이 모든 것을 참아 준 라비에게 감사의 마음을 전한다.

서론

사람들은 욕망에 의해서건 강제에 의해서건 항상 이동해 왔다. 학자들은 이동에 관해 오랫동안 다양한 관점에서 글을 썼다. 흥미로운 점은 현재 특정 이론적 변화가 새로운 국면에 맞게 스스로를 재정비해 이러한 현상에 이전 어느 때보다 더 큰 분석의 시야를 제공한다는 점이다. 그리하여 우리는 … 오래된 질문을 품게 되고 그러면서도 매우 새로운 질문도 함께 던지게 되었다. _리사 말키liisa malkki

"'자유'라는 말을 들으면 머릿속에 떠오르는 그 모든 구체적인 자유 중에서 이동의 자유가 역사적으로 가장 오래되고 또 가장 근본적인 개념이다." 한나 아렌트Hannah Arendt는 이렇게 주장했다. "이동의 자유를 제약하는 것이 태곳적부터 노예 상태의 전제 조건이듯, 자신의 의지대로 떠날 수 있다는 점은 자유 상태의 원형적 몸짓이다."[1] 그러므로 아렌트는 이동의 자유가 "정치적인 모든 것의 실체이자 의미"라고 주장한다.[2] 이 책은 움직임motion의 정치학에 하나의 연구 방법론을 제기함으로써 이 주장을 분석하는 것을 목표로 한다.

우리는 물리적 이동, 혹은 그에 대한 효과적인 통제에 점점 더 큰 관심을 가지는 정치 체계에서 살고 있다. 이러한 정치 체계는 대부분 누가 어떤 공간에 들어갈 수 있을지 말지를 결정하는 욕망과 능력을 둘러싸고 조직된다. 어떤 국가에, 출입이 통제되는 공간에, 특정 거리에, 운동장에 누가 들어갈 수 있나? 그런 공간에 누가 머물수 있고 또 그 기간을 얼마로 하는가? 가령 '이주'노동자는 머물 수 있되, 단 필요성이 존재하는 때까지라는 조건 하에 가능하다. 그러나 사실상 동일한 사회적 위치에 있는 '사증 없는' 이주민은 머무는 행위 자체로 이미 '불법'이다. 이러한 정치 체계는 또한 누굴(혹은 무엇을) 통제하고 제약하는지 결정하면서 작동된다. 교도소에 감금된 젊은 아프리카계 미국인 남성, 강제수용소 내의 망명신청자, 통제가 삼엄한 고립된 장소 내에서의 시위. 이러한 정치 체계는 어떤 유동물품(혹은 유동자본)에 세금을 부과할 것인지 결정한다. 어떤 물품(혹은 자본, 혹은 사람)의 수출을 막거나 장려할지 결정한다. 또한 국경의 어느 부분을, 공공장소를, 특정 토지를 파낼지 또 어떤 부분에 틈을 낼지 통제한다.

푸코Michel Foucault가 자신의 저술에서 예증했듯이, 이러한 정치 체계는 현대의 주체가 출현하는 토대가 되는 실체이다. 감금 체계로서의 정치 체계 초기 단계부터,[3] 푸코가 훈육의 힘의 요체라고 밝힌 공간 내 몸bodies 배치의 좀 더 복잡한 방식에 이르기까지,[4] 또 결국 푸코가 말한 "유일한 정치적 이해관계와 정치적 투쟁/논쟁의 유일한 진짜 공간"이 되는 순환circulation에 대한 관심에 이르기까지,[5] 이러한 정치 체계는 현대적 주체성 형성의 매질로서 기능해 왔다. 다시 말해서 주체와 권력powers은 이동과 이동의 통제를 통해 형성된다. 그러므로 이동을 통제하고 제한하고 생산하고 선동하는 각기 다른 테크놀로지는 각기 다른 "시민권 테크놀로지"[6]이자 식민화, 젠더 기반 길들임domestication, (토지 · 재산) 몰수, 배척이다.

이 책은 각기 다른 형태의 주체-위치로 이동을 배열해 그에 따라 각기 다른 지배구조governance 도식으로 배열하는 몇 가지 방식의 지도를 그리고자 한다. 그 목적에 따라 나는 주로 이동을 몸의 위치 locations에 있어서의 물리적 변화로 간주할 것이다. 이 의미가 뻗어 나가고 확장되어 결국 이동movement의 개념뿐만 아니라 '몸'과 '위치'의 개념까지 재고하는 방식을 취하겠지만, 그럼에도 나는 주로 개별 몸의 움직임motions에 집중할 것이다.

이어지는 논의에서 두 경로를 따를 텐데 바라건대, 결국 다시 하나의 경로로 합쳐질 것이다. ① 정치철학 독해, 주 초점은 토머스 홉스Thomas Hobbes와 존 로크John Locke지만 플라톤, 윌리엄 블랙스톤 William Blackstone, 엘리자베스 C. 스탠턴Elizabeth C. Stanton, 존 S. 밀John S. Mill, 한나 아렌트를 비롯한 다른 많은 철학자들이 언급될 것이다. ② 동시대 공간들의 공간적 분석. 범주가 이렇다는 것은 여기서 내가 따르는 길이 여기저기 틈이 아주 많음을 의미한다. 바라건대 이 틈들이 심연으로 깊어지지 않고 공간들을 열어 놓아 다른 문맥, 텍스트, 정치적 질서로 공명했으면 싶다. 이 책이 오직 한 가지 논점만 지녔다면 아마도 다음과 같이 요약될—다소 환원주의적이지만— 수 있을 것이다: 정치이론에서 자주 '자유주의적liberal'이라는 용어로 불리는 오랜 전통 속에, 오늘날에도 우리는 여전히 대개 그 속에 살고 있는데, 이동movement과 자유가 동일시된다. 즉, 이동은 오래된 자유 개념의 물리적 실체다. 그러나 이동이 자유와 그렇게 밀접하게 얽히려면 이 이동이 조절될 수 있는(길들여지거나 순화된다고도 할 수는) 방식으로 메커니즘, 테크놀로지, 관행들의 전체 배열이 이루어져야 한다. 이동은 질서 자체의 혼돈스러운 위배가 아니라 자유의 질서가 되어야 했다. 좀 더 정교하게 보자면, 나는 여기서 네 가지 주 논점을 제시한다.

첫째, 나는 주체-위치(혹은 정체성 범주)와 그것이 의미를 얻는 정치질서가 이동과 분리될 수 없다고 본다. 예를 들어, 우리는 개별 영역의 역사와 특정 인종·계층의 여성을 가정에 속박하는 역사를 이해하지 못한 채 젠더 범주 형성을 이해할 수 없다. 유랑, 이주노동, 노숙(실제적인 상황이든 공포의 대상으로든)의 역사에 대해 생각하지 않고는 빈곤을 제대로 파악할 수 없다. 우리는 한편으로는 집단 투옥의 관행과 다른 한편 노예무역과 중앙항로(노예무역에 이용되던 아프리카 서해안과 서인도제도를 잇는 항로-옮긴이)의 역사를 고려하지 않고는 미국의 인종 관계를 설명할 수 없다. 노마디즘 신화를 이해하지 않고 이스라엘 베두인의 현재 법적 상황—반복되는 주택 파괴 행위, 재산 몰수, 제도적인 거주권 부정—을 설명할 수 없다. 이동의 역사와 그 이미지, 이동을 통제하는 관행, 이동에 대한 두려움, 이동권을 소중히 여기는 전통, 또 이 전통 안에 내재되어 있는 많은 예외 조항들은 모두 사회·정치적 위계와 규율 관행과 정체성을 이해하는 데 매우 결정적인 사안들이다.

둘째, 나는 이러한 주장을 역사적으로 특혜를 받은 주체-위치, 즉 자유주의적 주체와 관련하여 조사한다. 이 주체의 특별한 특징들은 역사에 따라 (각기 다른 집단을 포함하고 배제하고) 변화해 왔고, 이 주체—더 넓은 범주에서 자유주의 담론—가 어디서 시작하고 어디서 끝나는지에 관한 연구에는 합일점이 거의 없다. 내가 이 변화들과 의견 차이를 구분해 정리할 의도는 없다. 지금의 목적으로는, 그럼에도 이 주체를 자주 '보편적'이며 또 추상적인 존재로 부르려는 노력이 많다는 사실을 말하는 것으로 충분하다. 달리 말해, 권리와 자유의 단순한 주축으로서의 주체이며, 그 본질은 합리성 혹은 '마음mind'이다. 자유로운 이동을 자유주의적 자유liberal freedom의 중심축으로 삼는 해석을 통해, 나는 적어도 18세기 말까지 자유주의적 주체가—자유주의적 주체성에 대한 위 이해와는 반대로—대개 물질적인 주체로 형성되었다고 주장한다. 여기서 나의 요지는 잘 정립된 비평을 그저 되풀이하는 것이 아니다. 그 비평에 따르면, 그 주체의 특징은 보편적인 척하려는 노력에도 불구하고 인종편향적이고 계급적이며 성차별적이다. 나의 요지는 17세기와 18세기에 자유주의 논리 안에서조차 자유주의 이론 핵심에서의 주체는 물질적 차원을 지녔다는 것이다. 즉, 그것은 운동locomotion 능력(그리고 이 특정 몸의 측면과 앞에서 말한 다른 측면들 사이의 관계—흰 피부색, 남성성, 계급성 등과 그에 덧붙여 성숙함과 또 다른 측면들—를 이 책 전체에서 탐구할 것이다)이다. 더욱이 대략 19세기 말경 자유주의적 주체가 추상적 개념화의 과정을 거친 뒤에도, 그 주체는 움직이는 몸으로 상상될 때마다 구체화된 존재로 나타났다. 사실 18세기 이후 이동movement이 더 이상 겉으로는 자유주의적 주체의 가장 중요한 권리로 공표되지 않았지만, 이동의 자유는 자유의 자유주의적 개념화의 핵심 가치로 남아 있다. 다른 방식이긴 하지만 자유주의적 사고의 역사 내내 이동은 자유주의적 몸의 물질화의 중심축으로 기능한다.

이동의 정치적 의미를 묻는 것은 무엇보다도 우리 몸이 어떻게 정치적 질서와 이데올로기, 제도, 관계 또는 권력에 영향을 끼치고 영향을 받고 그것들의 수단이 되고 혹은 수신인이 되는지에 관한 질문일 것이다. 그런데 자유주의적 담론과 관련하여 이 질문을 던지면, 자유주의가 주체를, 기본적으로 추론하는 사법적 존재(그런 존재의 물질성은 정치적 관련성이 있는 영역에서 끊임없이 억압되고 배제된다)로 인지하고 또 그런 존재를 생산해 내는 것이라 주장하며 우리로 하여금 이 정치적 전통의 유력한 해석으로부터 멀어지게 한다. 이 책의 두 번째 논점의 층위는 자유주의적 주체성에 대한 대안적 해석을 제공한다. 단순히 데카르트적 모델과 이후(주로 19세기와 20세기)의 주체 이해, 즉 주체의 의지, 이성, 의사 결정 과정이나 사법적 지위에 국한될 만한 주체의 이해(따라서 주체성에 대한 대안적 모델들을 지우는 다리)를 연결 짓는 것이 아니다. 나의 목적은 자유주의적 주체에 대하여 좀 더 여러 뉘앙스를 포함한 이해를 제안하는 것을 뛰어넘는 것이다. 자유주의적 주체성에서 움직이는 몸을 생략하는 것은 자유주의적 힘의 행사의 주요한 양상을 가리는 행위다. 따라서 나의 분석은 이러한 힘의 형태들을 표면으로 끌어올리는 것을 목표로 한다. 단순히 그 힘들이 역사적으로 어떻게 작동되어 왔는지 보여 주는 것이 목적이 아니라, 동시대의 정치적 질서를 반영하고자 하는 것이다. 그리하여 여전히 동시대의 정치적 경향성을 지배하는 정치적 근거를 밝히고, 그럼으로써 지배하고 지배받는 우리의 형태들forms의 구성 요소를 드러내기 위함이다.

그러한 목적에서 나는 자유주의적 자유 개념이 어떻게 자유의 표현이 아니라 오히려 위협으로 구축되는 이동의 다른 형태와 동시에 출현했는지 살펴볼 것이다. 여기서 이 책의 핵심적인 세 번째 논쟁에 다다른다. 자유주의적 주체성이 물질적 존재감을 얻고 또 자유가 물리적 현상이 되는 운동은, 속박이 없고 제약이 없는 이동이다. 더 정확히 말하면, 이러한 운동은 많은 제약 내에서 주어지고 안정성을 제공하는 많은 고정 지점에 의해 보장되었다. 그 자체로 이동을 제한하는 의지와 의도의 문제를 넘어서 이동은 물질적, 인종적, 지리적, 젠더상의 조건 하에 단지 일부 주체들만이 이동할 때 자유로워 보이는(이동에 방해를 받았을 때는 억압받아 보이는) 방식으로 개념화되고 구체화되었다. 다른 주체들의 이동(혹은 이동 방해)은 다르게 배열되었다. 유목민이라고 규정된 식민지 주체들, 토지에 대한 접근성을 잃어 방랑자가 되거나 유랑할 수밖에 없는 사람들, 소위 히스테리 본성 때문에 체액을 통제할 능력이 없다고 치부되는 여성들, 이 모두는 이동이 골칫거리 관리 대상이 되는 감당 불가한 주체로 규정되었다. 이러한 지형화configuration가 자유주의적 사회체제 하의 비자유주의적 순간들—그리고 공간들—을 정당화하는 근간이 되었다.

이러한 논점은 서로에 대한 인과관계가 완전히 뚜렷하지 않은 두 개의 서로 다른 궤도를 지니고 있다. 우리는 한편으로 어떤 이동들을 자유의 표식으로 인지하지 못하며, 다른 한편 이러한 자유를 부정하고 훼방 놓으려는 적극적 노력을 보기도 한다. 이 두 가지 방향 사이에 특정한 공동생산이 이루어지는데, 그러나 그 성격이 각기 다른 담론의 분야, 이데올로기, 시간에 따라 달라진다. 이동이 자유 혹은 위협, 혹은 자기규제의 아이콘, 혹은 이 사람이나 저 단체를 훈육할 수 없다는 증거로 생산되는 데 동원되는 여러 수단에 대한 해석을 제공함으로써 이 세 번째 층위는 두 가지 주요 이동 형태 주위에 구체화되는 지배구조 양상들에 대한 비평을 제공한다: 감시, 울타리 치기, 퇴거, 감금과 포위.

이 책의 네 번째 층위는 이동의 지형화에 있어서 이러한 분열, 그리고 이 분열과 함께 형성되는 지배구조 양상들이 어떻게 동시대 공간 안에 매핑되는지 보여 주기 위한 노력이다. 이 매핑 안에서 나는 점령된 팔레스타인 영토oPt: occupied Palestinian territories 내의 현재 체제에 집중하고자 한다. 이 체제의 관심의 초점(그리고 주요 정치 테크놀로지)은 사람들과 상품의 이동이다. 달리 말해서 이동의 체제regime of movement이다. 이동 통제를 통해 특정 인구집단을 통제하는 가장 완벽하고 정교한 체제 중 하나인 이 체제는, 이동 통제 테크놀로지를 연구하고 이러한 테크놀로지들을 통해 출현하는 주체-위치를 연구할 수 있는 응축된 실험실 역할을 해 준다. 급진성에 있어서는 변칙적이긴 하지만 이 특정 맥락은 전혀 특권을 받은 것이 아니라 오히려 전혀 새로울 것 없지만 최근 수년 동안 결정적으로 강화되어 온 글로벌 트렌드의 하나의 현상이다.[7] 이 특정 맥락을 출발점으로 생각하는 것이 나의 이론 분석의 동시대적 이해관계를 나타내는 한 가지 방법이다. 논점을 펼치면서 이 맥락으로 이해관계들을 규정하려고 하지 않을 것이며, 또한 17세기 영국에서부터 21세기 이스라엘/팔레스타인에 이르기까지, 혹은 특정한 연속 기간 동안 하나의 정치적 구조가 쭉 뻗어 나왔다고 말하려는 것도 아니다. 이 맥락이 목표하는 바는 다른 여러 공명의 지점을 열어 놓아, 어떻게 각기 다른 움직임의 배열이 자유주의적 민주주의의 틀 내에서 인구집단들을 통치하는 여러 다른 방식들을 정당화하는 데 일조하는지 보여 주는 데 있다.[8] 마지막으로 이 네 가지 논점의 기저를 이루는 점으로 이동/

운동movement의 정치적 형세를 이해하려는 노력을 병행할 것이다. 즉, 우리의 정치 어휘 목록 내에 운동의 작동과 역할, 실행, 의미를 기록한다. 그러므로 이 책에서 나의 설명은 현상학적이기보다 사전적 방식이 될 것이다. 운동의 본질을 연구하는 대신 나는 개념이 순환하고 형태를 갖추는 정치적 구문론을 분석할 것이다.

체제regime

운동을 질서화하는 각기 다른 형태와 테크놀로지들이 각기 다른 정치질서와 이데올로기 형성에 있어 핵심적이다. 봉건제도 하에 농노農奴를 토지에 묶어 놓는 것부터 시작해서 현대의 영토국가와 그들의 국경 경계선 긋기에 이르기까지, 정치질서들은 많은 면에서 이동의 체제이다. 현대의 국가—어쩌면 가장 적합한 사례 중 하나일 텐데—는 특히 여권의 발명 이후,[9] 또 국경을 봉쇄하거나 통제하는 테크놀로지의 진화와 함께 많은 면에서 움직이는 몸(그리고 다른 객체들)을 통제하고 명령하고 훈육하는 시스템이다.[10] 아디 오피르Adi Ophir는 주권국가를 폐쇄의 장치로 규정한다: 주권은 폐쇄 노력을 공고히 하는(그런 다음 푸는) 것—실질적인 행위이건 잠재적인 행위이건, 성공을 하든 실패를 하든—이다.[11] 여기서 이 점을 주목하는 것이 중요하다. 즉, 이런 폐쇄와 이동 통제 장치들과 병행하여 감금의 방식들을 자유와 엮는 정교한 국가이데올로기와 이론이 개발되었다. 폐쇄와 방해(또는 진행을 지체하는 다른 방식들), 다양한 유형의 장벽들이 순환circulation, 흐름, 그리고 무엇보다 자유liberty의 반대에 서있는 게 아니라 자유의 전제 조건으로 인식되었다. 대부분의 위대한 국가 사상가들은 관리 가능성 없이 자유를 개념화할 수 없었다. 또 이동을 혼돈이 아니라 질서의 원칙으로 만드는 일정 형태의 폐쇄 없이 개념화할 수 없었다.

이러한 현대국가의 이해는 존 C. 토피John C. Torpey의 연구에서 가장 명백히 드러날 것이다. 막스 베버Max Weber가 현대국가의 형성을 폭력의 합법적 수단을 독점하는 기능으로 본다면, 토피는 이 등식을 따라 현대국가가 또한 "합법적 **이동** 수단"을 독점화함으로써 통합되었다고 제안한다.[12] 토피가 베버의 분석과 나란히 자신의 분석을 제시하는 반면, 나는 이 두 과정 혹은 두 이데올로기가 풀어헤칠 수 없을 만큼 긴밀히 연결되었다고 제안하며, 그 둘이 어떻게 협력하는지 탐구할 것이다. 이 두 독점화의 과정 중 하나가 다른 과정을 좌우했는가? 하나가 다른 하나의 수단인가? 하나가 다른 하나를 정당화하는 데 일조하는가? 하나가 다른 하나의 측면에서 생각되는가(이동으로서의 폭력, 폭력으로서의 이동)? 폭력은 단지 독점화될 또 다른 이동이었나?

더욱이 국가폭력은 그 자체의 이동들을 가지고 있다: 침략, 침투, 정복. 그리고 이것들은 자주 다른 이동들—또는 그에 관한 신화들—에 의지한다. 존 스튜어트 밀은 다음 장들에서 탐구할 이 구조를 매우 명료하게 보여 준다. 밀에게 유럽은 움직임motion의 장소이다. 유럽은 언제나 이동을 용이하게 하는 "뛰어난 다양성"을 지니고 있다: 그는 이렇게 쓴다. "유립 사람들은 매우 다양한 **길들을** 열었다. 각 길은 무언가 귀중한 것에 이른다. 그리고 매 시기 각기 다른 길을 **여행한** 사람들이 다른 이를 참지 못하고 나머지 다른 길을 간 사람들이 **자신의 길로 가도록** 강제하는 게 좋다고 생각했을지라도 서로의 발전을 가로막으려는 그들의 노력은 영구적 성공을 거둔 적이 거의 없었다."[13]

밀의 유럽은 사람들이 끊임없는 비동질화 운동(무수한 도로와 길을 이용해 다양한 장소로 가는) 속에 있는 공간이다. 그것이 전체로서의 동질화된 사회운동을 촉진 혹은 생산한다. 그것이 발전이다. 이러한 발전이 바로 "정주해 버린 나머지 대부분의 세계"로 유럽이 확장하는 걸 정당화시킨 점이다.[14] "지침이 되고 모범이 되고 싶어 하는 제국의 집착과 제국주의자들은 모두 사회를 역사적 발전의 언덕으로 밀어 올리려는 노력의 일환이다"라고 우데이 메타Uday Mehta는 주장한다. 따라서 "제국의 자유주의적 정당화"는 세계의 대부분이 그 자체의 이동 능력을 잃어버렸기 때문에 유럽의 이동 파워mobile powers(대부분 자동차) 없이는 이동이 불가능할 것이라는 논점에 기대고 있다. 글로벌 차원에서의 발전은 "마치 고장 난 자동차를 좀 더 강력한 힘을 지닌 차가 견인해서 상승곡선에서 짐을 끄는 것과 같은 역할을 한다."[15]

유럽의 이동과 아시아의 정체의 결합이 밀의 제국주의 프로젝트의 기저에 자리하는 것이다. 발이 묶인 중국 소녀들 이미지[16]로 가장 잘 표현되는 아시아의 정체는 유럽 자체를 위협한다. 밀은 "이러한 속박에 대항하여 개성이 스스로를 내세우는 데 성공하지 못하면, 유럽은 그 고귀한 선진적 발걸음과 공언하는 기독교 정신에도 불구하고 또 다른 중국이 될 것이다"라고 경고한다. 달리 말해 유럽은 "정주 상태가 될" 수도 있다.[17] 그러한 운명을 피하려면 유럽은 그 움직임 motion에서 인내해야 한다—밀은 이런 인내를 당연한 것으로 받아들이는 것 같다(이 생각이 매우 놀라운 이유는 밀이 그런 인내가 곧 실패할 것이라는 무서운 경고를 동시에 날렸기 때문이다).[18] 어쩌면 동양으로의 움직임motion이 유럽의 '이동으로서의 자유'를 보장하는 한 가지 방법이었다고 추측할 수 있을 것이다. 이 움직임은 일반적인 용어—범위가 매우 넓어 비유적인 용어가 될 수도, 추상적인 용어가 될 수도 있는 것 같다—로 이해될 수 있을 것이다. 즉, 전체 보디폴리틱body-politic* 운동movement(플라톤[19]이나 홉스[20]를 통해 알 수 있듯이 종종 군사적 형태를 띠는 운동–전쟁)을 말한다. 대신 이 움직임은 제국주의 통치의 세세한 세목을 통해 설명될 수 있을 것이다.

17세기 초반 미국을 과도한 이동의 장소로 묘사한 점은 유사한 팽창 프로젝트들을 정당화하려는 목적이 있었다. 군대, 무역회사, 민

---

* 국가나 사회, 교회를 생물학적 몸으로 간주하는 서구 정치사상계의 오래된 은유. 보디폴리틱 이미지의 기원은 고대 그리스로 거슬러 올라가며 로마 철학에서 더 확장되었다. 주권자는 그 몸의 머리에 해당하고, 여타 해부학적 부위에는 다른 유비가 이루어진다. 13세기 이후 보디폴리틱은 법인의 법적 이론과 동일시되며 법률상 중요성을 띠게 되고 정치사상에서도 중요해진다. 17세기 토마스 홉스의 저술 활동으로 보디폴리틱의 이미지는 국가를 가공의 인물로 보는 근대적 국가 이론으로 발전된다.

간 용병, 정착민들, 자본과 상품, 그 자체로 이동체제의 특징을 지니고 있는 법적으로 제정된 지역들, 즉 식민지들 등의 이동을 들 수 있다. 식민지—앤 스톨러Ann Stoler가 이동의 관리, 다시 길들이기, 감금, 봉쇄, 훈육, 개혁에 있어 불안정한 공간이라고 규정한 곳—는 소위 피식민지인들의 위험하고 길들여지지 않은 이동을 다룰 뿐만 아니라 그것을 증명하고 따라서 구축해 낸다. 스톨러가 주장하듯, 이 이동체제regime of movement는 "'자유로운' 정착의 규범적인 관습과 정상적인 인구집단"과 대비되어 구축되었다.[21] 그러므로 이동에 새겨넣어진 이러한 대척점들은 더 광범한 이동체제—훨씬 이후 시기에 등장했으나 에티엔 발리바르Étienne Balibar가 지적하듯이 긴 역사를 지니고 있다—내에서 정해졌다. "세계화 과정은 몇 세기에 걸쳐 벌어지고 있는데 단순히 추상적인 뜻의 '자본주의적'—단순히 상품화와 축적의 과정—인 것은 아니다. 즉, 그것은 구체적인 식민화 정치 형태에 있어 자본주의적이었다.[22]

이동체제를 이해하려면, 그 체제가 취하고 구성하는 주체-위치를 살펴보아야만 한다. 그렇게 조사해 보면 위에서 언급한 대척점, 즉 정착(안정성, 정주화, 정상상태)과 구속 없는 이동 사이의 대립이 두 가지 측면에서 작동했다는 사실이 드러난다. 첫 번째는 글로벌, 식민지 차원이 아니라 오히려 개인의 몸 자체이다. 이 측면 내에서는 이러한 "대립"이 오히려 균형점으로 출현한다. 즉, 이동과 안정성 사이의 균형점이자 자유와 보안 사이의 균형점이다. 자유주의에서는 자유의 개념과 사회질서의 타협이 항상 그 성패를 가르는 중요 사항이었다. 전제적으로 통제되어서는 안 될(더 이상 전제적 통제를 할 필요가 없는) 자율성을 지닌 개인이라는 생각은, 이 개인이 스스로를 통제하고 자기규제를 할 수 있다는 것을 전제로 한다. 푸코의 작업은 그러한 아이디어를 연구할 수 있는 주요한 기준점이다. 그러나 푸코가 탐구한 권력 테크놀로지들이 적용되기 이전, 또는 심지어 체계적으로 이론화되기 전에 이미 홉스에서 그 씨앗을 볼 수 있다. 이동의 프리즘을 통한 홉스의 전제주의 옹호를 읽으면, 그에게 영연방 내의 주체는 심지어 가장 압제적인 권력 하에서도 자유롭다. 그것은 단순히 그가 이 권력의 일부분이어서가 아니다(이것이 자유liberty에 관한 공화주의 개념들에 반하는 홉스의 논점일 것이다). 주체의 자유freedom는 또한 자신의 이동을 통제하고 제한하는 자발성의 행사다. 일단 그가 "도망가지 않는 데"[23] 동의하고 주권자의 의지에 자기 행동을 복종하기로 하면 그를 옭아매는 족쇄는 벗겨질 것이다. 이게 바로 그 사람의 자유를 의미한다. 홉스가 자유freedom을 방해받지 않는 이동이라고 규정한 걸 생각하면, 자유는 바로 그 한계의 결과로 출현하는 것이다. 단, 그 한계가 내적이라는 조건이 붙는다. 로크는 매우 다른 모델을 제시하는 것으로 해석될 수 있지만, 그럼에도 매우 유사한 원칙을 따르는 모델이다. 즉, 이동으로서의 자유는 오직 울타리치기 체제 내에서만 가능하다. 궁극적으로 이렇게 안정성과 이동을 결합함으로써 자유주의가 질서화된ordered 자유라는 개념을 만들어 낼 수 있었다. 자유주의적 주체는 "특정 '걷기의 인식론'" 내에서 고안되었다. 그는 안정적이고 굳건한 방식으로 "두 발로 걷는"

주체이자,[24] 나아가 집, 고향, 그리고 소유 영토 따위의 사회적·물질적 배경뿐만 아니라 안정성이 봄을 규정하는 주체였다.

정착과 이동 사이의 가상의 균형점의 두 번째 측면에서 보면, 이러한 개념들이 자주 구획된 공간에 자리한다는 사실을 알 수 있다. 이동을 바람직하고 자유로운 것으로 만드는 가정, 위치, 뿌리내림 등의 요소들이 많은 면에서 매우 특별한 주체들에게 보존된다. 지방 분산화의 다양한 모델들에도 불구하고 아프리카인, 아메리카 토착민, 아시아인들은 여성이나 빈민들과 마찬가지로 자유주의 사상가들의 텍스트에서 너무 정체되거나 혹은 너무 이동성이 강한 것으로 묘사되고 있다. 따라서 자유주의 주체의 몸 안에서 성취되었다고 간주되는 균형이 두 부류 사람들 사이의 틈이자 대비점이 된다. 즉, 이동을 통제할 줄 알고 따라서 마땅히 지배하는 사람들과, 이동이 방해받거나 혹은 과도해서 지배할 수 없는 사람들을 말한다. 이러한 매핑이 백인, 남성, 재산을 소유한 몸들과 식민화된("야만인") 몸, 가난한("부랑자") 몸, 여성(가정 내로 국한되거나 히스테리하다고 규정되는 여성, 혹은 두 경우 모두 해당하는)의 몸들을 양분한다. 이 책의 대부분은 이 이원성을 탐구하기 위해 17세기를 돌아본다. 이 시간적 초점은 대략 이 시기로 수렴되는 세 가지 주요한 발전과 관계가 있다. 우선 후에 자유주의의 토대가 되는 일의 몸body of work이 형성되기 시작한다.[25] 그리고 국가가 국가의 몸의 형태를 통합하기 시작하는데, 이는 그 경계 내로, 밖으로, 그리고 자체 내에서 사람들의 이동에 대한 통제의 확대를 상상함으로써 가능했다(이러한 이동을 효과적으로 통제할 수 있는 관료제의 장치들이 아직 확립되지 않았다 하더라도).[26] 마지막으로 홉스의 표현대로 강한 유럽 국가들의 손이 그 이전에는 상상할 수 없었을 정도로 그 영토를 더 멀리로 확장하기 시작한다. 따라서 17세기는 피식민지 주체들과의 초기 체계적 이론적 관계의 특징을 띤다. 그러나 특정 안정성의 가설 하에서 자유로운 이동이 조건적으로 결정되는 패턴—즉, 피식민지 주체들은 안정성이 결핍된다고 추정되거나/혹은 그들에게는 그것이 체계적으로 부정된다는—은 겉으로 보기에 탈식민 시대에 진입하고 나서도 오랫동안 만연되어 있다. 팀 크레스웰Tim Cresswell은 이 양가적으로 분리된 이동이 자유주의적 시민권의 핵심에 있다는 것을 보여 준다. 시민들의 모빌리티가 거의 권리로 신성시되고 그게 "자율적인 개인 동인agents을 구축해서, 그들이 자신들의 움직임을 통해 나라 자체를 생산하는(생산하는 데 도움을 주는)" 존재로 받아들여지지만, 언제나 "다른 방식으로 이동하는 침묵하는 타자들"이 있게 마련이다. 그들은 모빌리티가 "항상 방해받는" 타자들이다. 즉, "공항 출입국관리소에서 제지받는 아랍계 미국인, 미국 농업경영 분야의 히스패닉계 미국인, 운전할 때 다른 인종보다 더 많이 검문을 받는 아프리카계 미국인들."[27] 여기에 검문소의 팔레스타인인들을 덧붙일 수 있으며, 다리에서 체포된 반자본주의 시위자들 또한 포함할 수 있다.[28] 따라서 심지어 오늘날에도 일반적으로 가장 이동성이 강한 주체는 (서구) "시민"이다. 즉, 안정성과 정주성에 자주 결합되는 주체-위치를 말한다.[29]

웬디 브라운Wendy Brown은 《벽으로 둘러싸인 국가, 이지러지는 주권Walled States, Waning Sovereignty》에서 개방된 국경 이데올로기와 국경 관리 테크놀로지의 기하급수적 증가 사이의 유사한 긴장을 밝히고 있다. 달리 말해, 국경을 가로지르는 자유로운 이동의 이데올로기와 이동 제한이 점점 늘어나는 현실 사이의 긴장이다. "이른바 세계화된 세계는 개방과 봉쇄, 융합과 구획, 말소와 재등록 사이의 근본적인 긴장 상태를 품고 있다. 이러한 긴장은 한편으로는 점점 더 자유화되는 국경들과 다른 한편 국경 요새화에 전례 없이 많은 자금과 에너지·테크놀로지를 쏟아붓는 방식으로 구체화되고 있다."[30] 이러한 긴장은 두 가지 경쟁적 지배구조governance 논리의 결과로 형성되는 것이 아니다.[31] 반대로 세계화는 단순히 국경 개방의 문제[32]가 아니라 "이동의 정부"[33]로 보아야 한다. "국경 중요성의 감소"를 "사람들의 더 자유로운 이동"의 결과로 보아서는 안 된다. 오히려 디디에 비고Didier Bigo는 이렇게 말한다. "(각기 다른 범주의 사람들의) 차별화된 이동의 자유는 새로운 통제 논리를 만들어 내는데, 그것은 실용적·제도적 이유로 다른 곳, 초국가적 장소에 위치한다."[34] "모빌리티 격차"는 이 논리의 결과를 적절하게 표현한 로넨 샤미르Ronen Shamir의 용어다.[35]

자유주의적 민주주의는 항상 감금과 울타리치기뿐만 아니라 강제이송, 추방, 몰수의 체제와 함께 작동되어 왔다. 그러면서 피식민지인, 가난한 사람, 젠더나 인종에 따른 주체들에게 각기 다른 규율의 합리성을 제공했다. 그리하여 "그게 얼마나 미약하건 시민권의 혜택이 부여된 사람들과 권위주의적으로 심지어 독재적으로 관리되어야 하는 사람들 사이에 범주적 구별을 지었다.”[36] 그러므로 이러한 긴장과 대척점들이 각기 다른 이동체제를 포함하는 하나의 질서 체계 내에 필수적이다.[37] 비슷한 방식으로 “뿌리내림의 정주자의 형이상학”과 “이동의 형이상학”을 단순히 대조할 수 없다.[38] 우리는 여기서 경쟁하는 형이상학 대신 상호보완적인 과정들을 본다. 첫째, 시민권은 “모빌리티 길들이기” 과정에 의지해야 한다.[39] 그것은 사람들이 지금도 과거에도 언제나 이동성이 있었던 사실에 입각하여 민족국가의 정주자 이데올로기를 지원하는 역할을 한다.[40] 둘째, 이 안정성의 이미지가 새로 “뿌리내린” 특정 범주의 사람들에게 확립되면, 그것은 그들의 이동성이 커지도록 촉진하는 역할을 한다. 이동과 안정성은 그렇게 서로의 선결 조건이 된다. 마지막으로 이러한 개별 범주들은 동시에 뿌리가 덜 내렸고 그러면서도 항상 방해받는다고 추정되는 다른 그룹들과 대비되어 형성된다. 이민자, 유목민, 그리고 “하이브리드-주체성”이라고 명명된 특정 양상들은 모두 그들의 모빌리티를 통하여 구성된 주체-위치들이지만, 그보다는 감금의 공간에 거주하는 주체-위치인 경우가 더 많다. 즉, 수용소와 강제이송 캠프, 현대판 구빈원, 공항의 국제지대 등을 들 수 있다.[41] 전복적인 특징 때문에 자주 칭찬받았던 유동성flux은[42] 자유로서의 이동을 제한하고 비-자유 운동들(추방, 노예무역, 토지 소유권 부정)을 촉진하고 궁극적으로 이동을 배제하는 데 반복적으로 이용되어 왔다.

이동/운동movements

20세기 초 자유주의 이론의 초기 사상가 중 한 명인 L. T. 홉하우스L. T. Hobhouse는 정치평론으로서 자유주의의 주된 "임무"가 "인간의 발전을 저해하는 방해물을 제거하는 일"이라고 규정했다.[43] 자유주의가 제한을 부과하긴[44] 하지만 그것은 단지 더 큰 목표를 위한 수단이다. 그 목표는 홉하우스가 앞으로 나아가는 유기체로 생각한 자유주의 사회의 건설과 유지다. 마이클 프리덴Michael Freeden은 더 나아가 "문명이나 이동, 활력 같은 개념들이 단순히 자유주의 담론과 자유주의 마음가짐과 밀접하게 연관된 것"은 아니라고 한다. "자유주의가 정치적 상상력에 대한 통제를 완결하는 것이 목표라고 공언하는 다른 대부분의 경쟁 이데올로기와 구별되는" 점은 바로 관용이다. 관용은 "사상과 언어, 개념적 내용에 있어서 융통성과 이동, 다양성"을 담보하는 것이다.[45] 현재의 목적에 비춰 보아 이러한 진단이 올바른 것인지 아닌지는 중요하지 않다. 그저 정치적 공간 자체의 이동을 용이하게 하는 움직이는 사고체思考體로 스스로를 보는 가상의 자유주의liberal-imaginary가 있다고 주장하는 것으로 충분하다.[46]

그러나 "자유주의가 다른 대부분의 경쟁 이데올로기와 구별되는" 점이라며 자유주의의 규정 기준으로 이동을 내세웠지만, 이 경쟁 이데올로기들 또한 종종 스스로를 규정하면서 동일한 현상에 호소해 왔다. 제3제국〔1933~1945년 사이, 히틀러 치하의 독일─옮긴이〕 구조의 사법적 측면을 설명한 《국가, 이동, 국민State, Movement, People》에서 칼 슈미트Carl Schmitt는 히틀러의 국가사회당 국가를 세 가지 요소로 구성된 국가라고 규정한다. 바로 국가(고정 요소), 국민(비정치적 요소), 이동(그가 후에 당과 동일시함)이다. "국가와 국민을 이끄는 역동적인 정치적 요소"는 다른 두 가지 요소에 침투하고 그것들을 인도한다."[47] 슈미트의 설명에는 세 가지 결정적인 "이동movement"의 특성이 있다. 첫째, 그것은 세 가지 요소 중 유일하게 정치적인 요소이다. 국가나 국민 둘 다 이동을 통해서만 정치적이 될 수 있다. 둘째, 그것은 "역동적인 엔진"이다. 즉, 정치를 움직이게 함으로써 정치에 활력을 주는 힘이다.[48] 어쩌면 우리는 이렇게 말할 수도 있을 것이다: 움직이는 능력 덕에 정치성을 띨 수 있는 힘이다. 마지막으로 그것은 화합의 기수다. 달리 말해 이동을 통해서 세 가지 요소가 하나의 합체가 된다. 정치적 구조 전체를 에워싸는 이동의 이러한 순전한 본질이 바로 독일 국가사회당 국가(파시스트 국가와 볼셰비키 국가 동맹들과 함께)를 자유주의 민주주의 사회와 구별 짓는 점이라고 슈미트는 주장한다.[49] 조르조 아감벤Giorgio Agamben에 의하면, "정치운동political movements"을 일컫는 운동movement이란 용어의 체계적 사용은 나치즘과 함께 출현했다.

아감벤은 그 개념이 18세기, 대략 프랑스대혁명 시기에 보이기 시작한다고 말했지만,[50] 폴 비릴리오Paul Virilio는 운동movement —국가 자체가 움직일 수 있고, 움직이고 있고 심지어 움직여야만 한다는 생각이 생기기 전 다중의 모빌리티—이 최소 프랑스에서 혁명의 순간부터 하나의 맥락으로 흐르다가 파시스트 정권에 이르고 공산주의 독재정권에도 이어진다고 매우 상세하게 그 과정을 보여 준다. "…고대 봉건시대의 농노제도로 상징되는 이동 제한—전횡적인 감금과 한 곳에 거주해야만 하는 강제"—에 반대하여 일어난 봉기를 시작으로 이러한 혁명운동movements은 이동의 자유를 "이동에 대한 의무"로 바꾸어 놓았다. "혁명 초기의 이동의 자유"는 매우 빨리 "이동의 초기 독재"로 대체되었다. 즉 전쟁, 식민화, 생산과 무역 등이다.[51] 이러한 폭력적 형태들—전쟁, 노동 동원, 국가와 민족의 팽창, 자본과 상업과 신용의 유통—은 "그 무엇도 아닌 이동movement으로 환원될 수 있다"고 비릴리오는 주장하는 것 같다.[52]

그러므로 나치즘과 자유주의만이 그 규정 기준으로서 이동을 내세운 것이 아니다. 내가 다른 모든 체제와 이데올로기 또는 정치이론을 모두 조사할 수 없으나, 마르크스가 강력한 이동movement이란 개념으로 모더니티를 설명하고[53] 자본의 운동법칙을 묘사함으로써 자본의 작동 방식을 설명하려 했다는 점을 지적하겠다.[54] 또한 포스트모더니즘은 혼종성 개념과, 모더니즘 사상과 반대되는 이동의 양상을 상징하는 유목민 이미지에 기댔다.[55] 세계화를 자본과 문화, 정보, 그리고 무엇보다도 사람의 흐름이 점점 커지는 특성을 지닌 체계로 보는 사상도 있다.[56] 여기서 중요한 점은, 이러한 경쟁 이데올로기/체제들이 비슷한 특성을 공유한다고 주장하는 것이 아니라, 정치와 정치적 사고에 이동의 개념이 잣대로 쓰이고 있음을 예증하는 것이다.

이러한 운동들movements 중 일부는 꽤 다른 의미를 지니고 있다.

(개별) 몸의 물리적 움직임은 "파시스트 운동"과 같은 것이 아니며, 또는 마이클 프리덴이 자유주의를 논할 때 말하는 "융통성, 운동, 다양성"과도 같지 않다. 나는 그 차이점들을 유지하기 위해 이러한 의미들을 허락하는 것이 중요하다고 믿는 반면, 궁극적으로는 이러한 차이점들이 처음 보기보다 고정성이 떨어진다는 점을 보여 줄 것이다. 용어 자체의 유동성을 설명하기 위해 우리는 어쩌면 그 용어의 폭넓은 적용 가능성을 숙고해 보는 것으로 시작해야 할지 모른다. 이 모든 것들이 사실 정치적이거나 사회적 운동이라고 주장함으로써, 운동movement의 광범한 사용을 간단히 처리해 버리는 것은 충분치 않다. 첫째, 이는 단순히 질문을 구하고서 또 다른 질문을 소환해 내는 일이다. 즉, 이런 질문이 뒤따르는 것이다. "운동"이란 용어가 어떻게 이 특별한 사회적·정치적 현상을 묘사하기 위해 출현했나? 그러나 더욱 중요한 점은, 위에서 본 많은 사례에서 알 수 있듯 운동이 규정하는(따라서 유일하다고 할 만한) 특성으로 이용된다는 것이다. 즉, 그것은 구별을 만들어 내고 차이점을 특정한다고 여겨지며, 하나의 공유된 범주(사회적·정치적 운동들)에 참여하는 특질을 가리키지 않는다고 여겨진다.

그렇다면 왜 "운동movement"인가? 답을 시작할 수 있는 한 가지 방법은 정치 자체를 운동으로 생각해 보는 것이다. 자연, 안정적인 권력구조, 고정된 국가 관료제와 반대 지점에 서 있는 정치는 불안정성의 잠재력을 지니고 있다: 변화의 잠재력, 틈을 넓혀 우리의 개입agency을 허락할 수 있는 잠재력, 자원 재분배와 권력 재편성의 잠재력. "정치적"이라는 말의 의미에 대해 생각하는 각기 다른(경로를 이탈했다 하더라도) 일련의 전통들은 그것을 움직이는 것, 운동의 순간, 또는 운동이 필수가 되는 무엇으로서 개념화한다. 정치적인 것은 인간이 행동하고 인간이 변화하는 영역이며, 따라서 본질적으로 불안정성을 띤다고 규정된다. 여기서 운동movement은 지진의 형태─파격적이고 흔치 않은 격변(랑시에르Jacques Rancière의 경우처럼[57])─를 취할 수 있다. 또한 운동은 반복적이고, 보통 더 천천히 작동하고 더 국지적인 해체 작업처럼 작동하여 그 안에서 개별 몸의 운동이 범주들의 운동을 낳을 수 있다─'기정 사실'과 안정성의 전제를 뒤흔든다(버틀러Judith Butler의 경우처럼[58]). 또는 세계가 움직일 수 있다는 사실이 드러나는 공간의 형태를 취하여, 그 안에서 그리고 그 공간을 통하여 세계가 물질로서, 생산품으로서, 행동의 표적으로서 출현할 수도 있다(아렌트의 경우처럼[59]).

이러한 사회/정치적 운동들을 운동이라고 생각한다면, 운동은 의미의 다양성을 띤다고 볼 수 있다. 이 의미들은 종종 서로 중첩되고 같이 작동하여 개인의 몸들의 물리적 운동이 변화를 위한 사회/정치적 노력(운동)의 일환이 되기도 하고, 정치적 의미를 지닐 수 있는 위반(행위)의 장소로 나타나기도 하며, 정치체들의 대규모 운동의 하나의 입자로 나타나기도 한다. 그 예로 국가, 군대, 무역 등을 들수 있다. 따라서 슈미트와 홉하우스는 (뿐만 아니라 밀이나 홉스, 하트 Michael Hardt 등 많은 다른 이들 또한) 정치 영역을 거의 말 그대로 움직이는 몸으로 본다. 그것은 몸들의 몸으로 하나의 집합적인 몸이 된다. 이렇게 특정 움직이는 정치적 몸들을 역사적·세계적 문맥 안에 위치시키면, 이러한 집합체의 운동이 사실 공간의 운동이라는 것을 알 수 있다: 확장.

앞에서 나는 운동movement이 표면으로서, 여러 통제의 형태들을 움켜쥘 수 있는 지점으로서 역할을 한다고 주장했다. 달리 말해 운동의 질서화와 순환이 많은 체제들의 조직 원리다. 그리고 운동이라는 특권적 방식을 통해 몸들과 권력이 서로의 위에서, 서로를 통해서 작동한다. 이제 운동이 또한 도상학圖像學이라는 것을, 여러 몸들이 형태를 취할 수 있도록 해 주는 물리적 현상일 뿐만 아니라 가상의 현상이라고 첨언할 수 있다.

주체/몸

장애 연구는 오랫동안 능력과 시민권 사이의 관계에 우리의 관심을 집중시켰다. 구체적으로 말해 공간 속에서 우리 몸을 움직이는 "정상적"인 방식에 관한 특정 전제들과, 결국 가능하고 불가능한 운동들의 접근 가능성 공간인 민주적 공간 건설의 관계라 할 수 있다. 따라서 주체 형성 과정은 많은 부분 운동을 "정상화"하는 프로젝트이다. 사실, 정치이론을 읽다 보면 "적절한" 운동 방식으로 몸을 교육시킬 필요성이 거의 집착으로 드러난다.[60] 이 집착이 너무도 강력하여, 앤드류 휴잇Andrew Hewitt에 따르면 19세기에 걷기가 "부르주아 자

의식" 구현의 상징이 되었다.[61]

"주체들이 이렇게 움직이고 움직이지 않는지 보면 우리는 인간으로서, 문화로서, 지식으로서 무엇이 중요한지 알 수 있다"고 캐런 캐플런Caren Kaplan은 주장한다.[62] 사실 그렇다. 그러나 이는 일부분만 지적했을 뿐이다. 주체들의 운동을 어떻게 묘사하고 상상하는지의 문제가 거의 똑같이 많은 것을 알 수 있게 해 준다. 내가 앞에서 주지했듯이, 운동movement은 시민권 혹은 주체성의 테크놀로지이다. 운동의 패턴들(국적 상실, 추방 가능성, 울타리치기, 감금)을 생산함으로써 각기 다른 주체성의 범주들이 생산된다. 따라서 운동의 체제는 결코 단순히 운동을 통제하거나 규제하거나 선동하는 방법이 아니다. 운동의 체제는 각기 다른 존재 양식의 형성에 있어 필수적이다. 운동은 또한 주체성이 만들어지는 모델들을 추적해 볼 수 있는 렌즈 역할을 한다. 이동movement 이력, 정치이론들에서 운동movement의 역할을 추적하며 모빌리티나 이동 불가능성의 이미지들을 강조하거나 제거하려는 시도들을 잘 살펴보면, 주체성이 어떻게 인지되고(되었고) 구축되는지에 관해 많은 것을 알 수 있다. 마지막으로 운동은 주체성에 대해 생각할 수 있는 관점이 되어 준다. 에린 매닝Erin Manning의 말을 빌리자면, "몸이 움직이는 방식들에 대한 약속"은 특정한 방식으로 주체에 대해 생각하는 약속이다. 매닝은 그 이전 많은 학자들처럼 그러한 약속이 "국가적 상상계" 내의 몸의 고정화에 반대하여 생각하는 방식이라고 주장한다.[63] 앞서 짧게 언급했듯이 나는 이러한 주장이 다소 성급했다고 생각한다. 이동의 탈영토화

효과를 찬양하는 경향은, 종종 "애초에 그러한 이미지들을 만들어 내는 식민권력 관계를 간과한다."[64] 그러나 매닝은 이러한 약속과 관련하여 탐구할 가치가 있는 또 다른 주장을 펼친다. 매닝은 운동을 통해 몸을 생각하는 것이 정체성 관계망에 반대하여 주체를 생각하는 것이라고 주장한다. 그 이유는 "움직이는 몸은⋯정체성이 규정될 수 없기" 때문이다.[65] 따라서 운동의 문제는 또한 주체/몸의 형세와 한계의 문제이기도 하다.

운동이 이러한 형세의 특정 개방성에 대해 생각하는 방식이라면, 그리고 운동이 결국 아렌트가 묘사하듯 "각 개인이 동료들 사이에서 움직이는" 사람들의 복수성複數性을 품는다면,[66] 그리고 운동을 통해서 하나의 복수성이 하나의 몸이 된다면(사회운동, 제국, 조율된 집합적 운동으로서의 국가) 운동에 대하여, 그리고 운동을 통해 생각하기에 전념하는 것은 정체성의 융통성(정체성의 불가능성까지는 아니더라도)에 대한 사고의 전념 이상의 것이다. 그것은 또한 (그 둘은 서로 긴밀하게 연결되어 있다) 비개별적 몸들의 가능성에 대해 생각을 전념하는 것이며, 개별적 몸들의 불가능성이 드러나는 순간들에 적응하는 일이다. 운동은 간혹 우리에게 상처를 입힌다. 일부 운동은 우리 몸의 상처를 열어젖힌다. 또 다른 운동은 우리 의지에 있는 상처를 열어젖힌다. 멜빌Herman Melville의 《모비딕Moby Dick》의 내레이터인 이스마엘이 이를 잘 묘사한다. 배 갑판에서 퀴퀘그와 밧줄로 연결된 그는 그 동료 선원의 움직임이 제 자신의 움직임이 되는 것을 본다. "나 자신의 개인성이 이제 두 명의 공동자본 회사 안에서 합쳐졌으며…나의 자유의지는 치명상을 입었다." 그는 이렇게 묘사했다. 이 순간 그는 우리가 마치 삼쌍둥이처럼 한 사람의 움직임이 다른 사람의 움직임이 되는 "다른 인간들의 복수성"에 모두 연결되어 있다는 사실을 이해한다. 그것은 개인의 의지와 행동 사이의 연결을 깨면서[67] 또한 의지 자체를 열어 놓는다. 때로 운동movements은 우리를 강하게 만든다. 운동은 다른 몸들의, 우리보다 더 큰 몸의 응집력 있는 움직임motion과 함께 우리 자신의 운동을 강화시킨다. 사람들의 집합적 운동—행진, 전쟁, 2011년 이집트 타흐리르광장 시위와 월가 점령시위Occupy Wall Street에서 보았던 것과 같은 점령운동—은 개인의 운동에 개인 자체로서는 가질 수 없고 생산할 수 없는 의미와 권력을 부여해 준다. 또 중요한 것으로 운동은 이 양극, 즉 부상負傷과 요새화 사이에서 일어나기도 한다. 우리의 의지와 몸이 입는 부상(피가 나는 것은 그 자체, 또 저절로, 운동의 한 형태이다—흐름)은 타인들이 우리에게 영향을 끼칠 수 있는 정도, 즉 우리 몸 경계선의 취약성, 또는 개인적 의지의 취약성을 보여 준다. 이러한 상처들과 그 영향, 꺾인 의지는 개인성의 몸 경계선을 개방해서 생기는 피치 못할 결과이다. 그러므로 그것들은 집합성 형성의 결과이자 전제조건이다. 정치적 몸으로서의 복수성은 한 사람의 행동이 다른 사람의 행동이 되게 하는 샴쌍둥이 관계를 만들어 낸다. 또는 그런 관계에 의해 만들어진다. 더 아렌트다운 공식을 들자면, 이 복수성은 행동이 사람들 사이에서 일어나는 일로 보이게 만드는 실체이다.

그럼에도 주체를 움직이는 몸으로 생각하는 것이 반드시 자율적 개인주의 모델에 거스르는 정치적 존재론을 만들어 내는 것은 아니다. 이 책은 운동을 생각함으로써, 또 운동을 통해서 그런 모델이 열릴 수 있는 반면, 자유주의 담론의 자율적 주체가 육체적인 모빌리티의 인물로 출현했다는 것을 보여 준다.

짧은 계보학

17, 18세기 자유liberty에 대한 주된 부정은(혹은 그렇게 생각된 건) 자유로운 이동movement을 막는 것이었다. 이는 서로 얽힌 두 가지 한계가 작용한 때문일 것이다. 즉, 군주제 권력의 제한된 테크놀로지(주로 감금과 사형으로 국한되었다)와 권력이 작동하는 방식에 대한 이해 부족이다. 따라서 우리에게는 운동이 본질인 권력의 방식과 권력에 대해 생각하는 방식 둘 다 놓여 있다. 그리하여 19세기 전환기까지 자유liberty는 대개 개인의 이동력을 제한하는 정당하지 않은 외부적 제약으로부터의 자유freedom로 간주되었다. 자유주의적 자유liberal freedom가 이동의 자유로 출현했을 때, 자유freedom가 몸에 결부되어 있으면서 자유liberty는 여전히 이동과 연결되어 있을 때, 또 일부 그룹(변화하는 자유주의적 · 신자유주의적 담론의 핵심에 서 있는)의 이동이 여전히 극대화되고 대부분 보호받을 때, 이동으로서의 자유freedom as movement 개념은 대부분 자유주의 사상liberal thinking 주변으로 밀려나 있었다.

이 계보의 초기에 대해 이 책 3장에서 상세하게 개괄하고, 여기서는 부분적으로 3장 결론의 요점을 따르는 국면들을 짧게 개괄하겠다: 대략 18세기 말에 일어나는 추상화의 초기 과정, 이 과정을 통해 의지will가 자유freedom의 우선적 기수가 된다. 여기서 중요한 것은, 단순히 자유가 결부되는 인간 내부의 요소가 변한다는 사실이 아니다. 중요한 차이는 이후 많은 자유주의자들에게 있어 "인간의 의지는 그 자신이다"라는 사실이다.[68] 주체는 의지, 합리성, 혹은 사법적 지위(달리 말해 추상화된 지위)로 환원될 수 있다. 밀은 다시 한 번 유효한 예시를 든다. 《자유론On Liberty》 1장에서 밀은 권력의 유형학을 제시한다. 그 윤곽contours은 나중에 푸코에 의해 채워진다. 이 유형학에 따르면 권력은 몸에서 영혼으로 그 작동의 구심점을 바꾸었다. 밀은 주권자의 권력(감금)이 더 이상 우리의 자유에 대하여 단일한, 심지어 주요한 위협으로 간주되지 못한다고 주장한다. 더 침투력이 강한 "사회적 독재"에 직면하면서 우리의 영혼은 공공여론의 굴레에 예속되고, 이제 우리가 지켜야 할 것은 사상과 사고의 자유가 된다.[69] 중요한 것은, 이런 체제 내에서조차 이동이 자유freedom와 결부되어 있다는 것이다. 그러나 이때의 이동movement은 몸의 물리적 운동movement 측면에서 매우 미미한 정도다. 밀의 설명에서 이동movement의 가장 우선적이고 중요한 면은 사상의 이동이며, 사상의 자유로운 순환이 관습의 굴레에서 탈출하기 위한 장소를 잠재적으로 창출할 수 있다.[70] 둘째, 그것은 우리가 보았듯이 발전의 운동movement이다.[71] 그리고 셋째, 물리적 이동은 밀이 종종 사슬이라는 은유로 묘사한 억압받는 여성의 경우에 자유freedom의 표명이자 예증—혹은 결핍—으로 보인다. 담론의 주변부에서 아직 동등하고 보편적이고 어쩌면 추상적인 지위를 획득하지 못한 사람들을 묘사하면서, 이동은 다시 한 번 자유freedom의 의미로 대두된다.

이미 칸트Immanuel Kant의 연구로 자유의 문제는 일단 선택하면 실행에 옮기는 개인의 능력이라기보다 자율성, 판단, 의사 결정의 문제와 결부되었다. 이러한 틀은 20세기 들어 자유주의 사상가들에게 점점 더 핵심적인 사항이 되었다. 그러나 칸트 방식으로 볼 때 우리가 나중에 볼 수 있듯이 이동movement은 그럼에도 정치적 자유의 지형학에서 한 가지 역할을 수행하지만, 20세기 들어 칸트의 후계자는 이동에 대한 강조를 안정성에 대한 열망으로 대체한다. 존 롤스John Rawls는 그의 두 번째 논문에서《정치적 자유주의Political Liberalism》의 관건은 바로 안정성이라고 반복해서 선언한다. 그는 가능한 한 그 등식에서 시간과 변화를 들어내길 열망하고 "특정 정치적 기본적 권리와 자유liberties의 내용을 불가역적으로 고정하고" 싶어 한다.[72] 프리덴에 따르면 롤스는 그렇게 함으로써 "안정 상태로서의 규칙을 우선시하고, 변화의 규칙보다는 균형 상태와 컨센서스를 우선시"[73] 하는 로널드 드워킨Ronald Dworkin과 의견을 같이한다.[74] 두 사람은 프리덴이 자유주의에 필수적이라고 본 이동을 정지시키려는 시도에 합세한다. 롤스는 자유freedom가 몸을 움직일 수 있는 개인의 능력에 있는 게 아니라 "개인의 지적·도덕적 힘"에 있다고 주장한다.[75] 롤스는 주체를 추상적인 것으로 보는—또는 그의 등식에 따르자면

"사상과 숙고와 책임감의 기본 토대"로 주체를 보는—자유주의적 형태의 모범이 되는 사례이다.[76]

롤스가 염두에 둔 것으로 보이는 자유는 "단지…우리가 정지해 있기로 결정하면 그럴 수 있고 우리가 이동하기로 결정하면 역시 이동할 수 있다는 것을 의미하는"[77]—17세기에 매우 만연한 자유의 개념—자유가 아니다. 그런 이동movement으로서의 자유 개념은《정치적 자유주의》에 나타나기는 하지만 롤스가 "기본적 권리와 자유 liberties"라고 규정한 것 안에 위치하지 않는다. 그보다는 다른 "분배 공정성의 문제들"과 함께 이동의 자유는 ("단순한 정치제도"와 대조되는) "사회·경제적 정의의 제도"를 확보하는 데 참여한다.[78] "기본재 primary goods 목록" 내에서 이동의 자유는 "다양한 기회들이 펼쳐진 장에서 자유로운 직업 선택"과 함께 나타난다.[79] 자유의 핵심 역할을 하는 현상(자유의 핵심으로서 형성된 것은 아니라 하더라도)은 따라서 "직업"으로 환원된다. 달리 말해 이동movement은 탈정치화되고 자유 시장 원칙들에 예속된다.

이런 자유시장 논리로의 환원은 단순히 돈과 직업, 혹은 교역 원칙으로의 환원은 아니다. 푸코가 1977~1978년 강연에서 밝혔듯 이러한 논리는 안전security의 문제(이는 또한 유통과 이동의 문제로 해석될 수 있다)와 연루되어 있다. 결국 이러한 환원과 탈정치화와 함께 일부 이동들은 자유가 아니라 위협의 상징이 된다. "국경을 넘는 사람의 이동이 제품의 이동보다 더 문제가 될 수 있는 두 가지 주요한 이유가 있다"고 로렌 로마스키Loren Lomasky는 설명한다. 두 가지 이유는 "안전 문제와 재정 지원 혜택이다. 외국에서 구매한 제품은 자력으로는 움직이지 못한다. 그것은 자기 기능을 수행하기 위해 쓰일 때까지 가만히 놓여 있다. 반면 이민자들은 작용력agency을 행사한다. 2001년 9월 11일 사건 이후 일부 사람들이 입국한 나라에 해를 끼칠 의도를 갖고 있다는 사실을 모두가 알고 있다."[80]

이 설명에서 두 개의 분할점이 자유로서의 이동을 나누어 놓는다. 첫째 사물과 사람의 분할인데, 이 분할에 두 번째 분할점이 이미 내포되어 있다—거주민(또는 시민)과 이민자들 사이의 분할. 이동하는 사람들—단순히 "거기 놓인" 물건들과 달리 (우리는 또한 이렇게 덧붙일 수 있다: 자신의 경계 안에 가만히 있는 사람들)—은 자신들과 함께 안전 위험성을 지니고 다니는 것이다. 위에 인용된 단락에서 그들의 행위agency 자체가 위험 요소로 보인다. 나중에 로마스키가 "대다수의 이민이 중차대한 안보 위협이 된다고 주장하는 것은 쉽게 믿기 어렵다"라고 인정했지만, 빈곤이 위험을 키우는 측면이 있다. 즉, "적대성을 드러낼 잠재성이 크다며 가난한 사람들을 배제하고, 배제의 이유가 자기 이익 추구 측면에서 정당화된다."[81] 로마스키는 제품의 이동이 불러올 수 있는 우리의 "자기 이익 추구"가 안고 있는 잠재적 위험성을 쉽게 무시해 버린다. 국경을 넘어 "잘사는 나라들"로 가고자 하는 "가난하고 지친 무리들"과 달리, 제조업과 일자리의 재배치, 천연자원의 국제적 약탈, 오염된 농산물로 인한 토양오염이나 청결한 환경에 새로운 씨앗을 도입해서 생기는 타가수분他家受粉 등을 야기시킬 수 있는 자유롭게 국경을 넘는 물건의 위험성은 로마스키의 공포의 등식에 담겨 있지 않다.

　세계화에 대한 최근의 많은 연구에서 지적했듯이, 점점 더 이동성이 커지고 따라서 "자유로운" 것에는 일부 소수의 특혜 받은 사람들과 함께 상품과 자본도 포함된다.[82] 이 등식에서 나의 관심을 끄는 것은 단순히 말하자면 이동의 순환이 아니라 공포의 배치다. 아드리아나 카바레로Adriana Cavarero는 이 두 가지가 서로 얽혀 있음을 주지시킨다. 카바레로는 공포가 물리적 상태라고 말한다. 즉, 그것은 "떠는 행위"이고 "떠는 몸의 국지적 움직임"이자 "훨씬 더 역동적인 도주flight의 움직임"이다. 달리 말해 "공포는 몸을 움직이게 하고, 몸을 추동해 움직임motion으로 몰아넣는다."[83] 동시에 운동movement 자체는 종종 공포의 전달자로 간주된다. 언급할 필요가 없을지도 모르겠지만, 이는 단지 로마스키의 접근법만은 아니다. 9/11 이후 미국에서 "이민법 집행의 모든 측면과 합법적 거주권 또는 시민권과 관련된 이민자 적격성에 관한 모든 절차들이 대항테러와 국토안보 법령에 명시적·실질적으로 예속되었다."[84] 이러한 예속은 이민귀화국INS이 국토안보부 산하로 들어가는 것과 함께 2002년에 제도화되었다. 브라운은 "둘 사이의 연결성에 대한 증거가 거의 없는데도 억제되지 않은 불법이민과 테러의 위험"이 일상적으로 동일시되고 있다고 말한다.[85] 그럼에도 로마스키에서 볼 수 있듯이 이렇게 이동을 안보와 결부시킨 것이 놀랍게도 이동을 자유의 문제에서 분리하지 않는다—마치 둘 사이의 연결고리가 너무나 깊어 완전히 깰 수 없는 것 같다. 오히려 자유—또는 위에서 인용한 행위agency—는 이동의 탈정치화와 함께 그 자체로 탈정치화하고 위협이 된다. 이 책을 처음 기획한 지점으로 돌아가 보면, 점령당한 팔레스타인 영토 내의 이동체제는 이러한 과정의 인상적인 예증을 보여 준다. 이동을 면밀하게 관리해야 할 보안 위험성으로 만드는 이동체제는 자유 liberty의 보안화와 긴밀하게 연관되어 있다. 사실 대부분의 이스라엘인들이 팔레스타인의 독립투쟁을 야만적인 공격 행위 이외의 다른 것으로 생각하는 것은 거의 불가능하다. 이동체제—영토와 인구에 대한 통제가 사람과 물품의 유통을 통제함으로써 거의 완벽하게 달성될 수 있다는 개념—는 자기결정력과 민족해방투쟁을 단지 "테러"로 보는 체제의 주요한 정치 테크놀로지이다.[86]

테크놀로지

철학적 탐구에서 내가 따르는 논리는 동시대 정치학의 주된 트렌드에 의해 증명되기도 하고, 또 그 트렌드를 설명하는 데 일조하기도 한다. 이 논리는 현재 이동이 통제되는 몇몇 지점들, 이스라엘이 팔레스타인 서안지구에 배치한 검문소에 주로 초점을 두고 면밀히 분석함으로써 발전되고 또 다듬어진다. 이 특별한 사례는 여러 모로 나 자신의 지적—그리고 개인적— 역사의 직무이다. 나는 이동의 정치적 중요성에 관한 나의 관심을 촉발시킨 이 정치질서에 대한 이해에 기여하려고 노력한다. 나는 수년간에 걸쳐 점령당한 팔레스타인 영토oPt 내 이스라엘 검문소에서 활동했는데, 그 경험 덕에 각기 다른 여러 지배구조 형성의 핵심 구성 요소로서 이동에 대한 이해를 구체화할 수 있었다. 그럼에도 이 사례는 특이한 사례가 아니며, 다른 사례들이 모호하게 넘어간 점을 명확하게 볼 수 있도록 해 준다. 더 보편적인 수준에서 이렇게 말할 수도 있을 것이다. 즉, 이 책과 같은 프로젝트들의 목표는 추상적인 것과 구체적인 것 사이의 관계를 재고해 보는 것이다. 그러면서 한편으로 개념적·이론적인 것과 다른 한편 개별성, 현실의 조그마한 디테일들 사이의 관계를 살펴보는 것이다. 이런 틀 안에서 oPt 안의 이동체제는 지역현장local field으로서 기능한다. 이 지역현장에서, 또 이 지역현장으로부터 나는 이론적 분석을 위한 내용substance을 풍부하게 하고 내용—뿐만 아니라 방법과 방향성—을 제공하는 문제들을 도출한다. 달리 말해, 검문소들은 단순히 "자료들"이 이론화되는 곳도, 내가 이론과 대비해서 "현실"을 연구하는 곳도 아니다. 나는 여기서 그러한 구분을 낳지 않는 탐구 방식을 제안하려고 시도한다.

이스라엘이 점령당한 팔레스타인 영토에서 채택한 "이동체제"는 광범한 관료적 면허/허가 체계로, 빼곡하게 배치된 물리적·행정적 장애물의 격자망에 의해 지원 받는 체계이다. 그 체계는 공간과 사회적 구조를 둘 다 분절시키고 사람과 물품의 유통을 샅샅이 통제하며, 이러한 통제 수단으로 팔레스타인 인구를 관리한다. 그 많은 장애물들 역시 팔레스타인 영토 내에 위치하기 때문에(단순히 oPt와 이스라엘 사이의 존재하지 않는 가상의 국경 위에만 있는 것이 아니라), 이 체계는 많은 사람들이 보통의 일상생활(출근, 친지 결혼식 참석, 장보기, 등교)이라고 여기는 것들을 막거나 심각하게 방해한다. 대부분의 사람들에게는 그 모두가 단순한 일상이지만, 대부분의 팔레스타인 사람들에게는 허락되지 않거나 구매해야 하는 귀중한 시간이다. 그것은 아미라 하스Amira Hass의 표현대로 도둑맞은 시간이며, "되돌릴 수 없고…이스라엘이 350만 명의 사람들에게서 매일 훔치는 시간의 손실은 어느 곳에서건 명백하다. 즉, 그들의 생계 유지 능력에 끼치는 피해, 경제·가정·문화 활동에서의 피해, 여가 시간, 공부나 창조적 영역에서의 피해, 각 개인이 삶을 누리는 공간의 축소와 그에 따라 발생하는 그들의 지평과 기대가 좁혀지는 피해 등을 들 수 있다."[87]

달리 말해, "시간 부족이 공간을 쓸모없게 만든다."[88] 그것은 땅을 좁히고 정치적 공동체를 만들 가능성을 무력화한다. 그리하여 그 안에서의 정해진 시간과 연속성을 통제함으로써 공간과 거기에 거주하는 인구를 통제하는 하나의 통제 방식이 출현한다.

제프 하퍼Jeff Halper는 이러한 체계를 "통제의 매트릭스"라고 이름 붙였다. 그것은 서로 맞물린 일련의 메커니즘들 일속으로, 그 안에서 이스라엘이 oPt에서 팔레스타인인들의 삶의 모든 측면을 통제하기 위해 실제 점령해야 할 물리적 영토는 소수일 뿐이다. 매트릭스는 일본 게임 바둑처럼 작동한다. 상대를 물리치는 체스와 달리, 바둑에서는 매트릭스의 주요 지점들에 대한 통제권을 따내 상대가 움직일 때마다 장애물을 맞닥뜨리게 해 상대를 꼼짝 못하게 함으로써

이긴다.[89]

저술하던 2000년 당시 하퍼는 이 매트릭스의 주된 요소가 되는 밀집한 검문소 격자망의 씨앗만을 보았을 수도 있다. 검문소는 우선 개별적으로 움직이는 몸들이 검문을 받고 통행 허가를 받거나 거부당하는 밸브이다. 둘째, 전체 인구와 그들이 소비하고 생산하는 물품의 순환을 관리한다. 이와 함께 나는 검문소의 상비 운영이 특별하고 고유한 훈육 관습을 내포하고 있다고 제안한다. 그런 측면에서 검문소는 실패가 예정된 교정矯正 테크놀로지망의 한 부분 역할을 하고 있다. 이러한 유사-훈육 관행들은 검문소를 통과해 이동하는 팔레스타인인들을 훈육 논리 내에서 작동하는 항상-이미 실패한 체계의 산물로 만들어 낸다. 그 훈육 논리는 훈육 형태를 지녔으나 실패할 수밖에 없도록 지어졌다. 그 이유는 정상화된 자치 주체들을 만드는 게 관건이 아니기 때문이다. 그보다 관건이 되는 것은 비민주적 통치 방식(점령)을 스스로 민주성을 주장하는 체제와 연결할 가능성이다. 따라서 순환과 순환을 통제하는 정치 테크놀로지의 계보는 순환에 경계를 짓는 체제와 권력의 계보이다.

이스라엘과 oPt 내 "이동의 행정"의 계보는 사람들(특별히 노동력)의 방향과 순환, 그리고 그들의 순환을 관리하는 테크놀로지의 변화를 드러낸다. 1967년부터 대략 20여 년 동안 동일한 프로젝트를 취한(그리고 동일한 프로젝트를 전제로 하는) 두 가지 사업이 교차했다. 첫 번째는 "계몽화된 점령"으로, 팔레스타인 일반 국민의 삶의 질이 점령으로 인해 개선되었다고 주장하는 것이다.[90] 두 번째는 이스라엘

노동시장 내의 변화로 팔레스타인 비-시민의 값싼 노동력에 의존하게 된 것이다.[91] 두 프로젝트 모두 훈육 제도(예를 들어 이스라엘 노동시장에 팔레스타인인들의 통합을 촉진하는 직업학교)를 설립하는 것에 의존했다. 또한 푸코의 1975~1978년 글에 묘사된 것과 여러 가지로 유사한 생명정치적 격자biopolitical lattice(출생률과 사망률, 질병과 예방접종, 수질 등을 관심 포인트로 삼는 다면체 격자)의 배치에 의존했다.[92]

그러나 지난 10년간—그리고 1989년까지 거슬러 추적할 수 있는 과정에서[93]—이 생명정치 체제의 작동이 완전히 변화했다. 니브 고든Neve Gordon은 그 기간 동안 그가 '삶의 정치학'이라고 이름 붙인 것으로부터 '죽음의 정치학'으로 변화했다고 주장한다.[94] 나는 이러한 변화가 순환의 정치학—훈육·생명권력과 얽힌 자유주의적 프로젝트[95]—에서 관심의 대상이 더 이상 정확히 인구집단이 아니라 이동하는 주체subjects-in-motion(운동locomotion이라는 유일한 속성을 지닌 단차원적이고 주체-같은 위치subject-like positions를 구성하는)라는 새로운 존재가 된 정지의 정치학으로의 변화로 설명될 수 있다고 주장한다.[96] oPt 내 이동 통제에 관한 대부분의 문헌들은 이 새로운 형태의 통제를 주로 인구의 측면에 작용하는 것으로 보고 있다. oPt 내에서 동시대 이스라엘 권력이 복잡한 훈육 사업들을 포기하고 인구를 움직이는 몸으로서 통제하는 데 초점을 맞춘다는 주장에 따라, 이 문헌들 또한 주체와 권력 사이의 관계를 포기한 것처럼 보인다.[97] 이러한 이론적 경향은 oPt 내 권력의 분석을 넘어 펼쳐진다. 모빌리티 연구 분야의 개척자 중 한 명인 윌리엄 월터스William Walters는 수용소에 관하여 비슷한 주장을 펼친다. 그에 따르면 수용소는 더 이상 훈육의 장소가 아니다. 그 이유는 국가들이 더 이상 수용소에 거주하는 인구들(추방 가능한 사람들)과 관련하여 "긍정적인 종류의 주체성"을 생산하는 데 관심을 기울이지 않기 때문이다.[98] 각기 다른 이동체제에 관한 많은 동시대 분석에서도 비슷한 주장을 찾을 수 있다. 이런 연구에서 시작하여 이 책은 어떻게 이동을 통해 통제되는 하나의 인구집단이 주체화 테크놀로지에 의해 생산되는지 이해하는 데 노력을 기울일 것이다. 달리 말해 나는 주체들이 움직이는 몸이 되게 하고 그들의 위치와 순환을 관리함으로써 그들을 지배하는 지역의 구체적 장치들에 대해 탐구한다.

점령당한 팔레스타인 영토 내의 검문소, 울타리치기, 포위, 벽, 추방 그리고 이동을 규제하는 다른 조치들은 자유와 이동의 결합에 관한 나의 주장의 그저 한 가지 사례로 삼을 수 있다. 이동이 사실 자유liberty의 증명이고 나아가 이 책이 주장하려고 시도하는 것처럼 자유주의적 주체성과, 따라서 시민권 개념과 얽혀 있다면, 점령의 상태―정의상 시민권 박탈과 대부분의 정치적 권리의 부정―가 이동에 관한 통제를 정치적 테크놀로지로 통합시킬 것이다. 그러나 이 사례는 우리에게 더 많은 것을 볼 수 있게 해 준다. 서안지구에서 이동의 제약이 사실상 팔레스타인인들의 자유의 제약이지만, 자유로운 이동은 이 문맥에서 주로 보안 패러다임 내에 자리한다(일반적으로 이민이나 국제 여행에 관한 동시대의 전제가 그러한 것처럼). 이스라엘 인권단체 비첼렘B'Tselem의 말을 빌리자면, "팔레스타인인들의 이동의 자유는 근본적인 인권 문제에서 이스라엘이 자기들 판단에 따라 부여하거나 보류하는 특혜가 되었다."[99] 여기서 우리는 앞 섹션의 끝부분으로 돌아간다. 즉, 자유 자체가 보안의 문제가 된다는 사실이다. 그러면 이 책은 변화하는 이동의 양상에 따라 조정/결정되는 자유와 보안의 끊임없는 결합과 분리에 대한 탐구로 볼 수 있다. 즉, 훈육 주체들이 나타나는 규범화 프로젝트, 그러한 주체들이 해체되는 이동의 테크놀로지, 질서와 질서 파괴 모두 세계화되는 해상지도 등을 탐구한다.

◆　◆　◆

이 책의 구조는 역사적 · 철학적으로 폭을 넓게 개방해서 그 사이로 주장이 형태를 갖추고 그 폭 내로 그 주장이 공명할 수 있도록 하는 것을 목표로 한다. 따라서 책은 각기 다른 맥락과 분야 사이로 나아간다(늪은 그 자체로 피할 수 없을 것이다). 일부 닻이 책의 주장을 반복적 주제와 중심축(고려된 이론의 측면과 이론적 연구가 출현하는 동시대 문맥의 측면 둘 다에서) 중심으로 체계화하겠지만, 책은 종종 경로를 이탈해 좀 더 절충적인 집합체로 보일 수 있는 것으로 향할 것이다. 이러한 경로 이탈은 특정 논리, 문법, 또는 이동 구조의 편재성과 이동에 대한 생각의 편재성을 지적하고 이 구조의 각기 다른 표현과 이행 내의 다양한 변이들을 묘사할 것이다.

1장 〈가상선 사이〉(메라브 아미르Merav Amir와 공동 집필)에서는 이동, 폭력, 각기 다른 주체-위치 구축 사이의 관계를 연구할 수 있는 압축된 소우주로서 점령당한 팔레스타인 영토 내의 이스라엘 검문소에 초점을 맞춘다. 대담에 뒤이은 토론에서, 그리고 이전에 이 장의 글을 발간했을 때 반응했던 사람들은 종종 그 분석을 인류학적 연구의 일부로 언급해 왔다. 나는 인류학자로 훈련 받은 적이 없고 그 분야의 경계에 대해 고찰하려는 의도도 없다. 그러나 여기에 인류학이 있다면 그것은 권력의 인류학이다. 나의 탐구의 목적은 팔레스타인인이 아니다. 혹자는 내 분석에서 팔레스타인인들의 관점이 거의 완전히 지워졌다고 말할 수도 있으며, 또 어느 정도는 그 말이 맞을 것이다. 이 주제에 관한 이론의 집합적 모자이크에서 나는 내가 팔레스타인인들의 목소리를 대변—그들이 자신들을 점령한 권력의 구성 요소의 일부가 되는 것—해야 한다고 생각하지 않는다. 나의 탐구 대상은 그보다는 팔레스타인인들에 부과된 지배 형태를 정당화하는 메커니즘이다. 그 지배 형태는 결코 그 수신인을 수동적으로 놔두지 않고, 결코 그들의 주체-위치를 결정하지 않으며 또 결코 저항의 가능성을 배제하지 않는 권력의 한 형태다.

이 장은 폭력이 그 자체로 정당화될 수 있는(혹은 정당화된) 메커니즘을 살펴볼 것이다. 심지어 폭력을 없애기 위해 마련되었다고 표방하는 체제(예를 들어 "자유주의", "민주주의" 또는 "평화 프로세스") 내에서 폭력이 나타나는 경우도 살펴볼 것이다.[100] 그것은 두 선을 중심으로 만들어진다. 즉, 검문소에서 팔레스타인인들의 질서화된 이동을 조직하는 척하지만 사실은 교란시키는 가상선imaginary line과, 수신인이 주로 유대인, 이스라엘인, 상류층 여성 인권활동가인 백색선이다. 이러한 공간 경계 설정의 두 가지 논리는 동시에 두 주체-위치들을 취하기도 하고 또 조직하기도 한다. 바로 규제하는 법의 밖에 있는 점령당한 주체와, 이동이 자유이고 따라서 특정 제한 하에서만 제약을 받는 시민이다. 이어지는 장에서는 이 두 주체-위치 형성의 오랜 역사에서 몇 가지 지점들을 구분할 것이다. 그리고 잠깐의 막간 동안 더 폭넓은 사상의 계보 내에 1장의 주장을 안착시키는 작업을 하고, 그 뒤 3장과 4장이 1장의 중심에 있는 두 선에 의해 고안된 위치에 따라 나뉠 것이다. 3, 4장 모두 이동에 관한 각기 다른 전제들(특정 이동 패턴을 생산해 내는 각기 다른 방법 포함)이 두 주체-위치 형성에 얼마나 필수적인지 보여 줄 것이다. 3장 〈'감금이란 이름이 맞지 않는' 울타리〉는 자유주의의 핵심에 있는 주체와 이 담론 내에서 자유로서의 이동의 역할에 초점을 맞춘다. 그리하여 이동의 초기 자유주의적 개념화에 있어서 변화들을 보여 주고 그와 함께 주체성, 물질성corporeality, 자유에 관한 전제들의 변화도 보여 줄 것이다. 우선 이동이 이 체제 내에서 자유의 실체화였다는 것, 두 번째로 이동이 자유주의적 주체가 구현되는 특혜 받은 방법이었다는 것, 세 번째로 이동이 또한 합리성을 위한 물질적 조건이었음을 보여 준다.

움직이는 몸은 특히 그것이 특정 물질화된 합리성의 방식으로 드러날 때 기존 이분법을 불안정하게 만들기도 하고 동시에 생성해 내기도 한다. 그것은 수용된 마음/몸 분리에 의문을 제기하고 동시에 우리가 고전적인 자유주의를 생각할 때 몸을 고려하도록 강제하기도 하면서 몸을 하찮은 것으로 만들기도 한다. 이 체제 내에서 몸은 좁고 희석된 형태로 보이는데, 그것은 바로 주어진 좌표 사이에서 몸을 위치의 변화로 축소시킴으로써 생산된다. 그러므로 또한 이동의 중심적 역할을 볼 때 "체화embodiment"만 살펴보아서는 특이성과 차이에 집중할 수 없다(많은 비평이론가들이 취하는 태도처럼). 실제로 일부 자유주의 텍스트 정전을 자세히 분석하면 움직이는 "합리적" 몸이 특별한 것임을 알 수 있다. 즉, 그것은 능력 있고, 굳건하고(남성?), 목표지향적(합리적?)이며 대개 유럽인의 몸이다.

자유주의와 식민주의가 함께 출현했다는 것은 이제 일반화된 기정사실이다. 서구는 "타자화" 과정을 통해 제 자신을 구성했다. 즉, 서구는 식민화되고 때로 노예화된(그리고 다른 단면에 있어, 여성) 주체들에 의해 스스로를 문명화했다고 확인했다. 그리하여 우리는 그저 "본질적으로 식민지 모더니티"에 대해서만 이야기할 수 있다.[101] 그러나 여기서 인상적인 것은 계몽화되고 자유롭고 자유주의적인 주체의 요체要諦로서 작용하는 바로 그 특질을 극단으로 밀어 버림으로써 이 거리 두기 과정이 일어났다는 사실이다. 이동은 추상적이고 보편적인 주체의 예증이 되는 물질적 형태이기도 하고 동시에 주체의 테두리, 심지어 주체의 '저 너머'이기도 하다. 4장 〈'과도한' 운동의 문제〉에서는 이 타자화 과정에 초점을 맞춘다. 이 장에서는 자유주의적 주체와 "타자화된" 주체들/인구 사이의 차이점 생산을 보여 주기 위해 움직이는 몸들의 변화하는 개념화를 따른다. 논점은 단거리 이동이 제약을 받아야 했고 자유와 타협을 보기 위해 어느 정도는 스스로를 제약해야만 했다는 점이 아니다. 또한 그런 자기-제약 능력이 모든 주체들의 부담으로 지워지지 않았다는 점도 아니다. 논점은 일부 이동 패턴이 이동을 과도하게 만드는 이미지와 구체적 장치들의 순환에 의해 항상 제어하기 어려운 무질서한 것으로 생산되었다는 점이다.

여기서 아메리카는 식민지 공간에 대한 17세기 이론가들의 글을 연구하는 데 역할을 할 뿐만 아니라 1장 팔레스타인인들의 이동 분석과 공명하는 역할도 한다. 토착 아메리카인들은 이 텍스트들에서 이스라엘 점령 틀 안의 팔레스타인인들의 지형학과 매우 유사하게 그려지고 있다. 그들의 땅에 대한 애착은, 모순으로 보이지만 계속되는 몰수와 점령 사업들을 위한 시종일관 통일성 있는 정당화 메커니즘에서 부정되기도 하고 두려움의 대상이 되기도 한다.

5장 〈정치적인 모든 것들의 실체와 의미〉에서는 제국주의 폭력과 이동 사이의 이 관계를 확장시킨다. 이 장은 앞선 4개 장들의 초점에 있었던 권력 분석에서 차츰 나아가 1장에서 부분적으로만 살펴보았던 행동과 저항의 분석으로 옮아갈 것이다. 보디폴리틱 자체의 운동과 다른 집단적 몸들 내의 운동movement의 의미를 둘 다 살펴보면서, 운동을 집단적 정치적 임무로서 분석한다. 이 장에서 순환하는 운동의 많은 유형들—어쩌면 여러 의미들—(감정에서부터 사회적 운동에 이르기까지)을 살펴보면 개념의 융통성과 확산 측면에서 이 책의 기저에 흐르는 일부 주제들이 좀 더 명시적으로 드러난다. 결국 운동은 정치적 삶, 행동, 연합의 물질적 실체로 나타난다.

제1장

가상선 사이

: 점령당한 팔레스타인 내
군검문소에서의 폭력과 정당화

_ 하가르 코테프 · 메라브 아미르

그때 그[군인]는 많은 여인들, 안에 갇혀 있는 남편을 기다리고 있는 여인들을 보았다.··· 그는 그들에게 다가가 발로 땅에 금을 그었다. '저쪽으로', 그는 두 손을 주머니에 찔러 넣은 채 그들에게 발로 방향을 표시했다. '저쪽으로', 그는 그들 뒤에서 턱으로 두루뭉술하게 방향을 가리켰고, 그러자 그들이 뒤로 물러나기 시작했다. ··· 그들 중에 세 개의 비닐봉투를 들고 있는 젊은 여인이 있었다. 군인이 여자에게 다가가 그 봉투를 걷어찼다. 여자는 군인이 무언가 말하기를, 신호를 보내기를 기다리며 빤히 쳐다보았다. "저쪽으로", 그가 말했다. 어쩌면 심지어 소리 내어 말하지 않았는지도 모른다. 그러나 어쨌든 그가 말을 할 때는 그건 오직 유대어였다. 그러나 여자는 의도를 파악했고 봉투를 들고 그가 지정한 선 너머로 물러났다. 검문소의 진짜 목적—괴롭히기 그 자체—을 드러내는 선 ··· 나머지는 그저 타자란 이유로, 나비 날개를 조금도 움직이지 않게 하면서 다른 사람들을 괴롭히기 위한, 그저 여기서 배우는 가공의 역사와 세뇌와 항상 맴돌고 있는 인종차별주의가 제공하는 클리셰일 뿐이다. _ MahsanMilim.com, 2007

이스라엘의 검문소는 서안지구 전체에 거미줄처럼 설치되어 이동을 포착하고 규제하고 자주 금지한다. 그것들은 이스라엘 점령의 동시대적 방식들 중에서 가장 구체적이고 효율적이며 가장 파괴적인 수단 중 하나에 속한 요소로 "이동의 체제the regime of movement"라고 불린다. 1991년(점령당한 팔레스타인 영토에 대한 최초의 광범한 봉쇄)부터 점진적으로 발전되어 온 이 체제는 서안지구에서 사람과 물품과 서비스를—그와 함께 경제, 사회, 국가조직을—이스라엘의 통제 하에 예속시킨다.[1] 다양한 장애물들(도랑부터 철제 출입문이나 벽 등까지)과 함께 복잡다단하게 뒤얽힌 허가/면허 시스템을 수반하며 검문소들은 밀집도 높은 격자망을 형성하여 공간과 그 공간 내에 살고 있는 팔레스타인 사회구조를 파편화한다. 검문소는 대부분 '이스라엘'과 '팔레스타인' 사이가 아니라 팔레스타인 영토 내에 위치한다. 마을과 도시에 이르는 주 도로에 위치하여 들고나는 차량의 이동을 제한하며, 도시를 에워싸 그 도시에 의존하는 주변 마을들과 분리시키고, 팔레스타인인들이 이동을 허락받은 몇 안 되는 도로를 끊어 놓는다. 검문소는 평범한 일상생활(출근, 등교, 병원·시장 방문, 친지·친구 방문)을 방해하고 사실상 생활을 유지할 수 있는 가능성을 막아 버린다. (물품과 노동력 순환을 막음으로써) 경제를 방해하고—거의 완전히 마비시키고—(정치공동체와 영토의 연속성 유지를 막음으로써) 생존 가능한 독립적인 팔레스타인 정치체제의 설립을 막는다.

이러한 검문소는 점령당한 팔레스타인 영토에 대한 특별한 통제 방식을 마련하는 데 목표를 둔 정치 테크놀로지의 요소이다. 또한 그것들은 이 정치 테크놀로지의 응축된 소우주로 볼 수 있는 특별한 현장이기도 하다. 이러한 장소에서 볼 수 있는 통제의 형태—내가 여기서 해독하고자 하는 통제의 형태[2]—는 오슬로협정(1993년—진행되고 있는 "평화 프로세스"의 공식적인 시작)과 이스라엘·팔레스타인 2차전쟁(2000) 사이에 강화되었다. 이때 보안 논리를 점진적으로 강조하여 끊임없이 정치적 타협의 언어를 위축시켰다(그 추세는 아직도 계속된다). 그러나 이 두 개의 반대되는 궤도—화해의 담론, 그리고 점진적 안보 강화를 통해 이루어지는 끊임없는 화해 무효화(종종 파열적인 폭력의 형태를 띤다)—는 서로 나란히 작동되고 있다. 나는 이 둘 사이의 중재(둘의 동시적 지속가능성을 위해 필요한 일)로 인해 현재의 이스라엘 점령 단계를 형성하는 새로운 통제 방식이 생겼다고 주장한다. 이 모순되는 논리들을 타협시키기 위해 정당화 메커니즘이 필요하다. 즉, 평화협상 와중에 점령의 체제가 유지될 수 있도록 하고, 그 반대의 경우도 가능하게 하는 메커니즘 말이다. 그러한 메커니즘은 팔레스타인인들을 스스로 통치할 수 없는 사람들이라고 증명함으로써 획득될 수 있다. 그게 사실이라면—나는 이스라엘이 그게 정말 사실이라고 (최소한) 가장하기 위한 조건들을 끊임없이 생산해 내고 있다고 주장한다—그들을 계속 통제하는 게 (언제나 임시적이라고, 단 그들이 스스로 할 수 있을 때까지라고 한다. 그시한은 지금 논의하고 있는 바로 그 메커니즘에 의해 언제나 미뤄진다) 정당화될 것이다.[3]

| 그림 1.1 | 후와라Huwwara검문소, 2003. ⓒMachsom Watch.

이 장에서는 이동과 이동 통제가 보안 논리와 위에서 언급한 정당화 메커니즘 둘 모두에 필수적이라고 주장한다. 이동체제의 기술적 발전이 잘 보여 주듯이 이동이 이스라엘의 통제, 그리고 팔레스타인인들이 가하는 위협에 대한 이스라엘의 이해에 있어 기본이 되는 것은 자명하다. 뿐만 아니라 이동은 '무질서한 주체들로서 팔레스타인인들의 생산'이라는 개념을 이해하는 데 핵심이 된다. 이 장은 그러한 메커니즘의 지역적 사례 중 하나에 초점을 둘 텐데, 그것은 바로 검문소 공간을 표시하는 특별한 테크닉―좀 더 정확히 말하자면 그 공간의 표시 지우기―을 말한다. 메라브 아미르와 나는 이 테크닉

을 "가상선imaginary line"이라고 이름 붙였다. 가상선은 다른 정치적 테크놀로지들—예를 들어 서로 모순되는 질서들 일속, 모호하고 끊임없이 변화하는 규제와 훈령들(심지어 시간 단위로 바뀌기도 한다), 또는 지키기 불가능하며 때로는 자기 집에서조차 불법거주자가 되게 만드는 면허/허가제도—을 결합시켜 새로운 인구 관리 방식을 만들어 낸다. 그것은 지식이 아니라 은폐에 기반을 둔 방식, 규제가 아니라 혼란과 불규칙성에 기반을 둔 방식이다.[4] 이 장에서는 우선 이러한 표시 (지우기) 테크닉의 작동을 살펴보고, 이어서 이 선에 의해 만들어지는 특별한 주체-위치를 다른 선과 비교함으로써, 또 검문소의 팔레스타인인과 이곳의 다른 정규 거주민들을 비교함으로써 탐구할 것이다. 구체적으로 검문소에서 정기적으로 활동하는 인권단체 활동가, 곧 '검문소 감시단Machsom'이라 불리는 단체 활동가에게 할당된 공간의 실체적인 공간 설정을 살펴볼 것이다. 이를 통해 검문소에서 벌어지는 특별한 주체화 과정을 밝힐 수 있고, 그럼으로써 검문소가 실패가 예정된 교정 체계의 일부라는 주장이 가능해질 것이다. 마지막으로 더 나아가 새로운 형태의 검문소인 터미널을 살펴볼 텐데, 이러한 장소들의 출현을 분석하면서 나는 폭력의 발생에 대항한다며 규칙성과 규제—그걸 따르는 걸 실패하기 쉽게 만들어 놓고는—에 호소하는 자유주의적 충동에 의문을 제기한다.

가상선과 권력 테크놀로지: 검문소에 대하여

가상선은 이스라엘 군인들이 검문소에 그린 선(실체 없는 은유적, 추상적 선)이다. 그것은 검문소 공간 내에서 팔레스타인인들의 허가된 이동을 제한하는데, 오직 서 있는 군인들 본인의 마음속에 존재하는 선이다. 따라서 가상선은 주어진 공간을 통제하는 특별한 형태의 테크닉이자 상징이다. 이 테크닉이자 상징은 공간에 적용되는 규칙들을 통제하는 게 관건이지만, 더 중요한 것은 그 규칙들의 지식을 통제하는 것이다.

검문소의 작동 방식을 자세히 살펴보자. 검문소의 밀집도와 위치를 보면 모든 팔레스타인인들은 자신의 마을, 고장, 도시의 경계를 넘어갈 때 적어도 하나의 검문소, 대부분은 몇 개를 지나쳐야만 한다.[5]

개인 차량으로 통과 허가를 받는 것은 불가능에 가깝기 때문에 대부분의 사람들은 검문소를 걸어서 통과할 수밖에 없다. 출퇴근 시간 주요 유인 검문소에는 수백 명의 사람이 긴 줄을 이루어 몰려 있게 되는데, 그중 대다수는 지친 채로 어서 제 갈 길을 가고 싶은 마음이 간절하다. 때로 그들은 몇 시간씩 밀집된 긴 줄에 서서 여름에는 뜨거운 중동 지방의 뙤약볕을 견디고 겨울에는 비바람을 그대로 맞는다. 2000년부터 팔레스타인인 대부분에게 필수적 일상이 된 이 경험은, 장전된 총이 배치된 보안검문 부스에 다다라 철저하고 모멸적인 보안검문을 받아야 끝이 난다. 우선 몸수색이 실행된다. 그 다음 거칠고 무례한 방식으로 개인 소지품 검사가 이루어지고, 마지막으로 개인 서류 검사와 때로는 짧은 심문이 진행된다. "어디 사느냐? 부모 이름이 무엇이냐? 어디 가느냐? 무슨 목적으로 가느냐?" 보안검사는 천천히 이루어지기 때문에 줄 선 사람들 사이에 긴장감이 쌓인다. 사람들이 서로 떠밀면서 줄 앞쪽 사람들은 항상 뒤쪽 사람들에게 밀리게 되고, 그러다 보니 군인들이 줄 선두와 보안검문 부스 사이의 적정한 거리로 여기는 범위를 침범하기 일쑤다. 그러면 가상선이 갑자기 나타난다. "이르자 라와라!"(물러서시오!) 군인들은 대개 자신들이 아는 유일한 아랍어로 소리를 지른다. 선 뒤로 "물러서시오." 그것은 바로 보이지 않는 선, 표시하지 않은 선, 가상선이다.

아즈미 비샤라Azmi Bishara는 《검문소의 나라에서의 갈망Yearning in the Land of Checkpoints》에서 다음과 같은 일상을 묘사한다.

> "물러서시오!" 군인이 군중에게 소리친다. 군중들이 등 떠밀려, 너무 복잡해서, 그늘로 가기 위해, 소동이 일어나서, 몇 발짝 앞으로 나올 때마다… "물러서시오"는 이동 방향과 반대되는 방향으로 밀어붙이는 역할을 하는 문구다. 서 있는 줄에서 자기 자리를 놓치지 않으려고 애를 쓰며 떠밀리는 그 모든 사람들 사이에서 이 문구가 얼마나 많은 전쟁을 선동했는가. … 군인이 검문소에서 선생이나 교육자 역할놀이를 하고 싶은 마음이 들 때마다, 또는 그저 재미 삼아, 또는 상황을 통제하고 싶은 마음이 들 때마다, 그는 논쟁의 여지를 남기지 않겠다는 단호한 어조로 "물러서시오"라고 소리친다. … "이 선을 넘으면 누구든 집으로 돌아가게 될 것이오." 그때 아무 사전 예고 없이 줄 선두에 있다는 것이

축복이 아니라 저주가 돼 버린다. 줄 선두에 서 있는 사람은 이제 선의 수호자가 되고 선을 넘지 않기 위해 주의를 기울여야만 한다.[6]

보이지 않고, 또 그 위치가 완전히 우발적이며 또 자주 변하기 때문에 가상선은 침범할 수밖에 없다. 언급할 필요도 없겠지만, 이 선이 공개적으로 눈에 보이게 표시되어 있지 않다 하더라도 선을 침범하는 것은 처벌을 수반한다. 이러한 처벌은 대개 훈육적 처벌의 형태를 띤다. 예를 들어, "위반자"를 몇 시간 동안 억류하거나 줄 맨 후미로 돌려보내거나 검문소 통과를 불허하는 식이다. 또는 보안검문 절차를 천천히 하거나 아예 일정 기간 동안 검문소를 완전히 폐쇄함으로써, 훈육적 처벌이 통과를 기다리는 모든 사람들에게 적용되기도 한다. 가끔 군인들이 폭력적 반응을 보이기도 한다. 때로는 존재하지 않는 표시선을 침범하다 걸리면 심한 부상을 당하거나 심지어 죽임을 당하기도 한다.

이스라엘이 팔레스타인인과의 관계를 인식하는 관점에서 처벌 개념이 완전히 생소한 것은 아니다. 이스라엘은 선언된 당근과 채찍 논리에 따라 많은 행동을 합리화하면서 150만 명에 달하는 가자 지구 주민들에 대한 군사적 침략, 마을 포격, 폐쇄, 6년 봉쇄 등이 모두 팔레스타인인들, 그들의 지도자나 무장투사들의 잇따른 침범에 대한 교정적 반응이었다고 설명한다.[7] 이 처벌 개념은 이 장에도 어느 정도 내재하는 진퇴양난의 곤경을 전면에 드러낸다. 그것은 바로 파격적으로 억압적인 이스라엘 정권의 팔레스타인 종속을 주체화 과정과 연관된 것으로 볼 수 있는가 하는 문제이다. 그리고 그렇다면 그것을 어떻게 이해해야 하는가? 또는 서론에서 언급한 용어로 이 질문을 다시 풀어 묻는다면, 어떻게 단지 움직이는 점들(이동을 통제함으로써 통제되고, 머리 위 멀리서부터 죽임을 당할 수 있는 점들)처럼 통제되는 한 인구집단이 주체의 수준에서 생산되는가? 궁극적으로 이동의 선동과 제약이 관건인 이러한 인구집단과 주체들의 공동생산은 이 책의 논점들을 관통하는 맥으로 흐른다.

점령과 관련한 동시대 많은 분석들이 주지했다시피, 이스라엘은 자기 주체들로서 팔레스타인에 대해서는 관심이 없으며, 따라서 점령 초기에 배치되었던 모든 훈육적 생명정치적 배열을 모두 취소했다.[8] 아리엘라 아졸레이Ariella Azoulay와 아디 오피르는 더 나아가 "팔레스타인 봉기가 팔레스타인 국민을 통치하는 이데올로기 혹은 훈육적 수단을 쓸 수 있는 이스라엘의 능력을 거의 말살했다"고 주장한다.[9] 나는 이 주장에 대하여 논쟁하지 않고, 각기 다른 이스라엘의 통제 장치들(검문소 포함)이 이스라엘이 팔레스타인인들에게 지정한 특별한 주체-위치를(더 이상 광범하고 심지어 일관된 주체-위치가 아니라 하더라도) 구성하는 데 중차대한 역할을 한다고 주장한다.

다른 지정학적 맥락에서 프라딥 제가나탄Pradeep Jeganathan은 스리랑카의 검문소를 그곳을 통과하는 사람들의 신분을 판독하는 것에 목표를 둔 인류학적 장소로 해석했다. 그는 검문소를 통과하는 것은 검문소의 존재 자체가 제기하는 질문을 군인이 해결하는 과정이라고 주장한다. "당신의 정치적 정체성은 무엇인가?" 이 질문과 연관된 또 다른 질문은 "당신의 사회적·문화적 정체성은 무엇인가?"
이다. 이에 대한 답은 거주지나 출생지, 언어, 신분서류에 올라 있는
다른 특성들에서 구할 수 있을 것이다.[10] 그러나 oPt에서는 이러한
분류의 대부분이 검문소 밖에서 이루어진다. 검문 절차에 예속되는
사람들(서안지구 팔레스타인인)은 이미 특정 종족이나 민족에 속하는
것으로 범주화되어 있다. 더욱이 검문소에서 그곳을 통과하는 사람
들의 신분을 검사하는 과정은 이스라엘 비밀정보국이 수집한 광범
하고 정교한 데이터베이스의 지원을 받는다. 그 데이터베이스에는
내력, 가족관계뿐만 아니라 한 사람을 유대국가에 대한 잠재적 정치
적 적이 되게 할 만한 모든 요소들이 포함되어 있다. 나는 검문소가
정체성을 해석하려고 시도할 뿐만 아니라, 더 나아가 정체성을 생산
해 내기도 한다고 주장한다.

　검문소가 훈육을 목적으로 만들어지지 않았고, 훈육 장소로서의
특성들을 갖추지 못했다는 지적도 일리가 있다(물론 검문소는 일부
그런 특성을 갖고 있는데, 각별히 개인의 몸들의 엄격한 공간 배치를 들 수
있다). 그러나 고도로 조직화된 두 개의 훈육 장치—학교 제도와 군
대—의 성공적 산물인 군인들은 검문소의 훈육적 잠재성을 인지하
고 있다. 따라서 그들은 종종 자신들의 역할을 교육적인 역할이라
생각하고 "행실이 나쁜 아이 같은" 팔레스타인인들을 훈육하려 한
다. 위반하다가 걸리면 팔레스타인인들은 "나쁜 행동"을 반복하지
않도록 배우라고 처벌을 받는다. 대개 처벌(학교에서 하는 것처럼 보
통 '방과 후 남게 하기'와 같은 구금의 형태로 이루어진다) 뒤에는 훈계가

이어지는데 교훈을 얻었는지 군인이 확인하는 과정이다. 그러나 침범하지 말아야 할 선이 가상의 선일 때는 훈육의 작동이 애초에 실패할 수밖에 없다.

추정컨대, 관건은 검문소 구조의 결핍, 즉 쉽게 해결할 수 있는 공간의 경계 설정을 하지 않았다는 것이다. 그저 선을 긋기만 하면 된다. 이런 문구를 넣은 안내판을 세울 수도 있다. "여기서 기다리시오." 이처럼 기능 불량을 개선할 수 있음에도 가상선은 검문소의 완고한 요소이다. 그것은 놀랄 정도로 오랫동안 모든 곳에서, 사실상 모든 검문소에서—임시로 세운 구식 검문소부터, 표지판·출입구·울타리 등 여러 조치들로 엄격하게 공간을 분할한 고도로 정교한 검문소에 이르기까지—끈질기게 버티고 있다.

더욱 놀라운 것은, 가상선이 유동성과 본질적 임의성을 전형으로 하는 체제에서 고도의 영속성을 지니고 있다는 것이다.[11] 검문소의 건축 형태가 더욱 발전하고 영구적이 되어서도, 선을 눈에 보이게 표시한 뒤에도, 대기하는 사람들과 보안검문소 부스를 가르는 십자형 회전출입구를 설치한 뒤에도, 이 십자형 회전출입구가 리모컨으로 작동하는 전자출입구로 바뀌어 군인이 사람들의 진행을 완벽하게 통제하게 된 뒤에도, 이 모든 테크놀로지 장치들이 작동을 시작한 뒤에도, 가상선은 검문소의 다른 부분에서 계속 모습을 드러냈다. 그것은 회전식 출입구 앞이나 뒤에서 나타났다—사람들을 회전식 출입구에서 얼마간 거리를 유지하게 하기 위해, 또는 회전식 출입구를 통과한 뒤 군인에게 다가가기 전 기다리게 하기 위해. 가

| 그림 1.2 | 검문소의 교훈, 후와라검문소, 2004. 군인이 세 명의 팔레스타인인들을 억류하기 위해 그들의 녹색 신분증을 들고 있다. 그는 그들이 교훈을 "내면화할" 때까지 일정 시간 동안 그들을 갇힌 공간에 억류할 것이다. ⓒMerav Amir. Courtesy Merav Amir, Machsom Watch.

상선은 주차장이나 도로에서도 나타난다. 통과를 기다리는 차들이 군인들에게 보안검문소에 들어가라는 신호를 받을 때까지 어디에서 있어야 하는지, 검문소에서 사람들을 태우려고 기다리는 택시들이 얼마나 가까이 주차할 수 있는지를 지시한다.[12] 또한 가상선은 종종 검문소의 다른 부분들에 (비)표시되어 이미 검문을 받은 사람들

이 검문소로부터 거리를 유지하게 만든다. 가상선이 이렇게 완강하게 출현하는 것은 그 역할의 중요성을 잘 알려 준다.

나는 가상선이 유사훈육disciplinary-like 장치로서의 기능 면에서 검문소의 공간지형학 속에 지어진 본질적 실패라고 주장한다. 이러한 실패는 검문소를 통과하는 팔레스타인인들을 훈육 불가능한 사람들로 생산해 내고, 따라서 그들을 점령받아 마땅한 주체로 만들어 버린다. 그것은 또한 검문소의 일상적 기능 내에 깨진 틈을 열어젖혀 폭력 행위가 나타나게 하고, 나아가 폭력 출현에 정당화의 틀을 제공한다. 가상선은 제지할 수 없고 따라서 위협적인 것으로 제시되고 인지되는 이동, 그에 따라 "테러"로 규정될 수 있는 이동을 생산해 낸다.[13] 이는 점령자로서 45년이 넘었음에도 불구하고 도덕적 우월성을 주장하는 정권이 끊임없이 제 자신의 합법성을 추구하고 있는 더 큰 틀 내에서 이해되어야 한다. 이스라엘 정권은 자신의 폭력에 대해 끊임없이 정당화의 근거를 찾는다. 인구 통제 측면에서 볼 때, 팔레스타인인들의 계속되는 폭력적 저항의 위협이 이러한 정당화를 제공한다. 그러나 어떤 식으로도 전투에 관여하지 않은 게 명백한 사람들을 표적으로 하는 이스라엘 군의 구체적이고 전횡적인 폭력 행위는 종종 다른 수단들로 정당화의 근거를 찾는다. 가상선이 그러한 수단 중 하나다.[14]

체제의 성공이 정확히 그 실패의 지점에 있다는 이 모순적인 구조는 전혀 모순적이지 않다. 실패와 성공은 두 가지 다른 측면에서 일어난다. 우리는 일상적인 검문소 운영의 구체적 측면에서 스스로

| 그림 1.3 | 바닥에 막대기를 놓아 넘지 말아야 할 경계를 나타낸 선. 아준아트마Azzun'Atmah검문소, 2010년 1월. 경계선을 바닥에 분필로 그리거나 끈 또는 막대기로 표시했다가 나중에는 장애물과 울타리를 설치했다. ⓒTom Kellner. Courtesy Tom Kellner, Machsom Watch.

실패하는 메커니즘을 보았지만, 점령체제 전체와 그 작동과 정당화 방식을 고려하는 관점에서 보면 성공은 외부적 측면에서 성취된다. 그것은 국지적 실패로서, 그 실패를 수단으로 전횡적 권력이 구체화할 수 있으며, 이는 전체 체제의 논리에 따르면 성공으로 볼 수 있다—이를 보여 주는 것이 나의 목표다. 그러나 이 두 측면의 분리는 외부에서 보는 사람의 특혜이다. 즉, 이 검문소를 통과해야만 하는

사람들—자신들을 위해 마련된 언제 닥칠지 모를 폭력으로부터 스스로를 보호하기 위해 행동을 조심해야만 하는 사람들—에게 검문소의 모순적 효과는 즉각적인 감각으로 느껴진다.

정당화할 수 있는 폭력이라는 이 모순으로 출현하는 폭력은 어떤 측면에서 그 자체로 모순적이다. 폭력은 공간의 구조에 파괴적인 영향을 끼치는 경향이 있다. 순수한 폭력의 출현은 적어도 일시적으로 주변에 연쇄작용을 일으킨다. 그것은 어떤 다른 질서도 무효로 만들며 구분점을 흐리게 만들고(참여자와 구경꾼 사이, 위협하는 사람과 친절한 사람 사이에) 억제하기 어렵다. 그러나 검문소에서 특정한 경우 폭력이 작동하는 것을 목격할 때 검문소가 얼마나 빨리 정례의 임무를 재개하는지 보면 매우 인상적이다. 심지어 누군가 가상선을 넘다가 총을 맞더라도 검문소 건물이 폭력만이 난무하는 총격의 현장으로 변하지 않는다는 것은 어떤가? 왜 사람들은 불과 몇 분 안에 통행을 재개하고 군인들은 표준 보안검문 임무로 돌아가 질서가 다시 회복되는가? 질서를 생산하는 메커니즘이 자신의 (메커니즘의) 실패(폭력의 출현을 정당화하는 무질서)를 만들어 낼 때 폭력은 질서의 재확립을 촉진하는 것 같다. 이 비정상적인 공생관계는 우리가 보는 것이 정상화 체제normalizing regimes에서 볼 수 있는 것과는 다른 통치/통제의 방식이라는 것, 따라서 통치받는 사람의 주체-위치에 관하여 다른 전제들 일속을 가졌다는 사실을 암시한다.

검문소를 연구할 때 이러한 위치와 방식이 스스로를 드러내는 것은 놀랄 일이 아니다. 이동에 대한 통제는 주체-위치 형성 방식에

| 그림 1.4 | 전자식 회전출입문 앞에서 기다리는 사람들. 후와라검문소 2006년. ⓒEsti Tsal. Courtesy Esti Tsal, Machsom Watch.

서 언제나 중심적이었고, 그 방식에 의해 각기 다른 체제가 각자의 정치질서를 확립하고 모양을 갖춘다. 이 책 3장이 보여 주듯이 초기 자유주의는 자유를 주로 운동motion의 자유로 보았다. 그것은 자율적인 주체를 움직이는 존재로 구성했고, 주로 움직이는 몸의 은유를 통해 자유를 상상했으며, 무엇보다 개인들의 자유로운 이동movement을 극대화함으로써 국가와 법의 힘을 제한했다. 더 나아가 이 책 4장은 특정 이동의 유형들을 생산하고 전면에 내세움으로써(노예들은 자유롭게 이동하는 게 아니라 이동되는 것이고, 토착민들은 아마도 땅에 대한 적절한 애착이 결핍되어 너무 많이 움직인다는 식으로) 식민주의

가 그 주체를 상품, 혹은 동물-같은 인간 둘 중 하나로 구성했다고 주장한다.[15] 이후의 식민정권들도 대개 이동의 체제였다. 예를 들어 남아프리카공화국의 아파르트헤이트는 흑인의 몸이 백인 아이들을 보육하고, 백인 가정을 청소하고, 백인 산업에서 노동하고, 백인 광산에서 일해야 하는 경제적 의존의 현실에서 정치적 구분을 확보하기 위해 만든 수천 개의 출입구와 교차로를 기반으로 두었다. 공간이 울타리치기와 검문소로 재편된 것은 오직 정치적 구분이 해체되기 시작하면서부터이다.[16] 식민 지배의 역사적 패턴도 사람과 상품의 국가 간 이동의 현재 패턴을 보면 추적할 수 있다. 각별히 이 패턴들은 여전히 많은 부분에서 식민 지도를 반영하고 있는 이동의 재조직(자본과 노동, 문화 그리고/또는 정보)인 "세계화"라고 불리는 질서의 주요 플레이어다.[17] 이스라엘 점령의 현 단계, 구체적으로 검문소를 연구하면 이동을 통제하는 특별한 양상들을 토대로 한(또는 적어도 그 양상들에 기대는) 또 다른 형태의 주체성과 통치 방식을 볼 수 있다. 이러한 양상들은 (비)모빌리티(im)mobility와 폭력과 주체 형성 사이의 독특한 관계들을 형성한다. 검문소들의 응축된 작동과 집중화에서 그것들은 정치 테크놀로지로서 이동을 연구할 수 있는 실험실 역할을 할 수 있다.

나는 위에서 검문소가 일부 운영 과정에서 일탈적인 훈육(또는 주체화) 과정을 포함한다고 주장했다. 그러나 주체를 일원적인 존재로 생산하려는 노력이 완전하게 작동되는 훈육의 장소와 달리, 검문소에서는 그 과정이 바로 이 단일성을 해체하는 데 목표를 두고 있다. 단순히 이스라엘의 통치 장치들 중 하나로, 훈육의 장소로서 검문소의 잠재적 부작용—팔레스타인인을 그 개념 그대로 주체로 만들기—이 무시해도 좋을 만큼 크지 않다고 하는 것으로 끝나지 않는다. 그보다 이스라엘의 진정한 관심은 훈육 과정의 실패가 관건인 특정 주체-위치에 놓여 있다. 따라서 좀 더 전통적인 훈육 관행이 이루어지는 때조차도 그것이 실제 성공하느냐의 문제에는, 그것이 구조적으로 바람직하지 않은 게 아니라 하더라도 큰 관심이 없다. 예를 들어, 내가 앞서 묘사한 "교훈들"이 전달될 때 그것은 유대어—팔레스타인인들이 잘 구사하지 않는 언어—로 이루어진다. 이러한 실패는 검문소를 통과하는 사람들을 외국의 권력, 외국의 전능한 주권자(그들로서는 절대 접근할 수 없고 잠재적으로 말하자면 적)에 종속된 사람들로 만든다. 달리 말해서, 그들을 점령당한 주체들, 즉 예속된 권력 내에 절대 편입되지 않는 (시민과 반대되는) 주체들로, 그렇다고 그 권력으로부터 완전히 배제된 것도 아닌 (외국인과 반대되는, 또는 그렇기 때문에 적과 반대되는) 주체들로 만든다. 그리하여 점령당한 주체는 마치 부분적 시민권의 신기루 안에 있는 것처럼 항시 맴도는 잠재성 상태 안에 있는 것 같지만, 사실 항상 반목의 직전에 있는 것이다(종종 빠지기도 한다).

따라서 이스라엘이 한때 팔레스타인인들의 삶에 대해 가졌던 훈육적이고 생명정치적인 관심의 얇은—그러나 널리 퍼진—껍질이, 단순히 이동을 통제함으로써 팔레스타인인들의 삶의 놀랍도록 매우 넓은 측면을 통제하는 좁은 통제 방식으로 대체되었다. 이스라엘 통제 장치의 관점에서 보자면 팔레스타인인들은 어느 정도 일차원적 주체들, 움직이는 주체들로 축소되었다.[18] 검문소에서 해석되는 이렇게 얇은, 또는 잠재적으로 항상-이미 예속된 주체-위치는 두 번째 주체-위치인 완전히 포함된 주체의 위치인 시민에 대비해 보면 좀 더 명백해 보인다. 두 위치 사이의 비교가 이어지는 글의 주제다.

백색선과 완전한 주체성: 검문소 감시 활동가들

검문소에서 이 완전히 포함된 주체의 위치는 이스라엘 활동가들에 의해 구현된다. 검문소에 정기적으로 모습을 보이는 인권단체 활동가들 곧, 검문소감시대CPW:Checkpoint Watch를 말한다. 이 단체는 2001년 결성된 소규모 유대인 그룹으로, 계속되는 점령에서 검문소의 의미가 점차 확장되고 커지는 것을 인지한 이스라엘 여성들에 의해 설립되었다. 이 감시대는 전원 여성으로 이루어졌으며, 현재 40개가 넘는 검문소(서안지구 전역의 인력이 상주하는 주요 검문소)에서 4백여 명의 활동가가 소규모 그룹을 이루어 활동하고 있다. CPW의 주요 목적은 점령에 대해, 각별히 검문소에 대해 항의하는 것이다.

　군과 검문소의 군인들은 감시하고 문서를 작성하고 때로는 방해행위를 하는 활동가들의 존재를 간신히 참아 내고 있다. 그럼에도 대부분의 경우, 대부분의 곳에서 그들의 검문소 출입을 제한하거나 검문소 내 이동을 제한하려는 일은 산발적으로 드문드문 일어날 뿐이다.[19] 가끔 화가 났거나 짜증 난 군인이, 혹은 그저 까다로운 군인이 공간의 한 지점을 가리키며 요구하거나 소리를 치기도 한다. "이 선을 넘지 마시오! 너무 가까이 왔소, 비켜요!" 그러나 그 가상선이 이스라엘 활동가들의 허락받은 이동을 제한하는 것처럼 보일 때조차도, 거의 대부분 군인들은 공간 제약을 실행하지 않았다. 그리고 2006년 말 어느 날, 일부 검문소에서 "감시대 여성 줄"(감시대 여성이란 말은 군인들이 단체 활동가들을 지칭할 때 쓰는 경멸적인 말이다) 혹은 "백색선"(흰색 페인트로 칠해졌기 때문에)이라는 별명이 붙은 선이 그어졌다. 백색선이 생기면 그것은 영구적인 장애물이 되어 검문소 내에서 활동가들의 허락된 이동을 제한한다. 그 선은 팔레스타인인들이 검문을 받는 장소에서 활동가들을 멀리 떨어지게 하고, 그들이 검문소 군인들의 행동을 목격하고 문서화하는 활동에 제약을 가한다. 많은 활동가들이 이 제약을 받아들이지 않았고 그중 일부는 군인들과 대적하는 데 망설이지 않았으며 종종 제한을 무시하고 그 선을 넘기도 한다. 매해 교대되는, 10년 가까이 수천 건의 교대가 이루어지는 서안지구 검문소에서 활동하는 내내 그들은 민감한 상황에서 적대적인 군인들을 수도 없이 맞닥뜨리지만, 군인이 활동가에게 손을 댄 것은 오직 활동가가 백색선을 넘었을 때뿐이다.

검문소 공간의 모든 선이 잠재적으로 폭력의 출현을 조장한다고 주장하려고 이런 말을 하는 것이 아니다. 폭력의 형태, 두 선이 작동하는 조건, 그리고 그 결과적 영향에 있어서 근본적인 차이점이 있다. 심지어 선이 실제로 그어지기 전 초기 단계에도 "감시대 여성 줄"은 결코 가상선으로 기능하지 않았다. 그 이유는 좌표가 명백하게 표시되었다거나 군인들의 변덕에 따라 임의적으로 적용되는 것이 아니기 때문이기도 하지만, 더 중요한 이유는 그 선의 밑바탕에는 규칙들, 규칙의 표시, 그런 규칙들의 적용 대상이 되며 또 그 규칙들이 구성해 내는 주체-위치에 관한 완전히 다른 전제가 있었기 때문이다.

첫째, 폭력의 발생은 선이 그어지기 전 군인들이 활동가들에게 보일 수 있는 다양한 반응 중 매우 드문 일탈행위이긴 하지만, 그러한 폭력적 반응이—해당 활동가들에게 불편을 끼치기는 해도— 결코 생명을 위협하는 상황까지 치달은 적이 없으며 대부분의 군인들이 활동가들을 강제로 선 너머로 밀어 버리는 행태에서 멈추었다는 사실을 짚고 넘어가는 것이 중요하다. 두 번째 차이는 다음과 같이 규정할 수 있다. 즉, CPW 활동가들은 정권 스스로 천명한 민주주의 정권의 시민이기 때문에, 검문소에 들어갈 때조차 그들은 자유주의가 법의 보호망이라고 인식하는 테두리 안에 포함된다. 이는 단지 시민권에 의해 부여된 공식적 위치일 뿐만 아니라, 그보다 더 중요한 사실은 권력이 그들을 법을 해석하는 능력과 권한을 지닌 존재로 받아들이는 작동을 하고 있다는 것이다. 그러므로 감시대 여성 줄은 그것이 법의 효력을 반영하기 전, 그리고 각별히 위반자들에 대한 무력행사를 정당화하기 전에 명백히 경계를 그은 흰색 선으로 구체화되어야만 했다. 선이 표시되지 않는 이상 감시대 여성 줄은 두 개의 기본적 법 원리, 즉 접근 가능성과 규칙성이 결핍된 것이며 따라서 그것은 법으로 기능하지 못했다. 자유주의적 주체가 법을 인식하고 판독하고 그에 따라 합리적으로 행동할 수 있는 주체로 규정되는 한, 법은 원칙적으로 그 적용 범위에 들어오는 주체들에게 접근 가능해야 하며 안정성과 규칙성을 보여 줄 필요가 있다.

그러나 앞서 설명한 대로, 이스라엘 법이 팔레스타인인들에게 그러한 것처럼 법이 항상-이미 해석 불가한 것일 때는 단순히 가상선을 눈에 보이게 표시하는 것만으로는 가상선의 효력과 논리를 무력화하지 않는다. 가상선을 실제 보이게 표시하는 것은 의미가 없진 않더라도 중복적이다. 이 중복성에서 인상적인 것은 이스라엘 지배의 눈으로 보자면 검문소를 통과하는 팔레스타인인들이 두 개의 서로 모순되는 주체-위치를 동시에 점하고 있다는 점이다. 그 두 개의 주체-위치들의 공통분모는 전통적인 자유주의적 주체의 특성과 반대된다. 하나는 그들이 법—그 법이 스스로 그들에게 가차없이 해독 불가한 것으로 구축한다—으로부터 소외된다고 간주되는 것이다. 즉, 모든 안내판과 명령이 유대어로 되어 있고, 규정은 대부분 임의적이고 자주 바뀔 뿐 아니라 다른 규정들과 서로 모순되며, 훈령들은 공개적으로 공표되지 않는 데다가 그것도 다양한 법 체계를 주워 모은 것이다.[20] 반면 다른 하나는, 법이 그들 안에 아로새겨져 있다고 간주되는 것이다. 즉, 그들은 추정컨대 이미 모든 규칙과 법령과 규제들을 알고 있다고 여겨진다. "그들은 안다"는 이스라엘 군인이 팔레스타인 "위반자"를 괴롭히거나 폭력을 행사할 때 그것을 합리화하기 위해 사용하는 가장 흔한 정당화이다. "그들은 선이 어디인지 안다", "그들은 자신들이 여기 있어서는 안 된다는 사실을 안다", "그들은 이 도로에서 운전하면 안 된다는 것을 안다", 그리고 "그들"은 실로 이 모든 것을 그 어떤 표지판이나 경고문이나 또는 무엇이 금지되고 허락되었는지 명백히 밝히는 표시가 없어도 (추정컨대) "알고 있다." 이렇게 고도로 만연된 정당화 등식은 oPt 내에서 입법자이자 법 집행자로 기능하는 이스라엘 군의 관점으로 볼 때, 팔레스타인인들이 어디에나 존재하는 집단의식을 공유할 때만 가능한 것이다. 즉, 한 사람이 특정 도로가 유대인만 이용할 수 있다는 사실을 전해 들으면 "그들"은 모두 즉각 그 도로를 이용하지 못한다는 사실을 안다고 추정된다. 그리고 한 군인이 줄 맨 앞에 있는 사람에게 공간 내의 가상선을 가리키면, 거의 기적적으로(군인들은 그렇게 가정하는 것 같다) 그 줄에 있는 모든 사람이 그 선은 넘지 말아야 할 선이라는 것을 식별할 수 있다. 이처럼 그것들이 제시하는 명령이 동시에 항상 이미 공유된 지식(오직 일종의 집단의식 형태로만 보일 수 있고 그 규칙에서 인종적으로 영원히 소외된 특정 개인은 절대 이해할 수 없는(따라서 따를 수 없는))이 되므로 기호판과 표지판은 중복이 된다. 서로 모순되는 것처럼 보이는 두 전제는 완전히 법에 소외되고 동시에 법 안에 매몰된 특성을 지니며, 그럼으로써 주체가 개인과 법 사이의 (추정상의) 적절한 근거리에 위치할 수 있는 능력을 빼앗긴 하나의 주체-위치를 형성한다.

백색선과 관련된 세 번째 특징은, 백색선이 그것을 넘는 활동가를 처벌하는 데 필요한 것이긴 하지만 대충 일러준 보이지 않는 선이 눈에 보이는 그어진 선으로 바뀌면서 CPW 구성원들에게 일련의 가능성이 열렸다는 것이다. 즉, 백색선은 검문소에서 그들에게 금지된 구역을 표시할 뿐만 아니라, 동시에 그들의 존재를 금지할 수 없는 지역을 표시하기도 한다. 군인이 검문소에서 활동가를 쫓아내고 싶어 할 때 활동가는 그 선을 가리키며 반박할 수 있다. "나는 여기 있어도 된다고 허락받았어요" 또는 "나는 선 바깥쪽에 있어요." 달리 말해 법 앞의 주체가 그 법에 의해 어느 정도 법을 소유하고 있다고 인정되는 한, 자유주의적 주체에게 어느 정도 협상력을 제공하고 또한 법에 호소할 수 있는 추가적인 법적·시민권적 수단을 부여하는 게 권력의 투명성이다. 예컨대 법원이나 입법자들, 언론, 공공여론 등에 기댈 수 있는 권한을 갖는다. 이렇게 보면 이 장은 더 많은 규칙성과 규칙의 선명성을 요구하는 자유주의의 이야기로 읽힐 수 있을 텐데, 그러나 우리의 이야기는 여기서 끝나지 않는다. 이야기를 완성하기 위해 나는 2005년 말 즈음에 나타난 새로운 형태의 검문소인 터미널을 들여다보려 한다.

선, 표지판, 검문소의 진화

그렇다면 선은 표시되어서는 안 되는가? 법의 규칙성과 기호화 signifiability는 항상 법을 다소 덜 억압적으로 만드는가? 되풀이하지만 만약 누군가 한 발자국 더 나아갔다는 이유로, 이 아무것도 아닌 일처럼 보이는 일 때문에 사람들이 몇 시간 동안 구금되고 구타당하거나 집으로 되돌려 보내지고, 총을 꺼내고 검문소가 완전히 폐쇄된다면 (그리하여 아무도 통과 허가를 받지 못하면) 지나서는 안 될 선을 공개적으로 표시하는 것이 더 낫지 않은가? 팔레스타인인들이 존재하지도 않는 경계선을 넘었다는 이유로 처벌받는—그들에게 고함을 지르기도 하고 총을 쏘기도 하는—수많은 사례를 목격한 이상, 그 질문에 대한 많은 CPW 활동가들의 답은 그렇다는 것이다. 잘 표시된 선이 있다면 팔레스타인인들이 규칙을 지키고 군인의 폭력으로부터 스스로를 지킬 수 있으므로 검문소에서 "위반"의 경우가 줄어들지도 모른다.

예를 들어 2005년 8월 8일 월요일에 나블루스시 외곽에 있는 후와라검문소에서 작성된 다음 보고서를 살펴보자.

"우리는 A 군인에게 사람들이 보이지도 않는 선을 넘는 걸 금지하는 건 불가능하다고 설명합니다. 그 군인은 모두가 선을 알고 있고 그렇게 행동한다고 확신한다며 이렇게 덧붙였어요. '실제로 선을 긋는다 해도 그걸 넘는 사람들이 있습니다.' 그러나 그는 선을 나타낼 푯말을 마련하겠다고 약속했어요. 우리는 다음 주에 그 푯말을 확인해 볼 겁니다."[21]

CPW 활동가들은 선을 그으라는 요구 외에도 다른 요구와 제안을 했는데, 모두 검문소를 지배하는 규칙의 규칙성과 선명성(표지판을 세우고 아랍어로 지시 사항을 써 놓으라는 요구)을 높이는 게 그 목표였다. 이는 임의성이 검문소 내 (폭력의) 권력의 가장 주된 특성이라는 인식에서 비롯하였다. 이러한 요구와 제안은 인도주의적 성격의 다른 요구들로부터 힘을 얻었다. 즉, 몇 시간씩 줄을 서야 하는 사람들에게 물을 제공하라는 요구, 햇볕과 비를 피할 쉼터를 지으라는 요구, 검문소 내에 화장실을 설치하라는 요구 등이다.[22] 활동가들로서는 놀랍게도 이 요구들 중 많은 것이 수용되었다. 선을 표시했고 나중에 장애물과 울타리를 사용해 보완하였으며 표지판도 세웠다. 초기에는 마분지에 유대어로만 쓴 임시 표지판이었다가 나중에 아랍어로 쓴 공식 표지판이 나타났다. 그리고 종국에 새 검문소에 유대어, 영어, 아랍어로 병기한 전자표지판이 등장했다. 인도주의적 요구에 반응하여 쉼터가 세워지고 화장실이 설치되고 물탱크를 들여왔다. 그리하여 검문소들이 확장되었다. 그 물리적 존재는 더 밀집도가 커지고 공고화되었다. 흙길에 세워진 군인들이 서 있는 임시 시멘트 건조물이 정교한 영구적 건물이 되었다. 이 건물들 중 상당히 큰 규모의 일부 건물은 공식 국경 교차로 건물과 매우 비슷했고 따라서 "터미널"이 되었다.

나는 아미르와 터미널의 구현과 관련한 여러 이론적 원리에 대해 논의한 바 있다. 우리는 인도주의적 담론(부분적으로 CPW에 의해 검문소에 도입된)에 초점을 맞추어, 그것이 점령군에 의해 반영되어 글자 그대로 터미널의 건축용 벽돌이 되었다고 주장했다.[23] 나는 여기서 터미널 건설 과정에 내재하는 또 다른 원리를 고려하려 한다. 그

| 그림 1.5 | 칼란디아Qalandia검문소(터미널)의 전자표지판, 2006년. 표지판에 유대어와 아랍어로 "아타롯Atarot 통과 지점에 오신 걸 환영합니다. 즐겁게 머무르기 바랍니다"라고 쓰여 있다. ⓒHagar Kotef.

것은, 다시 말하지만 부분적으로 CPW에 의해 검문소에 도입된 원리다. 검문소를 폐지하는 게 주 목적이었던 단체가 마지못해 검문소가 공고하게 자리 잡도록 하는 데 기여자가 되고 말았다. 이러한 검문소의 진화의 기초에 자리한 의미의 논리를 살펴보자.

검문소가 지어지고 자리 잡는 과정을 들여다보면, 예를 들어 군이 줄을 선 사람들이 보안대 부스로부터 일정 거리를 유지하게 하고 싶을 때, 그저 선을 긋거나 "여기서 기다리시오"라는 표지판을 세우지 않았다는 사실을 알 수 있다. 대신 군은 금속 회전출입구를 만들거나, 군인들이 멀리서 작동시킬 수 있는 전자 회전출입구를 설치했다. 그리고 선을 표시해야 할 때는 바닥에 무언가로 그려 넣거나 은행·정부기관·공항 등에서 볼 수 있는 작은 기둥에 맨 밧줄을 이용하지 않고, 그 대신 높은 펜스를 설치했다. 즉, 단 한 순간도 상징적 공간 분할로 충분하다고 여기지 않았다. (가상선 기저에 있는 전제와 함께) 검문소에서 팔레스타인인들의 (비자유주의적) 주체-위치는 지시적 기호 사용을 통해서는 공간 분할을 따를 능력이 없는 것으로, 검문소의 질서는 물리적 장애물에 의해서만 지킬 수 있는 것으로 간주되었다. 규칙성을 확실히 지닌 장애물이 검문소에 천천히, 그러나 계속 등장하기 시작하다가 점차 검문소들이 복잡한 건물이 되고 그중 많은 경우는 터미널이 되었다.

몇 년 전 아미르와 내가 이 글을 쓰기 시작했을 때, 이스라엘은 대부분의 중심 검문소를 터미널로 바꾸려고 계획하고 있었다. 국경-모호성 정책과 함께 일관되게 터미널을 규정한 것은 그 위치가 아니라 구조였다. 이후 이 프로젝트는 폐기되었고, 모든 터미널은 이스라엘이 자기 영토로 여기는 완충지대의 분리장벽을 따라 세워졌다. 그러나 지정학적 위치도 한몫 거들고, 또 이스라엘이 녹색 선*의 바깥쪽 땅을 조금이라도 제 영토로 병합시키려고 끊임없이 노력한 결

---

* 1948년 제1차 중동전쟁 이듬해인 1949년 이스라엘과 아랍 국가(이집트, 요르단, 레바논, 시리아)군 사이에 맺은 정전협정에서 합의된 국경 경계선.

| 그림 1.6 | 칼란디아검문소, 2002년. 검문소 부스 앞 대기 줄이 콘크리트 구조물로 고정되어 있다. ©
Tamar Fleishman. Courtesy Tamar Fleishman, Machsom Watch.

과, 결국 팔레스타인 영토 안에(1967년의 이스라엘 국경과 더 가깝다 하
더라도) 대부분의 터미널이 건설되었다. 이로써 팔레스타인 공동체
들을 서로 갈라 놓고 가족을 그들의 땅으로부터 분리시켰다. 그러
므로 나는 터미널이 스스로 본래 목적이라고 내세우는 경계의 수사
학을 재생산하는 일을 피하고, 대신 이 건축물들의 배치와 구획에
초점을 맞추고자 한다.

　다른 검문소들과 달리 터미널은 속속들이 세심하게 주의를 기울
여 지어졌다. 금속으로 만든 전자 회전출입구부터 보안 카메라나

생물 측정 식별 장치에 이르기까지 감시·통제 장치들 일속을 다 갖추었다. 그리하여 군인들이 분리된 건물에서 터미널을 통제할 수 있게 했다. 즉, 군인들은 늘 부재하면서도 존재하고, 또 시야에서 가려져 있다. 따라서 검문소의 폭력을 감추면서 그곳을 좀 더 민간인 지역처럼 보이게 한다.[24] 터미널은 지붕이 덮여 있고 콘크리트 벽과 울타리로 둘러싸여 있으며, 선이 표시되어 있고 기호가 쓰여져 있고 번호가 매겨져 있다. 또한 건물이 매우 밀집하게 지어져 숨겨진 구획의 여지가 거의 없다. 오히려 어떤 면에서 터미널은 의미의 과잉을 보여 주는 그로테스크한 예증이 된다. 이 그로테스크한 모습과 그 의미를 뒤에서 더 고찰해 볼 것이지만, 나는 우선 터미널에서 의미지표signifying indicator의 사용이 결코 결핍되지 않았으며, 구체적 가상선은 거의 사라졌지만(더 정확히 말하자면 주변으로 내쳐졌지만) 절대 접근 가능하지 않으며 따르기 불가능한 질서의 논리가 터미널 운영의 필수적 부분이라는 사실을 강조하고자 한다. 이런 조직화 기술과 원리의 자기-해체는 터미널을 통과할 때 명백해진다. 즉, 기능 장애가 발생하거나 도움이 필요한 경우 군 인력은 완전히 접근 불가능하다. 쌍방향 소통이 가능하도록 마련된 인터콤 커뮤니케이션 시스템은 결코 작동하지 않는다. 질서 유지를 위해 터미널을 통과하는 대부분의 사람들이 쓰지 않는 언어로 확성기를 통해 거의-해독 불가하게 고함을 치는 식이다.

이 논리에 딱 들어맞는 사례를 들자면 이런 식이다. 터미널에서 질서를 강화하기 위해 어떤 새로운 테크놀로지를 도입해도, 그 어떤

| 그림 1.7 | 칼란디아검문소(터미널), 2010년. 회전출입구에 쏠리는 압박을 완화하기 위해 좁고 긴 우리 같은 금속 통로가 설치되었다. 이 통로들은 불쾌할 뿐만 아니라 통행 자체를 어렵게 만들며, 때로는 아예 불가능하게 만든다. 누군가가 어떤 이유로 대기 줄을 벗어나야만 할 때 그 사람 뒤에 서 있는 모든 사람들이 전부 뒤로 후진해야 한다. 그게 가능한 상황이라 하더라도 혼돈과 혼란이 초래된다. 수많은 군중이 밀집한 상황이라면 대기 줄을 벗어나는 게 아예 불가능하다. ⓒTamar Fleishman. Courtesy Tamar Fleishman, Machsom Watch.

노력을 기울여도 모두 또 다른 걸림돌이 될 뿐이고 결국 대혼란을 야기하는 또 다른 요소가 되고 만다. 2004년 말 대부분의 영구 검문소와 모든 터미널에 도입된 회전출입구가 그 예증이다. 회전출입구는 "검문소를 통과하는 팔레스타인 대중을 천천히 질서정연한 줄에 세우고 통제하려고 시도했다. 그리하여 군인이 한 번에 한 명씩 팔

레스타인인의 허가증과 짐을 검사하도록 했다"고 에얄 와이즈만Eyal Weizman은 묘사한다.[25] 그러나 검문소의 회전출입구는 수용 기준보다 더 좁고 금속 팔 사이의 공간도 매우 협소하다.[26] 결국 그것은 질서보다는 혼란을 야기했다. 와이즈만은 CPW 보고서에서 "사람들이 끼이고, 물품이 부서지고 질질 끌리며 바닥에서 터지기도 했다. 몸집이 큰 사람들은 좁은 공간에 갇혔고 나이든 여성이나 아이와 동행한 여성도 마찬가지였다"며 이렇게 요약했다. "이동 과정을 통제하고 통행을 쉽게 한다는 미명 하에 건축학적 디테일에 조금 손을 댔는데, 그것으로 야기된 잔인함은 상상하기도 어렵다."[27]

나는 이 잔인성이 단순히 잔인함을 위한 잔인함이 아니라고 주장한다. 그것은 하나의 통제 방식—oPt 내 통제 장치들 중 상당 부분의 토대가 되는 통제 방식—의 일부분이다. 이 주장을 가장 두드러지게 뒷받침하는 것이 바로 군이 공식적으로 명명한 "일상 바꾸기"라는 것이다. 일상 바꾸기는 (군인들의 상상력이 허락하는 선에서) 다양한 방식으로 갑자기 검문소 운영 규칙을 바꾸는 일이다. 칼란디아터미널의 CPW 활동가들이 그것을 처음 발견했다.

"일상을 바꾸기 위해." 한 군인이 팔레스타인인들을 이 줄에서 저 줄로 보내거나, 그들의 면전에서 회전출입구를 폐쇄하거나, 회전출입구에 갇힌 그들을 붙잡고 갑자기 오랜 시간 동안 기다리게 만드는 이유를 밝혔다. "일상을 바꾸기 위해." 그것은 이 군인보다 위에 있는 상관의 제안(또는 명령)이었다. 어딘가에서 한 무리의 사람들이 모여 보안

| 그림 1.8 | 유모차를 끌고 회전출입구를 통과하는 여성. 칼란디아검문소, 2006년. 협소한 회전출입구는 종종 부모와 아이의 분리를 야기한다. 많은 부모들이 원치 않는 분리다. 비좁은 회전출입구는 짐을 들고 지나거나 휠체어에 앉은 채로 지나는 것이 거의 불가능하다. 후에 휠체어 이용자들의 통행을 위해 "인도적 게이트"라는 특별한 출입구가 설치되었으나, 그러한 출입구들은 대개가 잠겨져 있다. ⓒHava Berfman. Courtesy Hava Berfman, Machsom Watch.

의 관점에서 일상을 바꾸어야 한다는 아이디어를 생각해 냈고… 그리하여 대기 줄의 사람들은 45분 동안 이 줄에서 저 줄로 15번 가량 이동된다. 그리고 한 번은 〔그들이〕 일상을 더 확 바꾼다며 3번 줄을 폐쇄하고 2번 줄로 가라고 확성기에 대고 고함을 질렀고, 막상 사람들이 그쪽으로 가자마자 다시 3번 줄로 이동하라고 했다.[28]

이런 직접적인 명령은 흔치 않고, 보통 이와 같은 일상은 본부의 계산된 계획에서 나오는 것이 아니라 군인들 자신의 창의적 마음에 기인한다. 그것들은 습관의 문제로서 검문소의 정상 운영의 일부가 된다. 계획되었건 미리 계산되었건 아니건 간에, 질서를 이끌어 내는 것을 목표로 하는 장치들이 그 자체로 끊임없이 질서를 해체하는 다양한 모습을 보면 놀랍기만 하다.

그러나 앞서 말했듯이, 터미널이 검문소의 규칙성 유지의 내재적 실패가 좀 더 정교한 다른 수단에 의해 재생산되는 유일한 장소는 아니다. 터미널은 또 다른 전도轉倒를 내포하고 있으며, 그 자체가 또 다른 전도이기도 하다. 터미널은 대부분 팔레스타인 영토 한가운데 있으면서도 자칭 정상적 국경 통과라고 하며 점령의 테크닉과 효과를 극대화하고 안정화시키는 한편, 점령의 끝이라는 환상을 만들어 낸다. 터미널은 한 마을을 그 주변과 분리시키고, 통과하는 사람들이 일상을 살아가기 위해 검문소를 통과하는 것이 아니라 마치 방문객인 양 디지털로 된 "환영" 인사 표지판을 내건다. 터미널은 사람들의 사교 생활, 공동체의 삶, 상업활동을 막으면서 벽에는 희망과 평화를 주장하는 커다란 슬로건을 장식해 놓았다. 그것들은 터미널로 불리면서 점령 사실을 감추고 부재하는―존재로서 통제를 위장한다. 마치 서안지구에서 이스라엘이 퇴각한 것처럼 보여 주듯이, 그러한 기호화 행위로 점령당한 영토가 마치 독립된 주권국가가 된 것처럼 위장한다.

이러한 그로테스크함을 가능하게 한 것은, 폭력을 제거하기 위해서가 아니라 폭력을 은폐하기 위해 작동되는 의미화의 과잉이다. 어느 면에서 터미널 이야기는 가상선의 예증과 알레고리 안에 요약된 자유주의 이야기의 중대한 측면을 드러낸다. 또한 어느 면에서 그것은 기호 사용의 난점에 대한 이야기이다. 즉, 권력을 투명하게 만들고 법을 선명하고 접근 가능하게 만듦으로써 폭력이 겉으로는 사라지는 것처럼 보이지만 실제로는 형태를 바꾸고 스스로를 은폐하여 더 영구적이고 지속가능하게 되는 것에 대한 이야기이다. 첫째로 폭력은 덜 변칙적이게 되고 더 구조적으로 변한다. 그것은 더 이상 단발적인 사건으로 거칠게 터져 나오는 것이 아니라 영구화된 착취와 추방과 억압의 구조가 된다.[29] 둘째로 단발적이고 파열적인 폭력은 주변으로 밀려나고 대부분 더 이상 검문소의 주요 구역에서 발생하지 않으며, 주차장이나 도로 혹은 그 주변 지역으로 밀려난다. 더 중요한 것은, 사리 하나피Sari Hanafi가 "공간살인spaciocide"[30]이라는 적확한 표현으로 칭한 검문소의 폭력이 그 자체로 은폐된다는 것이다. 즉, 검문소가 거기 존재한다는 사실 자체로, 땅을 폭파하고 사람들의 삶을 파괴하고 사회구조가 산산이 쪼개진 사실이 베일에 가려지고 부인된다. 여기서 요구되는 것이 어쩌면 한편으로는 터미널과 터미널의 과잉의미화와 다른 한편으로 가상선과 그 선의 불충분한 의미화 사이에서 일종의 균형점을 찾는 것이라고 보일지도 모른다. 겉으로 보기에 그것은 내가 앞서 지적했던 균형을 구하는 것, 바로 자유주의적 주체와 법 사이의 적절한 거리를 생산해 내는 데 관한 문제라고 할 수 있다. 이 자유주의적 충동이 여기서 묘사한 폭력에 대한 해결책을 제공하는 것처럼 보일 수도 있지만, 그것은 두 개의 중대한 문제점을 지니고 있다. 하나는 거의 상황에 좌우되는 것이고 다른 하나는 좀 더 근본적인 것이다. 우선 이 해결책은 유대-이스라엘 정권이 판단할 수 없는 잠재적 파급력을 지니고 있다. 이 균형이 자유주의적 주체—법을 인식하고 해석하고 종국에 법의 권한이 되는 주체(이 권한이 그런 것처럼 불완전하고 가상의 권한)—에 관한 전제들과 얽혀 있다면, 그 해결책의 가장자리에는 팔레스타인인들을 위한 완전한 시민권이 자리한다. 그러나 이스라엘 정권은 그러한 옵션을 방해하도록 구조화되어 있다. 왜냐하면 그러한 옵션은 자유주의의 개념 하에 정합적 정치적 존재들로서 서안지구와 가자지구 팔레스타인인들의 통합을 불러올 것이기 때문이다. 달리 말해, 그것이 이스라엘 시민으로서든—스스로 유대인이라고 규정한 국가가 수용할 수 없는 면—외국 국적 시민으로서든(팔레스타인 국가의 시민)—지정학적 조건 때문에 거의 불가능한 면— 통합을 불러올 것이기 때문이다.[31] 그러나 이 문제는 위에서 본 자유주의적 충동 안에 존재하는 또 다른 더 깊은 문제와 자유주의적 충동 일반을 드러낸다. "적절한" 균형점을 찾는다 하더라도, 또 그게 유지된다 하더라도, 그리고 심지어 모든 폭력의 출현이 제거된다 하더라도, 여전히 검문소는 남을 것이고 불법 점유는 존재할 것이고 점령은 구조적 억압으로 남을 것이다. 철저한 몰수, 권리 박탈, 계속되는 학대의 조건 내에서 겉으로 보기에 어느 정도 폭력의 완화를 제공하는 것 같은 (때때로 실제로 그런) 자유주의적 충동은 합법성을 지닌 폭력적인 구조를 둘러싸고 은폐의 수단을 제공한다. 구조 자체의 폭력은 더 확실하고 눈에 잘 띄는 폭력 사건들의 감소에 의해 감춰진다. 그 과정이 정상화를 위한 길을 열어 주고, 따라서 박탈의 상황을 영구화하는 길을 터 준다.

◆ ◆ ◆

가상선과 터미널의 이야기는 특정 점령 테크놀로지에 관한 이야기, 폭력에 관한 이야기, 거기에 저항하는 자유주의적 전략에 관한 이야기가 아니다. 그것은 정상화하는 정권의 논리에서 철저하게 벗어난 논리 내에서의 주체성과 그 주체성 생산에 관한 이야기이며, 또한 가차 없이 그 대상들objects(주체들subjects)을 교정 불가한 지점에 위치시키려고 하는 교정적 시스템에 관한 이야기이다. 즉, 실패하도록 조절된 주체화 시스템에 대한 이야기, 폭력 발생을 용이하게 하는 폭력-감소 수단에 대한 이야기, 더 중요하게는 자체의 정당화 논리 내에서 점령을 지속가능하게 만드는 폭력-감소 수단에 관한 이야기이다. 결코 규칙을 식별할 수 없다면, 결코 훈육될 수 없다면 팔레스타인인들은 절대 스스로를 통제할 수 없다. 가상선과 과도하게 건설된 터미널들은 그러므로 점령에 있어 다른 실패-유도 요소들과 합세한다. 그 요소들은 그런 무법성을 생산하기 위한 것이고 그럼으로써 외부 통제, 달리 말해 점령을 정당화하기—언제나 "임시적"이라며[32]—위한 것으로서 법 체계에 대한 접근 불가능성에서부터 항상 변하는 규제들에 이르기까지 다양하다. 그러한 점령은 '팔레스타인인들이 스스로를 통제할 수 있다고 증명할 때'까지라는 명분을 내세운다. 그러나 규칙들은 그들이 절대 지킬 수 없는 것들이고, 따라서 그것을 위반하는 팔레스타인인들이 본질적으로 무능력하다는 증거로 쓰임으로써 점령이 영속화할 것이다.

이 글의 자유주의적 틀 내에서 가상선과 터미널이 주체화 이야기 속 한 우화의 인물 역할을 하지만 그것은 단지 일부분일 뿐이다. 내가 검문소가 또한 주체화의 장소로 기능한다고 주장할 때, 그리고 검문소가 생산하려고 하는 주체들이 항상-이미 실패된(실패되도록 의도된) 훈육 과정의 생산물이라고 주장할 때, 그리고 이 과정에서 관건이 되는 것을 이해한다고 주장할 때, 나는 또한 주체성이 검문소에서 시작되거나 끝나는 것이 아니라는 주장도 한다. 검문소에서 (그리고 점령 안에서) 권력의 작동을 이해하기 위해서는 이러한 권력 테크놀로지의 대상, 즉 그것들이 전제하고 생산하려고 노력하는 주체-위치를 이해하는 것이 필수적이다. 그러나 그러한 노력들이 결코 완전히 성공할 수 없음을 기억하는 것도 그에 못지않게 중요하다. 기껏해야 검문소는 그곳을 통과하는 순간에만 그 사람들을 훈육 불가능한 주체로 만드는 순간적 성공만을 거둔다. 이 장은 이 순간에서 시작하고 이 순간에서 끝나며 또한 제한된 관점에 갇혀 있다. 즉, (외부적, 점령하는) 권력의 관점이다. 나는 오직 이 관점만을 연구하고 해독하는 데 목표를 둔다. 이 관점에 목소리를 주는 것이 그것을 재생산할 수 있는 중요한 방식이다. 그러한 분석 틀은 팔레스타인인들을 이스라엘의 장치들 일속의 단순한 객체로서(희생자라 하더라도) 간주하며 그럼으로써 그들의 행위, 경험, 목소리, 그리고 더 중요한 그들의 저항 전략들을 삭제한다(논쟁하는 동안 일시적이라 하더라도). 그래도 나는 더 큰 관점들의 모자이크 내에서 내가 여기서 제공한 관점이 조금이라도 그러한 장치들을 해체하는 데 시작점이 되기를 바라고 또 그렇게 되리라고 믿는다.

마지막으로, 가상선 이야기는 자유주의적 법 구조 안에 각인된(이 책은 그렇게 주장하는 바이다) 훨씬 광범한 메커니즘의 작은 예증, 하나의 증거이다. 그러므로 이러한 법 구조의 형성과 공간/이동이 맺는 관계를 천천히 추적해 보아야만 한다. 또한 더 나아가 이동의 자기통제가 자유와 시민권에 떼려야 뗄 수 없게 연결되었다는 생각을 살펴보아야 한다. 그 배경에서 가상선이 구성 요소이자 동시에 상징이 되는 시스템의 이중 전도(이동 통제로 흡수되어 버린 자유의 부정과 실패하도록 의도된 질서 장치들)를 볼 수 있다. 이것이 다음 장들의 목표이다.

제2장

막간_두 도로 이야기

: 자유와 이동에 관하여

모빌리티는 선망하는 가치들 중에 가장 높은 위치로 오른다. 그리고 이동의 자유는 영원히 희박하고 불균등하게 배분되는 상품으로서 급속하게 우리 시대의 중요한 계층 분류 요소가 된다. _지그문트 바우만zigmond bauman,《세계화, 인간의 결과Globalization, The Human Consequences》

이미지

이스라엘 점령에 대한 여러 설명에서 하나의 아이콘이 된 이미지가 있다(학문적이건 정치적이건 또는 더 드물게는 뉴스 보도에서건).

바로 예루살렘과 구시 에치온 정착지를 잇는 60번 도로의 이미지이다. 아래 사진에서(그림 2.1) 살짝 드러나듯이, 도로에 보호벽이 세워져 있고[1] 팔레스타인 마을들 아래 산 터널을 지나는 빠른 직통 길이어서 "터널 로드"라고 일컬어진다. 그런데 여기에는 하나가 아니라 두 개의 도로가 지난다. 사진에서 보이듯 이스라엘 시민과 관광

| 그림 2.1 | 베이트 잘라Beit Jala와 길로Gilo(예루살렘) 사이에 있는 터널 로드과 보호벽, 팔레스타인 도로, ⓒIan Sternthal, Courtesy Ian Sternthal.

객만 이용할 수 있는(점령 지역에 살고 있는 팔레스타인인이 아닌 모든 잠재적 여행객을 포함하는 다소 이상한 규정)[2] 60번 도로 아래로 구불구불 포장되지 않은 팔레스타인인들의 이동 도로가 있다.[3] 이 이미지는 하나의 프레임 안에 oPt에 대한 이스라엘 정권의 분리 논리를 잘 포착하고 있다. 여기서 이동이란 하나의 상징이자 동시에 테크놀로지이며 분리의 대상(또는 문제)이다. 이동이 바로 분리의 대상이고, 이러한 분리를 통해 인구집단이 분리된다. 이동이 통제의 표적(즉, 통제되어야 할 요소, 규제의 대상)이고, 따라서 지배구조 방식의 실체가 된다. 그 지배구조 방식의 주요 특성은 분리다.[4] 이스라엘 지배에 예속된 전체 영토 내에 다른 통치 논리로 분열된 갈라진 체제가 있다.[5] 하나의 논리가 시민들을 지배하고, 다른 하나가 점령당한 사람들을 지배한다. 즉, 하나는 유대인을, 하나는 팔레스타인인을 지배한다.[6] 〈그림 2.1〉이 아이콘이 된 이유는 이스라엘 점령의 운영 방식과 규칙에서 이동이 가장 중요하기 때문이다.

그러나 이 이미지는 분리의 사실(많은 사례 중 하나의 예)과 그 주요 도구(분리가 일어나게 만드는 정치 테크놀로지로서 이동의 통제) 이상의 것을 보여 준다. 곧, 이러한 분리의 성격이 무엇이며, 이 분리와 함께 일어나는 것이 무엇인지(이동, 사람, 공간에 무슨 일이 일어나는지)를 보여 주는 것이다. 이스라엘의 이동은 빠르다. 그것은 우선권을 지니고 있다. 보호받아야 할 것은 이 이동이다. 그것은 직통이고 직선이며 아마도 합리적이기까지 하다(목표지향적).[7] 그것은 인간이 자연을 극복한 진보이며 테크놀로지, 엔지니어링, 건축술의 성취다. 팔레스타인인의 이동은 그렇지 않다. 그것은 느리고 꼬부랑길이다.[8] 팔레스타인인의 이동이 일어나는 도로(또는 그걸 상징하는 도로)는 구시대적이고, 또는 적어도 그렇게 보인다. 위의 이동이 용이하고 극대화된 반면, 팔레스타인인의 이동은 다양한 수단에 의해 방해를 받는다. 또한 그것은 도로의 수평적 위계화를 통해 상징적·구체적 양 측면에서 모두 통제를 받는다. 마지막으로 팔레스타인인의 이동은 이스라엘인의 관점에서 보자면 눈에 보이지 않게 만들어졌다. 위 도로로 여행하는 사람들은 아래 도로를 볼 수 없다. 위 도로는 유대인 전용 도로이기 때문에 팔레스타인 도시나 마을로 이어지는 출구가 없다(전제는 두 집단이 섞이지 않고 섞여서는 안 된다는 것이다. 이것은 물론 단순한 전제로 그치지 않는다—유대인과 팔레스타인인들이 공유하는 공간은 실제로 그런 식의 구조로 형성되고 만들어진다). 위 도로에는 팔레스타인 도시와 마을이 존재한다는 것을 나타내는 표지판도 없다. 도로가 지상 높이 지어졌기 때문에 종종 마을 자체가 눈에 보이지도 않는다.[9] 따라서 이 도로를 이용하는 여행객의 시야에는 팔레스타인의 존재가 지워져 있다. 그렇다면 이렇게 결론지을 수 있다. 즉, 일부 제한이 있는 자유로운 이동은 심지어 타인의 존재를 부정한다. 나아가 일부의 이동은 타인과 그들의 이동의 필요성을 지움으로써 더 극대화된다.[10]

그러나 타인은 여전히 거기에 존재한다. 따라서 그들의 이동은 전자의 이동을 방해하지 않도록 통제되어야 한다. 〈그림 2.1〉에는 "흙을 쌓아 만든 제방 하나로 마을에서 도로로의 접근을 충분히 막을 수 있다"는 식으로 땅을 분할하는 격자에 60번 도로가 가담하는 정도는 드러나지 않는다.[11] 라비엘 네츠Reviel Netz가 보어전쟁 당시 남아프리카에서 철조망 활용에 대해 설명한 것과 유사하게[12] 아리엘 헨델Ariel Handel은 oPt의 유대인 정착지와 도로 시스템이 어떻게 땅을 고립시키는 방식으로 지어졌는지 보여 준다. 팔레스타인 사람은 그곳으로 여행할 수 없고 심지어 대부분은 통과할 수도 없기 때문에, 그것은 원래 다른 목적으로 지어졌다 하더라도 분리의 테크놀로지가 된다.[13] 그것들이 자리를 잡으면 "'위상학적 침입'이 일어났고, 그리하여 정거장들을 잇는 선들〔네츠가 지적하는 남아프리카의 경우에, 또는 이스라엘/팔레스타인 맥락 안에서 정착지의 경우에〕이 한 지역을 다른 지역과 분리하는 선이 되었다."[14] 앞 장에서 묘사한 이동의 체제는 바로 이렇게 팔레스타인의 공간을 고립된 땅 구획들로 파편화시킴으로써 가능해졌다. 따라서 이 이미지가 포착할 수 없는 이동 통제의 더 큰 도식이 작동하고 있다. 그러나 여기엔 더 많은 층들이 있다. 또 다른 도로의 이미지를 보자.

〈그림 2.2〉 사진은 나블루스 옆 팔레스타인 마을 베이트 퓨릭Beit Furik 출구에 있는 교차점을 보여 준다. 얼핏 별 것 아닌 듯 보이는 도로 교차점을 제대로 이해하려면 지도가 필요하다. 사진은 베이트 퓨릭 마을(〈그림 2.3〉 지도의 짙은 회색)을 빠져나가는 사람이 557번 도로(사진에서 수평으로 지나는 도로) 교차점을 바라보는 시점에서 찍은 것이다. 확대 지도(〈그림 2.3〉)에 표시된 베이트 퓨릭 검문소는 이 교차점 오른쪽으로 몇 미터 떨어진 곳에 위치하는데 사진에는 보

| 그림 2.2 | 베이트 퓨릭 외곽의 교차로, 2009년 7월. ⓒYudith Levin, Machsom Watch.

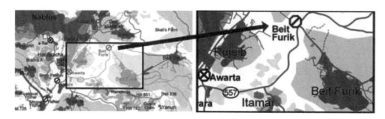

| 그림 2.3 | 베이트 퓨릭과 주변 지역 지도. 원 안에 × 표시된 것이 검문소이다. 오른쪽 작은 지도의 하단 왼쪽에서 상단 오른쪽으로 향하는 도로가 557번 도로다. 서안지구와 정착지, 분리장벽을 상세히 보여 준다. 출처: btselem.org

이지 않는다. 〈그림 2.2〉의 도로 중앙에 표시된 화살표를 따라 557번 도로에서 좌회전하면 몇몇 다른 팔레스타인 도시와 마을이 나오는데 또한 유대인 정착지인 이타마르와 인근 몇 개의 다른 전초기지도 나온다. 그러므로 557번 도로의 이 부분은 팔레스타인인들에게는 금지되어 있다. 팔레스타인 사람은 이 교차점에서 오직 우회전

만 가능하다. 즉, 이 이미지는 교차로에서 화살표가 가리키는 좌회전이 금지된 팔레스타인 마을을 떠나는 팔레스타인인의 시점을 포착한 것이다. 다소 복잡한 설명을 명확하게 풀자면 좀 더 거칠게 해야겠다. 즉, 오직 팔레스타인인들만 이용하는 도로에서 화살표는 팔레스타인인들이 갈 수 없는 방향을 표시한다.

앞 장을 따르자면, 이처럼 어디에도 통제가 표시되지 않고 아무런 표시가 없어도 팔레스타인인들이 당연히 알고 있다고 전제되는 것이 놀라운 일은 아니다. 이 패턴은 1장에서 설명한 가상선의 논리를 따른다. 즉, 공간 규제 안에 각인된 실패가 불법적 이동을 촉진하고, 따라서 팔레스타인인들을 항상-이미 법을 위반한 자로, 밀접하게 통제받아야 할 훈육 불가능한 주체로 구성해 내고는 처벌이라는 구실로 폭력 행위를 정당화한다. 가상선의 경우 이러한 실패가 공간을 해독 불가하게 만듦으로써, 불규칙성을 도입함으로써, 규제를 표시하지 않음으로써 이루어졌다면, 여기서는 이동 통제 시스템이 훨씬 더 직접적인 방식으로 스스로의 작동을 전복시킨다. 좌회전 금지가 표시되지 않았을 뿐만 아니라 좌회전이 합법적인 것으로 표시되어 있다. 팔레스타인인이 도로의 기호를 따라가면(허가된 이동의 공식적 표시로 보이는 것을 따라서) 그 사람은 법을 위반하는 것이고 제재는 정당화된다. 실제로 팔레스타인 사람이 이런 도로에서 운전하다가 총에 맞은 적이 있다.[15]

2008년 12월 9일, 검문소감시대 활동가가 나블루스에서 온 6명의 사람들을 만났다. 이 도로에서 실수로 좌회전했다가 베이트 퓨릭에서 붙들린 사람들이었다.

이 사람들은 나블루스 출구에서 나가는 걸 허락받고 베이트 퓨릭
(불과 몇 킬로미터 되지 않는 곳)의 친지를 방문할 수 있었는데, 이번
이 7년 만에 처음 있는 일이었다. 분명 그들은 (수시로 바뀌는) 새로운
규정에 익숙하지 않았고 실수로 (금지된 도로에 들어선 것이었다). 그
들은 도로에서 팔레스타인인들은 이용 불가하다고 표시하는 표지판을
보지 못했다. 그건 분명 그런 표지판이 없기 때문이다. 그리하여 그들
은 (군인들에게) 붙잡혔고 이제 처벌을 받고 있다. "검문소가 없어졌
지만, 그렇다고 그들이 뭐든 원하는 대로 다 할 수 있다는 뜻이 아니다"
라고 한 군인이 설명했다. 처벌은 3시간 내내 이들을 구류하는 것이었
다. 단 1분도 봐주지 않는다. 바깥이 살이 에이게 추워도, 휴일이어도,
표지판이 없어도, 그들이 이 도로에 처음이라도 상관없다.[16]

우리는 이미 이 메커니즘에 익숙하다.[17] 우리는 또한 그 설명에도
익숙하다.

우선 A 중위가 검문소에 도착한다. 그는 처벌하기 위해서건 교육하
기 위해서건 사람들을 붙잡아 두는 게 금지되었다는 사실을 신경 쓰지
않는다. "이게 저들이 배울 수 있는 유일한 방법이오." 그는 자기 아버
지뻘 되는 남자부터 할아버지뻘 되는 세 명의 남자에 대해 이렇게 이
야기한다. 우리는 그들이 도대체 어떻게 표지판도 없는 도로에 들어가

면 안 되는지 알겠냐고 묻는다. "저들은 알아요." 그는 주문 같은 그 말
을 하고 또 한다. "저들은 아는데 일부러 그러는 거라고요." 마치 "그들"
이 체벌을 통해서만 배울 수 있는 반항하는 어린아이인 것 같다.[18]

육체적 처벌은 위반이 있기 때문에 정당화되는데, 위반은 쉽게 막
을 수 있는 것이다. 사실 그건 막지 않는 것이다. 왜냐하면 이스라엘
군뿐만 아니라 정부나 공공여론도 이러한 위반이 필요하기 때문이
다. 이스라엘의 통제가 지속가능하려면, 그러면서도 이스라엘이 계
속 평화를 추구하는 존재로 스스로를 드러내려면[19] 팔레스타인인들
이 반드시 언제나 "반–동반자"[20]로 생산되어야 한다.
  이 시점에서 다른 층위들이 만난다. 즉, 효과적인 통제의 매트릭
스, 정착민들의 이동과 군 폭력의 극대화(서안지구의 비–팔레스타인
인의 주요 두 가지 운동 유형), 팔레스타인인들의 이동 제약, 일부 이동
을 법 위반으로 만들고 그로 인해 그들에게 부과된 제약을 정당화하
는 정당화 메커니즘 등이다.
  앞 장에서 본 백색선과 가상선의 차이의 토대에도 존재하는 이런
식의 이동의 두 갈래 치기는 이어질 두 장의 구분 안에도 적용된다.
3장은 이 장의 도입부에서 든 비유를 적용하자면 위 도로를 지나는
사람들, 즉 자유주의적 주체/시민의 이동에 초점을 맞춘다. 그 다음
4장 〈'과도한' 이동의 문제〉는 일부 이동, 특히 식민화된 주체들의
이동, 〈그림 2.2〉의 도로에서 표시된 화살표를 따르는 사람들의 이
동 같은 이동을 문제로 인식하고 생산해 내는 역사를 분석한다. 이

장의 나머지 부분에서는 이러한 이동의 두 형태가 얽히는 정도를 보여 줄 것이다. 출현하는 논리는 꽤 단순하다. oPt 내 이동체제의 설립보다 훨씬 더 오랜 역사를 가진 "위반적 이동"을 이해하기 위해서는, 위반이 위반으로 보이게 하는 이동 모델을 이해해야 한다. 즉, 절도 있고 스스로 절제하는 이동의 개념을 이해해야 한다.

자기통제의 계보

(다시: 상징, 은유, 이미지, 테크놀로지, 사례, 수단, 목표로서의) 이동 통제는 자유주의 이데올로기와 자유주의적 주체성, 권력, 자유의 모델이 출현하는 데 있어 중심적이다. 이는 자유주의적 주체성에 대한 많은 이해들과 반대되는 주장이다. 나는 다음 장에서 점차적으로 이를 개진할 텐데, 결론은 여기서 이미 낼 수 있다. 즉, 자유주의적 주체는 근본적으로 이동하는 주체이며, 그 주체의 첫 번째이자 가장 근본적인 자유는 이동의 자유라는 것이다. 적어도 정치적 자유에 관한 한 그렇다. 자유주의의 주요한 도전은 자유를 강조하면서 동시에 타협할 수 있는 질서의 개념을 만들어 내는 것이다. 오토 마이어Otto Mayr가 보여 주듯이, 이 도전을 다룰 수 있는 모델은 특정 조건 하에서 동적 시스템이 스스로를 제어하고 유지할 수 있음을 예증한 자연과학의 일련의 발견에서 찾을 수 있다.[21] 이 모델—16세기 후반에 확산됐고 1688년 명예혁명 이후 특히 영국 저자들 사이에서 정점

에 다다랐던—은 자유주의가 질서화된 이동을 상상하는 걸 가능케 했다. 다음 장들에서 보겠지만 이 모델이 나타나기 전에는, 그리고 오늘날에도 여전히 이 모델의 변두리에서 자유liberty는(적어도 그것이 이동과 연관되어 이해될 때) 혼돈과 동일시되고 정치에 파괴적인 것으로 간주되었다. 그러나 자기통제 모델의 출현과 함께 자유는 정치적 공간이 조직될 수 있는 요체가 되었다. 이 모델이 마이어에게, 그리고 대두되는 자유주의의 개념적 체제에 강력하게 어필할 수 있었던 것은 외부 간섭이 없다는 점이었다. 더 나아가 나는 그에 못지 않게 중요한 것이 바로 이 모델을 통해 조절되고 자기통제하는 이동을 고안할 수 있는 가능성이 생긴 것이라고 본다.

이것은 단지 기계적 모델이 아니었다. 이것은 또한 법, 국가,[22] 인구집단,[23] 국제관계,[24] 주체[25]에 관한 모더니티 개념의 근간—또는 적어도 새로운 권력 방식에 관한 모더니티의 근간[26]—을 이루는 구조적 모델이었다. 결국 그러한 이동 모델이 다음 장에서 마주칠 자유주의적 이동의 개념을 구성할 것이다. 그것과 함께 이동은 더 이상 "국가권력의 가장 소중한 개념, 즉 사회질서 내에서 또 그에 대항하여 분주하게 작동하는 안정하지 못하고 융합할 수 없는 타자성"[27]을 드러내지 않았으며, 그보다 자유로운 사회질서의 표명(이자 전제 조건)으로 간주되었다. 푸코는 자유주의에 더 많은 관심을 기울이기 시작했던 1977~1979년에 매우 정확하고 명백하게 이 메커니즘을 인지했다. 푸코는 자유주의적 자유liberal freedom가 "꼭, 근본적으로 혹은 무엇보다도, 이데올로기라고 볼 수 없다"고 말한다. 그것은

"우선, 무엇보다도…권력의 테크놀로지이다."[28] 이 권력의 테크놀로지는 이동의 테크놀로지이자 더 구체적으로 말하자면 자기통제하는 집합체의 테크놀로지이다. 자유주의의 기저에 흐르는 전제 조건은 세상이 유동적이라는 것이다. 그것은 흐른다. 그리고 사물은 반드시 그들의 경로 안에서 흐르도록 놔둬야 한다(마르크스가 문제의 핵심으로 꼽은 자본의 흐름은 중추적인 것이긴 하나 단지 극대화될 하나의 이동일 뿐이다[29]). 이러한 흐름—다시 말하지만, 마르크스가 주장한 대로—은 그 자체로 내부적 위기를 수반하지만 위기 또한 제 경로를 가도록 놔두어야 한다. 아마도 마르크스를 본받은 것이겠지만 푸코는 이 자기통제하는 위기의 논리에 주목해, 위기가 흐르도록 놔둠으로써 위기가 최소화할 것이라고 주장한다. 예를 들어, "일부 결핍이 있고…따라서 기아가 있고, 결국 기아로 죽는 사람들이 있고, 일부 사람들이 기아로 죽는 게 당연한 일이라는 전제 하에 더 이상의 널리 퍼진 결핍이 없을 것이다. 그들을 기아로 죽어 가게 놔둠으로써 결핍을 허상으로 만들 수 있고, 이전 체제에서 전형적이었던 천벌의 형태로 대량 아사하는 것을 막을 수 있을 것이다." 그리하여 '사물이 그들의 경로를 밟게 놔두기'라는 의미에서 "일종의 '방임주의', 특정 '이동의 자유laisser-passer', 일종의 '지나가게 둠[laisser]-aller'이…바로 그 자체로 자기억제와 자기통제를 수반할 것이다.[30] 요컨대, 이것은 자유의 자유주의적 테크놀로지이다. 푸코에 따르면 그것은 18세기에 출현했고, 따라서 그는 자유주의의 출현을 이 시기로 본다. 그러나 마이어에 의하면, 테크놀로지의 정수가 되는 요소들이 이미

16세기에 공고화되었음을 볼 수 있다. 이 테크놀로지의 표적이자 생산물인 인구는 18세기에야 구성되었지만(푸코의 주장), 이 테크놀로지의 핵심 논리는 이미 16세기에(마이어의 시대 구분) 다른 복잡한 시스템에 관하여 작동하고 있었다. 내 책은 이 계보에 중간 단계 연결고리를 더한다. 그에 대해 상세하게 설명하는 것이 다음 두 장의 목표이다. 즉, 17세기에 자기통제 모델이 개인의 자유freedom가 착안될 수 있는 모델이 된다.

◆ ◆ ◆

16세기에 이동 조절의 자기통제 모델이 자연과학에서 개발되어 정치적 모델에 관한 사상에 도입되었다(그것들은 당시 두 개의 뚜렷한 학문 분야였다. 그리고 푸코나 샤핀Steven Shapin과 셰퍼Simon Schaffer가 각기 다른 방식으로 주장했듯이 그 둘이 구별되지 않았다는 주장은 나의 주장을 훼손하지 않고 오히려 뒷받침한다). 그리고 17세기에 개인—그 자체로 시대의 산물—이 스스로 이동을 통제할 수 있고 반드시 통제해야 한다는 개념이 나타난다. 이 개념은 두 단계를 수반한다. 첫째, 이동이 자유라는 생각이다. 여기서 푸코가 인구집단과 관련하여 본 것은 개인의 몸과 관련해서 본 것과 동일한 듯하다. 둘째, 이 이동이 자유의 행사임을 증명하기 위해서는 "바닥짐을 넣어 안정화시켜야ballasted"(푸코의 용어[31]) 한다. 이 책 3장은 자유와 이동의 동일시를 파헤치며, 4장은 자유와 이동의 추정적인 부재를 조사함으로써 재산이나 토지가 그러한 '바닥짐을 통한 안정화ballasting'의 근본적 수단임을 지적할 것이다. 17세기 말 재산과 토지는 개인의 몸의 이동을 훨씬 더 세세하고 국지적이고 밀접하게 통제하는 훈육 장치들에 의해 증가하게 된다. 그리고 마지막으로 18세기에 자유는 "다른 무엇도 아닌 안전장치"가 되었다. 즉, 마치 지배구조가 특정 "권력의 물리학" 내에서 구성되었듯, 자유 역시 구성된 "그저 이동의 가능성, 장소의 변화, 사람과 사물의 순환 과정일 뿐"이었다. 정부는 "더 이상 왕자와 영토의 안전을 도모하지 않고, 대신 인구집단의 안전"을 유지하는 데…"순환이 일어나도록 함으로써…사물이 끊임없이 이동할 수 있도록 보장함으로써…그러나 이러한 순환의 내재적 위험성이 상쇄되는 방식으로 이루어진다."[32] 이동—정치와 자연, 개인의 몸과 집단의 몸을 종합하는—은 정치적 상상력 안으로 완전히 성숙한 채로 진입을 완수하며, 수많은 정치 테크놀로지의 거점이자 대상이 된다.

그러므로 목표는 자유주의적 주체가 어떻게 중용의 이미지로 형성되었는지 추적하는 것이다. 이 모델이 특정 이동 패턴에 어느 정도 토대를 두었는지 살펴보면 이동이 왜, 또 어떻게 자유주의적 주체성과 시민권 해체deconstitution에서 핵심적 역할을 하는지 이해할 수 있을 것이다. 이것이 3, 4장의 역할이다. 따라서 이 장들은 이동에 관한 체계적 분석으로 읽혀서는 안 되고, 오히려 정치사상의 역사—특정 역사—내의 (범주, 이미지, 은유, 물리적 현상의 이해로서의) 개념 분석으로 읽혀야 할 것이다.

제3장

'감금이란 이름이 맞지 않는' 울타리

: 운동력locomotion과 자유주의적 몸

나는 복잡한 많은 동작으로 완벽하게 수행되는 영국 춤보다 사회적 행동의 이상을 더 잘 표현하는 이미지는 생각할 수가 없다. 관람석의 관객은 수많은 동작들이 가장 혼란스러운 방식으로 교차하면서 재빠르게 방향을 바꾸며, 그것도 리듬이나 특별한 이유 없이 바꾸는 데도 절대 부딪히지 않는 모습을 볼 수 있다. 모든 게 매우 질서정연해서 다른 이가 도착하면 하나가 이미 양보를 한 상태이다. 모든 게 다 기술 좋게, 그러면서도 자연스럽게 하나의 형태로 통합되어 각자 자기만의 성향만을 따르는 것처럼 보이며, 그러면서도 다른 이의 동작을 방해하지 않는다. 그것은 자기 자신의 자유를 주장하면서 타인의 자유를 존중하는 상태를 가장 완벽하게 나타내는 상징이다. _실러Friedrich schiller,《인간의 미학적 교육에 관하여On the Esthetic Education of Man》

이 장은 자유주의적 이론 발전의 틀이 된 핵심 말뭉치 내에서 정치적 현상으로서 물리적 이동의 역할을 추적한다. 장제목에서 암시하듯, 한 사람이 "타인을 방해하지" 않으면서 "자신만의 자유"를 주장하는 자유 개념의 "상징"으로서의 이동이다. 나는 앞 장에서 자유주의적 주체는 자기통제하는 주체라고 주장했다. 이는 새로운 주장이 아니지만, 이동의 측면에서 생각할 때는 이론적 문제가 제기된다. 이 자기통제는 종종 욕망이나 열정 등 다른 성향들과 비교해 이성의 작용으로 간주된다. 즉, 이성의 지배로서의 자기통제(칸트의 경우가 이에 해당한다. 그러나 우리는 플라톤에서도, 또 이 순간에도 이와 관련하여 역사적·이론적 경계에 문제가 있음을 알 수 있다. 이 점에 대해 다시 살펴보겠다)를 말한다. 또는 감성의 조절로서의 자기통제로 간주되기도 한다(흄David Hume이나 스미스Adam Smith, 또는 버크Edmund Burke의 경우, 다시 말하지만 경계가 확장되었다¹). 정치적이자 인식론적 표현을 지닌 이러한 이해는, 주체 안의 한 요소가 (그게 마음이든, 이성이든 혹은 다른 요소이든) "자아" 표현에 있어 주체성의 다른 측면들에 비해 우선권을 지니는 주체성의 특정 존재론에 뿌리를 두고 있다. "나"는 따라서 감정, 욕망, 성향, 심지어 몸"도" "지니고 있다." 그러나 이 "나"는 그 다른 것들에 우선한다. 예를 들어 바다를 항해하는 배의 그림, 움직이는 장면으로서의 그림을 떠올려 보자. 그건 오디세우스의 배이며 주변에는 사이렌이 몇 명 헤엄치고 있다. 제럴드 드워킨Gerald Dworkin이 묘사한, 오디세우스가 사이렌의 유혹에 넘어가지 않으려고 자기 몸을 배에 묶어 달라고 청하는 장면은 시사하는 바가 있다. 스스로 부과한 이러한 이동 제한을 드워킨은 개인의 자유liberty에 장애를 부과하는 행동으로 본다. 의미심장하게도, 자유 liberty는 여기서도 모빌리티의 형상으로 상상되었다. 그러나 그 행동이 제한을 가하는 행동이라는 사실은, 드워킨에 따르면 자유 자체가 주변으로 밀려나고 자유는 자율성 이론으로 대체되어야 한다는 점을 보여 줄 뿐이다. 결국 이러한 행동은 오디세우스가 "자신이 선호하는 것들에 관한 선호를 갖는다는 것, 여러 욕망들을 가지지 않을 욕망, 또는 여러 욕망들에 따라 행동하지 않을 욕망을 가진다"는 것을 보여 준다. "그는 자신의 배로 사이렌들 가까이 다가가고 싶은 욕망을 자신의 일부분이 아닌 것으로 본다."[2] "자신의 일부분이 아닌" 욕망이라는 말은 잠재적으로 "초월하는"(더 깊은? 혹은 어쩌면 저 위에 있는?) "그"가 있음을, 또한 일련의 선호들, 욕망들, 결정들 또는 그 사람의 육체적 행위들로 형성되지 않는 "그"가 있음을 의미한다. 이 존재가 식별되는 방법은 선호들을 위의 측면과 아래의 측면으로 나누는 것이고, 그렇게 해서 자율적인 주체가 된다.

우리는 니체가 모더니티의 (나쁜) 열매라고 본 주체성의 이 구조를 너무나 잘 알고 있다. 그것은 무엇보다도 데카르트와 데카르트적인 주체성 모델과 연관되었을 것이다. 바로 이 구조 때문에 자유주의 비평가들이 자유주의적 주체성을 "어디에도 보이지 않는 눈"의 모습figure으로 식별하려 했다. 도나 해러웨이Donna Haraway의 유명한 공식은 이렇다. 어떤 공간도 차지하지 않는(따라서 보편적인 universal) 육체가 없는 사법상의 형태,[3] 따라서 그 어떤 물리적 운동이 없는 모습figure, 혹은 적어도 운동이 정치적으로는 아무 의미 없는 모습figure.

이 장의 목적은 앞 장의 주장을 위한 이론적 토대를 마련하기 위해 자유주의적 주체성의 이러한 해석을 다시 고찰하는 것이다. 나는 (비평가의 관점이 아니라) 자유주의 자체의 문법과 논리 안에서조차 몸은 그것이 특정한—꽤 협소한—형태, 즉 이동력을 지녔다 하더라도 중요했다는 사실에 주의를 환기시키고자 한다. 따라서 이 장은 두 개의 주 논점을 제시한다. 첫째, 한나 아렌트가 지나가는 말로 한 주장을 따라,[4] 적어도 18세기까지는 이동의 자유가 자유liberty의 자유주의적 개념liberal concept을 물질화한 것이었다고 제안한다. 둘째, 이동이 자유주의 이론의 핵심에 위치한 주체의 주요한 물질화 방식이었다고 제안한다. 달리 말해, 자유주의적 주체는 주체가 움직이는 몸으로 형상화되는 순간에는 구체적이고 육체를 가진 존재로 나타났다는 것이다.

자유freedom의 자유주의적 관념의 초창기 개념화의 핵심에 이동의 자유freedom를 위치시킴으로써, 나는 매우 비판받은 추상화된 주체성 개념이 자유주의 논리의 필수적인 개념적 핵심이 아니라 오히려 그 이후 이동을 등한시해서 생긴 결과임을 보여 주려 한다. 린다 제릴리Linda Zerilli가 "우리가…서구 철학적·정치적 전통에서 물려받은" 것이라고 말한 "의지의 현상으로서의 자유freedom"[5]라는 생각은 초기 자유주의자들에게는 본질적인 것이 아니었다. 초기 단계에서 자유주의는 여전히 자유로운 주체를 반드시 형체를 갖춘 구체화된 주체로 인식했고, 다만 그때의 육체화는 비평이론에서 차후에 사실로 상정한 다양화된 육체화의 방식들과 달랐다. 그러나 자유주의적 주체의 몸을 운동 주변에, 혹은 움직이는 몸으로 이렇게 구체화한 것이 단순히 지난 역사는 아니다. 자유주의적 주체성과 자유liberty, 법의 핵심에 있는 움직이는 몸은 뒤이은 시기에도 자유주의의 정치적 현장에서 완전히 지워지지 않았다. 그것은 때로 보이지 않는 방식이더라도 이 담론의 이후 순간들에 흔적을 남겼다. 자유주의 이론의 초기 출처들이 이동에 초점을 두었기 때문에 다음과 같은 숨겨진 주제를 발굴해 낼 수 있는 것인데, 이것이 앞 장에서 본 차별화의 요체가 된다. 즉, 모빌리티를 둘러싼 ①그룹과 ②그룹 사이의 동시대적 분열: ① "선하고" "합목적적이고" 심지어 "합리적"이고 또 때로 모빌리티가 극대화되어야 하는 "진보적인" 인물인 시민(단지 사법적인 존재가 아니라 인종적이고 계급화되고 종족으로 구별되고 젠더로 구별되는 존재) 그룹, ② 파괴나 위험, 비행으로 구별되고 생산되는 이동 패턴을 지닌 타자(화된) 그룹.

여기서 나의 요점은 초기 자유주의에 대한 동경을 표현하는 것이 아니다. 이동으로서 자유의 초기 개념의 한계, 그것의 정상화 기능, 그것의 배제의 관행, 그것의 식민화 논리와 프로젝트 참여가 논점이 펼쳐질수록 명백해질 것이다. 더욱이 우리는 자유로서의 이동movement-as-liberty에 초점이 모아지는 현상이 대개 정치권력에 대한 이해 부족 때문임을 명심해야 한다. 즉, 정치권력이 목숨을 빼앗고 살아 있는 사람들을 감금할 권리로 축소될 때,[6] 자유liberty는 이동할 능력으로 축소된다. 푸코가 우리에게 보여 주는 것처럼(그러나 이미 밀이 보여 주었다[7]), 근대 초기 주권의 구체화 이후 권력의 모델과 테크놀로지는 더욱 복잡하고 다면화되었으며, 권력에 대한 이해도 마찬가지로 복잡하고 다면화되었다. 권력의 운영과 개념화에서의 이러한 변화와 함께 자유freedom의 대상object 또한 다면적으로 변했다. 그러므로 여기서 나의 목적은 두 가지이다. 첫째, 자유주의 전통의 동시대적 비평에서 허수아비처럼 되어 버린 자유주의적 주체를 좀 더 다양한 뉘앙스로 이해하고자 한다. 둘째, 이러한 자유freedom와 주체성의 개념들을 추적하는 하나의 틀을 제공하고자 한다. 즉, 구류와 추방 가능성, 정치적 이유에서 수용소의 만연과 그 모습에 대한 이론적 매혹, 국경 통과 관행과 세계화된 위계(종교, 인종, 경제적), 대량 감금과 시민권, 이 모두는 그런 개념들이 구체화된 맥락이다.

◆ ◆ ◆

내 논점의 핵심은 단순하고, 시민—어느 정도는 당시에 새로 출현한 하나의 정치적 존재—이 특정 이동 패턴의 작용이라는 아이디어 형성의 시작을 볼 수 있는 특정 담론의 순간에 한정되어 있다. 나는 17세기와 18세기에 자유로운 이동이 자유주의 사상의 토대가 될 말뭉치의 본질적인 요소였다고 주장한다. 이 요소는 나중에 억압되고, 심지어 더 나중의 좀 더 공식적인 자유주의 버전에서는 부정당하기도 했으나 여전히 잠재적으로는 중심에 남아 있다. 이러한 역사의 경계 긋기는 자유주의에 관한 이야기의 출발 선을 언제 어디에 그어야 하는지에 대한 논쟁의 여지가 많은 문제에 간섭하려는 목적이 아니다.[8] 담론은 천천히 점진적으로 형성되고 계속되는 제외하기, 경계 긋기, 반성의 과정을 통해 이루어지므로 여기서 정확한 선을 긋는 것은 내게는 무용한 일로 보인다. 이 학파에서 정해진 많은 의미 규정들 내에서 나의 용어 사용은 주체의 특정 존재론—지배구조의 특정 이해를 이끌어 내는 존재론—에 의존하는 정치철학을 표시하고자 한다. 이 존재론은 최소한 17세기로 거슬러 올라갈 수 있는데, 이 장에서 그 존재론이 출현한 주요 텍스트들을 살펴볼 것이다. 이러한 이유로 논점의 핵심과 역사적 한계를 짚고 넘어가야만 한다. 이 장에서는 더 이전 시기와 이후 시기도 잠깐씩 둘러볼 텐데, 거기에는 19세기 참정권 확장론자나 플라톤도 포함된다. 논점이 다른 역사적 시기와 공명하게 함으로써 나는 하나의 특별한 논리나 구조의 초점을 규정하고 또한 그 뿌리를 식별해 내며, 그게 겉으로 사라져 버린 후에 남는 흔적을 지적할 것이며, 그렇게 함으로써 이 구조가 협소한 경계 설정을 해서 볼 수 있는 것보다 훨씬 더 침투력이 있다는 것을 예증할 것이다.

나는 물리적 이동과 자유liberty 사이의 공생관계를 확실하게 표현한 토머스 홉스로 시작한다. 홉스는 내 주장의 연대기적 출발점을 대략적으로 명시한다. 그 다음 이마누엘 칸트와 메리 울스턴크래프트Mary Wollstonecraft와 존 로크에 관한 짧은 고찰로 나아갈 것이다. 그 이유는 이동과 합리성 사이의 연결고리를 보여 주기 위해, 그리고 이동이 특혜 받은 형태로 남아 그로 인해 자유freedom가 더 추상적인 용어로 인식될 때조차도(칸트의 합리성 지배와 같은) 주체가 자유주의 정치적 영역 내에서 육체성을 띤 것으로 드러날 수 있음을 보여주기 위해 소환된 다소 연관성 있는 조합이기 때문이다. 이어서 자유freedom와 이동에 관한 로크의 사상을 좀 더 체계적으로 분석한 다음, 이동을 자유주의 사상과 더 긴밀하게 결부시킨 이동의 다른 측면들을 추적한 윌리엄 블랙스톤William Blackstone의 연구를 살펴볼 것이다. 그리고 마지막으로 19세기 주요 미국 여성참정권자들이 이끈 복식개혁 운동 논의로 끝을 낼 것이다. 그 부분에서 자세히 설명하겠지만, 이 시기에 자유freedom가 대체적으로 움직이는 몸에서 분리되고 의지와 결합하게 되는데, 나는 이 개혁운동의 이야기가 나의 주장을 강력하게 증명한다고 믿는다. 젠더—그리고 그와 함께 몸—를 전면에 내세움으로써 복식개혁 운동은 이후의 자유주의 짜임관계constellations에서 몸이 표면으로 떠오를 때, 그게 얼마나 우선적으로 무엇보다도 움직이는 몸으로 구축되는지 드러낸다. 서론에서 밀과 관련하여 짧게 주장했듯이, 자유주의 담론 주변에서 이동movement은 주체-시민의 완전한 지위를 얻기 위해 여전히 분투하는 사람들을 상징하면서 19세기에조차 자유의 제1 징후로서 그 모습을 드러낸다.

홉스: 움직임motion과 육체적 자유corporeal liberty

존 로저스John Rogers는 《혁명의 문제The Matter of Revolution》에서 "우리가 자유주의라고 인식하는 자결권의 사회·정치적 구조"의 출현은 과학이 물리적 운동physical motion을 이해하는 방식과 같은 식으로 혁명과 밀접하게 연관되어 있다고 주장한다.[9] 17세기 케플러와 갈릴레오, 하비, 뉴턴 등의 이론으로 움직임의 과학적 모델이 바뀌면서 철학은 운동movement의 성격에 관한 논쟁에 사로잡혔다.[10] 움직임 motion에 대한 매혹은 단순히 자연철학만의 문제가 아니었다. 그것은 또한 정치철학의 문제이기도 했다(그 둘이 분리될 수 있다면).[11] 17세기 중반 이론가들, 특히 주로 영국의 이론가들은 사회·정치적 위계의 세계와 물리적 운동의 세계(혈액순환, 돌의 낙하, 원자 미립자들의 충돌 등)를 유사체(은유적 실례의 내용으로서)로서, 그러나 존재론적으로는 독립된 것들로 구축했다. 로저스는 "이렇게 매혹적인 담론의 상호의존성의 최고 사례"가 홉스라고 주장한다.[12]

어떤 면에서 홉스는 운동movement의 철학자이다.[13] 그에게는 모든 것이 결국 움직임motion으로 환원된다. 인지와 감각, 상상력에 대한 설명부터 욕망과 쾌락의 이해, 선과 악의 개념에 이르기까지 "삶"은 "그저 움직임에 지나지 않는다"고 주장한다.[14] 그리고 "움직임은 움직임을 낳을 뿐이기"[15] 때문에 정치적 현실은 다른 것으로 구성될 수 없다. 홉스에 따르면 움직임은 정치적 문제일 뿐만 아니라 모든 것의 문제로서, 움직임은 또한 정치의 사안이기도 하다. 그러나 이 주장은 다소 공허하다. 모든 것을 둘러싸면서도 그것은 거의 아무것도 말하지 않는다. 그 주장은 운동이 근본이 되는 그의 자연역학의 이해 없이 홉스의 정치이론을 완전히 이해할 수 없다는 것을 드러내면서도, 홉스의 정치사상 내에서 정치적 운동의 특별한 성격은 나타내지 않는다.

로저스는 그에 앞선 토머스 스프라겐스Thomas Spragens와 매우 유사하게 운동과 정치적 관계들의 공동생산을 주로 홉스의 자연상태와 자연상태가 지시하는 정치적 방식 안에 위치시킨다. 자연상태에 있는 사람들의 몸과 같이 홉스의 자연철학 안의 몸은 격렬하게 충돌한다. 그것들의 운동은 목적인目的因이 없고, 그것들의 움직임은 행위의 작용이 아니라 한 몸이 다른 몸에 가하는 물리력의 결과이다. 따라서 이러한 운동은 외부로부터 통제되어야 한다. 로저스는 이 모델이 "정복과 지배의 정치적 과정의 필요성과 불가피성에 대한 과학적 증거를 제시한다"고 주장한다.[16] 따라서 《혁명의 문제》에서 홉스는 반-권위주의적 개인의 자유liberty에 대한 자유주의적 지형을 낳을 수 있는 자가-운동의 생기론的vitalism* 개념의 반대 극에 위치한다. 나는 이 주장과 충돌하지 않으면서, 홉스의 글에서 특정 인간의

---

* 생기론은 살아 있는 유기체가 비물질적 요소를 지니고 있거나, 무생물과는 근본적으로 다르다는 믿음이다. 비물질적 요소는 '생기', '에너지', 또는 베르그송의 용어로 "생의 약동" 등으로 언급된다. 18~19세기에 생물학자들 사이에서 논의된 생기론은 기존의 물리역학으로 생명체와 무생물 간의 차이를 설명할 수 있다고 믿는 학자들과, 생명의 프로세스가 역학적 과정으로 축소될 수 없다고 믿는 학자들의 주장으로 나뉘었다. 현재의 생물학자들은 생기론이 실험적 증거에 의해 반박되었다고 여긴다. 20세기 종반 이후 생기론은 유사과학으로 치부된다.

운동(물리적 미립자의 격렬하고 미친 듯한 운동이 아니라)을 더 자세히 설명하면 이러한 대립이 무너진다고 주장한다. 이는 홉스의 운동을 필요성(이러한 설명에서 전제주의와 연결된)이 아니라 자유liberty와 묶어 놓고 그를 자유주의 이론들의 연속선상에 위치시킨다.

홉스는 자유liberty를 단지 움직일 수 있는 자연스러운 몸의 능력과 그것을 실제로 수행하는 여러 가능성 사이의 특별한 관계일 뿐이라고 주장한다. 달리 말해 자유는 "**움직임의 외부적 장애물들**···의 부재"다. 그것은 기본적으로 "사슬이나 감옥으로부터의 자유freedom"[17]로서 최소한의 매트릭스 안에 위치하며, 거기에서 개인의 자유의 정도는 그 개인이 이용할 수 있는 운동 공간의 작용이다("따라서 큰 교도소에 수감된 사람이 좁은 교도소에 수감된 자보다 더 큰 자유를 지닌다).[18] 그러므로 자유는 몸의 특성일 뿐이다. "단지 몸"이라는 개념을 적용하는 것은 홉스에 따르면 "운동의 주체가 아닌 것은 방해의 주체가 아니기 때문에" 용어의 "남용"이다.[19]

이러한 정의는 물이 아래로 흐를 자유에도 적용되고 펜이 책상에서 떨어지거나 사람이 자기 팔을 움직일 자유에도 적용된다. 그래도 좀 더 각별히 인간적인 운동의 양식이 있고, 따라서 더 큰 정치적 함의를 지닌 운동의 양식이 있다. 정치공동체 내에서 인간은 이중적 존재이다. 쿠엔틴 스키너Quentin Skinner가 지적하듯, "우리가 자연 세계를 떠나고···인위적인 공화정의 세계로 들어가자마자, 우리는 더 이상 단지 움직이는 몸이 아니다. 우리는 또한 주권자 권력의 주체들subjects of sovereign power이기도 하다." 홉스는 이러한 이중성을 그 자체로서가 아니라 공화주의자들의 자유liberт 개념에 반대하기 위해 지지하는데, 그 방법은 "모든 주체를 주권자가 행하는 모든 행위들의 저자로 탈바꿈시킴으로써"[20] 가능하다. 그러나 이러한 이중성은 그럼에도 홉스가 개인 안에 두 갈래 분기가 있다는 것을 받아들여야 함을 의미한다. 달리 말해, 공화국에서 인간은 ⓐ움직이는 몸이자 ⓑ인위적(사법적) 창조물, 즉 주체들이다.[21] 예를 들어, 자신을 죽이려 하는 왕으로부터 도망갈 때 주체는 나뉜다. 즉, 개인의 몸으로 그는 처벌을 피한다. 그러나—홉스가 주장하는바—그는 주권자의 일부로서 자신의 능력 안에 있는 자신으로부터 도망하는 것이다. 결국, "그는 제도에 의한 존재로서, 그의 모든 주권자의 저자가 그렇듯 제 자신에 대한 처벌의 저자다.[22]

의심의 여지 없이 이 모두는 홉스에게 한 가지 목적을 위해 매우 중요하다. 즉, "제 자신에게 상처를 가하는 것은 불가능하다"라고 주장할 수 있기 위해서,[23] 또 주권자가 불의로 비난받을 수 없다고 주장하기 위해서다. 그러나 나는 이 주장이 먹히기 위해 작동해야만 하는 존재론적 장치에 더 큰 관심이 있다. 그러면 이런 의문이 떠오른다. 이 "저자"는 누구, 혹은 무엇인가? 즉, 제 몸이 주권자(또는 공화정. 그리고 홉스는 이 두 개의 해부학 사이에서 계속 왔다 갔다 한다)가 되는 "저자"는 누구, 혹은 무엇인가? 그런 저자로서의 주체는 권리와 자유liberties를 맞바꾸는 사법적 존재여야만 한다는 점을 나는 보여 주고자 한다.

이 두 갈래 분기를 인식하면 두 층위의 정치적 주체성을 가로지르는 자유의 유형학을 조사할 수 있다. 첫 번째 층인 움직이는 몸으로서 주체의 층에서(그러나 결국 이 논의의 말미에서 볼 수 있듯이 두 번째 층도 마찬가지이다) "삶은 단지 사지四肢의 움직임일 뿐이다."[24] 외부적 방해 없이 움직일 수 있는 자유가 작동하는 건 이 층위에서다. 달리 말해, 이 층위에서 주체는 정치공동체 내에 자연 인간으로서 자유롭게 남는다. 그것은 그들이 주권자의 의지/행동으로 통합되지 않는 영역이다. 달리 표현하자면 여기서 우리는 개인으로서 주체의 육체적 자유corporeal liberty와 마주한다. 여기서 자유freedom는 보통 "부정적" 자유라 일컬어지는 걸 뜻한다. 즉, "법의 침묵에 의존하는" 자유, 사실상 "주체의 가장 위대한 자유"이다.[25] 이 자유는 정치적 존재 내 자연의 고립 지역에 있는 존재의 작용, 즉 지금은 법에 둘러싸여 있다 하더라도 자연상태의 논리와 구조를 유지하는 섬의 작용이다. 이 섬들 중 일부는 법이 침투할 수 없는 지역 내에서 만들어지며(특정 행동을 금지하는 법이 없을 때), 일부는 몇몇 자연적 권리가 부정될 수 없기 때문에 만들어진다.[26] 또 다른 섬들은 법에 따르지 않을 항상-주어진 가능성의 작용이다. 달리 말하자면, 주체의 추상적 존재는 추상적 "인위적 사슬"[27]—법—에 의해 제한되는데, 따라서 그것은 개인의 자연적·육체적 운동의 능력에 약한 제한을 가하고 그래서 언제나 부술 수 있는 사슬이다. 첫 번째 두 섬은 주권자에게 포섭당하지 않은—아직 당하지 않은, 또는 당할 수 없는—삶의 영역을 가리킨다. 이 지역에서 우리는 그 단어의 완전한 의미를 갖춘 주체들 즉, 주권 자체를 구성하는 그 존재들, 주권의 행위의 저자들, 권위의 대리자들을 갖지 못한다. 우리는 그 자체로 "하나가 아니라 다수에 있는" 자연적 군집을 갖고 있다.[28] 마지막 섬에서는 주체가 《리바이어던Leviathan》 표지 삽화에 나온 공화정을 구성하는 작은 인물들처럼 국가주의적 합법적 질서에 통합될 때조차도, 주체의 움직임이 주권자의 의지의 작용이고 주권자의 움직임이 단지 주체의 작용일 때조차도, 주체는 항상 자신의 개인적 존재를 다시 회복할 수 있다. 주체는 그게 법에 불복하는 것을 의미하는 것이라 하더라도 항상 개인의 몸으로서 자신의 능력에 따라 행동할 수 있다. 그러므로 정치적 존재, 자유liberty를 누르는 정치적 제약은 항상-머물고 있는 자연적(육체적) 존재를 덮는 얇은 껍질에 불과하다. 그 핵심에서 우리는 운동하는 몸으로 남는다.

이렇게 법을 사슬로 이해하고 계약을 묶어 놓는 것으로 이해하는 것은 모든 자유의 양식modes of freedom을 육체적 자유corporeal liberty의 패러다임 내로 위치시키는 행위임을 강조할 가치가 있다. 이러한 다양한 변주 속에 자유는 그저 운동에 대한 외부적 방해물의 결핍일 뿐이다.

그러나 이러한 자유freedom 개념은 자유liberty의 두 개념 사이에서 갈팡질팡하는 것 같은 홉스를 완전히 만족시키지 못한다. 한편으로 그는 "자유로운 주체"가 그저 "의미 없는…말"[29]에 지나지 않는다고 주장한다(중요한 사실은, 이는 그가 부조리의 의미와 관련된 사례를 들면서 여담으로 던진 주장이라는 것이다). 그러나 다른 한편, 홉스는 그로 하여금 주체로서 개인의 자유를 주장할 수 있게 해 주는 자유freedom

의 개념을 찾기 위해 노력을 기울인다. 이것은 인간의 정치적 존재의 두 번째 층위인데, 그는 이 층위에서(즉, "자연적"인 인간이 아니라 주체에 적용되는) 자유에 대해 직설적으로 말하지 않는다. 좀 더 자세히 들여다보자.

가끔《리바이어던》에서 법이 자유의 제약으로, 육체적 움직임을 방해하는 사슬(추상적이라 하더라도)로 나오기도 하지만 또 다른 곳에서 홉스는 이렇게 말한다. "법의 사용이…모든 자발적인 행동으로부터 사람들을 묶어 놓기 위함이 아니다. 오히려 그들 자신의 충동적인 욕망이나 경솔함이나 무분별로 인해 스스로를 해치지 않게 하는 방식으로 움직이고 유지하기 위함이다. 그것은 마치 산울타리가 여행객을 멈추게 하기 위해서가 아니라 그들을 인도하기 위해서 놓인 것과 마찬가지다."[30] 여기서 법은 실로 울타리 같은데, 그것은 방해물이라기보다 (안전한) 운동을 조장할 수단으로 보인다. 낸시 허슈만Nancy Hirschmann은 홉스의 법 개념화의 이러한 긴장을 지적하며, 그 긴장을 해결하기 위해 홉스가 부정적 자유 개념과 나란히 긍정적 자유 개념을 제안한다고 해석하려 한다. 허슈만은 사회계약이 "주권자가 부과할 바로 그 질서를 사람들이 원하게끔 만들고, 자연적 인간을 시민으로 '길들이고', 한 일속의 욕망들을 다른 욕망들로 대체할" 수단이라고 주장한다.[31] 사회계약이 단지 인위적 인간으로서 주권자를 만들 뿐만 아니라, 각자 제 스스로 법의 제약을 바라는 새로운 사람을 형성하도록 만든다는 것이다.

그러나 이 해결책이 통하려면 적어도 어느 특정 순간에 홉스의 부정적 자유 개념을 완전히 중지시킬 필요가 있는 것 같다. 산울타리는 우리의 의지가 어떻게 형성되든 간에 결국 운동에 대한 외부적 방해물로 남는다. 즉, 우리가 주체를 주권자의 파편으로 받아들이는 홉스의 이해를 진지하게 받아들이지 않으면 그렇다는 말이다. 이렇게 다시 주체 내의 분열에 관한 나의 주장으로 돌아온다. 즉, 이러한 울타리의 외부성을 피하기 위해 홉스는 우리의 개인적 의지와 나란히 법 자체(방해물로서)에 내재하는 의지가 존재한다는 것을 당연한 전제로 받아들여야 한다. 그래야만 법이 더 이상 운동에 대한 외부적 방해물을 제기하지 않는다. 대신 법은 개인의 내면적 계산과 동기로 통합될 것이다. 그러나 법이 사법적 언어 안에 이제 구축된 주체 안에서 내재적으로 작동한다면, 그 공생은 몸과의 공생이 될 수 없다. 위에서 인용한 개인의 "충동적 욕망, 경솔, 무분별"은, 주체가 육체적 존재로서 법과(또는 주권자와) 불화한다는 사실을 증명한다. 여기서 법은 몸의 자연적인 성향에 반하여 작동하는 듯 보이고, 그러면 몸은 공포로 떨게 된다. 이 공포—주권자의 주요 행사—와 욕망의 억압은, 우리가 다층적인 프로이트의 주체를 홉스의 주체에 대입시켜[32] 읽으려는 게 아닌 이상, 법이 몸의 외부에 존재한다는 것을 의미한다. 그게 어떻게 내재적일 수 있는가?

개인이 공동에게 부여하는 하나의 요소—그리하여 주권자를 만들고 주체가 되는—는 그의 권리다.[33] 그러므로 개인은 권리를 고정하는 계약자로서, 인간으로서 자유로워질(법의 간섭으로부터 자유롭다는 뜻) 뿐만 아니라 주체로서도 자유로워진다(법의 구성과 작동 안에서, 그리고 그 작동을 통해서 자유롭다는 뜻. 주권자의 행동의 "저자"[34]).
바로 여기서 우리는 주체의 자유주의적 존재론에서 굉장히 중요한
모델의 출현을 목격한다. 그것은 바로 텅 비고 사법적인, 계약하는
인공물로서의 주체다.

그러나 주체가 비육체적 존재라면 어떻게 자유로울(잠재적으로든
실제로든) 수 있는가? 주체가 자유롭다 아니다 주장하려는 시도는—
자유의 문제를 제기하려는 어떤 시도도— 홉스의 말을 빌리자면 개
념의 "남용"이다. 허슈만의 용어로 말하자면, 홉스가 실로 자유의 부
정적 · 긍정적 개념을 모두 가지고 있다면 그것들은 서로 부딪힐 것이
다. 나는 우선 홉스의 운동 개념이 그로 하여금 이 긴장을 우회하
게 만들고 권리의 양도를 육체적 과정으로 생각할 수 있게 해 준다
고 주장한다. 그리고 둘째, 이 해결책은 앞서 언급한 자기통제 운동
의 논리 안에서 주체를 개념화할 수 있게 한다.

홉스의 해결책으로 넘어가기 전에 논점을 다시 되풀이하겠다. 홉
스는 자유를 움직임에 대한 외부적 장애물의 결핍으로, 즉 몸만의
특성으로 보았기 때문에 모순에 빠진 것 같다. 이러한 자유 개념은
사람들을 주권자와 갈등하는 상황에 빠지게 할 수 있으므로 개인으
로서의 사람에게 적용될 수 있다. 즉, 그들은 성향과 욕망에 추동을
받는 육체적 존재로서,[35] 그들의 자유는 법으로부터의 자유다. 이 등
식의 한쪽, 개인 쪽에서 보자면 법은 외부적 방해물로 간주된다. 즉,
사슬이다. 그러나 홉스는 두 번째 자유의 개념을 지지하는데, 그 안
에서 주체와 주권자는 조화를 이룬다. 역설적이게도 바로 여기, 홉

스의 가장 전제주의적 순간에, 홉스는 롤스가 완성하게 될 주체성 모델을 착안하기 시작한다.

홉스의 사상에는 자유주의적 전통의 핵심으로 간주되는 요소들이 있다. 급진적인 개인화, 인간의 소외, 또는 국가에 대한 개인의 존재론적·연대기적 우위 등이다. 여기서 추가적인 요소가 발생한다. 그것은 홉스가 정치적·사법적 존재와 물질적 존재 사이에 받아들여야만 하는 분리, 심지어 긴장이다. 이 지점에서 우리는 우리가 멈췄던 문제로 돌아간다. 즉, 공식적인 주체성과 물질적인 주체성 간의 그런 결별은, 몸에만 적용되는 움직임에 대한 외부적 방해물의 결핍으로서의 자유가 아닌 다른 자유 개념을 요하는 것처럼 보인다. 하지만 그러면서도 홉스는 그런 개념을 제공하지 않으며, 그보다는 계약하는 사법적 존재를 움직이는 몸으로 재구성한다. 나는 홉스의 물질주의를 가지고 그를 급진적인 환원주의자로 읽는 또 다른 독해를 옹호하려고 이 주장(곧 설명될 것이다)을 내놓는 것이 아니다. 나의 주장은 움직임에 관한 동의의 융합을 통해 자기규제 모델이 만들어진다는 것을 보여 주려는 것이다. 예속 상태에 대한 홉스의 설명이 이 점을 매우 명확하게 예증할 것이다.

예속 상태를 노예 상태나 속박과 구별 짓기 위해 홉스는 자신의 자유 개념의 기본 특성을 드러내는 두 가지 서로 얽힌 요소를 지적한다. 첫째 하인은 노예나 포로와는 달리 사슬로 묶이지 않는다(혹은 감옥의 벽 안에 갇히지 않는다). 달리 표현하자면, 하인은 자유롭게 움직일 수 있다. 그리고 둘째 다른 이들과 달리 하인은 "말로 표현하

든 다른 충분한 기호로 표시하든" 의지를 전달한다.[36] 하인은 자신의
상황에 동의를 한 것이다. 동의와 움직임, 이 둘은 그를 자유롭게 만
드는 것이며 그 둘은 분리될 수 없다. 동의는 바로 속박의 결핍으로
부터 유추될 수 있다. 동시에 홉스의 역학에서 행동은 항상 행동의
의지를 수반하기 때문에,[37] 의지와 움직임은 행동의 순간에 융합한
다. 움직임과 의지, 동의, 자유는 따라서 분리 불가하다. 하인은 홉
스의 보편적 주체성subjecthood 모델로서 기능하며,[38] 주체의 두 차원
간의 분열이 그것으로써 연결된다. 이를 통해 주체가 인위적이고
계약하는 존재로서 적어도 특정 정도의 육체성(따라서 잠재적 자유)
을 유지함을 알 수 있다. 심지어 겁을 먹고 욕망하는 피조물로서 그
의 몸이 그의 정치적 존재에 통합되지 않는다 하더라도, **움직이는 존
재로서의 능력에 있어 그의 몸은 정치적 영역의 필수적인 부분이다.**

이 "육체적인 자유" 개념이 꽤 한계가 있다는 것을 주지하자. 하
인은 **"도망가지 않기로"** 동의한 자이며,[39] 이 동의 하에서만 사슬에
서 풀린 것이다. 그의 외부적 사슬은 단지 내부적 사슬로 대체되었
을 뿐이다. 여기서 요점은 자유의 협소한 개념 때문에 홉스가 주체
들이 가장 전제주의적 체제 하에서조차 자유로울 수 있다고 주장할
수 있다고 되풀이하는 게 아니다. 요점은 내부적 사슬의 전제가 있
기 때문에 홉스가 움직임에 대한 외부적 제한의 결핍으로서의 자유
의 정의에 따라 하인이 자유롭다고 일관되게 주장할 수 있음을 보
여 주는 것 너머로 나아간다. 핵심은 여기서 자유가 자기통제된 움
직임이 된다는 것이다. 도망가지 않는 하인은 바로 자기 자신을 통

제하는 개인이다. 즉, 하인은 타인들에 의해 통제받지 않기 위해 제 자신을 통제한다. 그리고 중요한 것은, 여기서 (자기)통제되는 것이 운동이라는 사실이다. 앞서 홉스에 대한 논의를 시작하면서 제시했던 자연상태의 끊임없이 충돌하는 미립자들의 혼란스러운 운동과 달리, 하인의 운동은 실러가 영국 춤에서 보았던(이 장 서두의 인용문에서) 이상理想을 위한 근본적 토대이다. 즉, "그렇게 질서 잡힌" 운동, 그것은 단순히 타인들과 충돌하지 않은 채로 제 자신의 성향을 따르는 것이다.

홉스에게 이 통제는, 교화를 하고 나서 주체의 정체성으로 통합할 수 있는 장치(교육에서부터 국가적 상징에 이르는 장치들)가 여전히 부족하다. 그러므로 그것은 공포에만 의지한다. 공포는 홉스의 세계에서 유일한 정치 테크놀로지이며, 따라서 홉스의 주체는 그 자체의 표면에 불과하다는 그린블랫Stephen Greenblatt의 주장과 매우 유사하게,[40] 우리가 하인을 통해 본 메커니즘은 피상적으로 남아 있다. 그럼에도 이것은 자유주의가 더 잘 발전시키고 정제시켜야 하는 생각—이상—이고, 존 토페이John Torpey를 다시 참조하자면 그것이 결국 운동 수단의 독점을 위한 메커니즘으로서 국가를 구성할 것이다.[41] 이것이 위에서 언급한 울타리 내재화의 궁극적이고 완벽한 의미가 될 것이다.

개인이 제 자신의 운동을 제한하면 대리 행위가 완전한 자유의 영역을 허락한다. 즉, 동의의 순간부터 주인의 의지와 주인의 행동은 또한 하인의 의지와 행동이 된다는 홉스의 생각은 하인에게 가능한 운동의 범위가 주인의 범위만큼이나 넓다는 것을 내포한다.[42] 이러한 주인으로의 자유/운동의 대체와 함께 주체의 자유liberty는 그 완전한 잠재력을 유지하고 심지어 주권자의 몸에 부착됨으로써 증대되기까지 한다.

사실 홉스의 주권자는 그 자체로 인공물이며 구체적 주인(또는 왕)이 아니다. 그러나 홉스는 이러한 인공물의 육체성을 주장한다. 스티븐 샤핀과 사이먼 셰퍼가 보여 주었듯, 관건은 홉스의 자연철학(또는 내가 여기서 주장하듯 그의 정치철학)의 일관성뿐만 아니라 정치질서의 가능성 자체이기도 하다.[43] 또한 심지어 정치적 존재로서 어느 정도의 육체성을 유지할 수 있는 개인적 주체와 달리 주권자는 진정한 정치적 몸이며 따라서 진정한 의미에서 자유로울 수 있는 유일한 정치적 존재이다. 그러므로 정치공동체 내에서 자유가 주로 주권자의 특성이라고 홉스가 반복적으로 강조하는 것은 전쟁의 프리즘을 통해(주권자들은 모든 것에 대한 절대적인 자연적 자유를 유지하고 그러므로 각자에 대해 자연상태에 있다는 생각을 통해) 이해되어야 할 뿐만 아니라, 운동의 프리즘을 통해서(그리고 어느 측면에서는 둘은 매우 긴밀하게 연결되어 있다[44]) 이해되기도 해야 한다. 더욱이 공화정이 몸이라는 홉스의 주장은 모든 정치적 측면에서 그가 자유를 움직임이 가능한 잠재적 영역으로 보았다는 점을 시사한다.

그러나 이 마지막 진술을 알레고리로 이해하지 않는다면 다소 혼란스러울 것이다. 결국 국가와 몸은 같은 방식으로 움직이지 않는다. 주권자의 운동은 신경이나 뼈의 운동과 동일하지 않다. 이 순간 논점이 무너진다. 즉, 이 진술을 알레고리로 이해하는 것은 자유liberty를 비육체적 존재에서 기인하는 것으로 여길 때 생기는 역설이다. 홉스는 그래서 자신의 자유 개념의 핵심에 있는 긴장을 해결하지 않는다. 그는 대신 운동 개념의 유연성 있는 성질, 이전 섹션에서 보았던 물리적이고 비유적인 것 사이에 있는 양가성을 수용할 수 있는 능력에 기대 그 긴장을 숨긴다. 우리는 더 나아가, 운동의 양가적 성질로 인해 구체적 의미가 은유가 되지 않으면서도 축소되어 비유적이 될 수 있기 때문에 홉스가 유기체의 운동에서 빠져나와 인공물의 운동으로 나아갈 수 있고 그러므로 그가 자신의 주권 개념에 박혀 있는 유기체와 인공물의 간극을 가릴 수 있다고 주장할 수 있다.[45]

이 양가성은 계속 텍스트(나의 텍스트뿐만 아니라 홉스의 텍스트)를 차지할 텐데 그게 우연은 아닐 것이다. 홉스와 마찬가지로 나도 정치사상과 정치 둘 다에서 한편으로는 환유나 지표 · 상징 또는 비유적 사례(무언가 다른 것으로의)로서 정치사상의 '은유로서의 움직임'과 다른 한편으로 구체적 움직임의 역할 사이에서 계속 미끄러져 빠져나갈 것이다. 그 이유는 이 두 손이 보기만큼 쉽게 구별될 수 없기 때문이다.[46] 운동은 동시에 은유가 되는 물리적 현상이다(그리고 우리는 물어야 한다, 왜? 무슨 목적으로? 어떤 함의를 지니고?). 그것은 구체적 현실을 구성하는 은유이고, 다른 질문들(자유와 시민권, 위치, 권리의 문제들)이 타협될 수 있는 물리적 형태이며, 따라서 지배 테크놀로지가 되는 물리적 형태이다. 그러므로 질문은 홉스(또는 이어질 다음 부분에서 나오는 다른 철학자들)가 얼마나 문자 그대로인지에 대해서가 아니라 오히려 이런 것이다. 즉, 이 운동의 프리즘이 그로 하여금 무엇을 할 수 있게 하는가? 그것은 그가 정하는 정치적 틀을 어떻게 경계 짓는가? 이러한 이미지들, 이러한 운동의 모습들과 정치현실의 물리적 운동과의 관계—구분 가능하다고 상정할 때—는 무엇인가?[47]

합리적인 몸, 움직이는 주체, 갇힌 운동

홉스의 정치적 글은 체계적이고 분명하게 운동을 설명하는 데는 꽤 비범한 반면, 자유주의 정전의 일부가 될 많은 텍스트들은 지속적으로 자유freedom를 표현하는 운동에 호소하고 있다. 또 다른 사례를 메리 울스턴크래프트에서 시작할 수 있다.

울스턴크래프트의《여성의 권리 옹호The Vindication of the Rights of Women》에서 몸은 이중적 역할을 한다. 한편으로 그것은 마음을 가두는 "감옥", "우리cage"이다. 몸에 갇힌 마음도 공간화될 수 있다—그리고 울스턴크래프트가 그 마음이 자유롭게 움직일 수 있도록 해방시키려 시도한다고 해석할 수 있다. (울스턴크래프트가 옹호하는 합리성의 교화는, 플라톤이 이데아로 향하는 영혼의 운동 이미지에서 인지한 방식의 운동으로 개념화되지 않았는가?[48]) 어쨌든 여성은 "문자 그대로 말하건대, 자신의 몸의 노예들"이며, 때로《여성의 권리 옹호》는 몸과 (영혼이나 마음으로 표시된) 다른 존재(또는 존재들) 사이의 제로섬 게임 양상을 띠는 것 같다. 그것은 "끊임없이 몸에 주의를 환기시

켜 마음의 활동을 속박하는" 게임이다.[49]

그런데 여성을 가두는 우리cage로서의 능력 면에서 이 몸은 매우 특별하다. 이 몸의 유형학은 당시 수많은 행실 교범의 대상이었던 게으른 여성 인물(푸코가 매우 잘 포착한 히스테릭한 여성 인물의 초기 형태)에게서 찾을 수 있다.[50] 그것은 응석받이 몸이자 아름다움의 대상으로서, 그 본질은 우아함과 따라서 나약함이다. 이렇게 응석받이로 받아 주는 것과 그에 따른 나약함에 대한 집착은 여성을 "앉아서 하는 일"에 국한시킨다. "개인의 아름다움을 보존하기 위해 〔여성의〕 사지四肢와 재능을 중국식 띠보다 더 세게 옥죄었고, 야외에서 뛰어노는 남자아이들과 달리 여성들이 선고받은 좌식생활은 근육을 약화시키고 신경을 이완시킨다." 그것은 또 "자연스럽게 마음의 의존성을 낳는다." 요컨대, 너무 많이 앉아 있는 것은 합리성을 위태롭게 한다. 사실 "나의 관찰 대상인 사람들 중 합리적인 피조물처럼 행동하거나 왕성한 지적 힘을 보여 주는 대부분의 여성들은 우연히도 제멋대로 날뛸 수 있게 허락된 환경에 있는 여성들이었다."[51]

이 순간 몸의 역할이 바뀐다. 몸은 마음의 자유를 억압하거나 위태롭게 하기보다는 마음의 자유에 절대 필요한 것처럼 보인다. 그러나 그것은 다른 몸이다. 즉, 기본적으로 움직이는(자유로운?) 몸이다. 이 주장을 진지하게 따르면 어쩌면 자유주의에서 움직임motion의 역할에 대한 나의 요점을 더 끌고 나아갈 수 있을 것이다─물론 나는 너무 멀리 끌고 나아가는 게 아닌지 아직 확신하지 못하는 상태이다. 그것은 바로, 움직임(그리고 더 정확하게는 사지의 움직임)이 단순히 자유의 물질화가 아니며, 또한 단순히 자유주의적 주체가 육체성을 띤corporealized 특혜 받은 방식이 아니라 합리성 자체의 물질적 조건(어쩌면 그게 후자이기 때문에 앞의 두 개일 수도 있다)이라는 것이다.

바버라 아네일Barbara Arneil은 서구 정치사상이 합리성과 능력 사이에 이루어 놓은 연결에 주의를 환기시킨다. 아네일은 되풀이하여 발생하는 "육체적·정신적 장애의 융합"을 발견하고 꽤 당황한 듯 보이며, "단순히 '비합리성'의 원칙이 아니라 장애 자체의 무언가 때문에 일부 자유주의 이론가들이 그들의 정의正義의 원리에서 모든 장애인들을 배제하게 만든다"고 결론 내린다.[52] 아네일은 이 "무언가"를 비극과 상실의 내러티브(내가 곧 설명할 것이다)에서 추적한다. 그러나 나는 기억과 내러티브의 개념에 기대지 않고 합리성과 바람직한 운동 방식modes of movement을 연결한 방법이 있다고 주장한다. 울스턴크래프트의 이 글은 우리로 하여금 아네일의 결론을 정교하게 만들거나 혹은 다소 수정할 수 있게 해 준다: 움직일 수 있는 능력이 없다는 것은 한 개인의 합리성과 밀접한 관계가 있는 것으로 보인다.

이러한 해석이 다소 추측에 근거한 것처럼 보인다면(분명 그렇기는 하다), 로크의《교육에 대한 성찰Some Thoughts Concerning Education》이 도움을 제공한다. 로크의《교육에 대한 성찰》은 표면상 부모나 보호자를 위한 비정치적 행동 규범인데, 텍스트의 목적은 완전히 정치적이다.[53] 즉, 책의 목표는 자유주의 국가의 경기장에서 정치적 배우가 될 수 있는 합리적 개인들의 형성을 확보하는 것이다. 로크는 책의 첫 부분을 소년 소녀의 신체적 힘과 건강에 할애한다. 그는 아이들은 매우 얇은—구멍 뚫린 정도는 아니더라도—밑창의 운동화를 신거나 아예 맨발이 더 좋다면서 실외에서 자유롭게 뛰어놀아야 한다고 주장한다. 신발은 "자연이 자기가 생각하는 최선의 방식으로 몸을 만들게 하도록", 다른 의복과 마찬가지로 몸과 몸의 움직임을 옥죄지 않게 조절되어야 한다.[54] 그 결과 생기는 움직임의 자유는, 허슈만이 로크가 "차갑고 젖은 발의 혜택을 강화하는 데 쏟는 특별한 열정"[55]이라고 묘사한 것과 긴밀하게 관련된 것으로, 로크에 따르면 아이들의 신체적 안녕에 필요한 것이다. 또한 이는 철학, 그리스어, 라틴어, 수학 등의 교육 수단으로 이성을 개발할 수 있는 (로크의 논의를 위한) "무대를 만들어 주는 것이다." 따라서 신체적 힘, 또는 활동은 합리성이 나타날 수 있는 토대가 된다.[56] 그러나 "자기들이 이해하지도 못하는 문제에" 끼어드는 "무식한 유모들과 보디스bodice〔꽉 끼는 여성복—옮긴이〕 제조업자들"[57]이 아이들의 운동의 자유를 너무 자주 제한해서 아이들의 영구적인 신체적 피해를 유발하고 잠재적으로—위의 연결고리를 생각해 보면— 그들의 정신 개발도 위험하게 만든다. 딸의 발을 꽉 조여 "전체 몸의 성장과 건강"을 영원히 망가뜨리는 "중국 여성들"처럼 이 무지한 영국 여자들이 몸과 마음의 발달을 가로막는다.[58] 이처럼 묶인 발의 아이콘에 어필하면서 드러나는 운동으로서의 자유 개념에 끼어든 제국주의적이고 젠더적인 차원은 더 분석이 필요하다. 여기서는 그저 이렇게 방해받은 모빌리티의 이미지(다른 모양의 발, 다소 꽉 끼는 신발과 옷들)와 텍스트에 그것이 출현하는 맥락과 함께 합리성이 구현되는 방식을 지적하고자 한다.

나로서는 아직 그 이유를 완전히 알 수 없고 설명도 완전하게 할수 없는 이러한 합리성과 운동의 공생은, 이성을 알 수 있는 모든 것의 축으로 삼을 것을 요구하는 철학자 칸트를 통해 가장 잘 이해될수 있다. 내가 앞서 간단히 스케치한 시간적 경계선에 따라, 그리고 나중에 좀 더 자세히 들여다보겠지만, 칸트는 자유freedom를 자율과 동일시한다. 그에게 자율은 무엇보다도 이성의 자유를 의미한다. 그런데 칸트는 1784년 자신의 에세이 〈계몽이란 무엇인가?〉에서 정치적 자유의 개념—"개인의 이성을 공적으로 이용하는 자유"[59]—을 소개할 때 하나의 은유에 기대는데, 그 은유는 완전히 다른 분야의 것을 예증하기 위해 어떤 한 분야의 이미지를 단순히 빌려 오는 것이상의 일을 한다고 해석될 수 있다: "〔'자기 자신의 이해력을 이용'하지 못하게 막는 교리와 공식을〕 과감히 버리는 사람은 가장 좁은 도랑위로 불확실한 뜀뛰기를 하는 것과 같다. 왜냐하면 그는 그러한 자유로운 운동에 익숙하지 않기 때문이다. 바로 그러한 이유로 굳건하게 걸을 수 있고 제 자신의 마음을 계발하여 미성숙에서 벗어나는사람은 소수일 뿐이다."[60] 미성숙에서 벗어나 계몽의 시대로 진입하는 것은 일정 정도의 자유로운 운동, 즉 '독립적으로 생각하기'를 이룩하는 것이다.[61]

계몽이 궁극적으로 정치적 자유와 합리성이 한 점으로 수렴되는 (비평을 통하여: 어두운 모순의 장소로 들어가지 않기 위해 이성이 제 스스로를 제한하는 법을 배우는 과정) 순간이라면, 이성은 제 스스로 정치적 자유liberty의 특성인 '운동'을 띤다. 여기 자유로운 운동과 자유로운 사고의 융합이 다시 한 번 신체적 움직임이 다른 무엇으로 도약함을 보여 준다. 그것은 비물리적 현상에 대한 물리적 은유이다. 즉, 여하간 스스로 움직이는(이것은 은유가 아니다. 즉 추상적이라 하더라도—우리가 운동을 공간적 표상을 통하지 않는 것으로 이해할 수 있다고 치면) 실체 없는 사고, 또는 합리성에 대한 환유다. 그것은 아네일의 평을 빌리자면 "동시대 정치이론에 퍼진" "비평적" 융합이다. "비평적"이라는 것은 단순히, 아네일의 주장대로 이 융합이 "육체적으로 장애를 가진 사람이 표면상 합리적 동인rational agency에 뿌리를 둔 정치이론에서 체계적으로 배제되는" 정상화시키는 체제regime의 일부분이기 때문만이 아니다.[62] 나아가 단순히 다른 장애 연구 학자들이 가르쳤듯, 공간에서 우리의 몸을 나르는 "정상적"인 방식에 관한 특정 전제들이 운동을 촉진하고 방해함으로써 그것에 의해 배제는 아니더라도 위계를 낳는 민주적 공간의 형성으로 해석되기 때문만이 아니다. 이 융합이 비평적인 것은 추상성을 보편성의 전제 조건으로 삼고, 그 둘을 목표로 삼는 전통에서 자유freedom(그리고 주체성)의 육체적 맥락을 폭로하기 때문이기도 하다.

로크: 자유에 울타리치기

다시 로크로 넘어가면, 합리성과 자유를 연결하는 등식이 몸을 가두는 것이 마음을 가두는 것이라는 생각으로 환원되지 않음을 알 수 있다. 합리성과 얽힌 운동은 각각의 운동을 일컫는 게 아니라 그보다는 항상 특정 경계 내에서—칸트에서도 찾을 수 있는 구조이며, 내가 보여 주었듯 홉스에도 내재된 구조이다— 주어지는 제한된 운동을 말한다.

이러한 경계는 매우 중요해서, 처음에 보면 로크의 정치적 글 중 더 많이 읽히는 글에서 그는 내가 지금까지 묘사한 운동으로서의 자유 개념과 꽤 다른 방식으로 자유를 설명한 듯 보인다. 칸트처럼 로크도 자유의 전제 조건으로서 자유에 우선적으로 (몸보다는) 이성을 연결시켰다. 더욱이 그는 자유의 전제 조건으로서 안정성(법의 안정성)을 강조했다. 그리고 (어쩌면 무엇보다도) 그는 자유를 (개인의 재산을 보호하고 꽤 큰 폭이긴 하지만 운동을 제한하는 울타리—울타리가 제한하는 것은 타인의 운동이다) 울타리가 쳐진 것으로 생각했다. 《통치론Second Treatise of Government》에서 로크는 정부 하의 자유를 "그 사회의 모든 이에게 공통되고 입법권에 의해 제정된 지키며 살아야 할 준칙"을 가지는 작용으로 정의한다. 즉, "다른 사람의 변하기 쉽고, 불확실하고, 알려지지 않고, 자의적인 의지에 예속되지 않을…자유liberty"다.[63] 따라서 자유liberty는 안정성과 통제에 의존하고, 그리하여 끝없는 움직임motion과 동일시될 수 없다. 더욱이 그것은 물리적 방해물이 아니라 의지에 의해 제한될 수 있다.[64] 사실 운동의 자유—또는 보편적인 운동—는 《통치론》에서 한 번도 언급되지 않는다.[65]

누군가는 《통치론》이 운동과는 거의 반대로 울타리들로 점철되어 있다고 주장할 수도 있을 것이다. 웬디 브라운Wendy Brown이 주장한 것처럼 "울타리, 소유권, 경계짓기는 《통치론》에서 로크의 가장 비옥하고 편재하는 은유들이다. 그것들은 자유, 대표성representation을 보장하고 실제 영토를 보호할 뿐만 아니라 반란의 권리를 제한한다."[66] 좀 다른 관점에서 법이 안정화시키면서 동시에 해방하는 기능도 할 수 있다는 말을 추가할 수 있다. 사실 법의 안정화 특성 때문에 해방의 기능이 가능하다. 그것은 바로 다른 이의 끝없는 운동인 '이성의 운동'을 제한하는 기능 때문이다. 우데이 메타Uday Mehta는 로크의 자유롭고 합리적인 개인이 주어진 기정사실이 아니라는 것을 보여 준다. 합리적인 개인은 경계를 넘으려는 욕망을 통제하기 위해 어릴 때부터 마음을 길들임으로써 형성된다. 메타가 적절하게 주지시키듯, "이상하게도" 자유는 개인을 일정 정도 가두어 놓아야 가능하다. 즉, "우리가 가닿을 수 있는 범위 너머 있는 것들에 대해 조용히 알지 못한 채로 앉아 있을 정주 명령"을 지켜야 가능하다.[67] 로크는 "표면상" 커스티 매클루어Kirstie McClure의 용어로 "제한의 언어"를 사용한다. 매클루어는 로크에 관한 대다수의 글과 유사하게 이 언어를 "주된 정치적 관심사가 시민의 자유liberties와 재산에 관련하여 국가권력의 적절한 경계를 설정하고 그런 마땅한 권력 행사와 과도한 자의성 사이를 구분 짓는" 기능을 하는 언어로 본다.[68] 그러나 매클루어가 개인의 (부정적) 자유freedom를 극대화하기 위해 국가를 제한할 필요성에 초점을 맞춘 반면, 메타는 국가권력뿐만 아니라 개인 자신— 그리고 더 나아가 그의 자유—도 과도해질 수 있고 그러므로 통제받아야 한다는 점을 보여 준다.

내가 주지시켰듯, 이 모두는 로크의 개인에 대한 정의가, 앞 절에서 내가 개괄한 정의와 반대된다는 것을 보여 주기 위한 것이다. 그러나 로크의 (메타의 어휘를 빌리자면) 과잉에 대한 불안은, 이 안정화와 통제의 관건이 운동을 멈추게 하는 것이 아니라 운동을 제한하는 것임을 암시한다. 사실 로크의 정의에서 그 어떤 요소도 꼭 고정된 것은 아니다. 첫 번째 예를 들자면, 앞서 울타리의 고정성으로 동일시한 법을 들 수 있다. 그러한 해석과 반대로—또는 그러한 해석을 좀 더 정확하게 보충하는 식으로[69]— 매클루어는 로크의 법(주로 그의 도덕 법 그리고/또는 자연법)이 신성한 건물의 윤곽을 반사하는 것으로 보자고 제안하며, "물질적 모습의 흐름과 변화 속에서… 뚜렷이 규칙적인 천상의 움직임 자체와 유사한 방식으로 사물의 운동을 조화로 이끄는" 신성한 건물을 묘사한다.[70] 나아가 울타리로서 법은 "단지 수렁과 절벽으로부터 우리를 둘러싸기" 때문에 "감금이라는 이름에 걸맞지 않는다."[71] 이 울타리는 우리를 방해하지 않고 오히려 우리가 자유롭게 움직일 수 있게 해 준다. 그것은 우리의 운동(이러한 조합이 이치에 닿는다면, 우리가 적어도 합리적으로 욕망할 수 있는 운동)을 제한하지 않고 오히려 우리의 운동이 안전하고 위험이 없도록 보장해 준다.[72] 우리를 집에 가두지 않으면서 집을 재산으로 바꿔 주고 우리의 수고의 산물을 보호하는 울타리처럼, 자유의 경계(운동으로서, 그러나 또한 법의 규칙으로서, 또는 이성의 규칙, 우리 욕망/상상력/심지어 욕구의 한계로서의 경계)는 방해물이 아니라 안전 조치다.

로크가 아메리카 대륙 원주민들의 이동movement이 자유롭지 못하다고 한 것은 바로 그런 울타리의 부재 때문이다. 이 마지막 주장은 다음 장까지 일단 보류해 놓자.

《통치론》의 자유 개념에서 운동이 하는 역할의 마지막 사례로서 로크의 암묵적 동의 개념을 들 수 있다. 로크는 자신들을 지배하는 권력에 명시적으로 동의를 표한 적이 한 번도 없는 세대들이 그럼에도 자유롭다고 주장하기 위해 암묵적 동의라는 아이디어를 제시한다. 로크는 이 경우에 우리는 이동의 부재로부터(도망치지 않기로 동의한 홉스의 하인처럼 "아들들"도 다른 곳으로 이동하지 않는다) 동의를 추론할 수 있고 따라서 자유를 추론할 수 있으나, 이러한 추론은 구체적 이동의 가능성이 그 조건이 된다고 주장한다. 아들들은 그들이 결코 능동적으로 동의하지 않은 규칙 하에서 자유로운데 그 이유는 그들이 떠날 수 있음에도 불구하고 자기 나라를 떠나지 않기 때문이다.[73] 적어도 로크의 관점에서는 그들은 항상 떠날 수 있고 "아메리카의 내륙, 빈 땅에 정착할 수 있다."[74] 더 나아가 이러한 형태의 가만히 있기는 그 자체로 이동의 작용이다: 이와 관련된 개인들은 영원히 토지를 소유할 필요가 없다. 로크는 그들이 "단 일주일 동안만 숙박하는 것"을 즐기는 것으로 충분하지만 "숙박"조차도 꼭 필요한 것은 아니라고 주장한다: 그들이 "고속도로에서 자유롭게 여행하는 일이 매우 드물다"는 사실이 그들의 동의를 추론하는 근거의 전부다.[75]

사실 로크는 운동으로서 자유의 정의와 더 잘 일치하는 자유의 정의를《인간지성론An Essay Concerning Human Understanding》에서 제공한다. 로크는 등식에 단지 다른 요소 하나를 덧붙이는 것처럼 보인다: 자유는 이동할 자유일 뿐만 아니라 생각할 자유다. "우리가 생각할 수 있는 모든 행동은 이 두 가지로 축소될 수 있다. 즉, 사고와 움직임. 인간이 제 자신의 마음의 기호나 방향에 따라 생각할, 또는 생각하지 않을 힘을 가지고 있듯이, 움직일 힘 또는 움직이지 않을 힘을 가지고 있고, 그 정도로 인간은 자유롭다."[76]

이 정의와 관련하여 다음에 이어질 논의에서 매우 중요한 두 가지 요점이 있다. 첫째, "제 자신의 마음의 기호나 방향에 따라"라는 말이 자유liberty의 문제를 의지 안에 다시 위치시킴으로써 운동을 밀어내고 있다고 주장할 수도 있다. 그러나 로크는 자유에 대해 다르게 생각할 방법, 그러면서 의지에 기대지 않고 자유로운 운동과 자유롭지 못한 운동을 구별할 수 있는 대안적 방법을 제시한다. "어떤 사람이 깊은 잠에 빠진 사이에 그가 만나서 이야기를 나누고 싶은 사람이 있는 방으로 옮겨진다고 생각해 보자." 그는 사고-실험을 제안한다:

그리고 그곳에서 빠져나갈 힘이 없이 갇혀 있다고 치자. 그가 깨어난다. 그러고는 그렇게 바라 마지않던 사람과 함께 있어서 기뻐한다. 그는 기꺼이 안에 머문다. 즉, 밖으로 나가는 대신 안에 머무는 것을 선호한다. 나는 묻는다, 이건 자발적인 머묾이 아닌가? 나는 아무도 의심할 것이라 생각지 않는다. 그리고 안에 갇혀 있으므로 그가 머무르지 않을 자유가 없는 것, 가 버릴 자유가 없는 것은 명백하다. 그러니 그 자유는 의지나 선호에 속하는 문제가 아니다. 그러나 마음이 선택한 대로 또는 이끄는 대로 행위를 하거나 또는 하지 않을 힘을 가진 사람에 속하는 문제다.[77]

결국 자유는 다르게 움직일 가능성 또는 움직이지 않을 가능성의 작용이다. 따라서 자유는 특정 물질적 조건들의 작용이다— 열린 문, 여행할 도로나 땅, 특정 정도의 뿌리내림.

이러한 물질성에도 불구하고 "생각할 힘, 또는 생각하지 않을 힘"은 그저 육체적 운동에 붙는 부록이 아니며, 또한 두 패 중 동등한 한 쌍도 아니다. 결국 로크의 움직임은 추상적 원리이고, 그러다 보니 "몸이나 마음 어느 쪽으로도 원인을 돌릴 수 있다." 움직이는 물체의 인상은 우리에게 그 물체의 행동 능력에 대해 그 어느 것도 말해 주지 못한다고 그는 주장한다. "능동적으로 움직이려는 힘에 대한 아이디어는…우리가 우리 안에서 무엇이 지나는지, 경험상 어디서 찾을지 숙고해 보아야만 얻을 수 있으며, 그저 바라기만 함으로써, 그저 마음의 생각으로서만, 우리는 그전에 가만히 놓여 있던 우리 몸의 일부분을 움직일 수 있다."[78] 나아가 로크의 움직임 자체는 "그저 두 사물 사이의 거리 변화"에 불과하다. 달리 말하자면 움직임은 몸이 아니라 공간의 특성이다. 그러므로 그가 운동을 몸의 주요 특성—"어떤 식으로든 몸에서 떼어 낼 수 없는" 특성들— 가운에 놓긴 하지만 움직임이 일어나는 주요 장소는 텅 빈 공간이다.[79] 그리고 로크가 (홉스와는 달리) 공간을 공허나 진공으로 생각한 것을 고려하면 움직임은 다소 관념적이 된다.[80] 핵심은 물질성과 추상성의 이 변증법이 로크 안에서 아직은 의지가 자유의 기수라는 생각으로 해석되지 않았다는 것이다. 1690년 로크는 여전히 의지가 자유로운가 그렇지 않은가의 문제는 "완전히 적절치 못한" 질문이라고 주장할 수 있었다.

인간의 의지가 자유로운지 묻는 것은 그의 잠이 빠른지 혹은 그의 미덕이 공명정대한지 묻는 것만큼이나 하찮은 것이다: 잠에 빠져드는 속도만큼, 또는 미덕의 공명정대함만큼 자유는 의지에 적용할 수 없고…그저 하나의 힘에 지나지 않는 자유는 오직 동인agents에만 속하고 의지의 변형의 특성이 아니다. 의지 또한 하나의 힘에 불과하다.[81]

거의 정확히 2백 년 후 T. H. 그린T. H. Green은 정확히 반대되는 가설에 기반한 비슷한 비평을 제공한다. 그는 의지가 정의상 자유롭기 때문에 의지가 자유로운지에 관해 묻는 것은 이치에 닿지 않는다고 주장한다: "의지를 발동하는 것은 자유이고, '자유의지'는 논리적으로 불필요한 말을 덧붙인 동어반복='자유로운 자유'이다." 단지 그린의 해석에서는 그 답이 명백히 긍정이기 때문에 의지가 자유로운지 묻는 것이 이치에 닿지 않는 반면 로크의 경우엔 의지가 자유로울 수 없다고 하는 단순한 문제가 아니다. 중요한 차이는 그린의 견해에서는 답이 긍정인 이유가 의지가 더 이상 힘power이나 재능이 아니라 실체이기 때문이다. 즉, 그린에 따르면 "인간의 의지는 그 자

신이다."[82] 달리 말해 의지는 인간의 것이 아니라 인간이다. 주체는 추상적인 존재가 되었다.[83]

운동력locomotion과 자유주의적 몸

이 변화는 자유주의에서 가장 중요한 변화 중 하나이다. 사만다 프로스트Samantha Frost가 홉스에 관해 진단하듯, 우리가 데카르트의 주체의 프리즘을 통해 많은 초기 자유주의자들을 해석하게 된 것도 바로 이 변화 때문일 것이다.[84] 달리 말해, 이 변화로 인해 우리가 자유주의 이론이 의지의 발동으로 환원될 수 있는 주체성(그리고 자유)의 개념을 제기한다고 생각하게 된 것일 수 있다. 《계약의 자유의 흥망성쇠The Rise and Fall of Freedom of Contract》에서 P. S. 아티야P. S. Atiyah는 이 변화가 18세기 후반 몇 십 년 동안에 일어났다고 본다. 아티야는 18세기 후반에 계약의 자유가 자유 일반의 패러다임이 되었을 뿐만 아니라 가장 근본적인 자유의 형태가 되었음을 보여 준다. 그와 함께 자유liberty는 대부분 행동에서 분리되고 의도와 의지에 부착되었다. 따라서 (아티야는 거의 이런 주장까지 나아간다) 계약의 법적 패러다임의 부상과 함께 "인간"의 패러다임 변화가 일어나야만 했다. 즉, 인간의 의지는 동료 인간들과 맺는 관계의 핵심이 되었고, 그 결과 또한 자유freedom의(혹은 억압의) 기수가 되었다.[85]

내가 주장했듯 (그리고 뒤에서 더 자세히 보여 줄 테지만) 움직이는 몸은 자유freedom를 자율성autonomy이나 합리성 또는 법의 기능으로 보는 이론가들에게서조차 계속 역할을 수행하고 있다. 그럼에도 18세기 말 다음과 같은 현상이 방해물이 되었다.: 몸이 표면에 드러나는 하나의 방식이 그 표면의 조직 원리를 지우는 게 아니라 몸 자체를 지운다는 특성을 띤다는 것이다.[86] 누군가는 이러한 변화로 인해 자유주의가 좀 더 통일성 있고 완전히 추상화된 주체성의 모델을 형성하게 되었다고 주장할 수도 있다. 실제로 모리스 메를로-퐁티 Maurice Merleau-Ponty는 움직이는 몸이 자유주의 사상에 도전장을 던진다고 주장한다. 그는 우리의 몸이 다른 어떤 물체와도 달리 이분법을 불가능하게 만드는 객체성과 주체성 사이의 경계threshold임을 우리에게 인식시켜 줌으로써—거의 그렇게 강제함으로써— 운동이 몸/마음의 이분법을 무너뜨린다고 주장한다. 움직이는 몸을 경험해 보면 "존재의 모호한 방식이 드러나는데," 개인이 "물체로서, 혹은 다른 것으로…의식으로서 존재하는" 것이 아님을 알 수 있다.[87] 그렇게 함으로써 우리 몸의 움직임은 데카르트식의 주체성 모델과, 또 그 후 자유주의적 주체성 모델을 무너뜨린다. 그러나 많은 자유주의 텍스트에서 일어나는 운동movement은 이러한 유형학을 회피하는 듯하며, 메를로-퐁티의 비평이 의심의 여지없이 필수적이긴 하지만, 마찬가지로 놀라운 것은 운동—육체성corporeality의 그 어떤 다른 측면보다 더욱—을 그 주체성 모델과 타협시키는 자유주의의 능력이다.

이 타협(또는 좀 더 정확하게 표현하자면, 메를로-퐁티가 밝힌 움직임의 유형학의 이러한 회피)을 알아보기 위해서, 자유로서의 운동에 대한 구체적 표현을 특히 법률 관련 글에서 찾아볼 수 있다. 윌리엄 블랙스톤William Blackstone의《영국법 주해Commentaries on the Laws of England》가 이 맥락에서 운동의 특정 형태에 대해 생각할 수 있는 틈을 제공한다. 이 책은 자유liberty가 권리를 지니는 주체의 두꺼운 육체성을 전제로 하지 않으면서 어떻게 운동과 연루되는지 보여 준다. 블랙스톤은 자유와 운동 사이의 명백한 연결고리에 천착한다. 그는 자유가 "운동력의 힘, 위치를 변화시키거나 한 사람의 신체를 그의 성향이 이끄는 곳으로 어디든 이동시킬 수 있는, 마땅히 법이 시키는 경로가 아닌 이상 감금이나 억제 없는 힘"이라고 주장한다.[88] 여기서 자유freedom가 일반적인 움직임motion의 자유로 정의된 것이 아니라 운동력locomotion의 자유—공간 내에서 개인의 위치를 바꿀 수 있는 힘—라고 정의된 사실에 주목하라.[89] 운동력이 단지 위치를 변화시키는 힘인 이상 자유의 정치적 문제는 더 이상 앞서 본 저자들에서처럼 사지의 운동에 초점이 맞춰지지 않는다. 여전히 운동의 수단으로 가정된 것일 수 있지만, 어쨌든 사지는 블랙스톤의 자유에 대한 설명에서 전혀 언급되지 않고 운동력의 수단으로서 사지의 역할은 잠재성으로 남아 있다. 블랙스톤의 틀에서 사지가 중심적인 게 아닌 이상 그것은 그저 부수적인 것일 수 있고, 따라서 관련성이 없는 것이다. 자유에 이어 블랙스톤은 개인의 권리 클러스터 두 개를 더 내세운다. 그것은 바로 재산과 안전이다. 사지는 반복해서 안전 내에 나타난다. 즉, 사지는 몸을 보호하기 위한 수단이다.[90] 이렇게 안전에 있어 사지를 중심에 내세운 것은 자유의 문제에서 사지가 없다는 것이 큰 문제임을 시사한다.

"자유"와 "안전"과 "재산"은 모두 어느 정도 몸에 함축되어 있다. 즉, 안전은 다른 무엇보다도 몸과 사지의 보호이며, 가장 주요한 재산(논리상, 시간상 둘 다에서)은 몸이다. 그러나 이 두 개의 클러스터들과 자유의 클러스터 사이에는 중차대한 차이점이 있다. 안전과 재산은 신성의 영역 혹은 자연의 영역에 속한다는 이유로 보호되는 비정치적 요소로서 몸을 구체화한다. 반면 운동력의 자유freedom로서의 자유liberty를 부정하는 감금의 경우에 몸은 정치적 플레이어가 된다. 우리는 바로 거기에서 구속적부심 청구권, 즉 "왕좌王座재판소나 민사법원 앞에 자신의 몸을 옮길" 권리를 찾는다.[91] 그리하여 주체의 몸이 글자 그대로 법에 들어가는 것은 자유로서의 움직임과 함께이다. 바로 여기서, 말하자면 법 앞에 서기 위해, 몸이 왕좌재판소로 옮겨지는 것이다.

그런데 이 몸은 무엇인가? 그리고 주체의 몸이 통합되어 정치적 중요성을 갖는 게 왜 운동을 둘러싸고 벌어지는가? 메를로-퐁티가 주체-객체 이분법 붕괴를 위한 증명과 예시로서 계속 사지의 운동과 사지의 확장으로 돌아간다면, 우리는 블랙스톤의 사지와 운동의 연결 해체는 다른 방식의 육체성, 특히 훨씬 더 협소한 몸을 이룬다고 추측할 수 있을 것이다. 적어도 자유의 문제에 관한 한 몸은 오직 시/공간 매트릭스 위에 좌표를 바꾸는 점으로서만 정치적 연관성을 지닐 것이다. 우리는 또한 블랙스톤의 삶에 대한 설명과 홉스의 설명(홉스에게 운동은 무엇보다도 사지의 움직임이었다)을 비교해 봄으로써 몸의 지형에 있어서의 이런 변화를 볼 수 있다. 둘 모두에게 삶은 자궁 내의 움직임으로 시작한다. 홉스에게 삶은 사지의 운동으로 시작한다. 태아가 "자궁 안에 있는 동안 자발적 움직임으로 사지를 움직이는데, 무엇이든 귀찮게 하는 것을 피하거나 혹은 무엇이든 즐겁게 하는 것을 추구하기 위해 움직인다."[92] 반면 블랙스톤에게 삶은 "움직이기stirring", 즉 위치 바꾸기의 작용이다. 태아가 "어머니의 자궁에서 움직이기"를 할 수 있게 되자마자 삶이 있다고 그는 주장한다. 홉스의 묘사에서 완전한 몸의 이미지 대 블랙스톤의 희미한 이미지 비교는 더 나아가 그들의 주체성 지형에도 좀 더 폭넓게 적용될 수 있을 것이다.

이 협소성은 단지 희석된 존재의 문제만은 아니다. 그것과 함께 몸은 객체화된다objectified. 그것은 더 이상 무엇보다도 인간의 몸, 좀 더 정확하게는 살아 있는 몸(메를로-퐁티를 참조하자면)이 아니라 한 곳에서 또 다른 곳으로 이동될 수 있는 물체이며 꼭 제 스스로의 움직임의 동인agent이라 할 수 있는 것은 아니다. 중요한 방식으로 개인이 여전히 이 움직임의 동인임에도—방향을 지시하는 그의 성향—움직이는 몸의 행위자agency의 시각적 명료성 안의 무언가가 상실된 것 같다.[93] 마지막으로 이러한 희박해지고 객체화되는 이중 과정 속에 몸은 구체화가 해체되고 보편적인 몸이 된다.

이 세 가지 측면—격자 위의 점으로만 남는 몸의 희미한 성질, 마음을 따로 떼어 놓는 물체로서 몸의 상대적 안정성, 그럼에도 보편적인 구체화된 주체(또는 그럼에도 구체화된 보편적 주체)를 생각할 수 있게 해 주는 몸의 보편성—이 자유주의 사상에 필요한 몸을 제공한다. 이 세 가지 측면은 자유주의의 틀을 너무 많이 흔들지 않으면서도 바로 자유liberty의 문제를 포착하기 위해 몸이 자유주의 정치사상의 전면으로 들어가게 해 준다.

결론의 수단으로서: 스탠턴과 패션의 사슬

하나의 이야기로 결론을 맺으려 한다. 이 이야기는 우선 자유와 운동의 연결성을 증명하고, 둘째로 이 연결성이 19세기 말에 억압되긴 했지만 완전히 지워지지 않았으며 몸의 다른 측면들(나의 이야기에서는 젠더)이 그것을 드러낼 때 특히 표면으로 올라왔다는 사실을 증명하고, 셋째로 운동을 자유주의 보편성의 틀에 사용 가능하게 만든 운동의 특질들을 보여 주고, 마지막으로 내 분석에서 운동의 의미를 드러낼 것이다.[94] 이 일화는 페미니즘 역사에 대한 배경을 좀 아는 사람이라면 익숙한 인물이 주인공으로 등장하는 실제 이야기이다. 하나의 이야기이기 때문에 이건 분명한 시작점이 있다. 그것은 엘리자베스 밀러Elizabeth Miller가 나중에 "블루머"(발목에서 좁아지는 폭넓은 바지로 그 위에 무릎 길이의 치마를 덧입고 상의는 코르셋이 없다)라고 일컬어지는 옷을 입고 그녀의 사촌 엘리자베스 케이디 스탠턴 Elizabeth Cady Stanton의 앞마당에 나타난 1852년 어느 날이었다. "제1세대 페미니즘"■이라 불리는 여성참정권론자의 주요 인물이었던 스탠턴은 여성의 정치적 지위에 관해 장황하고 풍부하고 때로 모순되는 철학을 지니고 있었다. 스탠턴을 단순히 "자유주의적 페미니스트"라고 분류하는 것은 오해의 소지가 있다. 그럼에도 이 이야기가 펼쳐지는 1850년대 전반기에는 그녀의 주장이 주로 보편적인 논리에 토대를 두었고 차이보다는 평등에 초점을 맞추었으며 주로 법적 평등을 추구했고 자유주의의 실행[95]으로 묘사될 수 있는 형태의 실천주의로 해석될 수 있었다고 보는 게 다소 안전하다. 상황은 그러했고, 또 그림이 좀 더 복잡하다 하더라도 이 이야기 속의 스탠턴을 자유주의적 페미니스트로 볼 수 있을 것이다. 다시 앞마당으로 돌아가 보자.

스탠턴은 새로운 드레스에 마음을 빼앗겼다. "내 사촌이 흐르는 듯 부드러운 옷을 입고 한 손에는 등잔을 들고 다른 손에는 아기를 안고 우아하고 편안하게 위층으로 올라가는 것을 보고, 나는 등잔과 아이는 고사하고 어렵게 내 몸을 끌고 위로 올라가다가 여성의 의복개혁이 절실히 필요하다고 확신했고 나도 즉시 비슷한 옷을 입었다."[96] 스탠턴을 따라 다른 많은 여성 권리 옹호자들이 새 드레스를 입기 시작했고[97] 2년에 걸친 의복개혁운동이 진행되었다.

이 운동은 두 가지 주요 주장을 펼쳤다. 첫째, 당시의 꽉 죄고 무

■ 제1세대 페미니즘은 19세기와 20세기 초 서구 사회에서 일었던 페미니스트 활동/사상으로 실질적인 불평등 문제보다 주로 여성참정권 같은 여성의 정치력 문제에 집중했다.

거운 드레스가 여성의 몸에 심각한 피해를 끼치기(척추에 영구적 손상을 입히고 많은 신경성 질병을 유발한다) 때문에 해방을 주는 새로운 형태의 드레스로 대체되어야 한다는 주장이다. 둘째, 나의 목적에는 더 중요한 것으로, 새로운 드레스가 여성이 자유롭게 움직일 수 있게 해 주기 때문에 해방을 주는 옷이라는 주장이다. 스탠턴은 옷의 변화로 인해 "그의 탄환과 사슬에서 해방된 포로 같은" 느낌이었다고 말했다. 그녀는 블루머가 몸에 준 새로운 자유를 찬양했다. "나는 진눈깨비가 오든 눈이나 비가 오든 언제나 활기차게 걸을 준비가 되어 있었다. 산을 오르고 울타리를 넘고 정원에서 일을 할 수 있고 … 옥죄는 치마, 또는 거슬리는 치마가 없어서 느끼는 자유란 얼마나 좋은지!"[98]

그러나 이러한 운동의 자유는 단지 여가나 즐거움(산을 오르거나 정원에서 일하는 것)의 문제를 넘어서는 것이다. 그것은 삶과 죽음의 문제이다(그 비슷하게 묘사되었다). 소년 기숙학교에 다니던 아들이 스탠턴에게 새 옷을 입고 학교에 오지 말라고 당부했을 때(새 옷은 경멸의 대상이었고 꽤 추문을 불러일으키는 것으로 간주되었다), 그녀는 아들에게 다시 생각해 달라고 부탁했다. 그녀는 아들에게 함께 들판을 산책할 때 좋지 않았느냐며 자신이 이전에 입던 길고 거추장스러운 드레스를 입고 어떻게 그렇게 걷기를 바랄 수 있겠느냐고, 느릿느릿 어찌어찌 힘들게 산책을 할 수 있다 하더라도 만약 황소가 갑자기 덤벼들면 어떻게 되겠느냐고 물었다. 그런 옷으로 어떻게 울타리를 뛰어넘고 목숨을 구할 수 있겠냐고?[99] 이 논점이 다소 터

무니없어서 주장을 펼치기 위해 너무 과도한 논리를 펼치는 게 아닌지 의문을 품지 않을 수 없다.

이는 블루머 일화를 빅토리아시대 의복의 역사와 상징에 대비해 생각해 보면 명백해진다. 빅토리아시대 여성의 의복이라 알려진 것은 중상류층 여성을 가정의 영역에 국한시키는 테크놀로지일 뿐만 아니라 표식으로서, 분리된 영역의 확립과 함께 18세기에 형태를 이루기 시작했다.[100] 따라서 의복개혁을 위한 호소는 개인적 영역을 넘어서서 공적, 경제적, 정치적 영역에서 동등한 위치를 차지하고자 하는 위반의 형태와 상징으로서의 운동력locomotion을 강조한 것이다. 그러나 여기서 "상징"은 너무 약한 용어이다. 때로 의복과 의복 때문에 가능해진 운동의 자유는 여성해방의 정수가 된 것처럼 보였다. 블루머뿐만 아니라 여성참정권의 열렬한 옹호자인 게릿 스미스 Gerrit Smith(엘리자베스 밀러의 아버지)는 대부분의 여성참정권론자들이 새 의복을 포기했다는 이유로 1856년 전국여성권리대회 참여를 거부하기까지 했다:

나는 빈곤이 여성의 가장 큰 저주라고 믿고, 여성이 가난하면 자신의 권리를 주장하는 데 있어 힘을 잃는다고 믿는다. 여성은 일을 해야 하고 자신의 빈곤을 퇴치해야 하지만 현재의 무력화시키는 옷을 입고서는 그렇게 할 수 없다. 그런데 여성은 그것을 버릴 준비가 되지 않은 것 같다. 여성은 우아함과 패션을 희생시킬 마음의 준비가 되지 않은 것 같은데, 심지어 자신의 권리를 얻기 위해서인데도… 여성의 고용을 방해하지 않는 의복, 합리적인 의복을 채택한다면 남성에게 의존하는 모멸적인 현재의 상황에서 얼마나 빨리 떨쳐 일어날 수 있겠는가! 결혼계약이 얼마나 빨리 변모하여 양 당사자 간 동등한 권리를 인정할 수 있게 하겠는가! 게다가 얼마나 빨리 여성은 투표함에 접근할 수 있겠는가![101]

이 주장이 스미스만의 특별한 것은 아니었다. 여성의 억압을 의복을 통해 설명하는 다양한 비슷한 주장들이 블루머 일화 내내 등장했다. 2년 동안 구식 의복은 모든 다른 유형의 여성의 예속화—경제적 의존성에서부터 투표권 부재까지—의 표상이자 원인이자 근본이 되었고, 실상 주로 육체적 모빌리티의 문제인 여성의 정치적 지위에 관한 많은 논쟁들이 갑자기 의복의 문제로 변질되었다.

이 맥락에서 "모빌리티"는 이중의 의미를 지닌다. 즉, 인간 몸의 육체적 운동과 사회적 모빌리티의 의미를 지닌다. 그것은 영역을 넘는 것과 동시에 문간을 넘어서는 것이다. 그러나 어쩌면 글자 그대로 또 은유적으로 표시될 수 있는 이러한 의미들은 여기서 하나로 와해된다. 사회적 모빌리티는 걷고 계단을 오르고 들판에서 뛰는 신체적 능력의 작용이며, 이러한 육체적 운동은 사회적 위반(결과이기도 하지만 의미이기도 하다)의 표현이다. 이러한 개념의 이중성이 이 장의 중심이었고, 이중성이 보이는 맥락도 마찬가지다. 여성참정권운동 역사의 특정 순간에 운동은 이 장 서두에 인용한 실러의 용어를 빌리자면 "제 자신의 자유의 주장에 있어 가장 완벽하게 적절한 상징"으로 출현한다. 그러나 블루머는 운동(운동은 또 자유를 상징했다)의 상징 이상이었다. 그것은 또한 자유가 어떻게 타협되는지에 대한 이해를 위한 도해였다. 운동은 여기서 평등에 대한 주장의 실체로, 더더욱 보편적인 틀—그럼에도 몸을 계산에 넣은 틀—안에 여성을 포함시켜야 한다는 주장의 실체로 기능했다. 마지막으로, 또한 내 주장의 맥락에서 가장 중요한 것은, 운동을 통하여 움직이는 몸은 다른 억압의 방식들이 몸에 결부될 수 있도록 하고, 기본적으로 육체적인 도전들(예를 들어 건강)이 정치적으로 보이게 만드는 도관이 되었다.

따라서 이 이야기는 운동이 자유주의 틀 안에서 갖는 (내가 주장한) 의미를 요약한 것으로 볼 수 있다. 이 이야기 안에서 움직임은 자유주의적 정치적 주체의 특혜 받은 물질화 방식, 자유주의적 주체가 정치적이기도 하고 육체적이게 보이도록 하는 주요한 방식으로 나타난다.

또한 이 이야기는 지금까지 숨어 있던 자유로서의 운동의 아이디어의 또 다른 특징을 눈에 띄게 해 준다. 로크를 통해(또한 홉스를 통해) 우리는 운동이 자유의 문제가 되기 위해서는 경계 안에 주어져야 한다는 것을 보았다. 스탠턴에게 이러한 경계는 더 밀집한 정상화 구조를 지닌다. 스탠턴은 산을 오르는 것을 새로운 운동의 자유의 바람직한 결과로 언급하지만, 그녀가 지적한 대부분의 운동들은 꽤 전통적인 젠더 규범 내의 운동 방식들이다. 즉, 아이(와 등잔)를 안고 움직이기와 정원에서 일하기 등이다. 자유롭게 움직이는 것이 꼭 기존 역할과 사회적 기대에서 벗어나는 것을 의미하지는 않는다. 그것은 많은 종류의 일련의 제약들 안에서 주어지고, 통제 개념은 그것을 (제 스스로의) 통제의 매트릭스 안에 위치시킨다. 다음 장에서 보여줄 텐데, 자유주의는 이 매트릭스 없는 자유를 상상할 수 없다. 매트릭스가 부재하거나 결핍되었다고 가정하면 자유주의는 완전한 해방을 상정하는 것이 아니라 훨씬 더 침투력이 강한 통제를 요구한다.[102]

제4장

'과도한' 운동의 문제

문명화한 사람과 비-문명화된 사람 사이에 전제된 사법적 차이 중에는 땅에 대한 태도가 있었다. 그것은 비-문명화된 사람들에게는 결핍되었다고 추정하는 태도로서, 땅에 대한 거의 찬송가에 다름없는 태도다. 문명화된 사람은 그게 그에게 무언가를 의미하기 때문에 땅을 경작할 수 있다고 믿어졌다. 따라서 그는 땅에서 유용한 기술과 공예를 길렀고, 창조하고 성취하고 지었다. 비-문명화된 사람에게 땅은 경작이 잘못되었거나(즉, 서구 기준으로 볼 때 비효율적으로) 썩어 가게 방치되었거나 둘 중의 하나다. 이러한 일련의 생각에서부터 아메리카나 아프리카, 아시아의 영토에 수백 년 동안 살아 왔던 원주민 사회 전체가 어느 날 갑자기 그 땅에서 살 권리를 부정당하고 근대 유럽 식민주의의 거대한 침탈의 움직임이 일어나… 아시아, 아프리카, 아메리카 대륙의 땅은 유럽인들의 착취의 대상이었다. 왜냐하면 유럽은 원주민들에게는 불가능한 방식으로 땅의 가치를 이해했기 때문이다. _에드워드 사이드

Edward Said, 〈희생자의 관점에서 본 시온주의Zionism from the Standpoint of Its Victims〉

"국가는 항상 '돌아다니는 사람들'의 적인 것 같았다." 제임스 스콧James Scott의 주장이다.[1] 동시에 이동—은유적인 것과 구체적인 것 사이에서 순환하는 다양한 물체에 결부된 다양한 의미에서—은 자유의 표상으로 칭송되어 왔다. 17세기 국가는 자유롭거나 또는 자유를 촉진할 수 있다는 근대적 사고가 형성되던 초기에 이동movement에 관한 이 두 지형이 갈등을 빚었다. 이 장은 이러한 긴장이 어떻게 타협되고 해결되고 풀어졌는지 조사하기 위해 홉스와 로크에 집중한다. 더 상세하게 말하자면, 이 장은 이동을 통제하고 제한하려는 욕망—심지어 국가가 체계적으로 널리 그렇게 할 수 있기 전에도, 또 그러한 통제가 가능하다는 걸 인지하기 전에도 잠재적으로—을 표현하는 사상의 역사를 추적하고자 한다.[2]

앞 장에서 주장했듯, 이동은 자유의 원리, 자유의 문제로 보이기 위해 통제되어야 했고 스스로 통제해야 했다. 그것은 자유주의 정치학의 실체(개인의 자유의 형태와 상징과 표현, 혹은 투자 · 상품 · 서비스 그리고…(올바른 종류의) 사람 "자원"의 순환의 글로벌 체제) 안으로 구체화하기 전에 길들여져야—윌리엄 월터스William Walters의 방식처럼—했다.[3] 이 장에서 나는 땅과 재산이 이후 자기통제 테크놀로지의 기본적 메커니즘 역할을 했다고 제안하려 한다. 땅과 재산은 이동이 안정화되고 제한되고 자유로서 모양을 갖추게 할 수 있도록 이동에게 엄숙함을 제공했다. 그러나 땅과 재산은 모두가 공유하는 게 아니며 따라서 자유도 마찬가지다. 앞 장의 초점이 자유가 가능한 주체에 맞춰졌다면, 이 장은 그러한 제한의 메커니즘이 결핍되었다고 생각되는 사람들, 이동이 과도하고 따라서 항상 이미 자유롭지 못하다고 생각되는 사람들에게로 시선을 돌릴 것이다. 정해진 소유권의 특정 모델이 없는 이동은 울타리 역할을 하는 법이 정한 "안전한" 이동이 아니었다. 그것은 오히려 폭발하는 야만이었다. 그리고 플라톤의 민주적 도시, 즉 동물이 거리에서 자유롭게 어슬렁거리고 시민들이 입법에 참여할 때 너무 많이 날뛰는 무시무시한 도시였던 그때[4] 이후로, 그러한 속박 없는 이동은 과잉의 위험을 품고 있었고, 과도하다고 표시될 때 그런 이동은 위협으로 간주되었다.

그로 인해 능력 있고 남성적인 유럽인의 몸들의 통제되고 질서 있는 운동(자유로 구축된 운동)과 다른 운동을 갈라놓는 구분이 생긴다. 이것이 첫 장에서 본 가상선과 백색선의 대상자를 가르는 분리다. 두 갈래 분기는 몇 가지 변화하는 선들(가장 익숙한 것은 인종적, 지리적, 민족적, 계층적, 젠더상의 선) 위로 표시되며, 이는 보편적이라고 할 만한 자유주의 틀 내의 이분화된 지배구조 방식을 세우고 정당화하는 과정의 일부이다. 이동을 위반으로 만드는 구체적 장치들과 유포된 위반적 이동의 이미지들이 서로 긴밀하게 공유하는 정당화 네트워크를 형성하고, 배제와 위계화의 많은 방식이 거기에 의존했다. 그 사례로는 대량 토지전용転用 사업으로서의 식민주의, 여성의 동등한 정치적 지위 부정과 가정 영역으로의 국한, 빈곤층의 권리 침해 등을 들 수 있다.

나는 이러한 분리선들 중 두 개에 초점을 맞출 것이다. 분리선들은 중요한 방식으로 서로 겹치는데, 그에 대해서는 뒤에 설명할 것이다. 이 장의 주요 초점은 "인종적"이라고 표시될—설령 시대착오적이라 하더라도—수 있는 분리인데, 좀 더 정확하게는 "지리적"이라고 해야 할 것이다. 즉, 유럽인 주체와 식민화된 주체 사이의 구분을 말한다.[5] 두 번째 선은 새롭게 떠오르고 있는 두 계층 사이의 구분이다. 즉, 토지 소유자들과 토지에 대한 접근이 희박한 자들, 따라서 자주 유랑민이 되는(또는 될 거라 여겨지는) 사람들, 그리하여 나중에 좀 더 안정적 계층인 빈곤층으로 정착할 사람들 사이의 구분이다.

자유주의 비평가들은 종종 자유주의가 담론의 변두리에 있는 주체들(여성, 빈곤층, 피식민지 사람들 등)에게 육체성corporeality을 할당함으로써 보편성이라는 허구를 날조해 낸다고 비난한다. 이런 추상적 허구는 자유주의로 하여금 배제의 관행에 관여하면서도 동시에 스스로를 보편적 프로젝트로 보이게끔 해 준다.[6] 달리 말해 일부 주체들을 "압도적으로 육체적"[7]으로, 다른 주체들을 근본적으로 몸이 없는 주체로 구성construct함으로써 차이가 생산되었다. 나는 이 비평을 해치지 않으면서 자유주의 담론 핵심에 있는 주체와 변두리에 있는 주체 사이의 근본적 차이가 오히려 몸 안에 있는 차이라고 주장한다. 운동 자체가 주체의 몸 안으로 차이를 박아 넣는 중요한 역할을 한다. 어떤 형태의 운동은 몸이 물질화하면서도 보편적 성격을 유지할 수 있는 중심축으로 기능했다. 더욱이 그런 형태의 운동은 비-권위주의적 질서의 자유주의적 개념을 요약하는 역할을 했다. 즉, 스스로 통제하고 절제하고 땅에 뿌리를 내린 질서를 말한다. 그리하여 그런 형태의 운동들은 자유주의가 질서 잡힌 자유의 가능성을 상상하고 가리키는 걸 가능하게 해 준다. 반면 다른 형태의 운동은 훈육이 되지 않은─문명화될 수 없는─육체성을 만들어 내는 construct 역할을 했다. 그것은 주체성의 정상화하는 체제 밖에 배열된(그러면서도 자유주의 통치 내에 있는) 육체성이다.

나는 이 지점에서 "잉여" 운동 개념이 특정 그룹이나 사람들의 실제 운동 패턴에 관한 주장으로 읽혀서는 안 된다는 점을 명백히 하고자 한다. 그보다 그것은 세르핫 카라카얄리Serhat Karakayali와 엔리카 리고Enrica Rigo가 개인들의(또는 그룹의) 구체적·신체적 경험 이상인 "지배구조의 범주들"을 상징하는 "모빌리티의 형상들"이라고 일컫은 것에 관한 주장이다.[8] 그러므로 나는 특정 매핑 방식을 추적하려 한다. 즉, 각기 다른 그룹들의 가정된 운동(실제일 수도 있고, 가상일 수도 있고 또는 둘이 뒤섞인 것일 수도 있는 이미지들에 기대는 운동)이 어떻게 지배구조 도해 안으로 매핑되는지 살펴보고자 한다. 그러나 "가정", "형상들", 또는 "이미지들"이라는 아이디어는 좀 더 신중하게 제기되어야 하고 또 푸코식의 틀 안에서 제기되어야 한다. 식민화되고, 여성화되고 혹은 계급화된 주체들(그리고 여기엔 항상 '-등등'이 붙을 수 있다)의 과도한 운동의 이미지는 결코 일부 중상류층 유럽 남성들의 주관적 인상으로 제한될 수 없다. 운동의 과잉은 그 존재에 관한 가정의 물질적 결과이다. 일부 운동은 억누를 수 없고 훈육할 수 없고 과도한 운동으로 끊임없이 생산된다. 근본적으로 신화적이거나 상상적이긴 하지만, 종종 이러한 생산은 내가 여기서 조사할 묘사들과 밀접하게 얽히기도 한다. 어떤 면에서 이것은 진부한 점이다. 즉, 누군가 혹은 어떤 것에 대한 가정은 자주 그 현실이 된다. 에드워드 사이드가 서두의 인용문에서 밝히듯, "부적절한" 운동의 전제 자체가 토착민과 땅 사이의 연결고리를 끊는 과정을 촉진했고, 여전히 촉진한다(토지 몰수, 점령). 그러므로 그 전제는 구체적인 운동의 사례를 생산하는데, 그 운동의 과잉이 운동을 자유의 경험으로부터 멀어지게 한다(추방, 국외로의 이주, 거의 영구적인 난민 상태).

◆ ◆ ◆

짧은 서론 뒤에 나는 홉스의 과도한 운동의 묘사로 돌아간다. 홉스는 여전히 식민 팽창의 초기 국면에 글을 쓰면서 특정 논리의 경계에 위치하게 되는데, 그 논리의 아이콘적 사례는 로크가 될 것이다. 나의 논점은 두 가지 부분으로 나뉜다. 첫째, 홉스가 일부 운동 방식—물론 여전히 "타자화된" 주체들의 운동에 전적으로 국한된 것은 아니지만—을 과도하고 따라서 위험한 것으로 본다는 점을 증명할 것이다. 둘째, 홉스의 시민사회를 아직 완전한 형태는 아니지만 길들이기 운동의 방식으로 해석할 것이다. 나는 이 길들이기로 얻는 주요 이점이 시간이라고 주장한다. 즉, 사회는 말하자면 삶의 정신없이 매우 바쁜 성질을 감속시킨다. 홉스에게 결국 시간은 안전과 합리성과 자유가 만나는 지점이다. 이어지는 논의는 홉스에서 로크로, 시간에서 공간으로 나아갈 것이다. 나는 로크의 합리적이고 자기통제하고 자유로운 인간이 울타리로 둘러싸이고 경계가 지어지고 심지어 담이 쳐진 공간의 작용이기도 했다고 주장한다. 그러나 나는 절제된 운동을 자유에 연결하고 또 추정컨대 과도한 운동을 안전의 문제(속박되지 않은 운동을 위협으로 보는 지형학)에 연결하는 체제의, 문제가 아니라 좀 더 정확히는 그 침투성을 밝히기 위해 이 장을 플라톤으로 시작한다. 그 이유는 운동과 안전·자유 사이의 관계에 있어 똑같은 지형학을 갖는다고 주장하려는 게 아니라, 오히려 비슷한 논리의 다른 구체화를 지적하기 위함이다. 앞으로 펼쳐질 논의, 이 책에서 부분적으로만 개괄할 논의는 바로 각기 다른 공간과 시간대에서 이 논리가 물질적으로 형성될 때 그 각각의 개별성이 어떤 것이냐의 문제다. 달리 말해 우리는 규칙의 특정 지형학이 안전과 운동의 결합을 천명하고, 구체화하고, 그런 다음 발생하게 만드는 방식을 분석하고, 또 이 지형학 내의 자유가 어떻게 변신하는지 분석할 필요가 있다.

서론의 수단으로서: 플라톤과 운동의 문제

민주적 도시국가 비평에서 플라톤은 자유와 운동과 위험을 연결하는 삼각관계를 지적한다. 그가 지적하듯 민주적 도시국가—무엇보다도 자유liberty를 최고의 가치로 여기는 정치조직 형태—의 주요 문제 중 하나는 사람들이 너무 자유로워서 움직일 수 없다는 것이다.

속박되어야 할 사람들을 가두지 못해 결과적으로 "사형이나 추방을 선고받은 사람들"이 도시의 거리를 "어슬렁거리는" 게 보이는 민주주의의 실패 너머에[9] 민주적 인간 자신은 광포한 방식으로 정치에 관여해 "자신의 자리에서 **팔딱 뛰며** 무엇이든 마음속에 떠오르는 대로 말하고 행동한다."[10] 뜀과 마음속에 무언가 들어참(자체로 또 스스로 움직이는—드나드는—사물)이라는 이 이중성이 우리가 이미 마주쳤던 합리성과 자유 사이의 연결성을 전면에 내세운다. 나는 이 이중주에서 운동이 마음(혹은 영혼)에 비해 우선권을 지닌다고 주장하려는 게 아니다. 플라톤이 민주주의의 병폐를 분석하며 무질서한 영혼에 비해 무질서하고 통제 불가능한 모빌리티를, 합리성의 지도력 실패를 강조했다고 주장하는 것은 문제가 있다. 그보다 나의 요점은 플라톤이 종종 영혼(국가 형성에 반영되어야 할 영혼, 더 나아가 이 형성 내에 구성 요소가 되어야 할 영혼)의 적절한 조직과, 이 조직(영혼과 국가 둘 다의 조직)이 성취될 수 있는 노력을 운동의 측면에서 착안한다는 것이다.

좀 더 구체적으로 말하자면, 특정 운동 패턴들—또는 그것의 특정 이미지들—이 플라톤에 있어 합리성에 대한 사고와 불가분으로 연결되어 있다. 운동과 합리성이 서로에게 완전히 와해해서 하나로 합쳐질 수는 없지만, 둘은 종종 서로의 안으로 접혀 들어가는 것 같다. 즉, 하나가 다른 하나의 측면에서 생각되고 다른 하나에 호소함으로써 상상되고 예증되는 것이다. 아디 오피르Adi Ophir는 대화가 향하는 주요 운동은 토론의 운동이라고 주장한다. 사람들의 이동으로 시작해(소크라테스와 글라우콘이 피레아스를 떠나 아테네로 되돌아가고, 폴레마르쿠스가 하인에게 그들을 쫓아가라고 시킨다) 이 이동에 대해 일련의 질문이 이어지며(누가 멈춰야 하고 누가 가도 좋은지[11])《국가》의 물리적 공간은 정적靜的으로 변한다. 사람들은 멈춘다("기다린다"). 그들은 "앉는다(케팔로스의 집인데, 그는 이미 "앉아"있다[12])." 이 정지된 운동은 토론이 담론의 공간에서 움직이게 해 준다. 드라마의 배경이 차츰 희미해지다가 잊히면,[13] 이성이 운동의 공간을 차지한다. 즉, 토론은 장애물을 우회해야 한다. 그리고 대화는 방향을 바꾼다. 대화자들은 토론을 "걷게" 해서 목적지에 이르게 한다(그리고 관념적으로 그들은 토론이 "이끄는 대로 어느 방향으로"든 "간다"). 진실과 정의定義를 찾는 것은 어둠 속 그림자 사이를 걸으며 적절한 길을 찾는 것, 또는 함께 딱 붙어 모여서 진실 자체가 "미끄러져 빠져나가지" 않도록 하는 것으로 묘사된다.[14]

이 구성 안에 각기 다른 운동의 방식들은 또한 정치적 짜임관계 political constellations를 차별화한다. 민중demos(고대 그리스)의 지배로서 민주주의는 움직일 수밖에 없는 사람들에 대한 지배구조governance 의 방식이다. 우리는 민중demos을 시민들의 조직체body 또는 "국민people"으로 생각하는 데 익숙해졌지만, 그것의 원래 의미는 "나라"(또는 땅)였고 나중에 그 개념이 시골의 사람들, 즉 가난한 사람들을 일컫게 된 것이다.[15] 그리하여 민중은 도시에서 살지 않지만 입법과 통치 행위에 참여하기 위해 걸어야만 하는 사람들로 구성되었다. 스튜어트 엘든Stuart Elden이 주장하듯이 전체 민중과 그 안의 한

부분을 표시하는 것을 넘어 "그리스 민중demos은 세 번째 의미인 도시deme, 즉 위치의 의미를 지닌다."[16] 따라서 아테네 시민들의 자유(바로 노동의 필요성으로부터의 자유)와 대조되는 노동의 필요성이 또 다른 필요성과 또 다른 대비 안으로 짜여 들어갔다. 즉, 한편으로는 안정성과 가만히 있을 능력 또는 땅을 지닐 특혜와, 다른 한편으로는 없어서는 안 될 운동의 저주 간의 대비를 말한다. 이 저주가 특정 형태의 과잉으로 민중의 정치조직(민주주의)을 얼룩지게 한 것으로 보인다.

이러한 안정성에 대한 강조는 모든 것의 질서정연한 운동이 휴식을 향해 기우는 더 일반적인 그리스 패러다임(패러다임을 단수로 말할 수 있을 정도의)을 반영했다. 운동은 일시적 멈춤, 사물이 제자리를 찾을 수 있는 과정―당시 만연한 운동의 논리에서 특혜 받은 범주―으로 간주되었다.[17] 따라서 민중의 경우 필연적으로 일어날 수밖에 없는, 개인의 장소에서 멀리 이동하는 것은 사물의 질서를 교란하는 '문제'였다. 이 혼란이 플라톤이 민주주의의 정신없이 바쁜 성질이라고 말한 것이다.

그러나 플라톤이 장소의 논리에 특권을 주었다 하더라도, 그는 움직임 없는 정지의 사상가가 아니었다. 이동하지 않을 가능성이 시민의 특권이긴 하지만, 플라톤의 동굴 비유에서 이동 불가능성이 죄수를 특징짓는 것임을 기억할 필요가 있다(사실상 우리에게 여기 똑같이 포로라는 존재가 있다 하더라도 동굴 우화에서 포로는 시민이다). 따라서 어느 정도의 이동은 그럼에도 바람직하다. 클라우디아 바라치

Claudia Baracchi가 통찰력 있게 주지시켰듯, "우리의" 문제(이 "우리"는 소크라테스에 의해 경계가 정해진 것이다)는 "뻣뻣함, 고정성"이다. 동굴 안의 사람들(도시국가도 마찬가지)은 "이리저리 둘러보지 못하는 특정 불가능성, 운동에 관한 무기력함, 주변과의 동적 연결성에 관한 무기력함"이라는 특징이 있다.[18] 흥미롭게도 동굴 안의 모든 사람들이 속박되어 있지만 많은 이들이 바라는 운동은 사슬에서 풀려나 동굴을 빠져나갈 능력이 아니다. 그것은 소수의 힘—특권—이다. 즉, 우리는 동굴을 기어오르는 행위가 좀 더 광범하게 퍼지면 바로 민주주의의 특징이 되는 위협적인 과도한 운동을 낳을 것이라고 추측할 수 있다. 많은 이들이 바라는 (즉, 플라톤이 바라는) 운동은 "고개를…돌릴" 능력이다.[19] 그것은 좀 더 은유적인 지식을 향한 머리의(사고? 영혼?) 운동이다.[20] 그러나 앞 장에서 홉스와 관련하여 보았듯이, 은유적인 것과 글자 그대로의 것 사이의 구분은 지켜질 수 없다는 점을 기억해야 한다. 지식을 향한 운동은 꽤 글자 그대로 그 대상, 이데아를 향한 고개 돌리기(그리고 돌아가기)다. 그러나 이 운동도 구속받아야 하고 절제되어야 한다: "흐름에 대한 일종의 저항은 어느 것이든 자기 질서, 법, 리듬에 따른다면, 존재하기 위해서 필요한 것이다. 삶은 차별화되지 않은 드넓은 경로로 흐르지 않는다. 그것은 형상들shapes, 형태들forms, 지형들configurations 사이를 흐른다. 형상들, 형태들, 지형들로서 그것은 흐른다."[21] 플라톤에 따르면 알려지게 될 것은 결국 영원하고 안정적인 것이기 때문에 알기—속박을 풀고 동굴 밖으로 기어오르는 게 아니라 하더라도, 고개 돌리기—

는 머묾을 요한다.

운동은 그렇게 정치적으로나 인식론적으로 특정 안정성이라는 배경 하에서만 바람직하다. 문제는 소수 시민들의 특권인 이 안정성이 군중으로서의 민중이 도시로 들어오는 이동에 의해, 그러면서 도시국가를 과도한 자유의 지배 하에 예속시킴으로써 방해받는다는 것이다.[22] 그러한 이동과 함께 도시는 야생과 야만으로 오염되고, 그러면 결국 도시는 플라톤이 아테네를 풍자한 버전에 나오는 가장 소름 끼치는 민주주의의 결과의 하나가 될 것이다: "거리를 위풍당당 자유롭게 어슬렁거리며 길을 비키지 않는 누구든 그냥 충돌하고 마는" 동물들.[23] 수백 년 뒤 로크에서 보듯, 이동의 자유를 제한받지 않는 것은 결국 자유시민이 아니라 동물(그리고 동물 같은 야만인)인 것이다.

플라톤은 이렇게 자유는 자유를 드러내는 운동을 통제하는 메커니즘에 의존해야만 정치적으로 가치가 있다는 생각의 무대를 마련한 것이다. 그런 메커니즘이 주체에 내재할 수 있다는(그것으로 자기 자신[24] 안에 운동과 안정성/안전/질서 사이의 균형을 이루어 낼 수 있다는) 생각은 로크에서 칸트, 홉하우스에서 신자유주의자들에 이르기까지 학자들에 의해 점점 더 체계적으로 이론화된다. 이 생각은 푸코의 주된 연구 대상의 기본인 일련의 훈육 메커니즘으로 구체적인 개연성을 얻게 된다. 그리고 그러면서도 일부 사람들의 그룹은 언제나 이 틀에서 배제될 것이다. 이 장은 그들 일부에 집중할 것이다.

홉스와 "야만인"의 과도한 운동

이전 장에서 나는 홉스가 자기절제하는 주체의 기본 모델을 제기한
다고 주장했다. 그의 하인(결국 공화정 내의 주체 모델이 된)은 이러한
생각을 구현한다. 즉, 하인은 사슬로 속박받지 않기 위해 또는 감금
되지 않기 위해 도망하지 않기로 동의한 사람이다. 그는 타인에 의
해 통제받지 않기 위해 스스로를 제약하는 데 동의한 사람이고 그
게 바로 그의 자유의 의미이다.[25] 그러나 홉스에서 이것은 다소 추
상적인 원형原型으로 남는다─푸코의 용어를 빌리자면 훈육받은 주
체의 형성에서 매우 중요한 구체적 테크놀로지와 이데올로기가 없
기 때문이다.[26] 사실 자기통제 개념이 아주 조금이라도 더 발전되면
"진짜" 자유와 "허가" 사이에 구분이 지어질 것이다. 이후 이론가들
(로크로 시작하는)은 이 차별화를 고수하는데, 홉스는 여전히 이 속박
받지 않은 자유liberty의 상태를 과도하다 하더라도 자유freedom로 여긴
다. 그리고 홉스에게─"움직임의 신비에 거의 현혹된 사람"[27]─자유
는 그저 "**움직임에 대한 외부적 방해물의…부재**,"[28] 그의 틀 내에서 과
도한 운동이라고 보이는 현상일 뿐이다.

제임스 스콧은 운동이 지배구조governance에 도전을 제기하기 때문
에 질서 잡히고 통제되어야 하고 제한받아야 했다고 보여 준다.[29] 홉
스에 기대면 운동의 문제는 안전의 문제로 틀을 잡는다(같은 문제에
대한 접근에서 그저 다른 각도로 보는 것일 수 있다). 그리고 여기서 한
가지 주장을 강조해야 한다면 그건 바로 이것이다. 즉, 국가는 토피

가 주장하듯 단순히 이동의 독점화를 위한 메커니즘, 또는 베버의 공식에서 보자면 폭력의 독점화를 위한 메커니즘뿐인 것이 아니다. 국가는 폭력으로서의 이동의 독점화를 위한 메커니즘이다. 홉스를 이 과정의 주요 건축가 중 하나로 봄으로써, 토피와 베버 간의 유비는 장난스러운 평행론 이상의 것이 된다. 홉스에게 너무 많은 자유와 너무 많은 폭력은 똑같은 것이고, 그것들은 둘 다 과도한 운동의 개념을 통해 형성된다. 그럼 안전의 메커니즘으로서 공화정의 기능은 운동의 속도를 늦추는 것이다.

오늘날 안보를 생각할 때(특히 부시와 오바마 행정부 이후) 종종 특정 상호 절충을 떠올린다. 즉, 이리스 마이온 영Iris Marion Young이 표현하듯 우리는 "〔국가가〕 제공하는 보호를 위해 자유liberty와 자율을 일정 정도 양보해야 한다."[30] 더 나아가 누군가는 그러한 패러다임이 홉스로 거슬러 올라가 볼 수 있는 것이라고 주장할 수도 있다: 홉스의 사회계약 안에서 개인은 안전을 위해(자연상태의 개인의 삶에 대한 영구적 위협을 최소화하기 위해) 자신의 완전한 자유(개인의 목표와 욕망을 실행할 수 있는 타고난 능력 내의 모든 것에 대한 자연적 권리)를 포기한다. 그러나 그러한 독해는 자연적 권리와 정치적 권리 사이의 결정적인 차별점을 무시하는 것이다. 홉스의 속박 없는 자연적 자유—"모든 것에 대한 권리"[31]—는 사실 안보 문제이다: 그것은 모든 사람의 모든 사람에 대한 전쟁을 조장한다. 그러나 시민적 자유는 안보와 함께 성취되는 권리의 한계 그 자체이다: 시민국가는 "각자가 자신의 제한된 권리를 안전하게 〔즐길〕" 수 있게 하는 국가이다.[32] 안보(질서)와 자유의 이런 타협은 현대의 정치적 자유 개념에서 결정적인 것이지만 홉스에 있어서는 완전하지 못했다. 그는 여전히 질서 잡힌 자유를 상상할 수 없었다.

주로 공포에 기반을 두었기 때문에(그리고 국가관료주의가 대개 불충분했고 통치받는 주체들의 몸을 "포용"하지 못했던 17세기 초반에 고안된 생각이었기 때문에[33]) 공화정이 제공하는 질서는 꽤 깨지기 쉬운 것이었다. 주체의 자유/이동은 완전하게 조절하고 길들일 수 없고 그저 반격하고 억압할 수 있을 뿐이다. 이는 주체가 공화정 안에 자유롭게 남을 수 있을 정도로 사회계약의 조건을 따르는 것을 항상 거부할 수 있다는 의미이다.[34] 이 거절의 끝머리는 내전이고 공화정 와해이다. 달리 말해 주체의 자유는 국가를 허약한 구조로 만들고, 심지어 가장 절대국가조차도 빠르게 와해될 수 있다(사실 절대정권은 이 허약함을 다루기 위한 시도—그 성공은 절대 보장될 수 없다—이다). 여기서 요점은 단지 이러한 공화정의 와해와 함께 시민적 자유 내에서 성취한 안보와 자유 사이의 합일이 깨지고 개인의 자연적이고 무제한의 자유가 정치-이전 자연의 상태로 "돌아가"거나 또는 "도착하"며 다시 한 번 완전한 안전의 결핍—폭력으로서의—으로서 스스로의 모습을 드러낸다는 것이 아니다. 더욱 중요한 것은 홉스에게는 시민적 자유 자체가 항상 존재하는 폭력적인 죽음의 가능성이라는 것이다.[35]

홉스에게 자유는 폭력이기 때문에 폭력을 억제하는 것은 항상 자유를 억제하는 것이고 그 반대도 마찬가지다. 따라서 다른 하나 없이 하나는 지속할 수 없다. 자유에 관한 이후의 설명들은 자유에 자제를 얽어 넣음으로써 이 난제를 우회하려고 했으나 홉스의 통찰력은 살펴볼 가치가 있다. 즉, 그것은 우리가 극대화시키고 싶어 하는 것과 최소화시키고(심지어 지워 버리고) 싶은 것, 바람직한 것과 비난받아 마땅한 것이 결국 동일한 것이라는 개념이다. 우리는 단순히 공화정에서는 이 폭력이 잠재성으로 남고 자연에서는 폭력이 항상 현실화된다고 주장할 수 없다. 그러한 주장이 부정확한 이유는 첫째 폭력이 공화정 내에서 계속 현실화되기 때문이고, 둘째 푸코가 아름답게 보여 주었듯 모든 이에 대항한 모든 이의 전쟁은 실제 폭력을 풀어헤치지 않았고 오히려 그것은 시뮬레이션 게임이었다. 그 게임에서 구체적 전투들은 항상 정지되고, "전쟁의 본성은 실제 싸움에 있는 게 아니라 싸움에 관해 알려진 작전계획disposition에 있다."[36] 시간이 이 작전계획과 구체적 폭력의 현실화 사이에 틈을 부여한다. 홉스는 우리에게 말한다, "시간의 개념은 전쟁의 본성에서 찾아야 한다."[37] 따라서 자연상태와 사회질서 둘 모두 폭력의 잠재성이라는 특징을 지닌다. 주요한 차이는 정지된 것에서 현재로 넘어오는 전이 과정의 수월성 정도이다. 공화정이 우리에게 부여하는 것은 시간이다. 시간은 잠재 폭력과 실제 폭력 사이의 이동을 감속시킨다.[38] 시간은 폭력 자체의 이동을 늦춘다.

이 감속의 방식—잠재성에서 실제로의 이동 속도 억제력—은 또 다른 방식과 나란히 작동한다: 주체는 하인과 마찬가지로 때로 도망가는 것이 최선의 선택이 아님을 이해해야 한다. 앞 장에서 나

는 로저스와 스프라겐스를 따라 너무 많은 이동이 홉스의 자연상
태에 관해 사고하는 한 가지 방법이라고 주장했다. 따라서 홉스의
공화정은 이동을 질서화하는 한 방식으로 간주될 수 있다. 그 방식
은 대상을 향한 "자발적 움직임motion의 내적 시작"일 뿐인 우리의 열
정을, 우리를 다치게 할 수도 있다고 생각되는 것"으로부터 피하는
fromward" 이동, 즉 공포를 이용해 경감시킨다.[39] 주권자의 힘에서 나
오는 공포는 주체들을 계속 뒤로 밀면서 주체들을 억제하고, 반면
에 그들의 욕망과 욕구는 그들을 계속 앞으로 민다. 이러한 움직
임들—이러한 "노력들"—은 그저 "그것이 걷기, 말하기, 때리기 등
의 눈에 보이는 행동으로 드러나기 **전** 인간의 몸 안에서 일어나는
움직임Motion의 작은 시작"일 뿐이기 때문에,[40] 이러한 대항운동들
countermovements이 주체들로 하여금 움직일 마음이 전혀 들지 않게 만
드는 것으로 보인다. 달리 말해 주체가 눈에 보이는 어떤 운동을 하
기 전에, 주체의 몸 안에서 욕망과 공포 사이에 운동의 균형점이 형
성된다. 만일 홉스에게 '쉼'이란 것이 실제로 없다면 오직 움직임과
대항운동contrary motions만 남게 되고,[41] 그러면 이러한 공포와 욕망의
경감은 개인으로 하여금 부동성immobility에 최대한 가까워지게 할지
도 모른다. 그러한 대항운동은 우리가 자연상태에서 보는 그 끊임
없고 미친 듯한 운동movement을 진정시킨다.[42] 나아가 주권자로부터
의 공포 외에도 주권의 구조 또한 주체의 운동을 억제한다. 홉스의
법—낸시 허슈만이 사회 구성의 기본 개념들을 이미 내포하고 있
다고 본 법[43]—은 주체에게 자신의 운동을 자제하도록 가르친다. 우

리가 보았듯이, 법은 사람들을 그 자신의 "무모함"으로부터 지킨다. 울타리가 여행객을 막기 위해서가 아니라 그들을 길로 인도하기 위해 쳐져 있듯이, 법은 사람들이 "자신의 충동적인 욕망이나 무모함, 또는 무분별로부터 스스로를 다치지 않게 하는 그러한 움직임"으로 나아가게 지킨다.[44] 정치적 삶은 폭력의 현실화 방향을 지시하고 속도를 늦추며 주체의 운동을 경감시키고 좁히며, 주체로 하여금 제 자신의 "무모함"으로부터 자신을 지킬 수 있는 방향으로 안내한다.

홉스의 세계에서는 모든 주체가 무모함을 향한 위험한 성향으로 고생을 한다. 그것은 공포를 만드는 주권자의 힘이 없으면 훨씬 강력해진다. 그러한 울타리(법)의 완전한 결핍으로 볼 때 과도한 운동의 문제가 가장 격심한 곳이 하나 있다. "그 어떤 사람에게도 안전이 있을 수 없는"[45] 한 곳, 바로 아메리카다.[46]

아메리카는 《리바이어던Leviathan》에서 살짝만 언급되었지만,[47] 쿠엔틴 스키너가 보여 주듯 그 10여 년 전 《시민론De Cive》에서 꽤 생생하게 제시되었다. 자유로운 삶과 안전한 삶을 대조하는 책표지에는 아메리카 토착민들을 보여 주기 위해 홉스 시대에 사용되던 도상학 그림이 새겨져 있다.[48] 야만인—거의 짐승이나 마찬가지인—의 방식으로 그들은 자유롭지만, "평화와 사회가 제공할 수 있는 삶의 위안과 아름다움이 완전히 결핍되었고" 다른 인간이든 동물이든 간에 주변 모든 것으로부터의 공격에 완전히 취약하다.[49]

카를 슈미트Carl Schmitt에 따르면 아메리카와 홉스의 자연상태는 긴밀하게 연결되어 있다.[50] 그는 홉스의 자연상태가 "인간의 땅은 아니지만 그렇다고 그게 어디에도 존재하지 않는다는 뜻이 아니라고 주장한다. 그것은 다른 어떤 곳보다도 신세계에 존재할 수 있다— 홉스는 그곳에서 찾는다."[51] 슈미트에 따르면 홉스의 아메리카는 분명 "선을 넘은" 곳으로 선들도 경계(울타리, 법)도 없는 곳이다. 그곳은 바다 너머에 있는 곳으로 바다의 논리를 지녔다: 그곳은 그 어떤 묘사도 허락하지 않았다. 또 그곳은 운동movement이 흔적을 남기지 않는 공간이었다. 슈미트에 따르면 그것은 토착 주체들의 특질이라기보다 공간의 특징이었음을 주지하는 것이 중요하다: 아메리카의 (자연상태로서의) 폭력은 억제받지 않는 야만인들의 폭력 못지않게 유럽 정복자들의 폭력이었다. 이것은 세기가 진행되면서 변화하게 되고, 로크의 시대에 도달하면 우리는 아메리카와 원주민 아메리카인들을 유럽과 유럽인들로부터 구분 짓는 다른 선을 보게 된다.

이곳은 홉스의 운동의 정치적 이론에서 두 가지 중요한 점을 부각시킨다. 첫째, 억제받는 운동의 자유와 억제받지 않는 운동의 자유 사이의 구분이 드러나기 시작한다. 그것은 상대적으로 안전한 자유와 위험 사이의 구분으로, 여기서 그게 지리적 의미를 띠기 시작하는 것을 볼 수 있으나 아직은 급진적인 타자화 패턴 내에서의 의미가 아니라 정도의 패턴 내이면서[52] 여전히 양면적인 방식이다. 결국 홉스의 아메리카의 지위는 꽤 모순적이다: 의심의 여지 없이 구체적인 지리적 위치와 연관되었지만(따라서 "거기"), 그것은 또한 결코 존재하지 않던 곳이기도 하다. 홉스는 이런 식으로 "아메리카의 많은 곳에 야만인들이 지금도 그렇게 살고 있다"고 말하고 나서 바로 한 단락 뒤에 "특정 사람들이 서로에 대항한 전쟁의 상태에 있는 때가 한 번도 없었다"라고 주장할 수 있다.[53] 그러므로 홉스에서는 지리적 분리가 꽤 불안정하고, 그의 작업은 슈미트가 주장했듯 분명 영향을 받긴 했으나 여전히 식민주의 틀에 물들지 않았다.

둘째, 홉스의 아메리카 연구는 절제된 운동의 가능성이 "인간"의 합리성과 보편적 지위 문제와 관련된 정도를 보여 준다. 이를 보려면 한 발 물러나 더 큰 맥락에서 질문을 던져야 한다. 우데이 메타의 웅변적 공식은 좋은 출발점이다:

이론적 설명으로 보자면, 자유주의는 17세기부터 현재까지 그 보편성과 정치적 포괄성에 스스로 자긍심을 가져 왔다. 그러나 역사적 현상으로 보았을 때 자유주의 역사는 여지없이 체계적이고 지속적으로 다양한 그룹과 특정 "유형"의 사람들을 정치적으로 배제한 특징이 뚜렷하다. … 아마도 자유주의 이론과 자유주의 역사는 서로 무관한 명령과 목적지들로 동력을 얻어 밤에 항해하는 배들일지도 모르겠다. 어쩌면 현실—그러므로 역사—은 항상 이론의 순수한 원래 동기를 배신하는지도 모른다. 그러한 가능성들을 차치하고, 자유주의 이론은 포용하는 척하고 자유주의 관행은 결과적으로 배제하는 현상은 그 이유가 설명될 필요가 있다.[54]

자유주의 이론의 보편성과 자유주의 관행의 배제적 성격 사이의 긴장을 어떻게 조정할 수 있을까? 메타가 여기서 제안하고 나서 버린 것처럼 이론과 관행은 서로에게 이질적인 것인가? 아니면 보편성에 대한 전제 자체가 단순히 거짓인가? 이론은 이 경우에 근본적으로 바로 배제의 관행을 조장하기 위해 날조된 가면인가? 메타의 해결책은 이러한 방향을 따르기보다 "일련의 두터운 사회적 지령과 신호들"이 항상 보편성의 잠재성을 조정했다는 사실을 보여 주는데 주안점을 둔다. 보편성이 모든 사람들이 공유하는 "인류학적 최소치"에 의해 성취되는(혹은 그것으로 이해되고) 반면, 이 최소치는 그것을 숨길 수도 있는 사회적 층위 "아래 묻혀" 있을 뿐만 아니라 이 층위들에 있는 어떤 결핍이나 실패로 인해 완전히 구현되지 못한 채 남아 있을 수 있다.[55] 달리 말해 모든 사람들이 공유하는 보편적 개인성의 어떤 핵심이 있는 반면, 이게 차별적으로 개발될 수 있고 더 나아가 사회적 차이로 인해 숨어 있거나 심지어 해체될 수도 있다.[56]

대개 이 보편적 핵심은 합리성, 또는 좀 더 정확하게 말하자면 합리성의 능력이다.[57] 이 차이가 바로 이론상으로만 남아 있는 보편적 최소치와 위계적 배제의 관례를 연결시킨다. 모든 인간은 잠재적으로 일부 기본적인 합리적 능력을 지니고 있다는 전제가 아마도 바니타 세스Vanita Seth로 하여금 《유럽의 인디언들Europe's Indians》에서 토착 아메리카인들이 사회계약이론의 기초에 있는 자유롭고 합리적인 개인의 원형으로 작동한다고 주장할 수 있게 해 준 토대일 것이다. 그러나 나는 세스가 여기서 원형의 핵심을 잘못 생각한다고 믿는다. 본래 합리적이긴 하나[58] 홉스의 야만인들의 지적 능력은 "인간 이성의 **자연적 식물**"에 불과하다.[59] 홉스는 이러한 "식물들"이 예컨대 철학(인용한 문장이 속한 단락의 문맥은 철학과 그 기원이다)과 같은 인간의 합리적 능력의 최고치에 다다르기 위해 개발될 필요가 있다고 암시하지 않는다. 그보다 홉스는 교화(경작) 없이는 이러한 "식물들"이 쓸모가 없을 것이라고 암시한다: "인간이 그 식물들의 미덕을 알기 전, 또는 영양분으로 그것들을 이용하기 전, 또는 들판이나 포도밭에 심기 전, 들판과 숲에는 적은 양의 옥수수와 포도가 산재해 있었다. 당시 사람들은 도토리를 주워 먹고 물을 마셨기 때문이다: 그러니 처음부터 다양하고 진실하고 보편적이고 이로운 추론들 speculations이 있었다; 인간 이성의 자연 식물의 존재로서."[60]

"처음부터 진실하고 보편적이고 이로운 추론들"이 있다—심지어 야만인들 사이에서도 찾을 수 있는 합리적 요소들. 그러나 이러한 요소들은 아무 소용이 없다(인간이 오직 도토리를 먹고 물을 마시던 때에 자라던 야생 옥수수와 포도처럼). 홉스의 주장이 철학하는 능력을 일컫는 것이라 하더라도, 완전한 쓸모없음에 대한 이 주장이 토착 아메리카인들의 합리성의 "식물들"을 일반적으로 가치 없는 것으로 자리매김하는 역할을 한다고 해석하지 않을 수 없다. 더욱이 이 태아의 형태 내에서 "잡초, 실수와 추측의 평범한 식물을 빼고, 지식 자체를 심는 것은…없었다."[61] 이 합리성의 방식은 너무나 개발되지 못해서 비합리성과 융합되고 만다.

우리는 더 나아가 홉스의 아메리카 논의로부터 그가 시간(또는 삶의 끊임없는 분주함 속에서 특정 정도의 느림, 감속의 정도)을 합리성이 구현되고 유용해지기 위해 필요한 사회적·물질적 조건들 중 하나로 전제했음을 알 수 있다. 그들의 이성을 계발하기 위해—그렇게 함으로써 은유 자체가 머무는 자연의 영역으로부터 이성을 추출해 내어 그것에 완전한 능력을 부여하기 위해—야만인들은 "여가"가 필요하다. 그러나 "그들을 경외심에 찬 상태로 유지"시켜 계약을 지키도록 강제할 강한 힘이 없기 때문에, 그들은 항상 "생활필수품을 구하고 이웃으로부터 스스로를 지키기 위해 분주하며… 여가는 철학의 어머니이다"라고 홉스는 결론짓는다. "그리고 공화정은 평화와 여가의 어머니이다."[62] 공화정의 두 개의 궁극적 이점 중 하나가 여기서 다시 한 번 시간으로 나타난다. 그것이 제공하는 안전은 시간이다. 시간은 우리로 하여금 뛰기를 멈추게 해 주고, 존재의 전쟁을 멈추고, 멈춰 머물게 해 주며, 그리하여 우리가 플라톤에서 이미 본 바와 같이 알게 해 준다.

◆ ◆ ◆

홉스의 시민 주체가 여전히 시민국가 안에서 스스로의 자유를 통제하고 질서화할 수 있을 만큼 완전히 형성되지(개선되지) 않은 주체라 하더라도, 달리 말해 여전히 홉스에게서 자신의 자유가 대체적으로 질서에 부응할 수 있도록 구축된 주체를 볼 수 없다 하더라도, 홉스는 공화정이 끊임없이 질서를 해하지 않을 방식으로 주체의 운동을 길들일 수 있는 중요한 조건들—주체의 외부에 존재하는 것이라 하더라도—을 제공한다고 본다. 그 조건들 중에는 (i) 욕망을 재구성하지는 않더라도 욕망에 반격하여 운동을 방해하게 하는 공포; (ii) 삶/폭력을 늦추는 시간, 그리고 (iii) 운동을 가두는 울타리가 있다. 그러나 이러한 조건들의 중요한 전제는 그것들 중 어떤 것도 아메리카에서는 찾을 수 없다는 생각이다.

그래서 홉스는 "문명" 국가들의 (약간) 더 안전한 자유와 "야만인"들의 덜 안전한 자유 사이에 분리—빈약하기도 하고 연결 가능한 것이긴 하지만—를 표시한다.[63] 이 분리에서 중요한 것은 홉스의 너무-자유로운 야만인들 자신이 안정적인 정치적 질서의 결핍으로 (그리고 그 결과 생긴 자유/운동의 과잉, 이 두 가지는 홉스에게는 결국 동일한 것이다) 인해 생긴 안전상의 불안으로 고통을 겪는다는 그의 가정이다. 나중에 이 분리는 위치를 바꾸며, 아니 좀 더 정확하게는 이중화된다. 정복/점령/제국의 지배 개념들은 운동이 과도하다고 여겨지는 사람들이 타인에게 제기하는 위협에 더 집중하면서도, 식민 주체들이 자치하도록 홀로 남겨졌을 때 스스로에게 너무나 큰 피해를 끼친다고 주장하는 정당화 방식을 완전히 포기하지는 않는다.[64] 따라서 그 구분은 더 이상 홉스의 경우에서처럼(즉, 한편으로는 다소 안전한 시민적 자유와 다른 한편으로는 개인의 몸과 삶의 보전에 있어 영구적 위협인 자연적 자유 사이의 구분) 자유의 개념 안에 머물지 않는다. 그보다는 운동 내의 구분이 된다. 즉, (운동의) 자유와 과잉(이제 허가로서, 안전 문제로서, 위협으로서 규정된 과잉, 그러나 어쨌든 자유는 아닌 것) 사이의 구분이다.[65] 그 결과는 첫 장에서 보았듯이 일부 정치적 노력들과 공간들은 자유 문제 내의 혹은 자유 문제 하의 것들로 생각될 수 없다는 것이다. 그러나 이 구분은 그 각각의 구체화 과정을 통해 인구집단들 사이의 구분이 된다. 즉, 운동이 자유의 표시가 되고 따라서 극대화되어야 하는 사람들과, 운동이 문제여서 밀접하게 통제되어야 하는 사람들 사이의 구분을 말한다. 세계 여행이나 지역 내 여행에서, 이주나 국경 이동에서, 검문소 배치에서—그게 빈곤층 동네든지 점령지에서든지— 우리는 여전히 이 구분을 목격할 수 있다.

로크: 울타리치기 운동

홉스의 자유 구분의 유동성과 임시성은 로크에게서 안정화된다. 나아가 로크는 안전한 (그리고 자유로운) 운동과 불안전한 (그리고 자유롭지 못한) 운동을 갈라놓는 데 있어 훨씬 더 과격하고 굳건한 분리를 제공한다. 아메리카에 대해 거의 글을 쓰지 않은 홉스와 달리, 로크의 사상에서 아메리카는 핵심적이며, 근래에 와서 학자들의 관심을 매우 많이 사로잡았다.[66] 학자들의 그런 연구에 관여하는 데 있어 나의 목표는 로크의 아메리카가 위에서 묘사한 홉스식 구분의 좀 더 발전되고 안정화되고 공간화된 버전으로 다듬어졌음을 보여 주는 데 있다. 아메리카는 너무 많은 운동이 문제가 되는 공간으로, 로크의 경우 그것이 의미하는 바는 이 운동이 더 이상 자유의 표시로 간주될 수 없다는 것이다. 그러나 로크와 신세계에 대한 많은 연구들과 달리, 나는 이 지리적 맥락이 토지와 재산에 대한 로크의 사상에서 핵심적 맥락이었음을 보여 주려는 게 아니다. 거의 반대다. 즉, 토지와 재산을 운동의 프리즘을 통해 본다면, 그 문제에 대한 로크의 논의에서 핵심적인 몇 가지 각기 다른 맥락들을 만날 수 있다. 운동을 안정화하고 억제하는 메커니즘으로서 본다면 땅과 상품은 그저 단순히 개인이 소유하거나 소유하지 못한 사물인 것만이 아니라 또한 주체 형성 과정 내의 요소이다. 곧, 땅과 상품은 자유롭고 합리적인 주체들이 출현할 수 있는 전제 조건이자 매개이다. 그러므로 그것들이 부재할 때 (아메리카 "야만인들"의 경우, 또한 빈곤층도 마찬가지로) 자유는 그 실체(조절된 운동)가 사라지고 무너지고 만다. 이러한 맥락들을 고려해 로크가 울타리 안의 안전한 운동을 자유로 구축했고 따라서 그게 "감금의 이름을 받는 건 맞지 않게" 되는데, 반면 울타리로 구속받지 않는(즉, 울타리가 없는) 운동은 그에게 비합리성과 (따라서) 비-자유의 상징이었다는 점을 보여 줄 것이다.

이성의 공간들: 자유와 정착

"영국에서는 1620년대부터 1680년대까지, 그리고 북미와 호주·아프리카에서는 19세기까지" (우리는 이렇게 덧붙일 수 있다: 그리고 중동에서는 20세기까지) "빈 공간(거주자 없는 빈 공간vacuum domicilum) 혹은 소유권 부재(무주지無主地terra nullius) 논쟁은 잉글랜드, 그리고 후에는 영국에서 토착민들을 쫓아내는 사업의 표준 토대가 되었다"라고 데이비드 아미티지David Armitage가 주장한다.[67] 아미티지는 로크가 "이 주장을 가장 광범하게 펼쳤다"고 말한다.[68] 로크 이전의 홉스와 유사하게, 그러나 훨씬 더 정교하고 명시적으로 로크는 자연상태의 패러다임으로 아메리카를 바라본다. 즉, 아메리카는 외견상 주권의 부재와 토지 전유專有의 부재로 인해 자유로운 정치 대리체agents가 새로운 공화정을 모아 계약할 수 있는 곳이다. 따라서 캐럴 페이트먼Carole Pateman은 사회계약이 기본적으로 정착민 계약이라고 주장한다.[69] 아메리카 원주민에 대한 로크의 설명을 분석한 글에서 바니타 세스는 전반적인 상황이 그보다는 더 복잡하다고 주장한다. 세스는 로크가 유럽 정착민들을 주권의 억제력에 의해 구속받지 않아 자신들의 사회계약을 자유롭게 형성할 수 있는 정치 대리체로서 상상하는 것에 덧붙여, 아메리카 원주민들 자체를 그의 사회계약의 토대에 있는 합리적 개인의 원형으로 바라본다고 주장한다. 로크에게는 "아메리카의 숲에서 처음 마주친" 사람들이 그저 "증거에 입각한 자연상태의 방어"였을 뿐만 아니라, 그의 "신세계에 대한 몰두"는 그가 아메리카 원주민들을 "자유롭고, 평등하고 합리적인 개인"의 패러다임으로 그렸다는 데 토대를 두고 있다. 달리 표현하자면, "〔자연상태에 있는〕 개인은 다름 아닌 바로 토착 인디언 자신이었다."[70]

이것이 로크 이론의 핵심에 모순을 제기했다(뿐만 아니라 다른 17세기, 18세기 사회계약 사상가들의 이론에도): 아메리카 토착민들은 동시에 "모순된 방식으로…보편적 이성과 자유, 평등, 재산을 축적하는 개인성의 모델이었을 뿐만 아니라 이러한 보편적 규범에서의 일탈이었다."[71] 모델로서 그들은 이성의 지배 외에 그 어떤 지배 규범이 없는 인간들의 특정 원형이었다. 일탈로서 그들은 사회계약이 정착자 계약의 형태를 띨 수 있게 해 준 거의 투명한 지지대가 되었다.

인디언의 지위에 관한 로크의 질문은 신세계의 토지 전유에 관한 그의 특별한 정당화를 이해하는 데 있어 결정적이다. 이 질문에 대한 답으로 가장 최선의 논거는 아마도 그 질문을 합리성의 문제를 통해 다시 묻는 것일 것이다—주체-시민의 주요 지침.[72] 따라서 그 모순은 이렇게 표현된다(다시 한 번 세스의 표현으로): "로크의 인디언 설명에 있어 외견상의 모순"은 그들이 그의 이론에서 "어떤 때는 비합리적으로 비치고 다른 때는 정치-이전의, 합리적인 개인의 정물화 같은 초상화를 구성한다"는 사실에 기인한다.[73] 이러한 긴장은 여기서 운동과 자유가 어떻게 수렴하고 멀어지는지를 추적할 수 있는 플랫폼 역할을 하며, 그 모순이 결국 과도한(속박받지 않는) 운동의 패러다임을 통해 해결될 수 있음을 보여 준다.

이전 장에서 보았듯, 운동의 관점에서 보았을 때 로크의 자유는 두 가지 주요 측면을 지닌다. 즉, "생각하거나 생각하지 않을 자유, 자신의 마음의 선호나 방향에 따라 움직이거나 움직이지 않을 자유",[74] 그리고 일부 "확립된" 법(그게 그저 이성이나 "자연"의 법일 때조차도)의 존재에 의존하는 법의 임의성으로부터의 자유를 말한다. 자유는 그렇게 운동과 안정성의 타협에 의존한다. 안정성은 결국 토지 소유의 기능이고 토지 소유는 또 재산 소유권에 대한 특정 모델의 기능이다. 아메리카 토착민들이 점하지 못한 것으로 판단되는 것은 바로 이 소유권 모델이었다.

이 "점하지 못함"과 그 여파에 관한 로크의 판단의 가장 직접적인 증거는 그의 토지 전유에 관한 논의일 것이다. 최근에 많은 이들이 《통치론 II》 제5장에서 로크의 논의는 재산권 제한, 특히 울타리치기의 합법화에 관한 유럽 내의 논쟁으로 읽혀서는 안 되고 식민주의 맥락 안에서 이루어진 것이라고 주장했다.[75] 제임스 털리James Tully는 "이 맥락이 아메리카 인디언 땅의 불법 점유, 그들의 생활방식 파괴, 유럽 농업과 산업의 강제 부과 합법화"라고 주장한다. 이 합법화는 "유럽식 토지 개선 기술과 아메리카 인디언 문화 사이의 대조"[76]를 토대로 이루어진다―그 전제는 땅과 관련을 맺는 특혜 받은 한 가지 방식이 있고 그것이 바로 거주의 방식이라는 것이다. 내가 로크의 정치적·윤리적 사상 체계의 요체가 재산이라는 주장에 의문을 제기하려는 것은 아니지만, 나는 여기서 재산이 '정착' 없이는 이해될 수 없다고 주장하려 한다.[77] 로크는 "재산의 주요 문제는 지금은 땅의 과실이나 그 위에 살아가는 짐승이 아니라 땅 자체이다; 땅이 받아들이고 지니는 모든 것으로서"라고 주장한다.[78] 그리고 땅은 울타리를 쳤을 때 더욱 가치가 있다. 로크는 아메리카에서 "1에이커의 땅"이 "여기" 울타리로 둘러쳐서 경작된 땅 1에이커의 "1/1000도" 생산하지 못한다고 평가한다.[79] 그러므로 그러한 땅들은 "버려진" 상태라고 주장할 수 있고 따라서 정착, 더 특별하게는 울타리로 둘러치는 것이 자유의 전제 조건이 된다.

이 모든 것이 우리를 다시 세스의 모순으로 되돌아가게 만든다: 모델의 패러다임으로서, 동시에 이 모델로부터의 일탈로서 아메리카 토착민들을 위치시키기; 기준과 동시에 그 기준의 변칙. 그러나 개인의 합리성에 대한 로크의 주장을 면밀하게 들여다보면 두 가지 다른 재산 논리를 볼 수 있다. 첫 번째 논리에 따르면 "참나무 아래서 주운 도토리나 숲속 나무에서 딴 사과로 연명하는 사람은 분명 자신을 위해 그것들을 전유한 것이다… 그러면 나는 묻는다, 그것들은 언제 그의 것이 되기 시작했는가? 그가 소화했을 때? 아니면 그가 먹었을 때? 아니면 끓였을 때? 아니면 집으로 가져왔을 때? 아니면 줍고 땄을 때? 그러면 명백하다. 처음 채집한다고 해서 그의 것이 되지 않는다면, 무엇으로도 그의 것이 되게 할 수 없다."[80]

그러나 이것은 로크의 인디언의 재산 작동 방식이 아니었다. 즉, 그는 겨우 몇 단락 앞에서 이렇게 이야기했다, "울타리치기를 모르지만 그러면서도 공동 점유자인 야생의 인디언을 먹여 살리는 과일이나 잡은 고기는 그게 그의 목숨 부지에 어떤 도움이 되기 전에도 분명 다른 이가 권리를 갖지 못하는 그의 것, 또는 그의 일부분임에 틀림없다."[81] 사냥한 사슴, 채집한 과일은 소비한 직후에야—그것들이 "그의 일부분"이 된 후에야— 재산으로("그의 것") 기능한다. 인디언이 사는 물질적·공간적 조건 내에서 단순한 노동이 아니라 소비가 권리를 낳는 데 필요하다—이 단계에서 완전히 쓸모없는 권리. 로크의 인디언은 실제로 자연권의 체계를 누리지 못한다.

윌리엄 바셋William Bassett은 "유목생활의 신화"—즉, 아메리카 원주민들이 "문명과 문화를 모르는 자로서 빈 땅이나 점유되지 않은 땅을 방랑하는 이교도 유목인, 유랑하는 채집생활자이자 사냥꾼"이라는 가설[82]―는 모빌리티와 안정성의 패턴에 관한 가설 이상이었다고 주장한다. 바셋은 그것이 어떤 면에서 합리성에 관한 가설이었다고 주장한다. 바셋은 "인디언들이 안정성도 토지 소유도 모른다고 주장하는 이 '비극적 신화'는…인디언들의 인간의 권리·시민적 권리를 거의 전적으로 박탈했다."[83] (낸시 허슈만이 다른 맥락에서 주지시켰듯, "로크는 근면과 합리성을 매우 긴밀하게 연결시켜서 근면―땅이나 상품의 형태로 재산을 습득하기 위해 몸소(노동) 재산을 이용―이 합리성의 증거로서 취해졌고 재산의 결핍은 합리성의 결핍의 증거로 여겨졌다."[84] 어쩌면 여기서 좀 더 정확한 것은 근면에 대해서 그 자체로 이야기하지 않고 대신 습득 방식에 대해 이야기하는 것일 것이다.) 로크에 있어 유목생활과 비합리성이 서로 얽힌 관계는 적어도 세 가지 측면에서 작동한다.

첫째, 로크가 가정한 토지 생산성의 파격적 확산성을 고려해 볼 때, 아메리카 토착민들이 땅을 울타리로 둘러치지 못한 것은 경제적으로 비합리적이다. 그리고 여기서 우리는 내가 앞서 지적한 안정성을 위한 두 가지 필수 요건, 즉 정주성의 농업과 안정적인 법에의 예속을 어떻게 완벽하게 분리할 수 없는지 이해하기 시작한다.

둘째, 인디언들의 울타리치기 실패는 인류를 향한 도덕적 의무를 어긴 것이다. 10에이커의 땅을 울타리 쳐서 "땅을 자신을 위해 전유하는 사람"은 "자연상태로 남겨진 100에이커에서 얻을 수 있는 것보다… 더 많은 삶의 편리성"을 생산하기 때문에 그는 실제로 "인류에게 90에이커"를 주는 것이다.[85] 로크는 개인 재산의 작동 방식을 전복하는 명석한 논리 전개로 "울타리치기를 모르는"[86] 사람들을 나머지 인류에게 땅을 부정하는 사람들로 본다. 이것이 바로 아메리카 대륙에서의 토지 횡령을 정당한 전쟁이라는 프레임으로 정당화하는 주요한 논리다. 그러나 우리 목적에 있어 더욱 중요한 것, 땅 울타리치기의 실패는 암묵적으로 또 다른 실패를 증명했다. 그것은 바로 법에 따라 또 법의 제한 안으로 사회를 조직하는 일의 실패다. 상품을 과도하게 축적하여 "마땅히 쓰지도 못하고 소유하다… 과일은 썩고 고기는 부패한 채로 죽은" 사람과 마찬가지로, 땅을 전유하지 못하고 정착해서 소유하지 못한 사람들은 "일반 자연법에 반해" 행동하는 것으로 간주할 수 있다.[87] 그리고 로크가 아메리카 토착민들의 위치를 "자연법의 테두리"[88] 내에서만 다루고 있는 상황에서 여기서 그는 꽤 명시적이다. 더 나아가 위에서 언급한 과다 소비하는 사람은 탐욕으로 자연법을 위반하는 소외된 개인인 반면, 로크의 인디언들은 은둔의 죄를 대표하는 게 아니라 자연법의 문턱을 넘어 들어오지 못하는(그 안에 살고 있다 하더라도) 체계적인 사회질서를 대변한다. 법 자체와 법이 둘러싸는 장치들(입법체와 사법체)이 로크에 의해 종종 울타리로 언급되기 때문에,[89] 이러한 실패는 그가 보는 인디언의 삶의 방식에 내재한 것이다.

그리하여 로크가 인디언들을 절대 합리적이지 않은 존재로 개념화하지 못한다 하더라도,[90] 이 합리화가 구현되려면 특정 정도의 안정성—메타의 표현을 빌리자면 "인류학적 최소치"—이 필요하다. 정착과 울타리치기에 의존하는 재산-축적 모델 안의 이 합리성을 실행하지 않고는 그들은 합리적이지도 못하고 자유롭지도 못하다. 시간에 관한 홉스의 주장이 여기서 공간으로 고정된다— 지역적 지형(울타리치기)을 지니기도 하고 동시에 지정학적 정체성(잉글랜드와 아메리카 사이의 틈)을 지닌 공간. 그렇게 함으로써 자유주의 사상가들 중 가장 상징성이 큰 사상가조차 여전히 슈미트의 표현대로 우리가 플라톤에서 벌써 잃어버린 이해를 고수하는 것이다: 즉, 노모스는 "울타리 말fence word"이라는 것이다. 정치질서와 정당성, 법의 조직은 항상 공간의 조직—울타리치기—이기도 하다.[91] 따라서 "인디언"의 생활방식은 로크의 법 구조 자체와 비교할 수 없다.

사실 시간의 공간화는 성숙에 관한 로크의 논의에서 명백해진다. 또 그 논의는 합리성이 시간을 필요로 한다는 것을 보여 준다.[92] 아이들은 합리적이 되려면 성장해야만 한다. 그러나 로크는 다른 사람들도 언급하는데, 성숙/합리성을 누릴 수 없는 사람들, 즉 "정신적 결함"을 지닌 사람들, 광인들과 아메리카 야만인들을 말한다.[93] 그런 사람들의 경우 성숙은 시간의 기능이 아니라 공간의 기능인 것 같다. 이전 장에서 나는 이 주장을 첫 두 범주와 비교하여 제시했다. 첫째는 첫 번째 범주("자연적" 정신적 "결함"을 지닌 사람)가 육체적 부동성immobility과 연관되어 있다는 아네일의 주장을 통해서, 두 번째는 "생각할 수 있는 한도"도 없고 "묶이지" 않거나 "제지받지" 않아서 "보통 사물에서 받는 안정화 기능"으로부터 자유로운 "과도하게 흥분한 광포함"의 마음이 광인의 마음이라는 메타의 주장을 통해서이다.[94] 로크의 합리성과 울타리치기의 융합은 야만인을 합리성이 성숙으로의 문턱을 넘어 들어오지 못하는 사람들 목록 내 제3의 인물로 보는데, 그 이유는 합리성이 공간과 맺는 관계에서 어떤 "문제"가 있기 때문이다. 즉, 그것은 그의 위치location가 말하자면 시간상의 그의 자리position를 완전히 결정해 버린다는 것이다.[95] 사실 바버라 아네일은 그 세 그룹의 사람들에 대한 해결책으로 다른 종류의 폐쇄된 공간 안에 일종의 영토 분리를 하면 된다고 말한다. 즉, 이 그룹들은 "자발적으로" 게으른 빈곤층(나는 곧 이들에 대해 논의할 것이다)과 함께 내부 식민지나 외부 식민지 안에 놓여야 한다는 것이다.[96]

그러므로 우리는 다층적인 정당화 장치를 가지고 있다. 첫째는 추정상 특정 농업 모델이 결핍[97]된 것이 문명의 결핍 그리고 전유의 결핍의 표식으로 받아들여지는 층위로, 그에 따라 "빈 땅"이라는 프레임이 가능해진다.[98] 두 번째는 운동과 합리성, 또는 합리성의 결핍 사이의 연결고리가 토착 유목민이라 추정되는 사람들을 비합리적인 사람들이라고 표시하고, 그에 따라 그들이 점령되고 외국의 통치에 예속되는 것을 정당화한다(그들이 안정적인 정치적 조직을 유지할 능력이 없기 때문에). 마지막으로 "울타리 말"로서 법의 표현과 개념화는 "야만인들"이 형성할 의향이 없거나 그럴 능력이 없는 것으로 보이는 울타리치기 체계 위로 정치질서 자체를 올려놓는다. 이 세 층위의 협력이 동시대에도 공감을 지니고 있어 그것이 반복적으로 식민주의와 제국주의 프로젝트의 정당화 메커니즘으로 나타나고 있다. 많은 측면에서 그것은 우리가 제1장에서 가상선과 그 지정학적 맥락으로 따져본 것에 기초가 되는 장치이다: 외관상 "빈 땅"[99](그곳 주민들은 땅과의 연결성을 깨뜨릴 유목민으로 선언된 사람들이다)—따라서 외부인이 정착할 수 있는 땅, 그들이 거기 없다고 주장하는 신화에도 불구하고 그곳에 있다고 주장하는 토착민들, 비합리성의 가설과 더 나아가 점령과 추방, 폭력을 정당화하기 위한 비합리성 생산. 팔레스타인인과 아메리카 토착민의 경우 둘 다 이러한 비합리성의 생산이 법적 틀을 통해 성취되는데, 그 법적 틀은 가시적이고 굳건하고 체계적인 안정화 메커니즘(로크의 은유를 빌리자면,[100] 그 너머에는 심연이 있다)이 되는 대신 오히려 토착민들에게는 걸려 넘어질 걸림돌이 된다.[101]

울타리치기의 목적

로크의 토지 전유 정당화 관련 글에는 논쟁거리가 있다: 그것은 울타리치기에 관한 잉글랜드 내 논쟁의 일부분인가? 아니면 털리와 아미티지·아네일 등 다른 학자들이 주장하듯 신세계에서의 토지 횡령을 정당화하는 노력의 일환인가? 아메리카로의 이주 이동과 잉글랜드 내에서의 이동 불가능성이 연결된 정도를 본다면 (또는 좀 더 정확하게는 잉글랜드에서 정착할 수 없는 점), 더 나아가 이러한 이주 이동이 아메리카 토착민들의 결과적 이동(가정된 이동, 실제 일어난 이동 둘 다)과 연루된 정도를 본다면, 두 맥락이 결국 만난다는(로크는 그중 한 가지만 생각했을지라도) 것을 알 수 있다.[102] 결국 잉글랜드의 식민지 프로젝트의 주요 정당화는 "잉글랜드 내의 '많은 무리의 게으른 사람들'을 쫓아내 버지니아에서", 또 나중에는 다른 식민지에서 일하게 만들 필요성에서 기인했다.[103] 재산을 잃은 "많은 무리들"이 있었는데, 몰수는 새로운 울타리치기 시스템에 의해 이루어졌고,[104] 그러면서 감금과 비자발적 이동이 발생했고, 그 다음 또 새로운 감금과 새로운 이동이 발생했는데, 그것은 "영국인이 해외에서 토지를 소유하게 되었을 때 그들이 벽과 울타리를 만듦으로써" 발생했다. 이러한 새로운 울타리치기는 아메리카 토착민들을 내쫓는 시스템에서 매우 중요한 테크놀로지가 되었다.[105] 지금까지는 신세계 내의 토지 전유 맥락의 관점에서 살펴보았는데, 이제 시선을 잠깐 돌려 영국 내 논쟁의 관점을 살펴보고자 한다.

16세기와 17세기는 잉글랜드 내 막대한 규모의 토지 재정비, 토지 소유권 모델 재정비의 시기였다. 17세기 초반 몇 십 년쯤에야 비로소 절대적 소유권 개념이 법안과 관행 모두에서 정착되었다. 이는 주로 거대한 규모의 토지 울타리치기 사업을 통해 공간과 주거 모델을 급격하게 변모시켰다.[106] 울타리치기 사업은 이동의 이중적 경로를 만들어 냈다. 한편으로 평민들을 제한함으로써 합법적 이동을 제한했고, 다른 한편에서 새로운 계층의 유랑자들을 만들었다—토지 접근성을 잃고 따라서 끊임없는 모빌리티와 범죄의 운명에 처한 사람들(그렇게 추정되었다).[107] 당시 과도한 이동으로 새로운 정착 방식을 통해 성취한 바람직한 질서를 깨뜨리는 자는 단지 야만인만이 아니었으며, 과도한 이동이 일종의 도덕적 결함과 연결되었다. 즉, 잉글랜드 내에서 또 다른 인구 구성 요소의 이동이 이 질서의 논리와 정당성을 동요시킬 위협이 되었는데, 그게 바로 빈곤층이었다.[108]

가난한 사람들은 이동과 규제 패턴의 변화의 결과로써 근대 초기 잉글랜드에서 뚜렷한 하나의 계층으로 출현하였다. 더 이상 "법적인 이동 능력이 영주[또는 주인]의 손에 놓여 있던" 노예나 가정 내 하인이나 농노가 아닌 존재로, "그 새로운 자유롭고 빈곤해진 노동자 계층은" 이동이 속박받는 계층의 사람들이었다.[109] 한 발 더 나아가 조반나 프로카치Giovanna Procacci에 따르면, "극빈 상태"—"**사회의 위험**이 될 정도로 심각해진 빈곤"(달리 말해, 경제적 특징이 위협으로 구축되는 순간들에 그렇게 될)—는 "**모빌리티**"라고 주장할 수 있다. 프로카치는 극빈 상태가 하나의 경제적 범주 이상으로서 억제할 수 없는 "찌꺼기"라고 주장한다. "인구 요소들을 집중해서 고정화하기 위한 영토 정주화의 필요성에 반해, [극빈 상태]는 통제도 불가능하고 이용도 불가능한 좀 더 유동적이고 잡기 어려운 사회성의 찌꺼기를 구현한다. 즉, 질서의 편력적 악몽인 유랑생활이 무질서의 원형이 된다."[110] "빈민"이나 "야만인"과는 달리—주장이 이렇게 펼쳐진다— "문명화된 사람은 항상 스스로를 자제한다."[111] 16세기 말부터 빈민은 국가 내에서의 이동과 국경선을 넘는 이동의 통제 대상에서 점점 더 크게 부각되어 주요 표적이 되었다. 예를 들어 1601년의 '엘리자베스 구민법'은 구호의 조건으로 엄격한 이동 제한을 걸었다(로크가 강력하게 찬성했던 제한).[112] 곧, 이전의 방랑 금지법과 이후의 공공주택 사업은 동일한 목표를 두었다.[113] 결국 빈민의 "점차적인 자유노동자 계층으로의 변신은 유랑생활에 대한 혹독한 박해와 국내 산업 육성이라는 두 가지 노력의 결과였다."[114]

사실 푸코는 17세기에 감금이 기본적으로 생산성 실패를 다루는 노력의 일환이었다고 주장한다. "감금의 시대" 논리의 기저에 있는 것이 바로 이런 실패이다:[115] 다양한 몸들을 가두는 대규모 프로젝트(빈민, 광인, 범죄자). 그러므로 17세기 이동의 제한은 계층이 아니라 노동을 빼고는 생각할 수 없는 것이다.

빈민층을 노동으로 훈육하는 문제에 대하여 로크는 "빈민의 증가" 문제는 "다름 아닌 훈육의 완화와 부패한 풍습"에 서 기인한다고 주장한다.[116] 바람직한 습관의 변화를 촉진하기 위해 일하지 않는 사람들(또는 충분히 일하지 않는 사람들)을 등록하고 교구 경계 내에 머물게 하고,[117] 더 나아가 구빈원이나(성인의 경우) 직업학교(아이들의 경우)에 감금하는 것이 매우 중요했다. 이러한 감금이 빈민으로 하여금 근면의 능력 덕으로 다소 미덕을 갖추게 만들 새로운 습관—그 자체로 움직임motions—을 만들 것이다. 로크는《인간지성론》에서 반복적 움직임—우리의 논의에서는 노동의 움직임—이 "제2의 천성"이 될 수 있고, 그러면 주체의 인격을 좀 더 바람직한 패턴으로 개조할 수 있다는 자신의 가설에 대한 이론을 제공한다. "관습은 사고의 습관을 이해와 의지의 결단력으로 자리 잡게 해 주고 움직임의 습관을 몸에 배게 한다; 모든 게 동물의 영혼에서 이루어지는 움직임의 훈련일 뿐으로 보이지만, 한 번 작동하면 계속해서 익숙해진 노정을 나아가고, 계속 단련하여 매끄러운 노정이 되며, 그 움직임은 원래 자연적인 것처럼 수월해진다."[118]

노동의 움직임—반복적이고 국한되어 있고 생산적인—은 그렇게 유랑과 구걸의 움직임(예측 불가하고 억제할 수 없고 무용지물인)을 통제한다.

그러나 중요한 것은, 이 새로운 육체적 습관이 마음의 습관 정비(또 다른 "동물 정신의 움직임 훈련")로 이어지지 않았고 가난한 아이들은 합리성 계발에 필요한 분야의 교육(예를 들어 철학이나 그리스어나 라틴어)을 받지 못했다는 것이다.[119] 그것은 인간들 사이에 존재하는 일종의 자연적 차이점 때문이 아니라, 실용적이고 물질적인 차이 때문이었다. 홉스의 인디언들과 마찬가지로 로크의 빈민은 이론적으로는 합리적이 될 능력이 있지만 합리성을 실현할 시간이 없었다.[120] 그러므로 합리성의 표시이자 생산물이자 조건이자 의미인 울타리 쳐진 땅과 달리 빈민의 감금 방식(중요한 사실은 재산의 논리를 따르지 않고 생존과 노동, 자선의 논리를 따른)은 비합리성을 전제로 했고 또 비합리성을 명시했다. 시간이 부족하고, 그에 따라 연습이 부족해 빈민의 마음은 그들의 몸과 매우 유사한 운명을 지닌 것으로 보인다: 과격한 감금과 이유 없는 이동movement 사이에서 요동치기: "삽과 쟁기 이외에 더 높은 곳으로 생각을 한 번도 고양시켜 보지 못하고 날품팔이 노동 너머 다른 것을 보지 못한, 변변치 못한 교육을 받는 사람에게 시도해 보라," 로크는 말한다. "그런 사람의 생각은 자기 인생 내내 국한된 좁은 범위 밖으로" 끄집어낼 수 없다. (바람직하지 못한) 이런 감금이 풀리면 그는 "완전히 갈피를 잃는다."[121] 로크의 빈민은 몸과 마음 모두 모빌리티와 안정성 사이의 바람직한 균형을 성취하는 데 실패할 수밖에 없는 운명인 것처럼 보인다. 그러한 균형 없이 합리성과 자유의 짝짓기는 작동하지 않는다:

자유liberty 없이 이해는 아무 소용이 없다: 그리고 이해 없이 자유는 (그게 가능하다 하더라도) 아무것도 의미할 수 없다. 한 사람이 무엇이 자신에게 이로움을 주거나 해를 끼치는지 알고, 무엇이 자신을 행복하게 하거나 불행하게 하는지 아는데, 그것을 향해, 또는 그것을 피해 한 발자국도 움직이지 못한다면 아는 게 무슨 소용이랴? 그리고 완벽한 어둠 속에서 거닐 자유가 있는 사람에게, 그 자유가 바람의 힘으로 이리저리 쓸려 다니는 거품보다 나을 게 무엇인가?… 자유의 제1 행사는 가만히 서서 눈을 뜨고 이리저리 바라보다가 우리가 할 일의 결과를, 그 일의 비중과 함께 관찰하는 것이다.[122]

가난하다는 것(그리하여 게으르고 비합리적인 것—로크에게 그게 한 두 개의 특질인지 아닌지는 명백하지 않다)은 그렇게 한 사람이 동시에 너무 유동적이면서도(토지 전유를 통한 고정 장치가 없는) 그렇기 때문에 국한된(그 사람의 운동이 사실상 질서를 위반하기 때문에) 상황의 일부다.[123] 이 틀 안에서 자유는 플라톤의 동굴에서 풀려난 사람들의 움직임과 닮았다: 그들은 가만히 있으면서도 "눈을 뜰" 수 있고 "이리저리 바라볼" 수 있다. 그리고 그들이 그 둘 중 아무것도 하지 못하면—사회적·물질적 조건이나 도덕적 결함으로 인해— 감금이 유일한 가능성이다.

결론의 말

종종 인종과 계층이 서로 교차하거나 중첩하는 정체성의 두 개의 "축"이라는 주장이 제기되었고, 우리는 이러한 교차점을 빈민과 비-백인의 통계적 상호관계를 만들어 낸 식민주의와 후기식민주의 글로벌 이주 패턴의 오랜 역사의 산물로 본다. 그러나 식민주의의 오랜 역사가 실로 그러한 상호관계를 낳기 전인 17세기에 이미 동일한 중첩을 볼 수 있다: 빈민과 아메리카 토착민들은 여기서 살펴본 텍스트에서 산발적으로 출현할 때 보인 많은 차이점에도 불구하고, 그들을 정치 문제로서 묘사하는 데 핵심이 되는 한 가지 특징을 공유한다. 즉, 그들은 너무 많이 이동한다. 그들의 운동은 추정상 잉여가 되고 그러므로 더 이상 자유를 상징하지 못한다. 그것은 질서에 대한 위협이 되었다.

사실 빈민의 이동을 통제하기 위해 개발된 테크놀로지들은 19세기와 그 이후 외국인(종종 식민화된 외국인, 그리고 이후 이전의 식민지 외국인)의 이동 통제를 위한 기술적 기반의 조직 원리가 되었고 기술적 기반을 형성했다.[124] 그러나 이미 로크에서 다른 방식으로 빈민/방랑자의 과도한 이동에 대한 해결책이 식민 프로젝트와 얽히게 되었다.[125] 로크는 원치 않는 방랑자의 이동 문제는 개인 재산 구조를 통해 내쫓긴 사람들을 "아메리카의 내륙 지역 빈 곳에 정주하게 plant 내버려 둠으로써" 쉽게 해결될 수 있다고 안심시킨다.[126]

이 해결책은 빈민의 이동을 강제노동이 아니라 이주민의 이동으로 바꾸어 놓는다[127]—이주할 뿐만 아니라 정착도 하는 기업가들.[128] 자유로운 것이든 강제로든 이러한 이동—이러한 해결책—은 또 다른 문제를 야기했다(즉, 토착민들 내쫓음). 더욱이 이 해결책은 특정 삶의 방식—아메리카 토착민들의 삶의 방식—이 '문제'(과잉으로서)로서 구축되어야 한다는 것을 전제로 한다. 여기서 우리는 로크가 관련되었던 이중적 이동 관련 프로젝트에서 유래하는 "과도한" 이동의 항구적 생산을 본다: (i) 합법적 이동을 제한하고(평민 내에) 불법적 이동(새롭게 나타난 토지 없는 유랑민들)을 생산하는 울타리 세우기(울타리치기), 그리고 (ii) 앞서 언급한 불법적 이동을 통제하고 줄이는 역할을 하지만 또 다른 과도한 이동 방식(아메리카 토착민들의)을 원주민의 동의 없이 토지를 전유하기 위한 정당화 메커니즘으로 삼는 것을 전제로 한 대서양을 횡단하는 이동(이민). 이러한 대서양 횡단 이동은 그 자체로 대개 추방의 결과였고 토지 몰수의 이동을 촉진시켰다. 토지 몰수는 또 아메리카 토착민들의 과도한 (토지 없는) 이동을 전제했을 뿐만 아니라 그것을 낳았고, 적어도 어느 정도(그리고 분명 로크의 견해, 또는 좀 더 효과적으로 보여 주는 그의 관행에 따르면) 또 다른 몰수 방식과 비자발적 이동이라는 전제가 있었다. 바로 노예무역이다. 그러므로 이전 장의 핵심에 있던 자유로서의 이동 문제는 토지 몰수와 국제적 이주의 글로벌 맥락 안에, 그리고 다른 예속의 매트릭스 안뿐만 아니라 국가들과 그 식민지들의 글로벌 맥락 안에 위치해야 한다.

제5장

정치적인 모든 것의
실체와 의미

: 다른 몸에 관하여

나는 고전적인 자유주의 주체는 자신의 공간적 존재를 좁히고 자신의 몸의 움직임을 늦추고 자유liberty 자체를 자제하고 억제하는 법을 배워 질서 잡힌 자유의 개념을 허락하는 주체라고 주장했다. 이는 이동이 특정 안정성—재산이나 토지나 국가—의 배경으로 인해 억제된 주체이다. 여기에 논점(나의 논점)이나 테크닉(정치 테크놀로지, 이동 통제) 둘 다에 있어 이중적 이동이 있다. 한 측면에는 주체의 이동에 대한 몸과 마음—둘을 따로 떼어 놓고 생각할 수 있다면—의 훈육이 있다. 그것은 메타의 논리대로 말하자면 자유 길들이기다.[1] 다른 측면에는 대도시와 식민지,[2] 도시와 시골, 가정과 공공영역, 또 그것들을 구성하는 네트워크들을 연결하고 동시에 가르는 글로벌 이동의 배분이 있다.[3]

이 두 측면 사이에—한편에선 주체의 몸, 다른 편에서는 더 큰 몸들(국가, 전 주민, 집합체, 다른 집단체의 몸들)—끊임없는 확산이 있었다(지금도 여전히 있다). 한 측면의 구조와 논리가 다른 측면 안에서 계속 모양을 잡고 다른 측면에게 알린다. 그러면 한 측면에서 개발된 정치 테크놀로지가 다른 측면으로 도입된다—추방된다. 한 측면의 이미지가 다른 측면으로 매핑된다.

나는 이전 장에서 이 확산의 한 가지 측면에 집중했다: 결국 일괄적인 운동들로 융합되는, 각기 다른 주체-위치를 새겨 넣는 역할을 하는 개별 몸 안에 고정되는 이미지와 물질적 메커니즘들의 특정 융합: 이주, 제국의 확장, 토착민들 그리고/또는 빈민층의 추방 등의 파동. 이 확산에 또 다른 층위를 덧붙여야 한다. 즉, 일괄적인 운동은 커다란 집단 몸들을 이루는데, 이것들은 움직이는 몸들로 간주되거나 스스로를 그렇게 여긴다.[4] 이 장은 이러한 집단 몸들에 주의를 돌린다. 다시 한 번 여기서 나의 논점이 현상에 대한 것이 아니고(나는 사회적인 것이 실제 움직인다거나 국가가 집단운동을 통해 형성된다고 주장하고 싶지 않다), 그 현상들이 정치이론이나 사회학·인류학에서 사고되고 묘사되는 방식에 대한 것임을 강조한다. 그러면서도 개념의 역사를 넘어 나는 이 주장들과 이해가 정치 영역에, 사회관계 조직에, 권력관계 개념화에 어떤 영향을 끼치는지 묻고 싶다. 달리 말해 집합체의 운동을 중심축으로 하는 정치 패러다임의 정치적 함의는 무엇인가?

이 장은 이러한 운동들 사이로 항해하며, 운동의 분석을 집단적 사업으로 접근할 수 있는 대안적 질문의 방식과 가능한 방향성, 질문들을 지적한다. 그 대부분은 이 책의 분석을 둘러싼 제스처, 초기의 도발로 남아 있고 여기서 완전하게 펼쳐지지 않는다. 그럼에도 몇 가지 주제는 이 장 내내 다시 대두되며 좀 더 실질적인 "움직임들" 안으로 통합될 것이다.

첫째, 이 장의 논의들을 관통하며 움직이는 정치적 몸들과 개인의 몸들 사이에서 유비類比가 나타날 것이다. 움직이는 개별 몸은 종종 보디폴리틱의 은유, 상징이자 대체물 역할을 한다. 중국 소녀의 묶인 발은 중국의 부동성을 상징하고,[5] 자신감 넘치게 걷는 남성은 유럽의 계몽을 표상한다.[6] 또 명백한 방향 없이 구속 없는 운동은 야만성을 상징한다.[7] 그리고 장애를 가진 형상은 "사회적 몸의 비평으로서" 기능한다.[8] 그러므로 때때로 이 등식의 양면, "몸들"(개인의 몸과 정치적 몸) 모두는 어떤 것을 언급하는지 명백하지 않을 정도로 뒤섞이기도 한다. 이러한 치환 관계는 이 장의 일부 논점들의 토대가 된다.

이 장의 토대가 되는 두 번째 맥락은 위의 개념에서 직접적으로 유래한다. 치환의 문제는 종종 대변representation의 문제이기도 하다. 따라서 이 몸들의 유기체적 이미지는 때로 집단적 몸의 개성을 실어 나르는 역할을 하는 개인의 몸—또는 여러 개의 몸들—에 의존한다. 홉스에게 있어 주권자의 특이점은 "그들 모두를 동일한 하나의 사람으로 묶는 진정한 합일"을 생성해 내기 위해 필요한 것이었다. 그는 "그렇지 않으면 합일이 달리 다수 안에서 이해될 수 없다"고 주장한다.[9] 그러나 이후 사회운동이론에서 집단체들은 하나나 소수로는 대변될 수 없는 몸들로 출현한다. 즉, 군중들,[10] 다수들,[11] 배제되거나 몰수된 그룹들이다.[12] 그러면 질문은 이렇다. 집단체가 어떻게 대변될 수 있나? 복수성과 합일 간의 관계는 무엇인가? 합일이 어떻게 사람들의 복수성으로부터 형성되는가? 그리고 이 합일은 어느 정도로 바람직한가? 나는 적어도 정치사상에서는 운동이 이러한 질문에 답을 하는 데 핵심이라는 사실을 보여 주고자 한다.

셋째, (개인의) 몸으로부터 (집단의) 공간으로 나아가며, 이 장은 또한 둘 간의 관계를 성찰하고, 좀 더 정확히는 공간과 운동 간의 관계에 대해 성찰한다. 만일 내가 주장하듯 국가나 식민지 등의 집단적 몸들이 움직이는 몸/공간들로 생각된다면 공간은 더 이상 운동이 일어나는 "용기容器"로 간주될 수 없을 것이고, 또는 도린 매시Doreen

Massey의 공식대로 "우리가 위치하는 표면"으로서 간주될 수 없다.[13] 나는 더 나아가 공간은 공간이 허락하거나 막는 운동을 통해, 그리고 이러한 부동성/모빌리티를 통해 정치적[14]이 될 수 있다고 주장한다. 즉, 사람들이 갑자기 모이거나 공동체를 형성하거나(영구적이건[15] 임시적이건[16]) 함께 행동하는 행사들, 또는 사람들이 뿔뿔이 흩어져 기존 공동체를 분열시키거나 혼란시키는 행사들을 들 수 있다. 더욱이 운동은 정치적 공간의 한 가지 특질이다. 즉, 정치적 공간들은 종종 움직이는 공간이다. 운동은 그러므로 정치 영역의 해부학 내의 제1 요소가 된다.

　마지막으로 이 장은 이 책 내내 얽혀 있는 주장을 마무리한다. 즉, 이러한 다양한 몸들 안의, 그리고 몸들의 운동은 자유와 폭력 둘 다의 물질적 실체라는 것이다. 이러한 병행성은 여기서 고려한 각기 다른 몸들의 각기 다른 방식으로 나타나며, 우리에게 폭력과 저항과 정치적 자유에 대한 해석들에서 일치된 윤리적 경계선들을 재고하도록 요구한다. 자유와 폭력의 이러한 결합이 구체적으로 드러나는 것 중 하나가 공해公海이고, 따라서 이 주제는 이 장에서 되풀이되어 나온다. 바다는 16세기부터 21세기까지 국가의 폭력이 가속화된 "현장"이고, 상업―그 자체가 폭력과 자유를 결합한다―이 효과적으로 세계화되었던 "현장"이고, 점점 더 먼 곳까지 대규모 이주가 가능해진 "현장"이다(다시: 자유와 폭력이 서로 얽혀 종종 선택, 가능성이 되고, 새로운 지평이 토지 몰수, 추방, 때로는 강제노동, 빈곤과 죽음과 만나는 과정).

그리하여 이 장은 다른 집단적 몸들을 들여다보며 운동이 어떻게 그 집단적 몸들의 원리가 되는지 보여 줄 것이다: 이 몸들의 합일의 원리(몸으로서 그것들의 지위)와 그 다음, 몸들의 행동 원리(행동을 위한 조건으로서의 운동, 행동의 형태로서의 운동, 그러나 또한 그 방식이 한쪽 방향으로의 운동인 합일). 다른 운동 원리를 지닌 두 개의 몸이 이 장의 주요 요체가 될 것이다. 즉, 국가들과 사회적 운동들이다. 그럼에도 다른 몸들이 표면에 드러날 것이다. 즉, 움직이는 공간으로서의 식민지, 국가의 유동적 열망의 논리적 결과로서의 제국, 또는 저항의 몸의 상징으로서 다두多頭의 히드라.

나는 홉스와, 그리고 가장 두드러진 정치적 몸이라 할 수 있는 국가의 개념으로 시작한다. 나의 홉스 해석은 국가의 특정 판타지에 대한 독해이다. 그것은 개념적 측면에 머무는 독해이며, 그러면서도 그 개념은 하나의 논리를 표현한다. 도달하기 어려우면서도 이 논리는 그래도 규제적 이념으로서 작용한다. 그것은 "동시에 사실이자 임무"[17]인데, 사실—그 사실이 또한 임무인 덕에—이 결코 완전히 체현되지 못한다 할지라도 그렇다. 그것은 말하자면 실패한 사실, 즉 정치적 욕망이다.[18] 그렇게 개념은 절대 완전하지는 않더라도 정치적 현실들을 구체화한다. 통일되고 통합되고 유기적 단독 존재(실로 몸)로서 근대 주권국가의 초기 개념들을 출발점으로 삼아, 첫 번째 섹션은 국가의 이러한 개념화가 초기부터 그 안에 운동이 짜여 넣어진 것을 보았다는 사실을 보여 준다. 이 운동이 주로 외부로 향하기 때문에 팽창(전쟁, 제국주의)이 국가의 개념적 형태 자체에 있어 필수적인 것으로 대두된다.

국가는 이중의 운동—통합을 향하는 내부로의 운동과 제국의 팽창을 향하는 밖으로의 운동—으로 폭력을 재배치하는 테크놀로지다. 운동을 독점함으로써[19] 국가는 천천히 홉스식 판타지를 실현해서(다시 말하지만, 절대 완전하게 실현하지 못한다 하더라도) 하나의 통일체가 되고, 그러면서 국경을 통제하고 보호함으로써 일정 정도 몸의 본래 상태를 유지한다. 《리바이어던》의 형상—바다에서 그 어떤 방해 없이 헤엄치는 거대한 생명체—은 통합의 이 시점에서 국가가 폭력을 통제 하에 두었다는 생각을 전한다. 즉, 유기체적 통합은 내부적 폭력을 파기하는 것과 동일시되고, 속박받지 않은 운동이 가능한 모든 방향에서 터져 나올 수 있다는 것은 폭력을 지배하고 구현하고 가하는 국가의 능력을 예증한다. 이 장의 두 번째 섹션에서는 각기 다른 방식의 폭력의 운동과 국가폭력이 다른 집단체들(다른 국가들, 정치운동들, 저항의 방식들)과 만나는 교차점들을 고찰한다. 그러면서 공간과 이러한 운동들에 무슨 일이 일어나는지, 그리고 공간의 운동이 어떻게 하나의 폭력의 형태가 되는지 조사한다.

마지막 섹션에서는 국가나 내·외부에서 유래하는 억압적 권력에 저항하기 위해 뭉치는 일시적 몸들의 운동들(폭력적이건 비폭력적이건)을 살펴볼 것이다. 그런 몸들 중 (사회·정치적 운동 같은) 일부는 뛰어난 정치체體들로, 복수성과 집단행동, 공동 공간의 중요성을 강조한다. 여기서 우리는 "혁명은 운동이지만 운동은 혁명이 아니다"[20]라는 비릴리오Paul Virilio의 통찰력을 따라 한 발 더 나아가 모든 사회 변화와 저항, 갈등의 방식들이 운동이라고(여기 이 문장의 "이다"와 "운동"의 성질과 의미에 대해 이중의 질문이 있다) 주장할 수 있다. 그러므로 해야 할 임무는 이러한 다른 운동들을 매핑하고 운동의 여러 유형들의 바람직한 효과와 의미와 측면들을 바람직하지 않은 것들로부터 솎아 내는—가능한 선에서—것이다.

홉스: 리바이어던의 몸

정치적 몸들 전체의 운동을 고찰하려면 홉스가 다시 한 번 핵심 출발점이 된다. 운동을 자신의 철학의 핵심에 두고, 또 가장 유명한 정치적 공간의 이미지들 중 하나로 보디폴리틱을 제공하는 홉스의 공화정은 움직이는 몸이다. 이 개념을 어느 정도 선에서 글자 그대로 받아들여야 하는가? 3장에서 나는 홉스가 비유적인 것과 문자 그대로인 것 사이에서 탈주하는 건 또 다른 탈주를 은폐하기 위해서라고 주장했다. 즉, 그의 주권 개념이 유기체적인 것과 인위적인 것 사이에서 일어나는 또 하나의 탈주를 감춘다는 것이다. 나는 또한 이 탈주가 그의 논점을 하나로 붙잡아 주는 조각patch이라고 주장했다. 우리가 보디폴리틱을 은유로 이해하기 시작하면, 홉스의 논점은 무너진다. 여기서 나는 다른 해석과 함께 즐기고자 한다—위에 언급한 둘 중 어느 하나도 "탈주"가 아닐 가능성을 고려하는 해석. 더 나아가 그것들은 전혀 "움직임"이 아닐 수도 있다. 즉, 유기체적인 것과 인위적인 것이 한 우주에서 결국 동일한 것일 수 있다는 말인데, 그 우주는 "인간의 예술"로 자연을 모방할 수 있고 가슴이 "그저 용수철"이고 따라서 자동인형이 "인공적인 생명"을 지닌 것으로 간주될 수 있는 곳이다. "생명이 그저 사지의 움직임"이고 신 자체가 시계공처럼 작동할 때, 유기체와 인위적인 것의 구분은 유효하지 않다.[21]

아드리아나 카바레로Aderana Cavarero는 보디폴리틱 이미지의 역사를 논하면서, 홉스의 보디폴리틱이 그 개념화에서 하나의 전환점을 보여 준다고 주장한다―그리스와 중세의 공식(머리를 강조함)과 비교하여, 그리고 하비David Harvey의 몸 모델(심장에 중점을 두었고 홉스의 움직임에 관한 개념들에 지대한 영향을 끼쳤다)과 비교하여. 머리나 심장 어느 것도 우선시하지 않으면서 홉스의 심오하게 육체적이고 기계론적인 공화정은 놀랍도록 영혼에 중점을 둔다.[22] 보디폴리틱의 영혼인 주권자는 "전체 몸에 생명과 움직임"을 주는 행위자다.[23] 그러나 몸은 "〔영혼〕으로부터 움직임을 받을" 뿐만 아니라, 몸은 또한 영혼을 통해 합일을 얻어, 영혼에 예속된다:[24] "주체들은 더 이상 각각의 인간이 다른 모든 사람과 폭력적이고 살인적인 메커니즘으로 부딪히며 제 자신의 의지에 따라 움직이는 단순한 집합체가 아니다. 그들은 이제 하나의 의지로 움직이는 합일체인 사람들people 안으로 통합된다." 공화정은 그렇게 "한 방향으로 움직이는 거대한 보디폴리틱"으로 간주될 수 있다.[25] 리바이어던은 단일화시키는 운동들의 거대한 기계―또는 어쩌면 테크놀로지―다.

사회계약은 홉스에 의하면 전쟁(내전)의 원천인 의지의 복수성複數

性을 무찌른다. 통일과 평화는 그렇게 보디폴리틱의 응집력 있는 운동으로 융합한다. 플라톤을 연상시키는 몇 개의 문장으로 아드리아나 카바레로는 이렇게 주장한다. "주권은 사실 하나라는 논리 뒤에 있는 중요한 응집력이다. 이 응집력은 모든 것을 하나의 형태form로 구현하는데, 주권이 하나의 통일체인 이상 그것은 주권 자체가 그 형태의 한 요소나 역할이나 부분이 아니라 형태 그 자체이기 때문이다."[26] 우리는 잠정적으로 이렇게 요약할 수 있다: 하나의 형태form로서의 주권, 통일체로서의 주권, 운동의 원리로서의 주권. 플라톤의 이데아forms와 비슷하게 이 통일체는 요소들의 복수성(의지들, 사람들, 부분들, 현상들—특정 집합체)을 하나의 존재 안으로 끌어넣는다. 이 통일체는 운동으로 하여금 혼돈이 아닌 질서의 원리가 되도록 해 준다.

이 통일체 없이 정치적 몸political body은 병이 나거나 아예 와해된다. 보디폴리틱은 사물의 자연(정치-이전, 또는 비-정치적) 질서인 혼돈을 견뎌 낼 수 없다.[27] 따라서 그것은 복수성이 지속하면 존속될 수 없다. 아렌트가 주장하듯 정치의 기본과 실체라기보다,[28] 여기서 복수성은 영구적인 정치 와해의 원인처럼 보이는 것 같다. 그러나 홉스를 좀 더 정확히 살펴보면 바로 이 부정의 구조를 거부할 것이다. 앞 장에서 제시한 방향을 따라간다면—운동이 자유와 폭력을 함께 엮어 주는 매개라는 주장—우리는 전쟁이 정치이고, 정치는 필요한 복수성과 함께 전쟁이라고 주장할 수 있는데, 그건 심지어 전쟁이 (임시적으로) 멈췄을 때라 하더라도 마찬가지다. 클라우제비

츠Carl von Clausewitz의 유명한 금언金言이 여기서 다른 버전(혹은 전도轉倒)으로 바뀔 수도 있다: 정치는 다른 공간 질서 내의 전쟁의 지속이다.[29] 또는, 정치는 다수의 하나로의 통합(국가, 보디폴리틱, 리바이어던)이 폭력의 외재화를 허락하는 질서다.

사실 홉스에 따른 이런 통합이 촉진하는 평화(또는 어쩌면 그의 틀 안에서 통합과 동일한 평화)와 통합이 제공하는 자연상태에서 빠져나올 수 있는 출구는 폭력의 공간 조직—재분배—으로서 더 정확하게 묘사될 수 있다. 4장에서 나는 공화정에서 욕망의 대상을 "향하는towards", 그리고 욕망의 대상"으로부터 나오는fromwards" 운동들을 균형 잡음으로써 개별 주체들의 운동들을 길들일 수 있다고 주장했다.[30] 이러한 길들이기는 서로의 충돌이 전체로서 공화정의 운동을 방해할 수도 있는 개인의 부딪히는 운동들을 무력화시킨다. 달리 말해, 이러한 길들이기는 공화정의 운동이 그 내부로부터도 제한받지 않도록 보장한다. 더 이상 내적인 힘들로 인해 찢어지거나 각기 다른 방향들로 당겨지지 않는 공화정은 완전히 자유롭게 운동할 수 있다. 따라서 리바이어던의 측면에서 이 개인 주체들의 길들이기는 공화정의 자유인 짐승 같은 운동을 해방시킨다. 자유는 움직임에 있어서 방해물의 부재로 남는다: "공화정의 자유는…민법이 없을 때, 또는 공화정이 아예 없을 때 모든 사람이 가져야 할 것과 동일하다." 나아가 "그 효력도 또한 동일하다." 즉, "영구적 전쟁"이다.[31] 전쟁은 정치적 몸의 움직임이다. 그것은 공화정이 "자신의 팔arms〔'무기'의 뜻도 포함한다—옮긴이〕을 뻗는" 방식이다.[32]

요점은 홉스의 이론에서는 주권자들 간의 관계 수준에서 자연상태(그리고 자연적이고 무제한의 자유liberty)가 보전된다는 그 유명한 주장을 시연하는 일 이상으로 나아간다. 또한 그 주장이 운동으로서의 자유의 정의로 되돌아갈 수 있음을 보여 주는 것 이상으로 나아간다(주권자들은 서로에 대해 자연상태에 있다→ 이 의미는, 또는 그 이유는─주권자들만이 자연권을 누리기 때문이다→ 자유는 운동이다→ 그들의 자유는 전쟁이고 전쟁은 운동이다→ 전쟁은 자연상태의 조건이고, 그러면 원은 완성된다).[33] 또한 위 잠정적 요약과 긴장 관계에 있는 것들이라 하더라도, 이러한 원리들이다: 전쟁으로서의 통일체, 속박받지 않는 운동으로서의 통일체, 폭력의 원리로서의 통일체. 플라톤과 유사하게─플라톤에게 움직임은 전쟁으로 합해지는데, 그게 가능한 것은 전쟁을 움직임과 동연同延한 것으로, 실로 몸들의 움직임으로 문제 없이 다루기 때문이다[34]─ 홉스의 운동 총합은 폭력을 조직하는 수단이다. 바라치의 플라톤 해석을 보면 바로 이 통일의 응집력을 보호하기 위해 필요한 전쟁의 기능이 상세히 조명된다: "외부의 전쟁을 위한 태세⋯와 내부의⋯ 조화와 평화, 동질성 사이에 깊은 통일성이 있는 것 같다. 따라서 폴리스(도시국가)가 근본적으로 다른 국가들과 전쟁 상태에 있다고 할 정도로 폴리스는 단일하고 동질적이고 내폐內閉적이라고 규정되거나 설립된다(스스로를 규정하거나 발생한다).[35]

이러한 주장은 정치에 대한 냉소적 인식과 꽤 닮았다. 당파들이 정치적 공동체의 완결성을 위협할 때(또는 그러한 완결성을 생산하거나 상상해야 할 필요성이 있을 때), 현 정부가 위협받을 때, 전쟁이 해결책을 제공해 줄 수 있다. 외부의 적에 대항하여 공동체들은 결합한다. 칼 슈미트는 주권 개념 자체—그 가능성 자체—를 이 원리를 중심으로 조직한다.[36]

그러나 전쟁이 통일unity의 원리면, 통일은 더 이상 폐쇄하거나 울타리가 쳐진 것으로 상상될 수 없다. 계속 움직여야 하는 것은 통일이다. 한나 아렌트는 전체주의에 관한 연구에서 단일하고 유기체적 운동에 토대를 둔 정치와 영토성 거부 사이의 이러한 연결의 극단적 형태를 밝혀냈다. 이 모델의 패러다임적 체현體現은 국경 안에 갇힌 국가의 형상을 완전히 해체하기를 추구하는 20세기의 전체주의 운동들(아렌트가 의미심장하게 단순히 "운동들"이라고 일컫는)이다: "건물만이 구조를 가질 수 있고, 운동—이 단어가 나치가 의미한 대로 진지하게 글자 그대로 받아들여진다면—은 오직 방향만을 가진다는 점을 잊어서는 안 된다." 아렌트는 그러므로 이 운동들이 "특정 영토에 물리적으로 제한된다면" 그것들은 "모든 구조를 파괴하려 할 것"이라고 결론짓는다.[37] "운동"은 영토가 부과한 속박을 견디지 못한다. 그리고 이는 우리가 홉스의 개념에서 찾는 국가의 논리를 증폭시키는(무시하는 것이 아니라) 것임을 주지하라. 두 경우 모두 다수를 하나의 몸으로 융합시키는 것은, 그들을 규정된 윤곽선 안으로 에워싸는 것이 아니라 정복해야 할 외부성으로의 개방성을 촉진하는 것이다.

여기에는 폐쇄와 울타리치기 판타지(국민이나 주권자의 몸이나 어떤 다른 공식을 담는 용기인 국경으로 봉인된 분명하게 표시된 영토[38])와 국경 넘어 다른 영토로 향하는 밖으로의 운동 사이의 긴장이 있다. 폐쇄의 판타지가 완전하게 실현될 수 없지만, 그럼에도 그것은 주권 뿐만 아니라 국경의 규범적 개념화 안에서 본질적인 것이다.[39] 이러한 긴장을 통해서 무언가가 해체되거나 폭로되는데, 나에게는 어떤게 혹은 무엇이 그러는지 불명확하다. 많은 이들이 주권은 영토 내에 자명하게 제한되고 수용되어야만 절대적이라고 인식될 수 있다고 주장했다.[40] 그렇다면 이 긴장은 주권의 절대주의가 그 자체의 조건들을 견디지 못한다는 점을 보여 준다. 그러나 어쩌면 이러한 조건들이 그 자체로 다른 판타지의 일부일지도 모른다: (외부적) 폭력이 없는 (내부) 평화의 판타지, 제국의 추진력 없는 주권국가의 판타지. 그것은 국제법의 판타지, 팽창을 향한 하나의 야망이 다른 하나를 삭제해 버리는 권력의 균형이라는 유럽인의 개념의 판타지, 상대의 폭력을 계속 조절하는 자기통제 시스템이라는 국제적 시스템의 판타지이다. 그리고 이러한 조건들이 실로 단순히 판타지라면, 팽창은 국가의 개념 자체에 내장된 것으로 보인다.[41] 그렇다면 우리는 이렇게 덧붙일 수 있다: 경계선을 유동적으로 유지함으로써, 깨지기 쉽고 심지어 개방하게 만듦으로써 스스로를 해체하는 통일로서의 팽창.

그러나 홉스의 논점은 여기서 끝나지 않는다. 전쟁이 거대한 공화정−인간의 주요 운동들 중 하나라면 정복은 그 결과이다. 그리고 전쟁과 정복 둘 모두 홉스의 리바이어던에 있어 필수불가결하다.

그것들은 우연적이지도 않고 선택적이지도 않지만 정치적 페르소나의 필수적 운동에 매어져 있다. 즉, 혈액순환을 말한다.[42] 피와 전쟁, 피와 정복은 홉스에 있어 두 개의 상호보완적 운동들이고, 그것들은 둘 다 상업의 운동을 통해 엮여 있다. 이를 천천히 들여다보자.

내가 지금까지 전쟁으로서의 운동에 집중했다면 등식은 또한 뒤집힐 수 있다. 전쟁 자체는 몸들을 움직임으로 동원하는 운동이다.[43] 이 밖으로의 운동("팔arms을 뻗는" 방식, 여기서 이 말의 이중적 의미[arms: 팔과 무기—옮긴이]는 의미심장하다)은 정치적 몸의 내적 운동과 긴밀하게 연결되어 있다. 모든 살아 있는 몸을 생명력 있게 유지하는 운동, 즉 혈액의 순환을 말한다. 전쟁이 밖으로 향하는 운동의 구체적 표현이라면 상업은 혈액순환의 구체적 표현이다.[44] 첫째, 물품들을 "금와 은과 돈"으로 "환원"하면 지니고 다니기 쉬워 "장소를 옮기는 인간의 움직임을 방해하지 않는다." 마치 실물 크기 물품의 순환이 공화정의 혈관 안에서 걸림돌이 되는 것과 같다. 그렇게 용이해진 상업은 전체 보디폴리틱에 필요한 양분을 제공한다. 그것은 "순환하며 (가는 길에) 모든 부분에 양분을 제공한다."[45]

그러나 유한한 목숨의 인간의 피와 달리 이 혈액은 폐쇄된 시스템 안에서만 흐르지 않는다. 반대로 공화정의 경계 넘어, 그 밖으로 흐를 수 있도록 상품의 피/돈으로의 환원이 필요하다: "금과 은이 세계의 거의 모든 나라에서 매우 높은 가치를 지니기에 국가 간에 다른 모든 것들의 편리한 척도가 되어… 그 척도에 의해 모든 상품은 이동 가능한 상품이건, 이동 불가능한 상품이건 간에 인간이 지닐 수 있게 되어, **그의 일상의 거주지 내에서건 밖으로건** 어디든 지니고 다닐 수 있다."[46]

그렇게 내적·외적 운동 사이의 구분이 하나의 운동 시스템으로 자리를 내주기 시작한다. 즉, 상업과 전쟁, 피와 팔(무기)을 말한다: "금과 은은…필요할 때 외국으로 공화정이 제 팔을 움직이고 뻗게 할 수 있는 특권이 있다. 그리고 여행하는 개인 주체들뿐만 아니라 전체 군대에 양식을 제공할 수 있다."[47]

피/돈의 순환을 유지할 필요성이 보디폴리틱의 다른 부분들도 추동하여 국경을 넘어 뻗어 나가게 만들고 그러면서 더 생명력을 얻는다. 홉스의 전쟁은 그렇게 플라톤부터 슈미트까지 이어지는 상호구성 요소가 되는 불화와 통일의 이중성 사이에 위치할 뿐만 아니라, 전체 그림에 마르크스를 소환하고 그에 따라 자본의 이동과 식민전쟁/제국의 팽창과의 관계를 소환한다.

이것은 또한 유기체적으로 움직이는 리바이어던의 이미지와 내가 앞서 지적한 **전체주의** 체제와의 공명이, 자유주의 틀과 반대로 작동하는 홉스 사상의 한 국면을 전면에 대두시키는 데 이용되어서는 안 된다는 것을 의미한다.[48] 리바이어던의 몸의 윤곽선 안과 그 너머 상업의 순환은 결국 자유주의 (영국) 제국의 초기 이미지이다. 즉, 교역의 필요성에 의해 거의 강제로 팔arms을 뻗게 된, 교역으로 동기 유발된 보디폴리틱을 말한다. (결과적으로, 움직이는 영혼의 위치는 주권자뿐만 아니라 경제적 힘까지 고려해서 좀 더 세밀하게 뉘앙스를 살려 분석해야만 한다. 어느 17세기 관찰자가 "대양의 제국"의 출현을 묘사하듯,

"무시무시한 것은 바로 이 모든 강력한 해상 조직들이 국가의 사업으로 나타난 게 아니라, 국가의 상인 엔지니어들의 자발적 산물이었다는 것이다. 국가는 그들을 인가하는 일, 그들이 국가의 소속이라고 주장하는 일 외에 다른 역할을 하지 않았다."[49] 교역과 주권—또는 시장과 국가—은 변화하는 위계를 통해 순환했다. 하나가 다른 하나에 예속되고 그런 다음 서로 뒤바뀌며, 그들 사이를 구별하는 것이 불가능해졌다.[50])

자유로서의 이동movement으로서 교역—선박, 상품, 돈의 이동—은 바다의 자유이며[51] "항해와 교역"의 쌍은 《자유해론Mare Liberum》의 아이디어를 정당화하는 논쟁에서 거의 분리된 적이 없다.[52] 교역, 즉 "항해 중인 선박의 증가"는 "육지의 팔/무기arms"와 대조되었고 대영제국이 스스로를 자유에 토대를 둔 제국이라고 인식할 수 있는 새로운 원칙을 제공했다.[53] 내게 중요한 점은, 바다가 이동의 원리로서 영국으로 하여금 "이론적으로나 역사적으로" 자유와 제국을 화해시켜 주었다는 점이다.[54] 그러면서도 이동으로서의 이 교역은, 바다가 동시에 상징하기도 하고 약속하기도 한 자유로서, 또한 폭력의 원리이기도 했다: "원래, 위대한 해양력의 탄생 이전에 '바다의 자유'라는 격언의 의미는 매우 단순했다: 바다는 약탈품을 위한 자유지대였다."[55] 그리고 훨씬 나중에 바다의 자유는 여전히 "무력을 자유롭고 가차 없이 쓸 수 있는 지대"를 의미했다.[56] 바다는 그렇게 교역과 폭력의 가속화한 운동의 새로운 규범 개념이었다.[57] 윤리 자체가 제한을 가하지 않고 상품과 자본, 노예와 노동자들이 대량으로 효과적이고 점점 더 빨리 이동될 수 있는 구속되지 않은 드넓은 장. 이안 보컴

Ian Baucom이 매우 강력하게 보여 주듯, 이 모두는 서로 연결되었다: 대서양 노예교역은 금융자본주의 체계 창조의 토대였고 국가와 제국과 교역 사이의 경계를 풀어헤쳤다. 그것은 "흐름의 공간"으로서 "기나긴 대서양 20세기의 자본"을 구성했다. 그 공간에서 "천자만태"의 인간과 인간 이외의 생명들이 표류하다가 금전적인 가치 안으로 들어가고 그것이 거의 방해받지 않고 순환할 수 있었다.[58]— 그 가치를 생성하고 지키기 위해 폭력에 의지했던 운동, 폭력을 부추겨 그 가치를 빼앗거나 그에 저항하는 운동, 그리고 폭력의 양상인 운동.

바다의 논리를 통하여 교역과 제국을 결합한 것은, 결국 운동을 통하여 폭력(바다가 가능하게 하고 또 바다 때문에 생긴 정복과 전쟁과 폭력의 새 테크놀로지들[59])과 자유(여기서는 교역의 자유지만 이것은 다른 형태의 자유주의 자유를 부인하는 것은 아니다)를 결합시키는 역할을 한다. 그러므로 국가의 유기체적 이미지는 제국의 확장 논리 안에서 얻어진다. 즉, 정치체는 다른 살아 있는 그 어떤 몸과 마찬가지로 자신의 움직임에서 견뎌 내야 한다. 그렇지 않으면 죽고 만다. 그러기 위해서 정치체는 스스로를 먹이기 위해 노력해야 하는데, 그렇지 않으면 내부의 필수적 운동이 정지되고 말 것이다. 그러면 요약을 완성할 또 다른 세트의 원리들이 마련되었다. 즉, 특정 개방성으로서의 통일, 봉인된 경계선의 부재로서의 통일, 확장의 원리로서의 통일이다.[60] 질 들뢰즈Gilles Deleuze와 펠릭스 가타리Félix Guattari는 "전쟁 기계로서 스스로를 구성할" 수 있는 국가의 "적합성"을 지적할 때 이 구조를 밝혀내는데, 국가와 대항하는 다른 모델들, 또 다른 역동설

dynamism, 노마드적 야망을 살펴보며 그렇게 할 수 있었다. 그렇게 처음에는 국가 논리의 내면성과 "전쟁기계"의 (항상 외부적이고 경계를 무시하는) 노마드적 구조 사이의 "대립"으로 보였고 뒤이어 "긴장의 한계점tension limit"[61]으로 보였음에도 불구하고 국가는 결국 "전쟁의 '노마드적' 힘을 포착한다."[62]

논의를 개괄하면 이렇다: 이론적인 시원부터 국가는 제국의 팽창 논리 안에 들어가 있다. 홉스에서 보듯이 육체적·정치적 통일체로서 간주되는 주권은 운동의 원리이다. 그리고 이 운동이 내부로 향하는 통합의 운동이라고 주장하며 이론을 제기할 수 있겠지만, 데이비드 아미티지는 유럽의 혼성 국가의 창조와 통합과 해외 제국들의 형성과 획득 사이의 강력한 이데올로기적·행정적·군사적 연결고리를 예증한다.[63] 국가와 제국들이 출현할 수 있고 또 존속할 수 있는 이유인 이 운동은—정치적 삶의 통일체로서의 이 운동—전쟁이다: 보디폴리틱을 개방적으로 유지해서 그 자체의 윤곽선 안에 머물지 않게 하는 한계 없고 확장하는 폭력의 원리.[64] 그리고 만일 어떤 지정학적 맥락에서 운동을 안정화시키고 조절하고 제한하는 강력한 힘들이 있다면, 그것들은 "오직 유럽 대륙 내에서만 운동을 완전히 〔고정〕한다"고 카를로 갈리Carlo Galli는 주장한다. 그러면서 그는 "다른 곳에서는 바다건 유럽 밖이건 〔국가〕는 완전한 '형태를 갖춘' 전쟁은 이용할 수도 없고 이용하지 않을 것"이라고 말한다.[65] 식민지들—홉스에 따르면 공화정의 번식 운동의 산물인 "공화정의 출산, 또는 자식"[66]—에서 국가는 어느 선까지는 제 자신의 운동 형태로도 완전히 속박이 없고 제한이 없다. 이제 그게 어느 선까지인지를 다양한 방향에서 살펴볼 것이다.

국가의 전쟁과 다른 몸들

홉스에게 보디폴리틱의 운동은 적어도 잠재적으로는 방해받지 않는다. 폴 비릴리오는 전쟁이 끊임없는 가속화 과정에 있는 발전하는 정치의 장(어쩌면 정치학의 주요 영역)이라고 주장하며 비슷한 생각을 드러낸다. 전쟁—그리고 정치—을 변화시키는 것은 전쟁 도구와 테크놀로지들의 증대하는 속도이다: 인간을 앞지르는 총알, 참호의 기능을 시작하게 만드는 탱크, 예고 없이 멀리 떨어진 도시를 폭격할 수 있는 비행기, 모든 움직임을 항상 감시할 수 있는 드론, 순식간에 멀리 있는 목표물을 죽일 수 있는 탄도미사일, 또는 전례 없는 속도로 정보를 전달하는 텔레커뮤니케이션.[67] 또한 이 설명 하에서 전쟁은 속박을 벗은 리바이어던의 운동이다. 또 한 번 해양 은유는 의미심장하다: "대중적 전쟁은 이미 어떤 특정 영토에서 일어나는 게 아니라 … 해전처럼 대중적 전쟁은 역동적인 몸들의 충돌에서 작동한다. 그것은 '바다의 관행 자체에 의해 승인된 과잉', 절대적 폭력과 관련이 있다"고 비릴리오는 주장하면서 이렇게 덧붙인다. "새로운 병사는 '물 만난 물고기'와 같고 액체 요소에 대한 이런 인유는 우연이 아니다."[68] 현대의 전쟁은 결국 육지를 폭력의 바다로 만든다.

비릴리오나 홉스의 전쟁하는 공화정이 어떤 제한도 없이 움직이는 반면, 다른 시간성이나 속도를 지닌 국가폭력의 다른 양상들이 있다. 에얄 와이즈만은 다른 원리를 표현한다: 자유주의 정치 테크놀로지들은 폭력을 조절하는 테크놀로지이다. 이 조절은 폭력의 끝을 향한 단계가 아니라, 폭력이 민주주의 체제 내에서 취하는 형태임을 강조하는 것이 중요하다. 조절은 폭력이 비판을 덜 받으며 존속할 수 있게 해 주며, 따라서 폭력을 영구화하는 조건의 하나로 간주되어야 한다. 요컨대, "폭력의 조절은 폭력의 논리 자체의 일부분이다."[69] 이는 자유주의 민주주의가 다른 체제보다 덜 폭력적이라는 말이 아니다. 단지 폭력이 일단 눈에 보이게 된 이상, 폭력이 시간을 견뎌 내고 존속하려면 그 폭력이 정당화 메커니즘에 고정되어야 한다는 말이다. '덜 나쁜 악'의 논리 안에서 만들어지는 조절의 메커니즘은 바로 그러한 메커니즘의 하나다. 우리는 이 책 내내 다양한 방식으로 이 주장의 개념적 하부구조를 마주했다: 필수적인 자유주의 구조로서 조절된 운동의 구조.

그러므로 우리는 여기서 펼쳐진 조절된 운동의 계보학에 또 다른 요소를 추가한다. 즉, 개인의 자유 개념, 주체성 모델, 국가의 모델, 바람직한 (스스로 균형 잡는) 국제적 체계, 힘의 테크놀로지, 그리고 폭력의 구조 등이다. 이러한 여러 층위를 가로질러 첫째, 동일한 구조의 재발을 볼 수 있고, 둘째 식민통치 내의 그 역할을 볼 수 있다. 지금까지 (구체적으로는 1장과 4장에서) (개별적 몸들의) 조절된 운동이 폭력을 위한 고정 장치가 된 과도한 운동의 전체 영역을 따로 떼어 놓는 역할을 했다면, 여기 또 다른 조절된 운동—폭력의 운동—이 따로 떼어진 채 이 공간 내에서 작동한다.

두 개의 대조되는 궤적이 있다: 방해받지 않은 폭력의 분출과 그 조절의 운동. 둘은 단순히 사법적 담론과 민주주의 군중들의 특정 자기인식을 결합하는 정당화 언어의 기능이 아니다. 그것들은 또한 폭력의 물질적·공간적 경제의 기능이기도 하다. 예를 들어 팔레스타인 난민 캠프를 보자. 그 비좁은 길과 밀집된 건축물은 군부대의 이동에 심각한 제약을 가한다. 준장(예비역)이자 철학자인 시몬 나베흐Shimon Naveh는 한 인터뷰에서 요탐 펠드먼Yotam Feldman에게 설명한다: "도시 교전에서 군은 더 이상 화살이나 나무[와 같은] 전통적인 군사 구조물 내에서 움직일 수 없다." 단일한 폭력의 힘은 와해되고 흩어지며 비좁은 거리에 의해, 또 비좁은 거리에서 증발되어 버린다.[70] 좀 더 홉스적인 용어로 표현하자면, 리바이어던은 (군의 폭력 자체에 대한 저항의 방식으로 보이는[71]) "카스바Casbah"에서 자유롭게 움직일 수 없다. 국가의 폭력이 전속력으로 계속 진행하고자 한다면 비좁은 거리의 공간적 제약에 구속받지 않는 무기(원거리를 이동해 도시 지역을 폭격할 수 있는 미사일이나 비행기, 또는 드론)에 의존하면서 도시 영토를 바꾸거나 우회해야만 한다.[72] 19세기 오스망Georges-Eugene Haussmann 남작이 주도한 파리 재개발(세계로 수출된 도시 건축)부터 20세기와 21세기 가자지구의 파괴와 재건 사이클(난민 캠프 건설부터 그것의 파괴와 재건)에 이르기까지, 도시 디자인은 국가폭력과 저항 사이의 많은 조우의 지점—잠재적·실제적 모두—의 기능을 하기도 한다. 폭넓은 가로街路는 거리를 차단하는 것을 막기 위해 지어진다.[73] 즉, "길게 직선으로 이어진 폭넓은 도로"는 군부대의 자유로운 흐름을 위해 "주문 제작"된 것으로, 군대의 새로운 물체들—대포부터 탱크까지—에 충분한 효과를 부여해 준다.[74] 또 거대한 캐터필러 D9 불도저가 도시 외곽에서 또렷하게 잘 보이는 경계선(경계선을 넘어 위반하면 눈에 잘 띄게 된다)을 표시하기 위해 땅을 판다.[75] 그리고 그들의 잠재적 폭력이 밖으로 흘러 나가는 것을 막기 위해 도시와 전체 정치공동체들에 벽이 쳐진다.[76] 동시에 국가의 울타리는 폭도의 터널과 만나고,[77] 파괴는 재건과 만나고,[78] 재산 몰수는 츠무두t'sumud(아랍어로 저항)와 만난다: 모든 어려움에도 불구하고 떠나기를 거부하기, 즉 땅에 발을 딛기.

변화하는 공간과 나란히 군의 폭력은 그 자신의 운동 형태를 바꾼다. 나베흐는 2차 팔레스타인 봉기 동안 이스라엘군이 도시 교전의 새로운 강도에 반응하여 어떻게 새로운 운동 방식을 채택했는지 설명한다: 프랙털 기하학에서 영감을 받아 모양을 잡은 방산放散되고 비-단일적인 운동.[79] 뒷골목을 금지된 통로로, 벽을 움직임의 장소로 "해석"하면서(나베흐가 또 다른 인터뷰에서 와이즈만에게 표현했듯), 이 운동은 물리적 장벽을 통로로 변모시킨다. 그렇게 군은 공간이 무한해지면서 "제 길을 파먹으며 앞으로 나아가는 벌레가 되어 요소요소에서 모습을 드러내고는 다시금 사라진다."[80]

어떤 경우에도 군의 폭력은 건축술의 형태로 드러나는데, 와이즈만의 표현대로 "파괴로 이룬 디자인"으로서 그것의 이상적인 패턴은 놀랄 것도 없이 바다의 형태를 취한다. 나베흐는 펠드먼과 와이즈만과의 인터뷰에서 "도시의 공간이 바다처럼 항해 가능한 끝없는 유동성을 지닌 군의 판타지-월드"를 드러낸다.[81] 식민지 도시 교전에서, 앞에서 본 끝없는 항해와 같은 폭력과 정복의 운동 판타지가 모든 공간을 파고든다.[82]

이 판타지—그리고 그 구체적 실현—는 공간을 불안정하게 만드는 더 폭넓은 전략을 증폭시킨다. 1장에서 본 것처럼 가상선이 계속 자리를 바꾸고, "비행하는 검문소"는 이리저리 움직이고,[83] "폐쇄된 군 지역"과 제한구역들이 개방되고 다시 폐쇄되고,[84] 모든 지도들이 출시되기도 전에 역사가 되고,[85] 공간 내에서 안으로 향하건 밖으로 향하건 운동의 법칙은 불안정하고 예측 불가하다—그 결과는 유동적인 공간이다.

2009년 《르몽드 디플로마티크Le Monde Diplomatique》는 서안지구를 바다로 둘러싸인 섬인 군도로 표시한 지도를 출간했다(그림 5.1).

이 지도는 팔레스타인 고립 지역의 고립을 보여 주는 비평이면서, 또한 이스라엘의 무제한 폭력의 판타지를 대변하기도 한다. 바다는 정착민과 이스라엘 군 둘 다 방해받지 않고 움직일 수 있는 무제한의 움직임의 원리 역할을 한다. 육지 대 바다의 부동성을 정확하게 전달하면서 (여담이지만, 그리하여 이스라엘 군을 보이지 않게 하지는 않더라도 완전히 자연스럽게 만든다) 지도는 운동의 체제의 근본적 요소를 놓치고 있다. 스톨러가 식민지 일반을 규정하는 특질과 비슷하

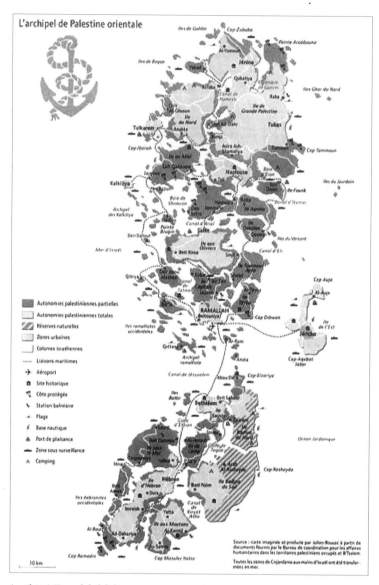

| 그림 5.1 | 군도로서의 서안지구 ⓒJulien Bousac, Courtesy Julien Bousac.

게,[86] 이 "섬들" 또는 육지 조각들은 "고정된 지정 공간"이 아니라 움직이는 공간인 것이다.[87]

oPt(어쩌면 다른 식민들도 마찬가지일 수 있고, 혹은 스톨러가 주장하듯 "식민지" 일반조차도 마찬가지로)는 그렇게 또 다른 움직이는 집단적 정치체가 된다. 그러나 국가와 달리 그것은 움직이는 집단적 몸이 아니라 "복잡한 국경지대"다.[88] 즉 전체가 "영구적인 거주지로서 요동치지만 편재하는 국경지대"[89]로 구성된 공간이다. 달리 말해 움직이는 국경인 정치체다.[90] (그리고 식민지 전체 공간을 관통하는 국경 논리의 이러한 삼투—폐쇄와 동시에 통행의 지대—[91]는 공간의 유동성이 어떻게 피식민지인의 부동성을 낳는지 설명해 줄 수도 있을 것이다.[92]) 아리엘 헨델이 설명하듯, 이러한 "공간적 불확실성"은 효과적인 통제 테크놀로지이다.[93]

국가의 몸과 대비되는 식민지의 집단적 몸을 그림으로써 구조적 관점은 여기서 종결된다: 국경에 의해 봉인된다고 추정되는 자율적인 몸 대 그 자체가 국경이 되는 "몸", 그러면서도 식민지 개척자의 운동(널리 침투하여 피식민지인의 운동을 제한하는)을 완전히 침범하는 "몸",[94] 또는 제 자신의 원리에 의해 운동이 결정되는 몸 대 "합법적인 운동 수단"이 제 자신의 것이 아니라 타인에 의해 주어지는(또는 탈취되는) 몸, 또는 운동이 조절되거나 (방해 없이) 자유로운 몸 대 불안정성이나 부동성의 상태. 이러한 대비, 이러한 유비는 움직이는 집단적 몸들의 복수성 사이에서 끌어낼 수 있는 상관관계와 차별점의 일속들 안에 있는 또 다른 요소이다: 국가들(그리고 제국들), 다양한 유형들의 군집들, (사회적) 운동들, 그리고 식민지들. 정치적 몸들과 그것들이 떠맡고 구성하는 개별적 몸들 사이에서 또 다른 상관관계 일속을 끌어낼 수 있다: 자유주의 주체와 자유주의 국가,[95] 식민지와 식민화된 주체,[96] 그리고 활동가와 사회운동 등등의 다른 짝패들.

　나는 그러한 지도를 그릴 수 있는 게 멋진 일이라 생각한다 하더라도, "식민지"나 "국가"의 개념에 대해 묻는 그러한 구조적 분석 대신 사람들이 운동으로 무엇을 (누군가는 "아래로부터" 〔뭘 할 수 있을지〕라고 여기에 덧붙일 것이다) "하는지" 들여다보는 것이 더욱 가치 있을 거라고 본다: 어떻게 움직이는지, 그들이 어디로 가는지, 차별화된 (규정된, 선동된, 또는 위반적인) 운동들이 어떤 방식들로 차별화된 공간 이용을 명령하는지, 사람들이 멈춤을 당했을 때 어떤 전략을 개발하는지, 그들이 국가의 폭력적인 운동을 막기 위해 어떤 방해물을 찾는지(바리케이드 치기, 타이어 불태우기, 길가에 밀집해 앉기). 어떤 운동들이 그들의 일상 현실에서 하찮게 여겨지고, 자연스럽게 여겨지고 투명해지는가? 또 어떤 운동들이 (결과적으로건 아니건) 위반으로, 혹은 영웅적으로, 혹은 각별하게 보이는가? 사람들이 너무 겁을 먹어 움직이지 못할 때 무슨 일이 벌어지는가? (그리고 누가 겁을 먹는가, 언제 어디서 겁을 먹는가, 어떤 길이 안전하고 누구에게 안전한가, 그럼에도 사람들이 어떻게 위협적인 공간에서 움직일 방법을 찾는가?) 사람들이 이러한 공포에도 불구하고 계속 움직이기를 고집하면 무슨 일이 벌어지는가? 또는 강력한 힘이 그들을 쫓아내려고 함에도 그들이 가만히 있으면 무슨 일이 벌어지는가? 언제 어떻게 왜 흩어진 사람들이 모이고, 또 무엇이 그들로 하여금 흩어지게 만드는가? 순간적이라도 사람들을 공동체로 만드는 조우의 일시적 지점에선 무슨 일이 벌어지는가? 그러한 질문의 방식은 사람들의 운동 자체를 넘어서서 사물의 운동과 그것들 사이에서 형성되는 회합의 여러 형태들을 결합해야 할 것이다.

이러한 분석 방식의 변화의 짧은 예시로 식민지 운동들의 경우를 살펴보자. 국경선 그리기나 국경선 자체의 운동을 묘사하는 것으로는 충분하지 않다. 즉, 군과 영토의 운동만으로는 충분치 않다. 여러 운동들—군인과 시민들의—을 그려 넣을 수 있는 훨씬 더 복잡한 운동의 지도가 요구된다. 즉, 자동차와 도로, 하늘 위 드론, 또는 언덕의 보행자들[97]/ 폭도들과 밀수업자들/ 상품들—허가 받은 것이건 아니건—과 자원들/ 하수관[98]/ 물—존재가 움츠러드는 수단, 또는 흘러넘치는 위협, 여가의 장소이자 강력한 통제 방식 / 공장들(그리고 다른 고용 현장들과 오염의 현장) / 식민지 내의 순환과 정착을 결정하고 또 그에 따라 결정되는 습기와 말라리아 등도 살펴보아야 한다. 운동의 조건, 그 조건들에 가해지는 제한과 조건들을 우회하는 전략들,[99] 열려 있는 목적지들과 (완전히, 또는 부분적으로, 또는 잠재적으로[100]) 배제된 목적지들도 목록에 올라와야 한다. 더 나아가 그러한 분석은 밀접하게 감시받지만 항상 완전히 통제하려는 시도를 언제나 빠져나가는 정서적인 운동들도 고려하여야 한다. 어떤 장소와 그곳의 사람들에 의해 이동을 당하는 것은 식민지 지배에서 언제나 중추적인 역할을 했다—인구집단들 간에 구별을 유지할 필요성은 언제나 구별의 이데올로기를 위협하고, 이질감을 느끼느냐 집처럼 편하게 느끼느냐의 문제는 식민지와 본국 간의 위계를 세우는 데 필수적이다. 스톨러는 식민지 자료를 세세하게 연구해서 이렇게 이동 당하는 것의 의미가 얼마나 식민지 지도 내에, 그리고 지도를 가로질러 피식민자들과 식민지 개척자들의 육체적 이동의 계산에 중추적인지 보여 준다: 총독, 상인, 지역 주민, 첩, "혼혈" 아이, 보모들은 특정 장소에 결부되어야 하고 다른 장소에는 안 되고, 특정 사람들과 결부되어야 하고 다른 사람들은 안 되고 하는 식이다.[101] 결부에 대한 공포 또는 "적절한" 결부를 육성할 필요성—이동 당하는 "적절한" 방식들—은 그렇게 식민지와 모국 안으로 밖으로 또는 그 사이에서 벌어지는 순환을 더욱 증가시킨다. 그러면 정서적 운동 또한 세계 전역을 걸친 민족의 이동, 개별 몸들의 지역적 이동과 함께—또 이동의 일부로—길들여져야 한다.

정치적·사회적 운동들

"움직이다"(이동하다)라는 동사의 이중성이 중요하다. 사람들을 정서적으로 움직이게 하는 일은 단지 그들을 제국을 가로질러 물리적으로 이동하게 하거나 혹은 그들의 뿌리내림(집처럼 편안하게 느끼기, 그대로 머물기)을 조장하는 데 있어서만 중요한 것이 아니다. 데보라 굴드Deborah Gould가 주장하듯 감정은 정치적 행동을 위해서도 필요하고, 그리고—이 장의 초점, 즉 집단적 몸들에 집중하자면—사회적 운동들의 형성에도 필요하다. 사람들을 동원하고 그들을 집 밖으로 나오게 해 거리로 움직이게 하려면 특정 감정이 작동해야 한다(분노, 화, 희망, 애정, 유대감, 어쩌면 사랑까지도).[102] 사람들을 감동시켜moving(감정을 불러일으켜) (거리로) 이동하게 하는 것은 결국 운동을 창출하는 것인데, 이제 이게 세 번째 의미다. "'사회적 운동들' 의 운동은 정서의 영역, 즉 몸의 긴장, 감정과 느낌과 열정을 향한 몸짓, 봉기를 향한 몸짓"이라고 굴드는 주장한다.[103]

그러나 그 용어는 더욱 풀어헤쳐져야 한다. 이 맥락 안에서 "운동" 은 변화를 촉진하는 수단(변화를 불러오는 동시적 운동들의 테크닉과 방식들, 회합을 위한 물리적 조건과 회합의 행동 방식들)뿐만 아니라 변화를 향한 욕망(목표로서의 "운동": 변화, 개혁, 또는 혁명)을 나타내기도 한다. 달리 표현하자면 사회적 운동은 보디폴리틱의 운동을 다른 곳에서, 또는 완전히 다른 언어로 자극하기 위해 사람들을 행동하게 부추기는 장이 된다: 세계가 정치적 행동으로(혹은 정치적 행동으로 인해서) "작동될 수" 있다는 것을 보여 주기 위해.[104] 목표가 되면서 동시에 목표를 획득하는 수단이 되는 운동은 정치적 영역이 아니더라도 거의 정치적 작업과 동등한 것이 된다.

마이클 하트의 동시대 반세계화 운동 분석이 이러한 다소 탄력적 개념의 이용 예시가 될 수도 있을 것이다. 하트는 운동들의 네트워크가 그 자체로 움직이고 있다고, 즉 각기 다른 위치들 간의 이동을 통해 변화하고 있다고 생각한다. 더 나아가 그에 따르면 정당이나 국가의 구조와 달리 운동들의 네트워크는 다른 종류의 정치를 조장한다. 즉, 그것은 "큰 변모"를 작동시키는데, 달리 말해 "운동들의 흐름이 전통적인 고정된 위치들을 변화시키고, 네트워크들은 일종의 거스를 수 없는 저층 역류를 통해 그 힘을 발휘한다." 따라서 "운동들의 군집은 항상 흘러넘친다."[105] 그 구조가 변화 자체인 변화의 정치(대립적 투쟁이 아닌 흐름, 고정될 수 없는 바다).

그러나 이 용어─"운동/이동movement"─는 이 맥락에서 또 다른 중요한 기능이 있다. 만일 내가 제안하듯 운동이 다른 여러 정치체들을 통합하는 데 필수적이라면, 용어 "운동"은 또한 또 다른 욕망을 가리킬 수 있다. 즉, 흩어진 다수가 하나의 복수複數의 몸이 될 것이라는 욕망─"하나의" 운동을 말한다. 그러면서도 틸리Charles Tilly가 사회적 운동을 규정하는 주요 특질들 중 하나라고 말한 이러한 통합[106]은 꽤 양가적이다. 대부분의 사회적 운동이 꽤 분산되어 있음은 페미니스트 운동이나 시온주의 운동, 노동운동, 시민권운동을(몇 가지만 예로 들자면) 보면 충분히 알 수 있다. 사람들은 이러한 운동들에 산발적이고 임시적으로 스스로를 결부시킨다: 안팎으로의 흐름, 일부 활동에 참여하고 나머지는 안 하기, 일부 목표에만 동일시하고 나머지는 안 하기. 그 대부분은 구성원들을 구별해 줄 일치해서 공유하는 상징이나 정체성의 표식은 없다(일부 있다 하더라도 자발적인 것이다: 일부 구성원만 채택하고 나머지는 그러지 않으며 일부의 경우에만 드러내 사용하고 나머지는 그러지 않는다. 따라서 모호함 없이 정체성을 드러내는 역할을 하지 못한다). 대부분은 하나의 힘의 중심지가 없으며 모두 합의한 지도자도 없고, 때로는 대표할 얼굴조차 없다(이는 점거와 반세계화운동에서 필수적이고 명백해졌는데, 종종 이러한 운동들을 대변하는 얼굴은 가이 포크스 가면으로, 익명성과 저항의 아이콘을 동시에 전달한다). 그럼 통합은 어떻게 이루어지는가? "모든 사람이 동시에 손을 들고… 같은 구호를 외치면, 〔그들은〕 하나의 몸이 되고, 〔그들은〕 하나의 공동체가 된다"고 예술가/연구단체 '공공운동 Public Movement'의 지도자 다나 야할로미Dana Yahalomi는 말한다.[107] "그건 매우 단순한 일이지만 〔매우〕 기초적인 측면에서 작동한다."[108]

조직화된 물리적 개인적 운동은 여러 형태를 띠는데, 그중 가장 상징적이고 흔한 것은 항의행진과 시위다. 많은 행진—거리에서, 도로에서, 다리에서 벌이는—의 경우, 그것은 엘리아스 카네티Elias Canetti의 말을 빌리자면 어느 순간 마치 모든 것이 "하나의 동일한 몸에서 벌어지는" 것과 같은 느낌이 들 정도로 "마치 일부의 운동이 그 자체를 타인들에게 전달하는 것 같다."[109] 카네티는 우리가 더 이상 이방인의 손길을 두려워하지 않는 것은 오직 거의 그러한 경우에만 있는 일이라는 놀라운 사실을 지적한다.[110] 군중 속에서 얻은 평등[111] 과 우리가 하나의 집단적 몸의 일부라는, 그 안에서 무르익는 느낌은 이 개방성을 타인들에게 허락한다. 그리고 이 평등, 이 손길, 각자의 사람이 동료들 속에서 **움직이는** 이 공간과 함께,[112] 아렌트가 주장한 정치적 의미에서 힘power이 나타난다. 이러한 의미에서 행진하는 다수의 운동은 단지 "시위 행위"가 아니라 사회운동의 구조, 그리고 정치적 힘의 실제적 "실체화"이다[113]: 행진처럼 사회운동은 나아가는 길에 사람들을 모으고, 새로운 길을 개척하고 보디폴리틱을 새로운 방향으로 이끈다.

　사회운동의 통합은 그렇게 계속 해체되고 개조해 나가는 유연한 통합이다. 그것은 특정한 하나의 단일성(그것이 "군주국", 즉 "한 사람의 지배"이건, 단독 주권이건, 또는 아렌트의 공식[114]에서 "사람들이 하나가 된 다수"인 민주주의건, 또는 "다수가 몸의 모습을 제외하고 모든 면에서 하나가 되는" 그 어떤 다른 지배건 간에[115])에 의해 대변되어야 하는 홉스식 공화정(또는 플라톤식 공화국)의 통합이 아니다. 그보다는, 그것은 다수의 복수성과 차이들을 유지해야 하는 통합이다.[116] 아렌트의 복수성뿐만 아니라 피터 라인보우Peter Linebaugh와 마커스 레디커Marcus Rediker가 솜씨 좋게 묘사한 다두의 히드라 형상이 여기서 구조를 제공해 줄 수 있다. 어쩌면 리바이어던 형성의 대척점이 되는 몸으로서[117] 히드라는 모든 통합을 무시하는 몸이다: 다수에 의해 대변되거나 또는 다수로 이루어진 몸, 또한 복수성의 형태를 띠는 몸.[118] 따라서 홉스가 "한 사람, 또는 일인자Person에 의해 대변되지 않는 한 통합은 군집으로 이해될 수 없다"고 주장했다면,[119] 이러한 정치체들은 종종 "비-주권과 익명성의 아이콘iconography", 또는 간단히 "모인 대중들"에 의해 대변되기도 한다.[120]

　물론 우리는 모든 운동이 다 이 형태를 띠는 것은 아니라는 점을 밝히고, 또 운동의 정치—흐름과 변화의—를 기념하고 낭만적으로 묘사할 때 조심하는 게 중요하다는 점을 강조한다. "사회운동"[121]이란 용어는 1848년 로렌츠 폰 슈타인Lorenz von Stein(독일 사회학자)에 의해 도입되었지만,[122] 그것이 처음 규정된 것은 슈미트에 의해서이다. 파시스트와 범유럽의 운동들은 파격적으로 다른 정치체 통합을 제공했다. 안정적이고 자연스럽고 응집력 있다고 추정되는 이 통합 또한 운동 자체의 기능으로 간주되었다. 정치체의 "역동적 엔진"으로서, 오직 "운동"만이 국가(정적靜的이고 사법적 구조라 여겨지는)와 정당(전체가 아니라 부분만을 대변하는 당파로서) 사이를 매개할 수 있었다.[123] 그러면 운동은 정치적 존재(슈미트의 공식으로, 국가와 국민과 운동)를 구성하는 여러 요소들을 병합하는 유일한 정치적 힘이었다.[124]

진보적이건 반동적이건, 평등주의건 아니건 모두는 단지 정의에 의해 "운동들"일(사회운동, 정치운동, 식민지독립운동, 노동운동, 변화운동)뿐만 아니라 또한 그 행동 방식에 의해 운동이다. 일부 사회운동은 원래 자기들에게서 기원한 패턴에 따라 움직임의 장소(거리)와 회합의 장소(광장)를 이용한다(그러므로 행진이 거리에 이동하는 물체들—자동차라기보다 몸들—을 변화시킨다 하더라도 그것은 여전히 의도된 패턴을 따른다). 또 다른 사회운동은 기존의 테크놀로지와 움직임의 장소를 깨뜨리려 시도한다: 거리를 막기, 몸들 안에 벽을 만들기, 일상생활의 일상적 이동을 방해하거나 중지시키기, 자유주의 흐름의 논리에 반대로 작동하기(연좌항의는 공사장 한복판에서 벌어진다, 도심 한가운데 텐트를 친다, 폐쇄된 군사지역에서 하이킹을 한다).

마지막으로 행동 방식의 측면과 대표성 측면에서 공간은 종종 시민 저항에 있어 관건이 된다.[125] 즉, 우리는 공공 공간에서 친구들이나 이방인들(아렌트의 표현대로 "우리의 동료들") 사이에서 걸으며, 운동을 통해 시민이—어쩌면 민주적 시민이— 되는 법을 배운다. 많은 저항운동들의 요구는 그렇게 단지 자유로운 이동(회합, 행진)만을 위한 것이 아니라 지정된 공동의 장소를 향한다: 거리, 집회장, 광장, 도시—단지 통행의 공간으로서가 아니라 만남, 대화, 심지어 저항의 장소.

그러므로 혁명이나 사회 변화의 운동/들은, 운동이 자유와 정치와 행동에 연결되고 감금이 제한과 통제의 테크놀로지가 되는 뚜렷한 이분법 내에서 벌어지지 않는다. 주코티공원, 타흐리르광장, 탁심광장 등은 '점거'운동이라는 용어 자체에 이미 내재되어 있는 것을 강조하기 위한 사례가 될 수 있다:[126] 요구가 '일어나다take place〔글자 그대로 해석하면 〔장소를 점하다〕-옮긴이〕'.[127] W. J. T. 미첼W. J. T. Mitchell은 이렇게 말한다, "점거는 사회운동과 동원mobilization을 부동성, 움직이기 거부와 결합시키는 모순적인 결합이다. 그것은 그 중심 선언이 전통적인 시위 노래가 표현하듯 '우리는 꼼짝하지 않을 것이다'인 운동이다."[128] 우리는 아렌트로 돌아가, 정치적 공간이 운동의 공간으로서 그 정치적 의미를 유지할 수 있는 것은, 오직 그게 국한되어 있을 때만 가능하다고 주장할 수 있다.[129]

결론의 말

이 장은 집단적 움직임으로 관심을 돌리면서, 개념("운동")의 의미를 지금까지 나의 분석에서 밀려나 있던 용법과 맥락에 열어 놓았다. 이 책의 핵심에 자리한 물리적 운동에, 감정과 사회운동들과 꽤 은 유적으로 보일 수 있는 많은 용법들을 덧붙여 용어의 의미에 관한 이전 장들의 많은 논의의 기저에 있는 문제를 더 심층적으로 발전시 켰다. 운동—어쩌면 그저 어떤 개념의 사례가 되는 운동, 하다못해 그 어떤 정치 개념 안에 있는 운동[130]—은 일련의 차별화된 의미들 과 언어적 기능들 안에서 안정화될 수 없다. 하나의 개념이 다른 무 언가를 상징하거나 대표하는 역할을 할 때(환유로서, 은유로서, 말의 비유적 방식으로서 기능할 때), 그것이 또한 그 무엇을 위한 조건이기 도 할 때(동원을 위한 감정이나, 운동의 통합을 위한 집합적/조율된 움직 임), 그것이 이 무엇이 존재하거나 또는 존재할 수 있다고 보여 주고 예증할 때(사회운동의 행진, 또는 도시 광장의 점거처럼) 우리는 완전히 다른 의미들 사이에서 구별을 할 수 있을까? 이것이 동시에 우리의 구별 능력, 예를 들어 글자 그대로의 의미와 은유적 의미를 구별하 거나 직접적 의미와 파생적 의미를 구별하는 능력에 의구심을 제기 하지는 않을까?

그러므로 주어진 문제들의 목록은 쌓여만 간다: 국가가 강요하려 고 하거나 국가의 운동인 움직임의 패턴들, 국가가 지배하는 자들 (시민이나 피식민지인으로서, 그리고 이러한 범주들 자체가 너무 단순화 했음을 보여 주는 많은 이들: 빈곤층, 여성, 이민자, 여행자, 추방된 자, 감 금된 자들)의 복수성의 움직임, 폭력의 움직임(국가, 개인, 다른 정치적 배우들, 노예무역, 폭동, 권리 양도와 식민지 해방의 폭력), 노동의 움직임(이주노동, 그리고 그 자체로 종종 폭력적이기도 한 일), 노동 결핍의 움직임(기아, 피구호민, 노숙), 권력과 혁명의 움직임, 회합하는 자들의 움직임/회합을 깨는 자들(예를 들어 경찰력)의 움직임, 감정과 추진력과 혐오: 우리는 홉스의 통찰력에 따라 이 모든 움직임에는 폭력과 자유가 서로 얽혀 있다고 주장할 수 있다.

가장 구체적으로 정치적인 표현에서 이 결합은 우리로 하여금 저항의 폭력이 자유의 표현이자—이 사실은 폭력이 안보의 문제가 되어 "테러"로 규정되거나 다른 맥락에서 "무정부 상태"라고 규정될 때 우리가 종종 잊는 경향이 있다—자유를 향한 투쟁의 일부라는 것을 인식하도록 요구한다.[131] 달리 표현하자면, 여하튼 자유가 이미 타락했다는 것을 예증하기 위해 폭력과 자유의 결합을 명시하는 것은 아니다. 진짜 이유는 가끔 단순한 폭력으로 보이는 것(다시 말하지만, 이스라엘 맥락에서 이것은 매우 중요해 보인다)의 근본에 자리한 해방시키려는 노력에 관심을 돌리려는 것이다. 그러나 동시에 이 등식의 다른 측면을 염두에 두는 것도 중요하다. 즉, 자유는 종종 심대한 안보 장치들에 의존하며, 따라서 가끔은 폭력에 의지하기도 한다.

여기서 나의 주장이 구조적 측면에 의지하기 때문에—폭력과 자유는 결국 같은 형태를 취하고 이 형태는 운동이다—, 또한 이것이 내가 앞선 장들에서 주장한 것과 긴장 관계에 있는 것으로 보이기 때문에 몇 마디 정리의 말이 요구된다. 지금까지 나의 주장은 주로 자유와 폭력을 구별하는 자유주의적 장치(혼돈에서 질서를, 허가에서 시민적 자유를 구별)로서의 운동에 의존해 왔다. 조절된 운동은 자유주의적 자유의 물질적 표현을 대변했고, 반면 과잉의 방식들은 폭력을 표현하고 정당화하기 위해 이용되었다.[132] 문제의 핵심은 윤리적 주장을 유지하기 위해 계속해서 차별점들을 내세우려는 충동이다. 즉, 엉킨 문제들—운동들—을 풀어서 자유의 영역을 폭력의 영역으로부터 구별하기를 일컫는다. 그러나 이 차별화 원리는 완전히 인위적이다. "조절"은 추정된 과잉에 대비해야만 판단될 수 있고, 그 과잉은 때로 (우리가 규범적이거나 공정하거나 좋은 것이라고 여기는) 일부 짜임관계constellations를 절제된 것으로 구축하기 위해 생산된다. 이런 식으로 과잉에 대한 공포일 뿐인 조절은, 운동을 길들임으로써 작동할 뿐만 아니라 과잉을 외부적인 것으로 생산함으로써 작동한다. 이러한 생산이 맥락과 문화, 역사나 지리에 따라 변할 수 있기 때문에,[133] 결국 운동은 자유와 폭력이 형태를 취할 수 있는 물질적 매개로 남는다.

이 마지막 주장은 정당화 메커니즘—이 책의 핵심에 자리한—과 그것들이 작동하는 (그리고 그것들이 끊임없이 변화시키고 힘을 주고 모양을 잡고 다시 상상하는) 현실 사이의 파격적인 차이에 우리의 관심을 끈다. 정당화 메커니즘이 자유와 폭력을 가르는 두 가지 운동 방식 사이의 파격적인 차이를 표시하려고 한다면, 현실에서 둘은 무너지고 만다. 내가 매우 자주 언급했듯 하나의 자유는 다른 하나를 향한 폭력의 형태다.[134] 정의의 문제는 이 난제에서 벗어날 수 없다. 그리고 나는 더 공정한 정치조직을 촉진시키려는 그 어떤 노력도 폭력이 자유 안에 내재되어 있다는 점을 인정해야만 한다고 믿는다. 이는 자유와 정의를 위한 투쟁을 포기하라는 것이 아니라, 오히려 자유와 정의를 고려하는 관점의 폭을 넓히고 세심함을 증대하여 우리가 어떤 특정 자유를 극대화할 때 작동하는 다양한 장치들에 조율될 수 있어야 한다는 것을 강조하기 위해서다.

결론짓기 위해 지금까지 취했던 방향과 다른 방향, 즉 식민지 개척자의 관점에서 이 임무에 접근해 보자. 이 관점은 나의 사례에서는 정착의 관점이기도 하다(이 관점은 자유로서의 운동을 위한 전제 조건으로서 이 틀 안에서 작동한다. 그러므로 그 안에 짜여져 있는 것이다). 식민지를 "관리된 유동성의 원리"로서 규정한 앤 스톨러는[135] 식민지는 "강요된 자들에게는 집처럼 편안한 곳이 못 될 뿐만 아니라, 그것을 훔친 선물로 제공 받은 자들에게도 마찬가지"라고 주장했다. 스톨러는 "'집처럼 편안한' 것은 없으며, [식민지에서는] 오직 누군가를, 이루지 못한 약속들을, 불안한 노동으로부터의 해방을 불안하게 기다리는 것만 있을 뿐"이라고 주장했다.[136] 이는 사물의 특정 질서를 지적하기 위한 진술인가? 만일 그렇다면, 우리는 여기서 내가 위에서 언급한 또 하나의 차별화 충동을 목격한다. 스톨러의 주장을 이런 식으로 해석하면 다시 한 번 다소 간단히 성취할 수 있는 포스트콜로니얼 정의正義를 향한 욕망이 드러난다: 정착민들이 식민지에서 "집처럼 편안"하지 못하면 식민지 해방은 대가 없는 자유를 위한 투쟁이 될 수 있다. 즉, 그저 (우리가 실제 종종 듣는 것처럼) 식민지 개척자들을 "본국으로 돌려"보내는 것일 뿐이다. 식민지 해방은 그렇게 모두를 위한 집을 생성할 것이다. 그러나 그게 사실이라면 시오니즘 프로젝트나 (또는 식민 역사에 토대를 많이 두지 않은 미국인의 애국주의) 정착지에 대한 애착, 집처럼 편안하다는 주장들, 그토록 많은 식민지 개척자들의(알제리의 프랑스인이나 남아공의 백인들) 깊은 소속감을 어떻게 설명할 수 있을까? 더 나아가 식민지 프로젝트들은 식민지 내에 식민지 개척자들의 거주를 안정적으로 보장하는 이러한 집의 느낌 없이 오랜 기간 동안 유지될 수 있을까? (그게 아니라면 왜 그토록 많은 사람들이 사막이나 늪, 모기와 질병들에도 불구하고, 무엇보다도 이건 실제로 자기네 땅이라고 주장하는 원주민들이 있는데도 불구하고 정착하는 것일까?) 나는 스톨러의 주장을 이러한 복잡성을 부정하는 것으로 해석하는 대신, 다른 사람들이 편안한 집을 느낄 수 있도록 하기 위해 일부 사람들이 치른 대가를 기억하라는 명령으로 해석하고 싶다. 그리고 한 사람의 집이 다른 사람의 집의 파괴로 존재할 수 있는 일이 너무 자주 일어났다는 사실을 인지하라는 명령으로 받아들이고 싶다. 우리가 이 이중성의 두 날(대가와 집, 폭력과 자유)을 유지해야만 집의 새로운 모델을 개발하고 상상하는 일을 시작할 수 있을 것이고, 또한 파격적으로 다른 운동의 매트릭스를 형성하는 "모빌리티의 원리"를 상상할 수 있을 것이다.

결론

논점을 마지막으로 다시 한 번 펼치기 위해 다시 시작해 보자. 레비엘 네츠Reviel Netz는 《철조망Barbed Wire》의 서두에서 "공간이 역사 안으로 들어오는 것은 움직임의 차단을 통해서"라고 주장한다.

2차원의 땅 표면에 이동을 차단하는 선을 그으면 당신은 역사의 주요 주제 중 하나를 갖게 된다. 닫힌 선(즉, 한 도형을 둘러친 곡선)과 선 밖에서 안으로의 이동 차단으로 당신은 재산의 아이디어를 끌어낸다. 같은 선과 안에서 밖으로의 이동 차단으로 당신은 감옥의 아이디어를 끌어낸다. 열려 있는 선(즉, 한 도형을 둘러치지 않는 곡선)과 양쪽으로의 이동을 차단하면 당신은 경계의 아이디어를 도출한다. 재산, 감옥, 경계: 공간이 역사 안으로 들어오는 것은 이동의 차단을 통해서이다.[1]

네츠는 더 나아가 움직임은 세 개의 주요한 테크놀로지 선들로 차단될 수 있다고 주장한다: 절대적 물리적 장벽, 이동을 어렵게 만들어 결과적으로 바람직하지 않게 만드는 장애물, 또는 "보도에 칠한 노란색 선" 같은 "순수하게 상징적인 제한 규정." 그는 이 모든 것이 "잠재적 강제력의 존재(노란색 선이 있는 곳엔 보통 경찰도 근방에 있다)"에 의지한다고 주장한다.[2] 이동 규제에는 보통 강제력이 있다는 네츠의 주장은 의심의 여지 없이 맞는 말이지만, 노란색 선에 경찰을 일괄적으로 결부시킨 것(즉, 이동 규제의 상징적 체계에 폭력을 결부시킨 것)은 너무 성급한 일일 수도 있다. 때로 바닥의 노란색 선을 넘는 것이 질책의 표정을 불러일으킬 수 있다(예를 들어, 우체국의 직원이나 또는 대기 줄에서 당신 앞에 있는 사람에게). 또는 때로 그저 무례하다고 간주될 수도 있다. 네츠 비평—《철조망》—의 특별한 목적은 분명 동물과 인간의 몸에 대항하여 작동하는 본능적인 물리력의 예시를 제공하는 것이나, 힘power이란 것은 물리력이나 폭력으로 환원되지 않으며 더 나아가 그것은 종종 내재화되어 외부적 강제 메커니즘의 필요성을 점점 더 떨어뜨린다(여기서 푸코를 언급하는 것은 불필요한 일로 보인다).

그 복잡성을 온전하게 이해한다면 이 메커니즘에서 벗겨 낼 수 있는 세 가지 층이 있다: (i) 자기통제 장치와 이데올로기가 형성되는 방식들과 이 장치들이 폭력의 배치의 필요성을 떨어뜨리는 방법들, (ii) (i)을 집행하기 위한 장치들(네츠의 예시에서 보자면 노란색 선 옆의 경찰), (iii) 폭력이 (ii)의 폭력과 다른 방식으로 작동하는 (i)에서 배제된 공간들. 그것은 가상선의 공간들, 1·2·4장의 초점에 있던 공간들이다: 종종 운동을 규제하는 상징체계(또는 다른 물질적 조건들)가 깨진 공간들. 그 열린 틈으로 법을 지키지 못하고 스스로를 계속해서 이방인으로 구성하는 주체들이 출현한다.[3]

이 책의 각 장은 이 세 층위를 다른 방식으로 다루려고 노력했다. 네츠와 비슷하게 나의 주요 시험 케이스는 억압적 힘의 형태로서 엄격한 이동 통제다: 이동을 보장하기 위해 항상 폭력적인 수단(그 체제가 집행하는 규정들)을 사용하는 이동의 체제, 그리고 그 자체로 폭력의 한 형태인 이동의 체제. 1, 2장과 5장 일부에서 나는 세 번째 층을 함께 이해하지 않고는 이 이동 제약 체계를 이해할 수 없다는 점

을 보여 주려 했다: 이 체계는 제 자신의 근거와 정당성을 자기실패의 모순적이고 비논리적인 방식을 통하여 찾는다. 나는 또한 이 정당화가 하나의 이동 방식(나는 그것을 "조절된"이라고 했지만 그 용어자체에는 의문점을 품고 있다)을 다른 방식으로부터 잘라 내는 분열에 의지한다고 주장했다: 전자는 자유로 간주되고 후자는 위협(질문의 맥락에서 우리는 그것을 "테러"로 부를 수 있다)으로 간주된다. 3장과, 좀 약하기는 하지만 4장에서도 이 "조절" 모델을(이 조절 모델을 근거로 "과잉"이나 "자기실패"가 출현한다) 정전이 된 정치이론(그에 의해 (i)번 층의 일부를 제공한다)의 해석을 통해 추적하려 했다. 적어도 부분적으로 나의 목표는 조절된 자유의 모델이 역사적으로 그리고 오늘날에도 여전히 계급화되고 젠더화되고 식민주의적인 차별화와 위계화의 매트릭스 안에서 역할을 해 오고 있다는 사실을 보여 주는 것이었다.

반복하자면, 안정성과 조절된 이동의 가능성이 땅(특정 지리적 위치가 아니더라도 몰수, 소유권, 정착)과 특별한 관계를 맺는다는 사실을 발견할 수 있다. 한편으로 토지를 가진 자들—자신의 땅을 가진 자들(부동산 소유주 또는 국가의 정식 시민)—은 단지 그 안에서 자유롭게 이동할 수 있을 뿐만이 아니다(타인의 이동은 울타리나 벽으로 차단되었다). 즉, 그들의 이동은 자유로운 이동이고 따라서 보호받아야 한다. 다른 한편 타인의 이동은 금지되는데, 그 이유는 이러한 통제가 자유에 대한 침해로 간주되지 않고 안보상의 봉쇄로 간주되기 때문이다.

그러면 이 모델은 로크나 밀을 뛰어넘는다. 그것은 오랜 정치적 전통을 관통하는 하나의 맥락으로 흐르는 지배구조 이데올로기를 형성한다. 그 전통은 응집력이 있지도 않고 정합적이거나 통일적이지도 않으나 그럼에도 홉스에서부터 벤담, 칸트로 이어지며 발전해 내려왔고 우리가 사는 시대까지 이어진다.

결국 이동의 지형학configuration―또한 생산―은 몸들이 생산되고 조직되는 인종, 젠더, 종족이나 계층의 도해로부터 구분되어 이해될 수 없다. 그러나 우리는 그것들을 이미 인종화된(또는 젠더화, 계급화, 외국인이나 장애인) 몸들에서 추적하고자 한다면 위에서 언급한 경우들을 완전하게 이해할 수 없다. 또는 3장에서 본 것과 같이 심지어 보편화된 몸들도 마찬가지다. 내가 이 책에서 묘사한 과정과 프레임들이 이미 범주화된 몸들에서 작동하는 것으로 이해하여 그들을 특정 패턴의 정체성으로 구성해 내고, 그런 다음 자유주의적 주체/시민의 틀에서 그들을 배제할 구실(정당화)을 제공하기 위해 그들이 여하튼 "부적절"한 방식으로 움직인다고 상상하는 식의 이해는 요점을 놓치는 일이다. 그런 시도는 특정 가면을 없애려고 노력하는 것이지만 그렇게 함으로써 그 가면(신화)이 무슨 일을 하는지, 또 어떻게 그게 몸들의 현실과 그것들의 지배구조의 일부가 되는지 놓치게 된다. 주체의 운동―이 신화와 현실의 변증법, 가능성과 실현의 변증법 내에서 정해지는 운동―은 몸들의 형성에 참여한다. 달리 표현하자면 정체성의 도해는 모빌리티의 도해와 나란히 형성된다.

부동성/모빌리티를 통해 형태를 갖추는 정체성 범주들은 여러 가지 방식으로 작동할 수 있다. 정체성 자체는 유동적이 될 수(또는 그렇게 드러날 수) 있고, 따라서 운동은 주체성의 안정적이고 고정적인 이미지들에 대한 비평으로서 작동할 수 있다(매닝이 주장하고 또 여러 가지 측면에서 해러웨이, 그로스나 버틀러도 제안하듯[4]). 그러나 이 책은 이 정체성 지형학configuration이 어떻게 오히려 폭력의 네트워크 안에서 순환하는지 초점을 맞추었다. 국가폭력은 항상 정당화를 추구한다. 즉, 마치 국가들은 어떤 윤리적 도해에 고정되지 않는 한 제 스스로의 폭력을 오래 참지 못하는 것처럼 보인다. 추정된 차이들—경제적, 젠더적, 인종적—은 배제 관행과 폭력을 위한 그러한 정당성을 오래 제공해 왔다. 그러나 한 체제가 스스로를 평등주의적으로 보면 볼수록, 그 체제는 여러 지배구조 원리들을 정당화하기 위해 정체성 범주들에 의존하는 것을 꺼려한다. 어떤 이가 단지 흑인이라는 이유로 체포될 수는 없다.[5] 어떤 이가 단지 여자라는 이유로 참정권이 부인될 수 없다.[6] 또한 어떤 마을이 단지 이스라엘의 다수 유대계에 속하지 않는다는 이유로 허물 수는 없다.[7] 모빌리티 패턴들은 이러한 정체성들을 처벌 가능한 (병리학적일뿐 아니라 범죄적인) 관행으로 바꿀 수 있도록 작동해 왔고 여전히 지금도 그렇다. 즉, 그것들은 겉으로 보기에 보편적인 언어로, 더 나아가 행동으로, 주변으로 밀려난 주체-위치들을 틀에 넣는(아마도 공간 내의 개인의 위치를 바꾸는 방식) 역할을 한다. 따라서 차별은 제재의 형식(처벌 또는 다른 형태의 보복이나 훈육)을 취한다. 그리하여 좀 더 투명해지고 좀 더 받아들이기 쉬워진다.

그러나 국가폭력이나 다른 구조적 차별 방식들을 정당화하는 메커니즘이 작동하기 위해서는, 그것이 주요 공공영역에 의해 포용되고 "도입"되어야 한다. 나는 이 책에서 밝힌 정당화 메커니즘이 만연한 이유가 다른 이동 원리는 상당한 대가가 따르기 때문이라고 믿는다. 만약 실로 이동이—이 책 전체에서 여러 가지 방식으로 보여 주려고 노력했듯이— 자유와 폭력을 둘이 서로 거의 구분이 가지 않을 정도로 조정한다면, 타인들에게 가해지는 폭력으로부터 일부의 평화로운 존재를 구별해 내는 자유주의적 판타지는 무너지고 만다. 몇 년 전 나는 뉴욕시 모닝사이드 하이츠(컬럼비아대학 옆, 할렘과 경계를 이루는 지역)로 이사했다. 그 동네 인근에서 살아 본 적이 있는 여러 친구들이 나의 아파트의 위치를 보고는 비슷한 반응을 보였다: "걱정 마"라고 그들은 말했다. (나는 걱정한 적이 없고…) "지금은 매우 안전해." 실로 안전해 보였고, 적어도 내게는 안전해 보였다. 동네에 배치된 경찰관들이 안전을 지켰고 나는 낮이건 밤이건 걸어 다니는 게 전혀 무섭지 않았다. 그러나 일부를 위해 거리를 안전하게 만드는 것—밤을 되찾자는 페미니스트들의 캠페인이 여기에 상응할 것이다 —은 다른 이들에게는 그 거리가 안전하지 못하고 접근성이 떨어진다는 점을 수반한다(내가 이사 오기 전에 살던 주민들이나 내가 떠난 후 거기 머물던 사람들). 친구들의 설명에서 나의 안전과 동네 다른 주민들에게 가해진 폭력이 서로 얽혔으면서도 항상 부정되는 것 같다. 이스라엘 출신이라 이 난제가 낯설지 않다.

이 책의 주요 지정학적 요체로 작용한 건 이스라엘—뉴욕시 거리의 인종 프로파일링이나 다른 여러 가능한 출발점이 아니라—이다. 이유는 이스라엘이 예외적이어서가 아니라 사방에 폭넓게 만연한 운동의 원리를 또렷하게 대변하기 때문이다. 여기, 저기, 또는 그어떤 다른 많은 맥락에서건 운동의 현상 내에 자유와 폭력을 결합한것을 보면, 모두가 자유로울 수 있는(혹은 좀 더 정확히 표현하자면, 일부는 자유를 유지하고 나머지는 똑같이 자유로워질 수 있는) 단순한 포스트콜로니얼 또는 인종적 정의(마지막 장을 끝내는 내용)의 가능성에의구심을 가질 만한 이유가 있음을 알 수 있다. 그렇다고 정의를 위한 투쟁을 포기하라는 말이 아니다. 그보다는 이 투쟁에서 우리 중일부가 치러야 할 대가를 매핑하고 인식하는 것이 결국 좀 더 정의로운 이동과 거주 체계—앞서 언급한 난제가 해결까지는 아니라도주변으로 제거될 수 있는 체계—를 건설할 수 있는 진짜 연합(실은운동)을 형성하는 데 결정적이라는 점을 주장하고자 함이다. 일부흔치 않은 공간에서 그러한 연합이 이미 그러한 목표를 향해 작동하고 있다.

미주

서론

1 Hannah Arendt, *Men in Dark Times* (London: Cape, 1970), 9. 아렌트는 여기서 단지 하나의 아이디어의 역사에 관한 보고를 제공하는 것이 아니라 그 중요성의 의미에 관한 결정적인 요소들을 공유한다. 그러나 자유와 이동movement에 관한 아렌트의 인식은 이 책의 초점에 있는 이동으로서 자유의 아이디어—의 비평으로 써졌고—와 파격적으로 다르다: 자유/운동을 개인의 몸에 고정시킨 자유주의 개념. 그러므로 운동에 관한, 그리고 운동을 통한 아렌트만의 사고의 방식은 독립적 분석을 요한다.

2 Hanna Arendt, "Introduction into Politics," in *The Promise of Politics* (New York: Schocken Books, 2005), 129.

3 Michel Foucault, *Madness and Civilization: A History of Insanity in the Age of Reason* (New York: Vintage Books, 1973).

4 Michel Foucault, *Discipline and Punish: The Birth of the Prison* (New York: Vintage Books, 1979); and *Society Must Be Defended: Lectures at the Collège De France*, 1975–76, 1st ed. (New York: Picador, 2003).

5 Foucault, *Security, Territory, Population: Lectures at the Collège De France*, 1977–78 (New York: Palgrave Macmillan, 2007).

6 William Walters, "Deportation, Expulsion, and the International Police of Aliens," *Citizenship Studies* 6, no. 3 (2002): 267.

7 Nicholas De Genova and Nathalie Mae Peutz, *The Deportation Regime: Sovereignty, Space, and the Freedom of Movement* (Durham, NC: Duke University Press, 2010); and Liisa Malkki, "National Geographic: The Rooting of Peoples and the Territorialization of National Identity among Scholars and Refugees," *Cultural Anthropology* 7, no. 1 (1992): 24–44.

8 여기서 이스라엘을 "자유주의적", 혹은 "민주주의적"이라고 부르는 것이 문제가 많다는 것을 지적하는 일이 중요하다. 왜냐하면 대략 이스라엘 통치 하에 있는 사람들의 3분의 1 정도가 시민이 아니며 기본적 권리와 자유liberties를 부정당하고 있기 때문이다. 그럼에도 민주주의의 이상이 아니라 그 관행을 본다면 이스라엘은 예외가 아니다. 그리스에서 민주주의가 출현한 이래 아메리카에서의 제도적 노예제, 20세기 중반까지 대부분의 자유주의 민주정권에서 여성의 참정권 결핍 등, 민주주의 체제에서는 많은 집단의 사람들을 평등의 원리에서 배제하고 있다(혹자는 그러한 배제에 토대를 두고 있다고 말할 것이다). 정도는 약하지만 그것은 대부분의—전부는 아니라 하더라도—민주주의 사회에서 여전히 적용되는

사실이다. 그러므로 이스라엘이 본질상 식민주의와 제국주의였던—많은 경우 여전히 그러하다—자유주의적 민주주의의 논리를 공유하고 있다고 말할 수 있을 것이다.

9 John C. Torpey's *The Invention of the Passport: Surveillance, Citizenship, and the State* (Cambridge: Cambridge University Press, 2000). 참조.

10 James C. Scott, *Seeing Like a State: How Certain Schemes to Improve the Human Condition Have Failed* (New Haven, CT: Yale University Press, 1998); Tim Cresswell, *On the Move: Mobility in the Modern Western World* (New York: Routledge, 2006).

11 Adi Ophir, "State," *Mafteakh: Lexical Journal for Political Thought* 3 (2011). 따라서 우리가 자유주의를 개방의—자유방임의—이데올로기로 생각한다 하더라도, 우리는 이러한 자유로운 순환이 주권의 논리와 나란히 작동하기 위해 작용하는 일련의 잠재적 봉쇄를 고려해야 한다. 푸코의 1977~1978년 강연들은 불개입과 국가이성raison d'état(안보, 영토, 인구) 사이의 이러한 구분에서 작동하고 있는 것으로 읽힐 수 있다. 국가의 논리는 국가가 안보 문제를 고려하도록 만드는 데 안보 문제 고려는—그게 18세기에 바로 자유로운 순환의 측면에서 착상되기 시작한다 하더라도—또한 잠재적 통치 가능성을 요하는 것이다. 예를 들어 식품시장을 개방한다면, 수출국에서 전염병이 감지되거나 그 나라가 제재의 대상이 되는 경우 그 수입을 중지시키기 위해 국가는 반드시 무엇이 수입되고 어디서 오는지 관리해야 한다.

12 "장래에 동질한 민족문화 집단으로서 '민족국가'의 아이디어는…반드시 국가의 국경 안으로, 밖으로, 내에서 국민의 이동을 통제할 노력을 포함했다. 그러므로 지난 몇 세기 동안 국가들은 교회나 기업 같은 경쟁 상대들로부터 '합법적인 이동 수단의 독점'을 빼앗아 오는 데 성공했다. 즉, 국가의 발전은 시민/주체와 잠재적 침입자들을 효과적으로 구분하고 그들 각각의 이동을 통제하는 데 좌우되었다." (여권의 발명*The Invention of the Passport*, 1-2, 강조는 필자의 것). Wendy Brown, *Walled States, Waning Sovereignty* (New York: Zone Books, 2010), chapter 2, "Sovereignty and Enclosure."도 참조.

13 John Stuart Mill, *On Liberty, and other Writings* (Cambridge: Cambridge University Press, 1989), 72. 강조는 필자의 것.

14 Mill, *On Liberty*, 70, 72.

15 Uday Singh Mehta, *Liberalism and Empire: A Study in Nineteenth-Century British Liberal Thought* (Chicago: University of Chicago Press, 1999), 81-82, 94.

16 밀—그리고 다른 많은 이들—은 무능력화된 모빌리티의 이미지를 통해 자유의 결핍을 예증하기 위해 발이 묶인 중국 소녀의 이미지를 이용했다. 이러한 자유의 결핍은 중국 여성의 운명을 나타낼 뿐만 아니라 중국 자체의 모습을 대변하게 되었다. 묶인 발은 너무 바짝 죈 법과 헛된 패션에 중독되어 정체된 사회에 대한 환유로 작용했다.

17 Mill, *On Liberty*, 72.

18 따라서 유럽은 중국이 되는 "**경향이** 있을" 수도 있으나, 결코 **딱** 중국이 되지는 않을 것이다. 그는 실로 이렇게 안심시킨다, "유럽 국가들에 비슷한 변화가 생긴다면, 유럽은 딱 동일한 모양으로 되지는 않을 것이다. 이러한 〔유럽〕 국가들이 위협받고 있는 풍습의 폭정은

정확히 정주 상태는 아니다."(Mill, *On Liberty*, 71, 강조는 필자의 것).

19   클라우디아 바라치는 《국가》에서 "운동의 방식으로 출현하는" 것은 전쟁만이 아니라고 주장한다. "담론 자체가 그 시간성에서 열려 움직임에 속하게 된다." "사실, 전체 대화가 한 전투에서 다음 전투로 넘어가는 운동으로, 전쟁의 몇 단계를 지나는 운동으로 보일 수 있다." *Of Myth, Life, and War in Plato's Republic* (Bloomington; Chesham: Indiana University Press, Combined Academic, 2002), 153.

20   토마스 홉스의 "공화정은 필요할 때 외국의 국가들로 팔(무기)을 〔뻗음으로써〕 움직인다." *Leviathan* (Cambridge: Cambridge University Press, 1996), 175.

21   Ann Stoler, "Colony." in *Political Concepts: A Critical Lexicon*. Accessed June 2012. www.politicalconcepts.org.

22   Étienne Balibar, "Cosmopolitanism and Secularism: Controversial Legacies and Prospective Interrogations," *Grey Room* 44 (2011): 12.

23   Hobbes, *Leviathan*, 141.

24   Andrew Hewitt, *Social Choreography: Ideology as Performance in Dance and Everyday Movement* (Durham, NC: Duke University Press, 2005), 80, 81.

25   이런 식으로 여기서 "자유주의"라는 용어의 이용은 대개 시대착오적이다. 용어 자체는 19세기에 와서야 "자의식이 강한 전통으로" 출현했고, 많은 이들은 그 전통이 아직은 명시적으로 그 자체를 일컫는 것은 아니라 하더라도 18세기는 되어서야 응집했다고 주장할 것이다. 그러나 제니퍼 피츠Jennifer Pitts가 표현하듯 "용어의 명확한 정의 혹은 좁은 정의 같은 것을 시도하는 것이 불가능하거나 아마도 역효과를 불러일으키는 것이라 하더라도, 자유주의는 용어가 발명된 19세기 전환기보다 훨씬 전에 서로 겹쳐지는 사고의 맥락을 묘사하기 위해 유용하게 소환되었다." *A Turn to Empire: The Rise of Imperial Liberalism in Britain and France* (Princeton, NJ: Princeton Unversity Press, 2005), 3.

26   Scott, Seeing Like a State; Torpey, *The Invention of the Passport*; Foucault, *Madness and Civilization*.

27   Cresswell, *On the Move: Mobility in the Modern Western World*, 161.

28   월가 점령 시위가 대규모로 일어났을 때 경찰은 브루클린 다리에서 700명이 넘는 시위 참가자를 체포했다. 그날부터 《뉴욕 타임스》 온라인판의 수시로 바뀌고 모순되는 보도들을 보면 경찰이 시위대를 대규모로 체포하기 위해 길가로 몰아갔다는 것을 시사한다. http://www.huffingtonpost.com/2011/09/30/occupy-wall-street-protests-new-york_n_989221.html.

29   Cresswell, *On the Move*; Malkki, "National Geographic." 크레스웰은 시민권이나 이민 이론들이 "자연과학에서 직접 빌려 온 개념"에 의존한다고 주장한다. 즉, "(사람 포함) 사물은 할 수만 있다면 움직이지 않을 것이다"라는 것이다. 그러므로 "장소place는 그 이상적인 형태로 볼 때 도덕적 세계로 보이는데, 그것은 진정한 존재를 보장하는 주체로서, 그리고 사람들을 위한 의미의 센터로서" 그렇다는 말이다. 반면 "모빌리티는 위험이자 역기능으로 묘사된다." (29, 30).

30 Brown, *Walled States, Waning Sovereignty*, 7–8.

31 Sandro Mezzadra, "Citizen and Subject: A Postcolonial Constitution for the European Union?," Situations: Project of the Radical Imagination 1, no. 2 (2006): 39.도 참조.

32 윌리엄 월터스가 표현하듯: 우리는 "모빌리티를 붙잡는 것이 아니라 길들이는 것이, 벽을 세우는 것이 아니라 모빌리티를 이용할 수 있는 체계를 세우는 것이, 그리하여 그 에너지를 개발해 이용하고 특정 경우에는 사회 내의 정주화되고 경직화된 요소들에 대항하여 그것을 배치하는 것—특정 경우에 일반적인 부동성이 아니라 전략적 부동성을 적용하고 그와 함께 (특정 종류의) 모빌리티의 생산을 결합하는 것—이 목표인 특정 모빌리티 정치"를 생산하는 지배구조의 논리와 도해의 결합을 목격한다. ("Secure Borders, Safe Haven, Domopolitics," *Citizenship Studies* 8, no. 3 (2004): 248.

33 Serhat Karakayali and Enrica Rigo, *The Deportation Regime*, eds. Nicholas De Genova and Nathalie Peutz (Durham, NC: Duke University Press, 2010), 127; Saskia Sassen, *Territory, Authority, Rights: From Medieval to Global Assemblages* (Princeton, NJ: Princeton University Press, 2006).도 참조.

34 Didier Bigo, "Detention of Foreigners, States of Exception, and the Social Practices of Control of the Banopticon," in *Borderscapes: Hidden Geographies and Politics at Territory's Edge*, eds. Carl Grundy-Warr and Prem Kumar Rajaram (Minneapolis: University of Minnesota Press, 2007), 9–10.

35 Shamir, "Without Borders? Notes on Globalization as a Mobility Regime," *Sociological Theory* 23, no. 2 (2005): 197–217. 각기 다른 사회 그룹 간의 모빌리티 차이는 세계화 안에 내재된 이중적 작업의 결과이다: 새로운 형태의 봉쇄와 감금을 개발하며 한편으로는 선택된 소수의 "하이퍼모빌리티"를 촉진시키기.

36 Walters, "Deportation, Expulsion, and the International Police of Aliens," 282. Barry Hindess, "The Liberal Government of Unfreedom," *Alternatives: Global, Local, Political* 26, no. 2 (2001).도 참조.

37 따라서 이스라엘이 자유주의 민주주의의 예시나 사례 연구가 될 수 있는데, 그 이유는 지배받는 모든 사람이 그 지배에 참여하는 민주주의의 평등주의 판타지에 맞아서가 아니다. 이스라엘은 이 판타지의 수사를 공유한다는 점에서 맞을 뿐, 한편으로는 대부분 주요 자유주의 민주주의 사회처럼 그 판타지 해체를 관행으로 삼고 있다.

38 위에서 말키나 크레스웰이 주장했듯이.

39 Karakayali and Rigo, "Mapping the European Space of Circulation."

40 Saskia Sassen, *Guests and Aliens* (New York: New Press, 1999).

41 Council of Europe, Report by the Committee on Migration, Refugees and Demography (2000), "Arrival of Asylum Seekers at European Airports," Doc. 8761, June 8. 이런 곳들은 치외법권 지역으로 규정되고 난민 신청자들이나 유럽 이민자들이 구금되는 곳이다.

42 레베카 스테인Rebecca Stein은 이러한 유동성에 대한 찬사는 너무나 자주 이것저것 끼워 넣은 "긴 목록"의 형태를 띤다고 진단한다. 그리하여 이 "긴 목록"은 "등가효과를 지니고 그

효과에 의하여 각기 다른 역사와 경험들 사이의 차이들이…무뎌지거나 무시된다." "'First Contact' and Other Israeli Fictions: Tourism, Globalization, and the Middle East Peace Process," Public Culture 14, no. 3 (2002): 519.

43 L. T. Hobhouse, *Liberalism and Other Writings* (Cambridge: Cambridge University Press, 1994), 8. 우리는 자유주의 사상에 있어 이동의 개념이 중심이 된다는 사실로 인해, 시간도 우리가 관통하여 나아가는 무엇으로 보아 결국 시간의 공간화가 이루어지는 것을 다시 한 번 볼 수 있다.

44 이것은 정부에 가해지는 제한(Hobhouse, *Liberalism and Other Writings*, 10-12), 개인에 가해지는 제한(13-15), 그리고 때로 산업에 가해지는 제한이다(17-18).

45 Michael Freeden, *Liberal Languages: Ideological Imaginations and 20th Century Progressive Thought* (Princeton, NJ; Oxford: Princeton University Press, 2005), 11, 3.

46 Freeden, *Liberal Languages*, 21-22.

47 Carl Schmitt, *State, Movement, People: The Triadic Structure of the Political Unity; The Question of Legality* (Corvallis, OR: Plutarch Press, 2001), 11-12.

48 Schmitt, *State, Movement, People*, 18.

49 Schmitt, *State, Movement, People*, 13.

50 Giorgio Agamben, "Movement," 2005. Accessed June 2014. Lecture transcription at http://www.generation-online.org/p/fpagamben3.htm.

51 Paul Virilio, *Speed and Politics: An Essay on Dromology* (Los Angeles: Semiotext(e), 2006), 53-54.

52 Virilio, *Speed and Politics*, 62.

53 Karl Marx and Friedrich Engels, "Manifesto of the Communist Party," in *The Marx-Engels Reader*, ed. Robert Tucker (New York: Norton, 1978).

54 Karl Marx, *Capital: A Critique of Political Economy*, vol. 1 (London; New York: Penguin Books in association with New Left Review, 1981).

55 어쩌면 무엇보다도 질 들뢰즈와 펠릭스 가타리, *A Thousand Plateaus: Capitalism and Schizophrenia* (London: Athlone Press, 1988).

56 Saskia Sassen, *The De-Facto Transnationalizing of Immigration Policy* (Florence: Robert Schuman Centre at the European University Institute, 1996); Manuel Castells, *The Rise of the Network Society* (Oxford; Malden, MA: Blackwell, 2000); Alejandro Portes and Rubén G. Rumbaut, *Immigrant America: A Portrait* (Berkeley: University of California Press, 2006).

57 Jacques Rancière, *Disagreement: Politics and Philosophy* (Minneapolis: University of Minnesota Press, 1999).

58 예를 들어, Judith Butler, *Gender Trouble: Feminism and the Subversion of Identity* (New York: Routledge, 1990). 참조.

59 Hannah Arendt, *The Human Condition* 2nd edition (Chicago: University of Chicago Press, 1998).

60 이러한 집착에 관한 주목할 만한 설명은 바버라 아네일의 연구에서 볼 수 있다, "Disability, Self Image, and Modern Political Theory," *Political Theory* 37, no. 2 (2009): 218–42.

61 Hewitt, *Social Choreography*, 81.

62 Caren Kaplan, "Transporting the Subject: Technologies of Mobility and Location in an Era of Globalization," pmla 117, no. 1 (2002): 32.

63 Erin Manning, *Politics of Touch: Sense, Movement, Sovereignty* (Minneapolis: University of Minnesota Press, 2007), xv.

64 Cresswell, *On the Move*, 54.

65 Manning, *Politics of Touch*, xviii.

66 Hannah Arendt, *The Promise of Politics* (New York: Schocken Books, 2005), 117.

67 Herman Melville, *Moby Dick* (Oxford; New York: Oxford University Press, 1988), 287. 또는 아렌트의 표현대로, "어떤 인간의 삶도, 심지어 야생의 자연에 기거하는 은둔자의 삶이라 해도, 다른 인간의 과정을 직간접적으로 증명하는 세계 없이는 가능하지 않다," *The Human Condition*, 22.

68 Thomas Hill Green, *Lectures on the Principles of Political Obligation, and Other Writings* (Cambridge: Cambridge University Press, 1986), 37.

69 밀이 행위를(그 책의 제2장 핵심에 있던 의견이나 사고가 아니라) 고찰—해 보겠다고 선언한—한 《자유론》의 제3장에서도 밀의 설명의 목표는 선호와 삶의 방식이다. 결국 밀은 자유의 문제를 일단 선택한 후 행동을 실행할 수 있는 개인의 능력(운동)에 놓기보다는, 주로 판단과 의사 결정 과정에 놓았다. 여기서 중요한 것은 행위 자체가 아니라 인간의 "내적 힘", 즉 몸보다는 마음과 영혼이다. (*On Liberty*, 60).

70 Jürgen Habermas, *The Structural Transformation of the Public Sphere: An Inquiry into a Category of Bourgeois Society* (Cambridge, MA: mit Press, 1991). 이 이동은 추상적으로 보일 수 있지만 물질적 순환에 의존한다: 목소리는 말을 인쇄된 글자로 나르고 그런 다음 팸플릿, 책, 신문, 라디오, 텔레비전, 인터넷 등으로 순환이 가능해진다. "의견"과 "아이디어"는 수집되고 산개하고 순환되는 것들로부터 조합된다: 말, 이미지, 데이터—그 모두는 아이디어가 점점 더 빠른 속도로 순환되고 배분될 수 있는 매개들이다. 현대의 공공영역과 "공공여론" 같은 현상은 이러한 순환하는 말의 물질적 발전을 통하여 형성된다.

71 Mill, *On Liberty*, 70, 71. 그리고 이러한 운동들은 밀접하게 관련되어 있다: 아이디어의 자유로운 순환은 사회적 정체를 막는 유일한 보증이다. 사회적 정체는 관습이 "완전"해진 후 따르는 "관습의 폭정"의 결과이다.

72 John Rawls, *Political Liberalism*, expanded ed. (New York: Columbia University Press, 2005), 161.

73 Freeden, *Liberal Languages*, 25.

74 드워킨이 쓴 10종의 주요 책에서 이동의 자유는 단 한 번도 언급되지 않는다. 드워킨이 주로 법 사상가이며 자유 자체를 연구하는 사상가는 아니지만, 권리를 논한 그의 논의에서 이러한 부재는 의미심장하다.

75 Rawls, *Political Liberalism*, 72. 롤스는 시민들을 자유롭게 만들고 스스로를 자유롭다고 인식하게 하는 세 가지 속성을 든다: ⓐ"선의 개념을 가질 수 있는 도덕적 힘", ⓑ"타당한 주장을 펼치는 데 스스로가 입증의 원천이 되기", ⓒ"목적에 대한 책임을 지는 능력 갖추기", 그것이 바로 "그들의 다양한 주장을 펼치는 데 영향을 끼친다." (30-33).

76 Rawls, *Political Liberalism*, 18n20. 《정치적 자유주의》는 어느 정도 《정의론》에서 펼친 모델을 이용하면서도 더 나아가 거리를 두고 다듬었다. 《정의론》에 따르면 정치적 주자로서 주체들은 모든 구체적 특성들에서 벗어난 추상화된 존재로 여겨져야 한다. 롤스는 《정치적 자유주의》에서 "무지의 베일"이 "사람의 특정 형이상학적 개념을 [전제로 하지] 않고 자아의 본성에 관한 한 특정 형이상학적 의미들을 지니지 않는다"고 명시한다.(27) 그러나 롤스는 형이상학을 피하는 반면 주체가 바로 정치적 주자들로서 추상적으로 남을 수 있는 특정 정치적 존재론을 취한다.

77 David Hume, *An Inquiry Concerning Human Understanding* (Indianapolis: Hackett, 1993), 63.

78 Rawls, *Political Liberalism*, 228-29. 이동의 자유의 지위는 롤스의 주장에 의해 더욱 약화된다. 즉, 이러한 분배의 공정성에 있어 우리는 합의에 이를 가능성이 더 줄어들고 따라서 우리는 그가 바람직하다고 생각하는 의견 일치로부터 더 멀어진다는 주장이다.

79 Rawls, *Political Liberalism*, 181.

80 Loren Lomasky, "Liberalism Beyond Borders," in *Liberalism: Old and New*, eds. Ellen Frankel Paul, Fred Miller Jr., and Jeffrey Paul (Cambridge: Cambridge University Press, 2007), 226.

81 Lomasky, "Liberalism Beyond Borders," 226.

82 Shamir, "Without Borders?"; Didier Bigo, "Security and Immigration: Toward a Critique of the Governmentality of Unease," *Alternatives: Global, Local, Political* 27 (2002): 63-92; William Walters, "Border/Control," *European Journal of Social Theory* 9, no. 2 (2006): 187-203; David Newman, "Boundaries, Borders, and Barriers: Changing Geographic Perspectives on Territorial Line," in *Identities, Borders, Orders: Rethinking International Relations Theory*, eds. Mathias Albert, David Jacobson, and Yosef Lapid (Minneapolis: University of Minnesota Press, 2001), 137-52.

83 Adriana Cavarero, *Horrorism: Naming Contemporary Violence* (New York: Columbia University Press, 2009), 4, 5.

84 De Genova and Peutz, *The Deportation Regime*, 4. "이렇게 긴장되는 상황에서…'불안의 통치성governmentality(비고Bigo의 용어)'은 이주에 관한 세계적 불안을 지배의 방식 안으로 밀어 넣었다." Peter Nyers, "Abject Cosmopolitanism: The Politics of Protection in the Anti-Deportation Movement," *Third World Quarterly* 24, no. 6 (2003), 1069-70. Didier Bigo, "Security and Immigration."도 참조.

85 Brown, *Walled States, Waning Sovereignty*, 116. 주나이드 라나Junaid Rana가 보여 주듯, 우리는 "오류가 있는 삼단논법"을 목격할 수 있다. "…'불법이민자들이 테러의 의도를 지

닌다'는 말은 '중동 출신 불법이민자들이 테러의 의도를 지닌다'는 생각으로 변한다." 라
나는 불법적으로 국경을 넘은 혐의를 받는 다섯 명의 남자들이 곧 테러리스트가 될 수 있
다는 망상으로 FBI가 그들을 쫓는 헛된 추격을 벌인 2002년의 사건을 들며 특정 인종화
된 몸들("무슬림", "중동")의 "불법적" 이동이 얼마나 완전하게 테러와 융합되는지 보여 준
다, "The Language of Terror," in *State of White Supremacy: Racism, Governance, and the
United States*, eds. Moon-Kie Jung, João H. Costa Vargas, and Eduardo Bonilla-Silva
(Stanford, CA: Stanford University Press, 2011), 215. 참조. 이 자료에 대해 신디 가오
Cindy Gao에게 감사를 표한다.

86 점령에 대항하는, 또는 점령 하의 정치 작동의 두 가지 방식은 이스라엘에 의해 정치적 의
의가 없는 것으로 구성된다. 한편으로 폭력적 저항은 그 정치적 맥락과 분리되어, 훨씬 치
명적인 물리력을 지닌 권력과 상대하여 싸우는, 자유를 향한 투쟁의 일부로 간주되지 않
고, 이스라엘과 미국뿐만 아니라 많은 유럽 국가들에 의해 서구의 민주적이고 현세적인 선
에 반대되는 비합리적이고 근본적으로 사악한 악행의 일부로 간주된다. 다른 한편, 비폭
력적 정치활동은 세밀하게 감시당한다. 첫째, 점령의 초기 몇 주부터 팔레스타인인들의 정
치 모임이나 조직, 그리고 시위나 팸플릿 배포는 어떤 형태이건 이스라엘의 안보에 위협
으로 선포되며 금지되었다. 동시에 (성공한 것이건, 시도한 것이건, 그저 추정된 것이건 간
에) 팔레스타인의 군사작전에 뒤이은 이스라엘의 보복은 정치 지도세력에 대한 처벌(보통
살상에 의한 처벌)을 포함시켰다. 마침내 이스라엘은 (1980년대의 '빌리지 리그' 같은) 대
안적 정치 지도세력을 설립하고 훈련시키고 무장시켰으며, "팔레스타인인들을 단속하고
모든 종류의 저항을 무력으로 억압하는 임무를 부여해 이스라엘 군의 하도급자"가 되도록
했다, Neve Gordon, *Israel's Occupation* (Berkeley: University of California Press, 2008),
113. 오슬로 평화협정 이후 이렇게 정치와 안보를 결합함으로써 정치는 완전히 안보로 축
소되었다. 이스라엘은 다른 무엇보다도 더 이 협정을 이스라엘 국민을 위한 안보의 제공
자로 간주했다. 바로 이러한 지형configuration 때문에 이스라엘과 미국은 2006년 1월 팔
레스타인 선거에서 하마스의 승리를 민주화 과정의 실패로 간주한 것이다. 실로 그것은
"아랍 정치조직이 민주적 선거에서 야당에 넘어간" 최초의 사건이었는데도 그랬다, Yezid
Sayigh, "Inducing a Failed State in Palestine," *Survival: Global Politics and Strategy* 49,
no. 3 (2007), 13. 팔레스타인에서의 민주주의가 이스라엘의 안보의 기능으로 규정된다면,
점령에 반대하는 무장저항을 지속할 권리를 지지하는 조직의 출현으로 민주주의는 끝장
이 난 것이다. Ariella Azoulay and Adi Ophir, *This Regime Which Is Not One: Occupation
and Democracy between the Sea and the River* (1967–) (Tel Aviv: Resling, 2008), 74–
77, 138–40, 194–95; Samera Esmeir, paper presented at "Crisis in Gaza and Prospects
for Peace," University of California, Berkeley, March 2009; and Yezid Sayigh, "The
Palestinian Paradox: Statehood, Security and Institutional Reform," *Conflict, Security &
Development* 1 (April 2001): 101–8.도 참조.

87 Amira Hass, "The Natives' Time Is Cheap," *Ha'aretz*, February 23, 2005.

88 Ariel Handel, "Where, Where to and When in the Occupied Palestinian Territories: An

Introduction to a Geography of Disaster," in *The Power of Inclusive Exclusion*, eds. Adi Ophir et al. (New York: Zone Books, 2009), 179–222.

89 Jeff Halper, "The 94 Percent Solution: The Matrix of Control," *Middle East Report* 216i (2000). Accessed June 2014. http://www.merip.org/mer/mer216/94-percent-solution.

90 Yoav Peled and Gershon Shafir, *Being Israeli: The Dynamics of Multiple Citizenship* (Cambridge: Cambridge University Press, 2002).

91 Yehezkel Lein and Najib Abu-Rokaya, "Builders of Zion: Human Rights Violations of Palestinians from the Occupied Territories Working in Israel and the Settlements." B'Tselem (1999). Accessed March 2014. http://www.btselem.org/English/Publications/Index.asp?TF=18&image.x=10&image.y=10: B'tselem; Rebeca Raijman, and Adriana Kemp, "Labor Migration, Managing the Ethno-National Conflict, and Client Politics in Israel," in *Transnational Migration to Israel in Global Comparative Context*, ed. Sarah S. Willen (Lanham, MD: Rowman & Littlefield, 2007), 31–50.

92 Gordon, *Israel's Occupation*.

93 Ariella Azoulay and Adi Ophir, *The One-State Condition: Occupation and Democracy in Israel/Palestine* (Stanford, CA: Stanford University Press, 2012).

94 Gordon, *Israel's Occupation*.

95 Foucault, *Security, Territory, Population*.

96 Tal Arbel, "Mobility Regimes and the King's Head: A History of Techniques for the Control of Movement in the Occupied West Bank," in paper presented at "Commemorative Occupations: Chechnya, Iraq, Palestine, Governing Zones of Emergency," Harvard University, 2006.

97 예를 들어, Gordon, Israel's Occupation; Amira Hass, "Israel's Closure Policy: An Ineffective Strategy of Containment and Repression," *Journal of Palestine Studies* 31, no. 3 (2002): 5–20; Azoulay and Ophir, *This Regime Which Is Not One*; Eyal Weizman, *Hollow Land: Israel's Architecture of Occupation* (New York: Verso, 2007).

98 Walters, "Deportation, Expulsion, and the International Police of Aliens," 95.

99 B'Tselem, "Ground to a Halt: Denial of Palestinian's Freedom of Movement in the West Bank," 2007, 7–8.

100 이 장에서 이동의 체제는 두 개의 그러한 프레임의 기능으로 분석된다. 첫 번째 것은 장기화된 이스라엘-팔레스타인 평화 프로세스이다(이동 통제가 오슬로 평화협정—평화 프로세스의 공식적 출발—이후의 시기에 주요한 통제 테크놀로지가 되었다). 두 번째 프레임은 (훈육적이고 생명권력적인) 조정력의 프레임으로서, 이것은 푸코의 프레임에서 보자면 주권자의 힘이 취하는 폭력적 형태를 주변으로 밀어 놓는 힘이다.

101 Derek Gregory, *The Colonial Present: Afghanistan, Palestine, and Iraq* (Malden, MA: Blackwell, 2004), 4. See also Neve Gordon, "Democracy and Colonialism," *Theory & Event* 13, no. 2 (2010).

제1장은 *Theory Culture and Society* (tcs 28.1, January 2011)에 수록되었다.

1 좀 더 체계적인 이동의 체제의 역사를 보려면, Neve Gordon, *Israel's Occupation* (Berkeley: University of California Press, 2008); Ariel Handel, "Where, Where to and When in the Occupied Palestinian Territories: An Introduction to a Geography of Disaster" in *The Power of Inclusive Exclusion*, edited by Adi Ophir et al. (New York: Zone Books, 2009); and Ariella Azoulay and Adi Ophir, *This Regime Which Is Not One: Occupation and Democracy between the Sea and the River* (1967–) (Tel Aviv: Resling, 2008).을 참조.

2 나는 여기서 일인칭 "나"를 사용하지만 이전에 《이론, 문화, 사회Theory Culture and Society》에 게재되었을 때는 "우리"―나와 이 책의 공동 저자인 메라브 아미르―를 사용했다. 여기서 "나"를 쓰는 이유는 책의 나머지 부분과의 일관성을 위해서다. 여기 문장들―뿐만 아니라 아이디어와 논점들―은 나 혼자만의 것이 아니다.

3 이런 유형의 근거는 반공식半公式적인 선언에서 찾아볼 수 있다. 예를 들어, E. Lavi, "The Palestinians and Israel: Between Agreement and Crisis―the Next Round," *Adkan Astrategi* [in Hebrew] 12, no. 4 (2010): 67–80; Institute for Policy and Strategy, "National Strength and Security Balance," in *Third Annual Conference on "The New Strategic Landscape: Trends, Challenges, Responses"* (Edmond Benjamin De Rothschild Herzliya Conferences Series 2002). 참조.

4 Yehuda Shenhav and Ya'el Berda, "The Colonial Foundations of the Racialized Theological Bureaucracy: Juxtaposing the Israeli Occupation of Palestinian Territories with Colonial History," in *The Power of Inclusive Exclusion: Anatomy of Israeli Rule in the Occupied Palestinian Territories*, eds. Michal Givoni, Adi Ophir, and Sari Hanafi (New York: Zone Books, 2009), 337–74.

5 이 장에서 내가 주장했듯, 이스라엘 점령의 구조와 테크놀로지들은 유동성과 급속한 변화의 특징을 지닌다. 이 장이 2011년 게재된 이후 검문소의 배치와 작동 방식이 매우 많이 변화하였다. 서안지구의 많은 검문소들이 없어졌는데, 일부는 가끔씩 운영하고 대부분은 자유로운 통행을 허가하고 있으며, 또 일부 다른 검문소들은 새로운 규정에 따라 운영되고 오직 차량 통행만 허가하고 있다. 따라서 검문소들이 완전히 제거되지는 않았지만 일부의 경우 매우 불편을 끼치는 점들이 많이 줄어들었다고 할 수 있다. 아니, 좀 더 정확히 말하자면, 검문소들이 변동이 매우 심해졌다. 때로는 작동을 하기도 하고 다른 때는 그저 잠재성으로만 존재한다. 동시에 또 다른 차별 체계가 완성되었다. 그것은 바로 인종격리apartheid 도로, 즉 팔레스타인인들과 유대인 정착민들의 (울타리로 막거나 지하화된) 이동 사이를 가르는 수직적 구분이다; Eyal Weizman, *Hollow Land: Israel's Architecture of Occupation* (New York: Verso, 2007).참조. 그럼에도 이 장에서 묘사한 절차들은 운영되고 있는 검문소에서 여전히 벌어지고 있는 일이다. 더욱이 이러한 절차들은 아미르와 내가 이 에세이를 쓰던 당

시에는 예를 들어 경계선 근처의 입출구처럼 중심지가 아니었던 지역들에서 벌어지고 있다. 그러나 거의 모든 검문소들은, 심지어 공식적으로는 "철수한" 곳들조차 여전히 무서운 잠재성으로 남아 있다. 왜냐하면 검문소들의 철수도 여차하면 즉각 재설치가 가능한 방식으로 되었기 때문이다. 이 장에서 묘사하는 것은 이 잠재성과 밀접한 관련이 있으며, 이 잠재성은 팔레스타인인들에게 환기—그리고 장차 벌어질 수 있는 처벌—를 불러일으키는 역할을 할 것이다.

6   Azmi Bishara, *Yearning in the Land of Checkpoints* (Tel Aviv: Babel Press, 2006), 48-49, my translation.

7   oPt의 초대 이스라엘 총독인 슐로모 가지트Shlomo Gazit는 이러한 처벌 관행을 놀랍도록 솔직하게 묘사한다:
"선동자들을 이끄는 지도자 누군가(팔레스타인인)를 처벌할 필요가 있을 때, 그러면서도 선동에 대해 기소하고 싶지 않을 때는…그자의 주머니 또는 그 가족의 재산에 해를 끼칠 만한 조치를 취했습니다. 그들은 보통 부동산이나 사업체를 가지고 있었고, 그 사업체를 문 닫게 만들거나 개인 부동산에 타격을 입힐 방법은 늘 있었죠. 물을 대야만 하는 시기나 또는 수확이 한창인 시기에 테러리스트를 수색한다는 핑계로 과수원 땅을 폐쇄시키는 거죠. 공공안전의 구실을 대고 약국을 폐쇄하고, 위생을 핑계로 대며 식당을 문 닫게 하는 식입니다. 당사자와 그 주변 사람들은 그 "내막"을 아주 잘 이해했지만 손을 쓸 수 없었습니다. 당국에 소송을 제기하지도 못하고…때로 이러한 조치들을 더 큰 규모로 시행해서 한 도시의 주민이라든가 혹은 한 구역 전체를 노리기도 했죠. "지역 안전 문제들" 때문에 검문소들이 세워지고 검문이 실시된 것입니다. 1967년 9월 학교 파업을 끝장내기 위해, 헤브론 주민들의 경우 성수기에 포도를 팔지 못하게 했고 나블루스 주민들에게는 혹독한 제한령을 내렸죠."

The Carrot and the Stick: Israel's Policy in the Administered Territories, 1967-1968 (Tel-Aviv: Zmora‐Bitan; Washington, DC: B'nai B'rith Books 1985), 281. 팔레스타인의 저항행위에 대한 이스라엘 정치인들의 수많은 반응에서 동일한 유형의 논거들을 찾아볼 수 있다. 예를 들어, 2차 인티파다가 시작되었을 때 oPt의 부대 지휘관이었고 2002~2005년 동안 이스라엘의 참모총장이었던 모셰 야알론Moshe Ya'alon이 만들어 낸 표현을 보자: 팔레스타인의 저항행위에 대해 [팔레스타인인] 의식 내 도장 찍기", "가격표 달기." "The Strategic Environment and the Principles of Responses," the Third Herzliya Conference, Herzliya, Israel: Interdisciplinary Center (idc), 2002; *Walla! News*, "Ya'alon: Not Willing to Pay Any Price for Shalit," December 4, 2008. Accessed August 2010. http://news.walla.co.il.

8   *Gordon, Israel's Occupation*, 5. 고든은 2차 인티파다에서 정점에 이르는, 삶의 정치—폭력을 은폐하고 삶을 관리하기 위해 권력을 배치함으로써 점령을 정상화시키는 이스라엘의 노력을 특징으로 삼는—로부터 죽음의 정치로의 전도된 푸코식 전이를 표현한다. 달리 말해, 이스라엘이 점령 초기 20년 동안 주로 훈육적·생명정치적 테크놀로지들을 배치했다면(잠재적으로 전복적인 개인들에 대한 감시부터 학교 교육과정에 대한 개입에 이르기까지, 가축 관리부터 씨앗 품종 개발에 이르기까지, 직업학교 설립부터 농업인 교육을 위한 시범토지 조성에 이르기까지), 현재 이스라엘은 주로 금지와 폭력이 특징인 주권자의 힘의 배치에

기대고 있다.

9 Ariella Azoulay and Adi Ophir, "The Monster's Tail," in *Against the Wall: Israel's Barrier to Peace*, ed. Michael Sorkin (New York: New Press, 2005), 7.

10 Pradeep Jeganathan, "Checkpoints: *Anthropology, Identity and the State*," in *Anthropology at the Margins of the State*, eds. Veena Das and Deborah Poole (Santa Fe: School of American Research Press, 2004), 67–80.

11 따라서 검문소의 가상선 존재에 관한 특정 측면이 검문소 운영에 관한 거의 모든 글에서 나타난다. 예를 들어, Bishara, *Yearning in the Land of Checkpoints; Eyal Ben-Ari, From Checkpoints to Flow-Points: Sites of Friction between the Israel Defense Forces and Palestinians*, Gitelson Peace Publication (Jerusalem: Harry S. Truman Research Institute for the Advancement of Peace, Hebrew University of Jerusalem, 2005). 참조.

12 Rema Hammami, "On the Importance of Thugs: The Moral Economy of a Checkpoint," *Middle East Report* 231 (2004).

13 이게 꼭, 혹은 항상 군인들이 고의로 결백한 사람을 "테러리스트"로 점찍는 냉소적인 운영은 아니라고 강조하는 게 중요하다. 군인들은 검문소에서 종종 겁을 먹기도 하고, 공격에 취약하게 노출되었다고 느낀다. 과격한 반목의 역사적 · 정치적 프레임 안에서 교육을 받았고, 또 실로 때로 폭력적인 저항의 표적이 되는 점령의 권력이다 보니 군인들 중 많은 이들은 진정으로 위협을 느낀다.

14 프란츠 파농Frantz Fanon은 이미 식민주의에서 그러한 실패하는 상징적 체계—가상선들의 매트릭스—의 중요성을 밝혀냈다: "식민화된 주체는 항상 경계한다: 식민 세계의 무수한 표지들에 혼동을 겪는 그는 자신이 선을 넘었는지 절대 알 수 없다." 나는 여기서 그러한 체계들이 식민지 개척자들의 폭력을 위한 토대를 마련한다는 점을 보여 준다. 파농에게 있어 그것은 오히려 탈식민화의 폭력에 연결되어 있다: 이것은 결국 "[피식민지 사람들의] 끊임없는 근육의 긴장"을 생산한다. 파농은 주장한다, "특정한 감정적 상황에서 장애물이 실제로 행동을 확대시킨다는 것은 알려진 사실이다." 나는 이 점에 대해 이 책의 마지막 장에서 다룰 것이다. *The Wretched of the Earth* (New York: Grove Press, 2004), 16–17. 에드워드 W. 사이드는 다른 방식이긴 하지만 이 용어를 채택해 식민주의를 특징짓는다: 《오리엔탈리즘Orientalism》에서 동양과 서양을 가르는 가상선으로서. *Orientalism* (New York: Pantheon Books, 1978).

15 이러한 묘사들은 홉스의 아메리카 원주민 묘사에까지 거슬러 올라간다. Hobbes, *Leviathan*, 89; Quentin Skinner, *Hobbes and Republican Liberty* (Cambridge: Cambridge University Press, 2008), 98–102. 참조.

16 Lindsay Bremner, "Border/Skin," in *Against the Wall: Israel's Barrier to Peace*, in ed. Michael Sorkin (New York: New Press, 2005), 131. See also Hilla Dayan, "Regimes of Separation: Israel/Palestine," in *The Power of Inclusive Exclusion: Anatomy of Israeli Rule in the Occupied Palestinian Territories*, eds. Adi Ophir, Michal Givoni, and Sari Hanafi (New York: Zone Books, 2009).

17 Balibar, "Cosmopolitanism and Secularism"; Neferti Xina M. Tadiar, *Things Fall Away: Philippine Historical Experience and the Makings of Globalization* (Durham, NC: Duke University Press, 2009).

18 Arbel, "Mobility Regimes and the King's Head."

19 Hagar Kotef and Merav Amir, "(En)Gendering Checkpoints: Checkpoint Watch and the Repercussions of Intervention," *Signs: Journal of Women in Culture and Society* 32, no. 4 (2007). 이것은 CPW의 존재가 의도치 않게 이스라엘 군이 종종 내세우는 것처럼, "세계에서 가장 도덕적인 군"이라고 주장할 수 있는 구실이 된 것을 생각하면 놀라운 일이 아니다. 이 구실은 "심각한" 인권유린이 검문소에서 일어나지 않도록 하는 군의 "노력"의 일환으로 배치된다. 따라서 이 구실은, CPW의 존재로 보장되는 기본적 인도주의적인 지배가 수호되기만 한다면 점령이 정당한 지배 형태로 유지될 수 있다는 널리 공유된 가정에 참여하는 것이다.

20 Shenhav and Berda, "The Colonial Foundations of the Racialized Theological Bureaucracy."

21 CPW report from Za'atara, Hawwara & Beth Furik, CPW website. August 8, 2005. machsomwatch.org.

22 Kotef and Amir, "(En)Gendering Checkpoints."

23 Kotef and Amir, "(En)Gendering Checkpoints."

24 Eilat Maoz, "The Privatization of the Checkpoints and the Late Occupation." Accessed May 2014. www.whoprofits.org. 이러한 시민적 국경 통행 허울은 이스라엘 정부가 검문소 운영을 민간 보안업체에 외주화한 2005년부터 시작된 또 다른 프로세스에 의해 더욱 심화된다. 이러한 하청에 대한 공식적 근거는 터미널 건설 자체의 근거와 마찬가지로, 일상의 "마찰" 지역에서 군을 배제하고 (이스라엘의) 민간인들에게 다른 (팔레스타인인) 시민들을 위한 "이 서비스를 제공"함으로써 폭력이 급격히 감소할 것이라는 논리였다. 이 아이디어는 문제가 있다고 판명되었다.

25 Weizman, *Hollow Land*, 151.

26 탈 아르벨Tal Arbel은 이스라엘 군이 회전출입구의 팔 길이를 더 짧게 만들어 달라고(표준 75~90센티미터가 아니라 55센티미터로) 명시적으로 요구했다는 사실을 알아냈다. 팔 길이를 짧게 만든 의도는, 팔레스타인 사람들이 회전출입구를 통과할 때 기계 장치가 몸을 누르게 되고 그러면 옷 속에 무언가(예를 들어, 폭탄) 지니고 있는지 드러난다는 것이었다. 새로 나온 회전출입구는 그보다 조금 넓지만 여전히 이스라엘 표준보다 좁다("Mobility Regimes and the King's Head"). CPW 활동가 타마르 플레이시만Tamar Fleishman은 현재의 회전출입구는 60.5센티미터임을 확인했다.

27 Weizman, *Hollow Land: Israel's Architecture of Occupation*, 150–51.

28 the CPW report from Qalandia, March 29, 2006; www.machsomwatch.org. 참조. 이것은 결코 예외적인 일이 아니다. 예를 들어, the CPW report from Qalandia, May 9, 2010. 참조.

29 이 구별은 또한 정지된 폭력과 구조적 폭력 사이의 구별로 이해될 수 있다. 이 구별과 그것

이 점령과 자유주의 민주주의 논리에 결부되는 방식에 관하여, Azoulay and Ophir, "The Monster's Tail." 참조.

30 Sari Hanafi, "Spacio-Cide and Bio-Politics: The Israeli Colonial Conflict from 1947 to the Wall," in *Against the Wall: Israel's Barrier to Peace*, ed. M. Sorkin (New York: New Press, 2005), 251-61.

31 Meron Benvenisti, *Intimate Enemies: Jews and Arabs in a Shared Land* (Berkeley: University of California Press, 1995).

32 Ariella Azoulay and Adi Ophir, *Bad Days: Between Disaster and Utopia* (Tel Aviv: Resling Publishing, 2002). Published in Hebrew.

제2장 막간_두 도로 이야기

1 터널 로드는 팔레스타인 당국이 베들레헴에 대한 통제권을 장악하기 전 그 도시를 우회하기 위해 1996년 건설되었다. 2차 인티파다 동안 팔레스타인인들은 이 도로의 일부 구간을 공격했다. 그 반응으로 이스라엘 군은 도로를 보호하기 위해 벽을 세웠다(그림 2.1에서 보이는 다리 위의 벽처럼).

2 이 규정은 폭넓고 의미심장하다: 비평가들이 "인종격리 도로apartheid roads"라는 악명 높은 이름으로 부르는 이 도로에 접근하는 것은 "이스라엘인"에게만 한정되어 있다. 그러나 이 맥락에서 "이스라엘인"이라는 말은 "이스라엘의 시민인 주민이거나 혹은 '귀환법law of return'(1950)에 따라 이스라엘로 이주를 허가 받은 자[유대인을 뜻함], 혹은 유효한 사증을 가진 자[관광객을 뜻함]"로 규정된다. 서안지구에 있는 다른 도로들을 따라 팔레스타인인들의 이동을 금지한다는 문서상의 공식적 금지는 존재하지 않지만, 이 공식은 서안지구에서 폐쇄된 군사지역을 선포하는, 따라서 이동 제한의 안내판 역할을 하는 표지판과 군 칙령에서 찾아볼 수 있다. 서안지구의 행정은 그 어떤 다른 범주가 아니라 인종적 범주에 토대를 두고 있다는 야엘 바르다Yael Barda의 주장은 이 규정을 더 넓은 맥락에 자리매김시킨다. *The Bureaucracy of the Occupation: The Regime of Movement Permits* 2000-2006 (Tel Aviv: Hakibbutz Hameuchad, The Van Leer Jerusalem Institute 2012). 참조.

3 B'Tselem, "Forbidden Roads: Israel's Discriminatory Road Regime in the West Bank." August 2004. Accessed May 2014. http://www.btselem.org/download/200408_forbidden_roads_eng.pdf. 분리된 도로 체계는 2000년 가을(2차 인티파다 시작)과 2002년 5월(서안지구와 가자지구에서 벌인 광범한 '방어 방패 작전'의 끝) 사이에 점차적으로 발전했다. 금지된 도로로의 진입은 순찰차뿐만 아니라 팔레스타인 마을이나 도시에서 이 도로들로 연결되는 곳의 검문소, 바리케이드, 게이트 등의 수단으로 막았다. 60번 도로 같은 일부 도로는 "불모의 도로"로서 팔레스타인인들은 예외 없이 진입이 금지된다(일부 팔레스타인인은 도로 통행이 금지되며, 또 다른 일부는 아예 도로를 가로지르는 것도 금지된다). 일부 도로는 금지되지만 이스라엘이 발행한 "유대와 사마리아에 있는 국제검문소의 특별 이

동허가증"을 발부 받아 소지하고 있는 팔레스타인인의 경우 통행할 수 있다.

4　일련의 분리는 이러한 지배구조 방식을 규정한다: 두 개의 다른 지리적 지역 사이를 가르는 분리, 시민과 비-시민을 가르는 분리에 대해서는, Ariella Azoulay and Adi Ophir, *The One-State Condition: Occupation and Democracy in Israel/Palestine* (Stanford, CA: Stanford University Press, 2012)참조; 사람과 영토의 분리에 대해서는, Neve Gordon, *Israel's Occupation* (Berkeley: University of California Press, 2008)참조; 두 개의(그리고 사실상 그 이상의) 법 체계 사이의 분리에 대해서는, Orna Ben-Naftali, Aeyal M. Gross, and Keren Michaeli, "Illegal Occupation: Framing the Occupied Palestinian Territory," *Berkeley Journal of Int'l Law* 23, no. 3 (2005)참조; 그리고 같은 지역의 수직적 층 사이의 분리에 대해서는, Eyal Weizman, *Hollow Land: Israel's Architecture of Occupation* (New York: Verso, 2007) 참조.

5　Azoulay and Ophir, *The One-State Condition*. Which must nonetheless be viewed as a single regime.

6　이러한 두 개의 분리체는 유사물이 아니다: 이스라엘 시민 안에는 팔레스타인인들을 포함한 비-유대인이 있다. 그러나 oPt 내에는 비-시민인 비-팔레스타인인은 없다(즉, oPt 내의 팔레스타인인이 아닌 모든 정식 거주민들은 정착민 유대인으로서 시민이다). 이 두 개의 분리된 지역 사이의 지대는 이스라엘에서 시민권이 취약해지고 위태로워지는 지역으로 표시될 수 있다.

7　"예루살렘을 떠나 직선으로 나아가 산을 뚫고 골짜기를 관통하는데, 마치 프랑스의 고속도로와 교량학교 출신 엔지니어들이 디자인한 19세기 식민지 루트와 같다(멋대로 자연을 길들이고 제국의 데카르트적 논리와 이성의 목표를 표현하기 위한)." Weizman, *Hollow Land*, 179.

8　Ariel Handel, "Where, Where to and When in the Occupied Palestinian Territories: An Introduction to a Geography of Disaster," in *The Power of Inclusive Exclusion*, ed. Adi Ophir et al. (New York: Zone Books, 2009). 헨델은 이동을 측정하려면 두 지점 간의 거리뿐만 아니라 그 사이 공간의 사용가치도 고려해야 한다는 점을 훌륭하게 보여 준다. 거리는 시간의 기능이다. 팔레스타인인의 이동에 이용 가능한 공간의 사용가치를 훼손함으로써, 거리는 늘고 팔레스타인인들이 이용 가능한 실제 영토는 계속 줄어들고 있다.

9　아미라 하스가 묘사하듯: "서안지구 전체를, 유대인 정착지를 위해 땅이 잠식되어 가고 있는 마을, 도시 이름뿐만 아니라 그런 마을이 존재한다는 자체도 모르고 운전할 수 있습니다." "To Drive and Not to See Arabs," *Ha'retz*. January 22, 2003, translation in Handel, "Where, Where to and When in the Occupied Palestinian Territories," 206. 실로, 분리장벽을 디자인하는 데 참여하고 그 이전부터 서안지구의 세 가지 유형의 팔레스타인 고립지대 국경의 윤곽을 잡는 데 참여한 대니 티르자Danny Tirza는 이렇게 설명했다, "이스라엘 사람들은 아래로 팔레스타인인들의 교통이 지난다는 사실조차 알지 못한 채로 위 고속도로를 여행할 수 있어야 한다." Weizman, *Hollow Land*, 181.

10　이것은 또 "이동 통제를 수단으로 한 영토화"의 일부로서, 공간을 "연속적이고 빠르고 밀접

하게 짜인 유대인 공간과, 유대인 공간에 의해 통로가 막힌 분절되고 느리고 불확실한 팔레스타인인들의 공간"으로 구축한다. 이 체계는 결국 "이스라엘의 안정은 팔레스타인의 불안정의 원인이 됨을 의미한다. 즉, 이스라엘의 가속은 팔레스타인의 감속을 발생시킨다. 그리고 이스라엘의 구역들을 서로 가까이 모이게 하는 것은 팔레스타인 구역들을 분산시키는 결과를 불러온다. 즉, 이스라엘의 확실성은 팔레스타인에게는 불확실성으로 판독된다." Ariel Handel, "Gated/Gating Community: The Settlements Complex in the West Bank," Transactions *of the Institute of British Geographers, forthcom*ing 4, 2, 21 of essay, respectively (강조는 필자의 것). 사실, 자동차와 대중교통의 상호작용부터 페미니스트들의 밤을 되찾자는 운동의 논리의 파급효과까지 매우 다른 맥락에서도 "일부를 위한 모빌리티는 다른 사람들에게는 부동성immobility를 야기한다." Malene Freundendal-Pedersen, *Mobility in Daily Life: Between Freedom and Unfreedom* (Transport and Society) (Burlington, VT: Ashgate, 2009), 6. 참조.

11 Handel, "Where, Where to and When in the Occupied Palestinian Territories."

12 보어전쟁 동안 영국은 새로운 게릴라전에 처하자 한 가지 문제에 직면했다: 영토를 어떻게 통제 하에 두느냐의 문제. 네츠는 해결책에 이른 과정을 묘사한다: 가축과 다른 동물들로부터 철로를 보호하기 위해 흔한 관행으로 이어졌던 것처럼 철로를 철조망으로 보호하는 일이었다. 그러나 가축과 달리 보어 군인들은 철조망을 자를 수 있었고, 따라서 철조망 자체를 지키기 위해 전초 기지를 세웠다. "이 시점에 영국인들은 예기치 못했던 것을 얻었다는 사실을 깨달았다." 그들이 철로를 지키기 위해 이 시스템을 만들자 역들이 연결되었고, 철로는 지역을 분리하는 역할을 하게 되었다. "갑자기" 영국인들은 철로를 보호하는 시스템 이상을 가지게 된 것이다. 그들은 "순수한 공간-통제 메커니즘"을 갖게 되었다. Reviel Netz, *Barbed Wire: An Ecology of Modernity* (Middletown, CT: Wesleyan University Press, 2004), 66.

13 도로 건설 이면에 있는 실제 목적은 중요하지 않다. 도로들은 토지 수탈 프로젝트의 일환으로 놓여졌을 수도 있으나 oPt 내의 많은 도로들은 기존 팔레스타인인들이 거주하는 지역의 가장자리에 지어져 잠재적 팽창을 막는다. "사람들을 장소와 잇는다는 도로의 통례적 목적과 달리, 이스라엘이 서안지구에 건설하는 도로의 경로는 때로 반대의 목적을 이루기 위해 마련된다. 서안지구의 일부 새 도로들은 팔레스타인의 도시개발을 짓누르는 물리적 장벽 역할을 하기 위해 계획되었다. 이 도로들은 이스라엘이 군사적 이유로든 정착의 목적으로든 통제를 유지하고 싶어 하는 지역에서 공동체들이 자연스럽게 결합하는 것을 막고, 인접한 팔레스타인의 계획도시 출현을 차단한다. B'Tselem, "Forbidden Roads."

14 Handel, "Where, Where to and When in the Occupied Palestinian Territories," 196.

15 에얄 와이즈만은 그러한 구조가 제 논리를 찾는 일반적 체제를 설명한다: "혼돈은 특별한 구조적 이점을 지니고 있다. 그것은 이스라엘의 제1의 혼돈 전략 중 하나를 지지한다: (지리적, 법적, 또는 언어적) 복잡성 증진. 때로…이 전략은 공공연하게 '건설적인 시야 흐리기'로 불린다." (*Hollow Land*, 8).

16 A report from CPW, "Nablus and Surrounding." December 9, 2008. Accessed June

2014 http://www.machsomwatch.org/en (my translation; emphasis in original).

17 이 메커니즘은 점령당한 팔레스타인인들에게만 작동하는 것이 아니라, 침투성은 덜하더라도 이스라엘의 시민인 팔레스타인인들에게도 작동한다. 사기 엘바즈Sagi Elbaz는 이스라엘의 팔레스타인 소수민들이 미디어에서 범죄적 일탈의 이미지로 그려진다고 주장한다: 이스라엘의 팔레스타인 시민들은 이스라엘 미디어에서 거의 모든 경우 법과 질서를 전문으로 하는 기자들의 취재로 다루어진다. 그 기자들의 뉴스 소식통은 주로 이스라엘의 안보기관이다, Sagi Elbaz, *Minority Opinion in Israeli Media* (Tel Aviv: Dionun, 2013). Published in Hebrew. 이런 식의 보도를 예증하기 위해 이츠하크 라오르Yitzhak Laor는 자신의 아들이 축제에 참석했다가 팔레스타인인 시인을 보고 놀란 일을 이야기했다. 아들은 그 시인이 "전혀 아랍인처럼 보이지 않았다"고 했다. 라오르의 질문—아랍인이 어떻게 생겼는지—에 대한 답으로, 아들은 "자동차 사고가 난 후의 사람처럼" 생겼다고 말했다. Yitzhak Laor, "How the Media Defines the Arabs as a Criminal 'Deviation,'" *Ha'aretz*, May 9, 2013 (my translation).

18 CPW, "Nablus and Surrounding."

19 이스라엘의 대외정책과 국제관계에 필수적인 이 수사修辭는 그 자체로 변하고 있고, 지중해와 요르단강 사이 전체 영토(달리 말해, 서안지구 포함)에 대한 통제권을 유지하려는 프로젝트를 명시적으로 천명하는 쪽으로 천천히 바뀌고 있다. 2012년 퇴임한 대법원 판사 에드먼드 레비Edmund Levy가 의장을 맡은 위원회에서는 서안지구가 (이전에 한 번도 주권국가에 속한 적이 없다는 이유로) 점령당한 영토가 아니라고 주장하는 보고서를 발표했다. 전체 보고서는, www.pmo.gov.il under the title "Report on the Status of Building in Judea and Samaria" ("דו״ח על מעמד הבניה ביהודה ושומרון") Accessed June 2014. 참조. 기존 국제법의 해석과 달리 이스라엘의 정착이 합법적이라고 선언하고 더 많은 정착지 건설을 위한 토대를 마련하는 것이 목표였던 그 보고서는 법적, 행정적, 그리고 토지 수탈의 긴 과정에 함께 가담했던 건설 절차의 정점이었다. 1993년 오슬로 평화협정 이래 정착민 인구는 세 배 넘게 증가했다: 1994년 10만 5,400명에서 2013년 35만 명 이상으로 증가. 1993년과 2005년 사이에 116개가 넘는 정착지와 전진기지가 세워졌다. 이 데이터는 동예루살렘과 그 인근 지역을 포함하지 않는다는 점을 주지할 것. (*Peace Now and Amana—The Settlement Movement*).

20 2000년 당시 총리였던 에후드 바라크Ehud Barak가 이 용어를 만들었다. 이후 그것은 갈등을 대하는 이스라엘의 공식적·비공식적 접근법의 중심축이 되었다.

21 Otto Mayr, Authority, *Liberty, and Automatic Machinery in Early Modern Europe* (Baltimore: Johns Hopkins University Press, 1986).

22 "조절된 정부"라는 아이디어는 18세기에 매우 흔해졌는데, 그 구조적 중심축은 권력의 여러 연장선들의, 그리고 연장선들 사이의 바로 그러한 조절된 운동을 촉진하기 위한 "점검과 균형"의 개념이다. 제임스 매디슨은 'Federalist 48' 에세이에서 "권력은 잠식하는 성질이 있고, 그리하여 자신에게 부여된 한계를 넘지 않도록 권력이 효과적으로 제지당해야 한다는 것은 부정할 수 없을 것이다"라고 주장한다. 여기서 정부는 자기통제의 물리적 모델

과 함께 작동하는 여러 연통지communicating branches("연통관communicating vessels" 원리에서 빌린 표현)로 이루어진 장치로 보인다. 몽테스키외의 점검과 균형 원리가 가장 잘 알려진 이 원리의 일종일 것이다. 이 모델에 따르면 더 큰 권력을 향하는 권력의 자체 운동은 다른 권력의 운동에 의해서만 억제될 수 있다. 그러므로 각 권력의 분지分枝는 "통치 합리성의 **내적 통제**"를 허락하는 제 운동을 견뎌내야만 한다. Foucault, *The Birth of Biopolitics: Lectures at the Collège De France*, 1978-79 (New York: Palgrave Macmillan, 2008), 10 (강조는 필자의 것).

23 배리 힌데스Barry Hindess는 자유주의는 국가의 인구집단이 "다양한 자기통제 영역들—경제 활동 분야, 시민사회 활동, 가정생활 조직, 인구 증가 과정 등등—을 둘러싸고" 있는 것으로 본다고 주장한다, "The Liberal Government of Unfreedom," *Alternatives: Global, Local, Political* 26, no. 2 (2001): 96. 참조.

24 처음 국제관계의 체계적 이론으로 공식화된 힘의 균형 개념은 국가들 간의 그러한 자기통제 체계를 증진시키는 노력을 기울였다. 모든 경우에 있어 "균형"이 정지 상태가 아니라 끊임없이 이어지는 '평형 상태 잡기'와 '상대와 균형 이루기'의 과정, 즉, 잔인한 전쟁의 운동이 폭발하지 못하도록 억누르는 여러 힘들 사이에서 일어나는 앞뒤로 움직이는 운동이라는 사실을 주지하자.

25 제3장 참조.

26 그리하여 버크가 좋은 정부는 "조형적 성질plastic nature"을 지닌다고 말할 수 있다. 즉, 정부는 지배 원리들의 이미지로 특정 조건들을 세우기만 하면 되고, 그런 다음 "그걸 제 자신의 작동에〔맡기면〕된다." *Reflections on the Revolution in France* (Oxford; New York: Oxford University Press, 2009), 170. 따라서 개인의 영역과 지배구조의 영역 둘 다에서, 자유주의는 개인의 자유를 대개 자기통제된 몸들의 운동으로 상상했다.

27 니콜라스 드 제노바Nicholas De Genova와 나탈리 포이츠Nathalie Peutz의 자유로운 이동 묘사에서 인용한 그러한 이동의 특징짓기는 꽤 흔하다. 조반나 프로카치는 또 다른 공식을 제공한다, "모빌리티는 해독할 수 없는 짝짓기로서 또한 난잡함을 뜻한다. 즉, 그것은 사회구조의 응집력 있는 지지대로 사용하기 어렵고, '법적' 또는 '계약상' 규정을 빠져나가는 자발적인 결속을 다지며, 그러면서 그런 결속들을 사회적 프로젝트의 목표로 향하게 이끄는 그 어떤 시도도 피해 버린다." De Genova and Peutz, *The Deportation Regime: Sovereignty, Space, and the Freedom of Movement* (Durham, NC: Duke University Press, 2010), 58-59; and Procacci, "Social Economy and the Government of Poverty," in *The Foucault Effect: Studies in Governmentality*, eds. Colin Gordon, Graham Burchell, Peter Miller (Chicago: University of Chicago Press, 1991), 161.

28 Foucault, *Security, Territory, Population*, 49.

29 여기서 푸코의 논점이 더 심화된다: "이 자유의 이데올로기가 실제로 현대의 혹은 자본주의적 경제 형태의 발전 조건 중 하나였다는 것은 부인할 수 없는 사실이지만…이게 애초에 실제 목표로 했던 것인지, 추구되었던 것인지는 완전히 확신할 수 없다." Foucault, *Security, Territory, Population*, 48.

30 Foucault, *Security, Territory, Population*, 40; 41-42. 백신의 사례가 아마도 가장 잘 알려진
    예일 것이다: 전염병을 극복하기 위해 모두가 그 질병의 축소되고 희석된 변형체에 감염
    된다. 살짝 병에 걸리면서 몸은 항체를 생산해 내고, 그러면 전염병은 그 자신과 싸우게 된
    다. 《공산당 선언》에서 마르크스의 금융과 상업 위기 분석이 또 하나의 명백한 사례이고,
    내가 서문에서 언급한 공항 보안의 도전 과제 또한 또 다른 사례이다. 서문에서 인용한 최
    고경영자도 생각해 보자. 그는 (공항에서의 폭탄 같은) 대규모 위기가 드문 일이기도 하지
    만 피할 수 없는 일이라고 생각하는 것 같다. 그의 말대로, 도전 과제는 그러한 위기를 전면
    적으로 막는 게(그러면 공항을 마비시킬 것이다) 아니고 폭탄의 폭발을 최소화하면서, 이
    최대화가 이따금씩 폭탄이 터지는 일을 뜻한다 하더라도 항공기와 승객들의 이동을 최대
    화하는 것이었다.
31 Foucault, *Security, Territory, Population*, 48.
32 Foucault, *Security, Territory, Population*, 48, 49, 65, respectively.

제3장 '감금이란 이름이 맞지 않는' 울타리

1   "확장되었다"는 것은 버크가 자주 자유주의자가 아니라 보수주의자로 보이기 때문만은 아
    니다(결국 여러 가지 면에서 그의 정치적 분석은 당시 자유주의자들의 분석과 비슷했다).
    그것은 또한 이성 자체에 대한 그의 비평이 칸트나 심지어 로크 모델과 급진적으로 달랐기
    때문이기도 하다.
2   Gerald Dworkin, *The Theory and Practice of Autonomy* (Cambridge: Cambridge
    University Press, 1988), 15.
3   Donna Haraway, "Situated Knowledges: The Science Question in Feminism and the
    Privilege of Partial Perspective," *Feminist Studies* 14, no. 3. (Autumn 1988): 575-99.
4   Hannah Arendt, *On Revolution* (London: Penguin Classics, 1990), 32; Arendt, *Men in
    Dark Times* (London: Cape, 1970), 224.도 참조.
5   Linda M. G. Zerilli, *Feminism and the Abyss of Freedom* (Chicago: University of Chicago
    Press, 2005), 43.
6   푸코의 "목숨을 빼앗거나 살게 내버려 두기"를 달리 표현한 것, 또는 부연한 것, *Society Must
    Be Defended: Lectures at the Collège De France*, 1975-76 (New York: Picador, 2003), 241.도
    참조.
7   《자유론》첫 장에서 미리 밝히고 서론에서 묘사한 권력 작동의 변화는 푸코가 주권과 훈육
    적 권력 사이에서 밝힌 변화와 꽤 유사하다.
8   그 개념은 19세기에 와서야 자기지시적인 전통의 일부로 나타나는 것으로 보이고, 많은
    이들은 이 전통이 18세기에 구체화했다고(제니퍼 피츠의 공식을 빌려 표현하자면, 여전
    히 아직 자의식적으로는 아니라 하더라도) 주장한다. 그러나 피츠는 "자유주의는 용어
    가 발명된 19세기 전환기보다 훨씬 전에 서로 겹쳐지는 사고의 맥락을 묘사하기 위해 유

용하게 소환되었다"라고 적절한 주장을 펼친다, *A Turn to Empire: The Rise of Imperial Liberalism in Britain and France* (Princeton, NJ: Princeton Unversity Press, 2005), 3 참조, and Foucault, *The Birth of Biopolitics: Lectures at the Collège De France*, 1978–79 (New York: Palgrave Macmillan, 2008). C. B. 맥퍼슨Macpherson은 더 나아가 자유주의의 뿌리는 그가 홉스와 로크 이론의 핵심으로 밝힌 소유적 개인주의의 프레임까지 거슬러 올라갈 수 있다고 주장한다, *The Political Theory of Possessive Individualism: Hobbes to Locke* (Oxford; New York: Oxford University Press, 1985). 참조. 데이비드 존슨David Johnston 은 *The Idea of a Liberal Theory: A Critique and Reconstruction* (Princeton, NJ: Princeton University Press, 1994)에서 자유주의 역사를 로크와 스미스, 홉스 논의와 함께 논의하기 시작한다. Knud Haakonssen, *Traditions of Liberalism: Essays on John Locke, Adam Smith, and John Stuart Mill* (St. Leonards, Australia: Centre for Independent Studies, 1988).도 참조. 그러나 다른 이들은 18세기 이전까지 거슬러 올라가서는 자유주의에 관해 일관성 있게 이야기할 수 없다고 주장한다. (Foucault, *The Birth of Biopolitics*).

9   John Rogers, *The Matter of Revolution: Science, Poetry, and Politics in the Age of Milton* (Ithaca, NY: Cornell University Press, 1996), xi.

10   도식적으로 보자면, 중세 내내 자연철학을 지배했던 아리스토텔레스식 구체球體 모양의 운동 모델은 두 개의 경쟁 모델들로 대체되었다. 하나는 하비의 원운동 모델과 여러 생기론적 버전들이고 다른 하나는 데카르트가 대표하는 기계론적 모델이다.

11   스티븐 샤핀과 사이먼 셰퍼가 그럴 수 없다는 것을 매우 설득력 있게 보여 준다, *Leviathan and the Air-Pump Hobbes, Boyle, and the Experimental Life* (Princeton, NJ: Princeton University Press, 1989).

12   Rogers, *The Matter of Revolution*, 3.

13   홉스에 있어 운동의 중요성을 보려면, Thomas A. Spragens, *The Politics of Motion: The World of Thomas Hobbes* (Lexington: University Press of Kentucky, 1973); W. Von Leyden, *Seventeenth-Century Metaphysics: An Examination of Some Main Concepts and Theories* (London: Gerald Duckworth, 1968), 38–41; or the classic studies of Frithiof Brandt, *Thomas Hobbes' Mechanical Conception of Nature* (Copenhagen: Levin & Munksgaard, 1927).도 참조.

14   Hobbes, *Leviathan* (Cambridge: Cambridge University Press, 1996), 46. "그리하여 모든 경우에 있어 감각은 본디 압박에 의해 초래되는 환상에 지나지 않는다. 달리 말해 우리의 눈과 귀, 다른 기관들에 가해지는 외부적 사물의 움직임에 의한 압박을 말한다"(14); "모든 환상은 우리 안의 움직임이다"(20); "부동성immobility 이외에는 아무것도 경멸하지 말아라"(39); "식욕, 혐오 등의 단어들은…하나가 다가오고 다른 하나가 물러나는 움직임을 의미한다"(38); 그리고 "누군가의 대상이 무엇이든 간에 식욕이든 욕망이든, 그것은 그가 그의 선이라고 부르는 것이고, 그의 증오와 혐오의 대상은 사악함이다"(39). 심지어 꿈과 현실의 차이도 움직임에 토대를 두고 있다: "우리가 깨어 있을 때 움직임은 한쪽 끝에서 시작하고, 우리가 꿈을 꿀 때는 다른 쪽에서 시작한다"(18).

15 Hobbes, *Leviathan*, 4.

16 Rogers, *The Matter of Revolution*, 5; Spragens, *The Politics of Motion*, chapter 6.도 참조. 미셸 베르동Michel Verdon은 평행선을 따라 홉스의 자연상태는 갈릴레오의 진공 상태에서 움직임의 사고-실험과 유사한 정치적 사고-실험이었다고 주장한다. (사물과 사람이 적합한 제자리가 있고 그…위치를 점하고 움직이지 않아야만 [그들의] '존재'를 성취할 수 있다는) 아리스토텔레스의 우주론과 결별하는 이 실험이 홉스로 하여금 평등의 가설을 제기할 수 있게 했다. "직선의 관성운동은 공간이…존재론적으로 차별화되지 않은 데카르트식의 동질한 우주에서만 가능하다. 홉스는 그의 사회우주론에서 동일한 결론에 이른다: '자연상태'에서 자유로운 관성운동이 가능하려면 모든 개인들이 동등해야만 한다," "On the Laws of Physical and Human Nature: Hobbes' Physical and Social Cosmologies," *Journal of the History of Ideas* 43, no. 4 (1982): 656, 659, 각각 참조.

17 Hobbes, *Leviathan*, 145, 147, respectively (강조는 필자의 것)

18 Thomas Hobbes, *De Cive* 9.9, translated by Quentin Skinner in his *Hobbes and Republican Liberty* (Cambridge: Cambridge University Press, 2008) 116-17. *The English Works*는 조금 다른 공식을 제안한다: "그리고 모든 사람들은 스스로를 쓰는 공간에서 크거나 작은 공간을 가지듯 크거나 작은 자유를 가진다: 큰 공간에 있는 사람이 밀폐된 감옥에 갇힌 사람보다 더 큰 자유를 가지는 것과 마찬가지다." *The English Works of Thomas Hobbes of Malmesbury* (London: J. Bohn, 1839), ii: 120.

19 Hobbes, *Leviathan*, 146.

20 Skinner, *Hobbes and Republican Liberty*, 163, 164, 각각.

21 이러한 분리는 제16장에서 홉스가 대리인을 설명할 때 가장 명시적으로 드러난다. 홉스는 두 가지 경우를 지적한다: 하나는, 주체들이 주권자—그들의 인격person을 품은 사람person—에게 무제한의 권위를 부여해 준다. 이 경우 그 사람은 그들을 전체로서 대표한다. 즉, 그들은 그가 하는 모든 일의 저자들이다. 홉스는 책에서 이 경우를 전면에 내세우며, 주권자의 모든 행동이 또한 주체들의 행동이며 따라서 주권자는 절대로 계약을 위반했다고 비난받을 수 없다고 주장한다. 그러나 제16장은 또 다른 가능성을 제시한다: "그렇지 않으면, 그들이 주권자가 그들을 어느 정도로 무엇을 대변하게 할지 제한할 때면, 그들 중 누구도 그에게 부여한 행동할 직권 이상으로 소유하지 못한다." (Hobbes, *Leviathan*, 114). 이 경우 주권자는 오직 주체들의 일부만을 대변한다. 그의 능력들 중 일부에서(우리는 적어도 전쟁과 안보 관련 문제들을 가정할 수 있다) 주체와 주권자는 하나이지만, 주체 안에는 주권자에게 통합되어 들어가지 않은 채 남는 요소들이 있다. 이 분리가 이 장에서 지적하는 홉스의 자유 개념에 존재하는 긴장을 일부 설명해 줄 수 있을 것이다.

22 Hobbes, *Leviathan*, 122.

23 Hobbes, *Leviathan*, 124.

24 Hobbes, *Leviathan*, 9.

25 Hobbes, *Leviathan*, 152.

26 Hobbes, *English Works*, iv: 215. 이 그룹에 관하여, 홉스가 자유로운 운동과 등가가 성립되

지 않는 자유liberty의 다른 개념을 지지하는 *The Elements of Law*에서 운동의 자유—이 장소에서 저 장소로 옮길 수 있는 "널찍한" 통행의 권리와 "필요한 사물의 운송 수단들"—는 그가 부정할 수 없는 권리의 범주에 놓은 자연적 자유natural liberty의 두 가지 요소들 중 하나였다는 사실을 지적하는 게 흥미로울 수 있다.

27 Hobbes, *Leviathan*, 147.

28 Hobbes, *Leviathan*, 114.

29 Hobbes, *Leviathan*, 34.

30 Hobbes, *Leviathan*, 239-40.

31 Nancy J. Hirschmann, *Gender, Class, and Freedom in Modern Political Theory* (Princeton, NJ: Princeton University Press, 2008), 64.

32 그러한 독해는 그저 시대착오적일 뿐만 아니라, 홉스의 주체를 복잡하고 다층적인 구조까지는 아니더라도 내면성이 전혀 없는 것으로 보는 많은 독해들과 극명한 대조를 이루는 것이다. 예를 들어, Vanita Seth, *Europe's Indians: Producing Racial Difference, 1500-1900* (Durham, NC: Duke University Press, 2010), 67; and Stephen Greenblatt, "Psychoanalysis and Renaissance Culture," in *Literary Theory/Renaissance Texts*, eds. Patricia Parker and David Quint (Baltimore: Johns Hopkins University Press, 1986), 210-24. 참조.

33 따라서 홉스가 "세계(지구뿐만 아니라…우주)는 물질적이며, 즉 몸이며…그리고 몸이 아닌 것은 우주의 일부가 아니다: 그리고 우주는 모든 것이기 때문에 그 우주의 일부분이 아닌 것은 아무것도 아니며, 결과적으로 어느 곳에도 없다"고 주장하더라도(Hobbes, *Leviathan*, 463), 우리는 그가 때로 주체로서 우리는 단지 권리를 품는 존재들이라고 암시하는 것으로 읽을 수 있다. 따라서 내가 위에서 지적한 문제가 발생한다.

34 Hobbes, *Leviathan*, 121.

35 "인간의 열정이 보통 그들의 이성보다 더 강력하기 때문에." Hobbes, *Leviathan*, 131.

36 Hobbes, *Leviathan*, 141.

37 행동의 동기가 무엇이든 간에—공포든 욕망이든 이성이든— 마지막 "숙고 중에 있는 욕구appetite in the Deliberation"는 의지다(Hobbes, *Leviathan*, 44-45). 누군가 행동을 생각했는데 실행에 옮기지 않았다면, 그가 그것에 대한 의지를 발휘했다고 말할 수 없다. 이 경우에 고려된 현상은 "의지"라기보다 "성향"이다(45).

38 홉스는 중요한 삽입구에 "노예상태servitude"의 어원이 동사 "봉사하다serve"에서 유래한 것이 아니고 "구하다save"—삶 자체의 조건을 유지하기—에서 유래한 것일지 모른다고 말한다. 따라서 하인은 모든 구해진 사람들의 이미지다—자연상태에서 모든 이에 대항한 모든 이의 전쟁에서 강력한 주인/주권자에 의해 구해진 모든 사람들. 그렇다면 하인은 다른 모든 사람들만큼 자유롭고, 실로 그는 다른 모든 사람들이다(Hobbes, *Leviathan*, 141).

39 Hobbes, *Leviathan*, 141 (강조는 필자의 것).

40 Greenblatt, "Psychoanalysis and Renaissance Culture."

41 이 논리의 테크놀로지가 통합되면, 국가가 이동을 독점할 수단을 개발하면, 근대국가는

토페이가 밝힌 형태를 취할 것이다: "특히 국제적 경계선을 관통하여, 그렇다고 오로지 국제적 경계선을 관통하는 방식만은 아닌, 개인과 사적 존재들로부터 합법적 '이동 수단'을 몰수한" 시스템, *The Invention of the Passport: Surveillance, Citizenship, and the State* (Cambridge: Cambridge University Press, 2000), 4. 참조. 홉스가 살던 당시 이러한 독점은 완전하게 상상할 수 없었으나 홉스는 그럼에도 이 논리의 초기적 형태를 구상한다.

42 다시 한 번 이 독해는 홉스의 공화정 비평의 그저 또 하나의 관점으로 받아들일 수 있을지 모른다(주체들이 주권자의 행동에 대해 품을 수 있는 반대는 그들이 주권자 자체의 일부분이라는 사실 때문에 모순이 된다는 홉스의 주장). 그러나 이런 관점에서 홉스의 비평을 읽는 것은 그 비평이 그의 자유 설명에 존재하는 긴장을 해결하려고 얼마나 노력하는지, 또 대부분의 독해가 주장하는 것처럼 주체의 자유를 부인하는 대신 주체의 자유 그 자체를 주장하는지 강력히 역설한다.

43 Shapin and Schaffer, *Leviathan and the Air-Pump Hobbes*, 92–99, 152.

44 클라우디아 바라치가 다른 맥락에서 밝히듯이, 우리는 "인간의 움직임만큼이나 움직임과 동연同延하는 전쟁"을 볼 수 있다." *Of Myth, Life, and War in Plato's Republic* (Bloomington: Indiana University Press, 2002), 153. 더 자세한 논의는 제5장 참조.

45 마치 그의 광범한 정치적 기획(단일한 존재로서 가장 큰 인공물—국가—의 건설)에서 홉스의 유물론이 실패한 것처럼 보인다.

46 길 아니자르Gil Anidjar는 피—그는 피 자체를 유동체의 개념으로 본다—에 관해 유사한 주장을 펼쳤다. 아니자르는 이러한 구분을 거부하고, "피를 물질적 또는 생리학적 물질로서, 사회적 에너지가 담기는 상징적 저장소로서, 또는 내재적으로 이해를 구조화하는 은유적 표지로서 다루는 데 만족하는" 것을 거부한다. 그는 질문한다, "우리가 글자 그대로의 것, 정치적인 것에 대비하여 은유의 불안정성을 보게 되면, 그 은유의 자유주의화를, 그 상징의 구체성을—어떻게— 측정하는가?' 대신 그는 피를 다른 질문들을 살펴볼 수 있는 "프리즘"으로 이용하고 싶어 한다. 따라서 피는 내가 여기서 다른 종류의 흐름을 가지고 제안하는 것처럼 "역사적 분석의 범주"가 된다.

47 이 책의 초고를 읽은 많은 이들이 운동의 은유적 사용과 물리적 현상으로서의 운동 사이에 좀 더 명확하게 구분을 지을 것을 나에게 제안했다. 여기서 나의 논점은 그러한 구분이 그저 생산적이지 못하다는 것이다. 그것은 불가능하다.

48 물론 마음이나 영혼(사물things이나 담론의 대상이나 발언의 표현으로서)은 비-공간적 방식으로 움직일 수 있고 움직여질 수 있다(우리는 종종 이러한 움직임을 "e-motion"이라고 부른다).

49 Mary Wollstonecraft, *The Vindication of the Rights of Women* (Mineola, NY: Dover 1996), 43, 77.

50 Michel Foucault, *The History of Sexuality*, Vol. 1 (New York: Vintage Books, 1990).

51 Wollstonecraft, *Vindication*, 77, 41, 42 respectively (강조는 필자의 것).

52 Barbara Arneil, "Disability, Self Image, and Modern Political Theory," *Political Theory* 37, no. 2 (2009): 224.

53 우데이 메타와 나단 타르코브Nathan Tracov와 낸시 허슈만은 정치이론을 다시 이 책으로 방향을 돌려 이 책이 로크의 정치사상을 이해하는 데 중요한 책이라고 주장한다.

54 John Locke, *Some Thoughts Concerning Education and, of the Conduct of the Understanding* (Indianapolis: Hackett, 1996), §11.

55 Hirschmann, *Gender, Class, and Freedom in Modern Political Theory*, 88.

56 "Reason is the endpoint of Locke's physical prescription"—the center of the first half of *Thoughts Concerning Education*. Nancy Hirschmann, "Intersectionality before Intersectionality Was Cool," in *Feminist Interpretations of John Locke*, eds. Nancy Hirschmann, Kirstie McClure (University Park: The Pennsylvania State University Press, 2007), 167.

57 Locke, *Some Thoughts Concerning Education*, §11

58 Locke, *Some Thoughts Concerning Education*, §12.

59 Immanuel Kant, "What Is Enlightenment," 40.

60 Kant, "What Is Enlightenment," 20.

61 똑바로 움직일 수 있도록 이렇게 몸과 마음을 길들이는 것은 첫 번째 비평 전체 프로젝트—경험이나 감수성의 한계를 "넘지overstep" 않도록 이성 자체를 길들이기—와 유사한 것으로 볼 수 있다. 어떤 면에서 사변이성의 문제는 자신의 첫 독립적 발걸음을 떼는 데 주저하는 사람의 완전한 전도轉倒(그러나 따라서 거울반사이기도 하다)다: 그것은 너무 열의가 커서 자연적 경계선을 넘어가지 못하고 따라서 길을 헤매고 모순에 부닥쳐 비틀거릴 게 거의 확실하다. 그러므로 이전 "모든 과학의 여왕"으로 형이상학의 적이 칸트에 의해 "영구 거주와 정착한 삶의 방식을 증오하는 유목민 종족"에 비유된다. *Critique of Pure Reason* (Mineola, NY: Dover Publications, 2003), vii-viii. 결국, 인간—또는 이성—은 제 자신의 경계를 그을 줄 알아야 한다. 이것이 자율의 의미다. 즉, 개인이 제 자신을 위해 정하는 법을 존중해서 행동하는 것을 말한다. 그러나 적절한 법을 정하고, 나아가 그 법을 욕망할 수 있기 위해서는 개인은 특정한 방식으로 생산되어야만 한다—그의 욕망뿐만 아니라 이성도 길들여져야 하고 구상되어야 한다. 내가 곧 다루게 될 메타의 로크 독해, 또는 푸코의 훈육 이해가 여기서 적절하다.

62 Arneil, "Disability, Self Image, and Modern Political Theory," 226.

63 John Locke, *Two Treatises of Government* (New Haven, CT: Yale University Press, 2003), ii, §22.

64 이 개념은 자유주의에 필수적인 것이 되었다. 그의 법 개념이 로크의 개념과 꽤 다르다 하더라도 칸트가 가장 명백한 사례일 것이다. 이 개념의 우월성 때문에 뱅자맹 콩스탕 Benjamin Constant은 《정치원리》에서 개인의 자유에 관한 한 장을 거의 모두 전제권력에 할애한다. 그럼에도 그가 전제권력을 실행하는 가장 유해한 형태들을 열거할 때 체포와 추방—이동을 막거나 강제하기—을 지적한다는 점이 흥미롭다. *Political Writings* (Cambridge: Cambridge University Press, 1988), 294; Friedrich A. von Hayek, *The Constitution of Liberty* (Chicago: University of Chicago Press, 1978), 12.도 참조.

65 로크는 책 전체에서 "움직임motion"을 딱 한 번 언급한다. 그러나 구체적 몸이나 자유 liberty와 관련해서 언급한 것이 아니다. 이 움직임은 보디폴리틱의 움직임이고 그 맥락은 전쟁의 맥락이다—로크가 자유freedom의 반대편에 서 있는 것으로 본 상황(제4장 참조): "전쟁과 평화는 그러한 공적인 몸의 힘에 다른 움직임을 주기 때문에, 몸 전체의 힘의 지휘 권을 가진 자 이외에는 아무도 전쟁과 평화를 만들지 못하고, 그러한 힘의 지휘권을 가진 자는 최고 권력뿐이다." Locke, *Two Treatises*, ii §131.

66 Brown, *Walled States, Waning Sovereignty* (New York: Zone Books, 2010), 44.

67 Uday Singh Mehta, *The Anxiety of Freedom: Imagination and Individuality in Locke's Political Thought* (Ithaca, NY: Cornell University Press, 1992), 85, 100, 각각.

68 Kirstie Morna McClure, *Judging Rights: Lockean Politics and the Limits of Consent* (Ithaca, NY: Cornell University Press, 1996), 9.

69 내가 서론에서 주장했듯, 안정성과 운동은 서로 모순되기보다 서로를 보완한다.

70 McClure, *Judging Rights*, 7. 이 분석에서 매클루어는 내가 홉스에 관한 섹션의 초입에서 지적한 전통을 이어 간다.

71 Locke, *Two Treatises*, ii, §57: 우리는 물론 낭떠러지에서 떨어지길 욕망할 수 없다. 그러나 우리는 매우 자주 그렇게 한다. 이것은 실로 교육의 중차대한 과업이다: 우리의 욕망을 합 리적으로 만들고 장벽의 역할을 하는 법이 투명해지거나 더 나아지는 방식이 되도록 우리 의 욕구를 조각하기; 즉, 법을 내재화해서 이 "울타리"가 "자유Freedom를 파괴하거나 억누 르지" 않고 오히려 "자유를 보존하고 증대"시키게 해야 한다…"법은 그 진정한 개념으로 보 면 제한이라기보다 자유롭고 지적인 행위자agent로 하여금 자신의 적절한 관심사에 이르 게 만드는 지휘자다."

72 따라서 허슈만이 로크에게는 "모든 자유의 제약은 동시에 자유의 표현이기도 하다"라고 한 말은 정확하다. *Gender, Class, and Freedom in Modern Political Theory*, 100.

73 Locke, *Two Treatises*, ii, §119.

74 Locke, *Two Treatises*, ii, §36. 매우 유명한 이 공식은, 간과되어서는 안 되는 훨씬 덜 유명 한 홉스의 또 다른 주장을 반영한다: "가난하지만 강한 사람들 다수가 여전히 늘고 있는 데, 그들은 거주민이 충분치 않은 나라들로 이주되어야 한다. 그곳에서…그들은 각자 작은 땅을 얻어서 기술과 노동력을 발휘해 장래에 생계를 유지할 수 있게 해야 한다." Hobbes, Leviathan, 239.

75 Locke, *Two Treatises*, ii, §119.

76 John Locke, *An Essay Concerning Human Understanding* (London; New York: Penguin, 1997), II.21.8.

77 Locke, *Essay*, II.21.10.

78 Locke, *Essay*, II.21.4 (강조는 필자의 것).

79 Locke, *Essay*, II.13.14; II.8.9, 각각; II.8.17.도 참조.

80 로크의 이 추상적 운동의 개념 분석은 P. J. White, "Materialism and the Concept of Motion in Locke's Theory of Sense-Idea Causation," *Studies in History and Philosophy of*

Science 2.2 (1971): 132. 참조.

81 Locke, *Essay*, II.21.13. 의지가 작동하는 역학을 다른 방식으로 이해하면서 홉스는 똑같은 주장을 펼친다: "자유로운 의지Free Will라는 단어의 사용으로 그 어떤 자유Liberty도 의지나 욕망, 성향에서 추론될 수 없고, 오직 인간의 자유Liberty만 추론 가능하다. 인간의 자유는, 인간이 의지를 지니고 욕망을 품고 성향을 지닌 일(대상)을 하는 데 있어 멈춤stop 이 없음에 존재한다." Hobbes, *Leviathan*, 146.

82 T. H. Green, *Lectures on the Principles of Political Obligation, and Other Writings* (Cambridge: Cambridge University Press, 1986), 228, 37 각각.

83 혹자는 데카르트의 주체가 정치적 사고—어쩌면 정치제도까지지도—안으로 완전히 접목되었다고 말할지도 모른다. 그러나 그런 프레임에는 단점이 있다. 발리바르의 주장을 이용하자면, 데카르트는 cogito를 말할 때 주체성의 개념을 이용하지 않는다: "데카르트는 생각하는 실체 또는 '생각하는 것'의 주체의 이름을 붙이지 않는다"라고 발리바르는 하이데거와 반대의 주장을 펼친다. 따라서 주체의 추상화는 그저 데카르트로의 "회귀", 혹은 정치이론에 데카르트를 "수입"한 것이 아니라, 자유주의적 정치적 존재론의 최신 발전이라고 볼 수 있다. "Citizen/Subject," in *Who Comes after the Subject?*, eds. Peter Connor Eduardo and Jean-Luc Nancy (New York: Routledge, 1991), 33–57.

84 Samantha Frost, *Lessons from a Materialist Thinker: Hobbesian Reflections on Ethics and Politics* (Stanford, CA: Stanford University Press, 2008).

85 P. S. Atiyah, *The Rise and Fall of Freedom of Contract* (Oxford; New York: Clarendon Press; Oxford University Press, 1985), 212–13.

86 그러므로 이 운동들 중 많은 운동들이 자유주의의 정치적 표면을 교란하는 또 다른 방식과 함께 발생했다는 것은 놀랄 일이 아니다: 자유주의적 주체를 젠더화하기.

87 Maurice Merleau-Ponty, *Phenomenology of Perception* (New York: Routledge, 1974), 198.

88 William Blackstone, *Commentaries on the Laws of England* (Chicago: University of Chicago Press, 1979), 130.

89 Blackstone, *Commentaries*. 이 권리가 블랙스톤의 프레임에서 제한적이고 국부적인 운동으로 번역되었다고 지적하는 것은 가치 있는 일이다. 예를 들어, 블랙스톤은 이민에서 자유에 대한 자연적 권리를 보지 않았다(134, 137); Frederick G. Whelan, "Citizenship and the Right to Leave," *The American Political Science Review* 75, no. 3 (1981): 645.도 참조. 수전 스테이브Susan Staves는 이민법과 국경을 가로지르는, 또 국경 내의, 모빌리티에 관한 다른 법들이 블랙스톤이 살던 당시 증가하는 모빌리티를 촉진하기 위해 급격하게 변하고 있었지만, 그는 여전히 시민권(또는 주체성)을 자연적이고 안정된 것으로 생각했다고 주장한다. "Chattel Property Rules and the Construction of Englishness, 1660–1800," *Law and History Review* 12.1 (1994), 127–28.

90 사지에 대해서 블랙스톤은 "[인간의] 싸움에 유용하게 쓰일 수 있는 신체 부위로 이해한다." 사지는 "자연상태에서 외부적 상해로부터 스스로를 지킬 수 있게" 인간에게 주어진 "선물"이다 *Commentaries*, 126).

91 Blackstone, *Commentaries*, 131.

92 Blackstone, *Commentaries*, 125; Hobbes, English Works, i, 407.

93 나는 메를로-퐁티가 몸 자체―몸 안에 있는 주체라기보다 몸인 주체의 모델―의 행위자를 보여 주고 예증하려고 할 때, 그가 사지의 운동과 확장에 초점을 맞춘다고 주장했다. 운동의 이러한 도해와 자유주의에서 추정되는 운동의 도해를 상세히 비교하는 일은 이 맥락에서 가치 있는 일이 될 것이나 이 장의 범위를 넘어서는 일이다.

94 "일화"라는 단어는 여기서 푸코식의 의미로 보인다. 즉, 작은 이야기이나 그럼에도 내가 묘사하고자 하는 논리에 필수적인 무언가를 포착하는 이야기를 뜻한다. 푸코의 일화 이용에 관한 매우 통찰력 있는 분석을 보려면, Adi Ophir, "The Semiotics of Power: Reading Michel Foucault's Discipline and Punish," *Manuscrito* xii 2 (1989): 9-34. 참조.

95 "실행"은 주디스 버틀러의 개념으로 본 의미; 예를 들어, *Gender Trouble: Feminism and the Subversion of Identity* (New York: Routledge, 1990). 참조.

96 Elizabeth Cady Stanton, *Eighty Years and More; Reminiscences*, 1815-1897 (New York: Schocken Books, 1971), 201.

97 이 그룹의 회원이자 수전 B. 앤서니Susan B. Anthony의 전기작가인 아이다 하퍼Ida Harper는 블루머와 더 폭넓은 여성의 권리 캠페인 관계를 이렇게 명시적으로 연결시킨다: "〔이 옷은〕 다른 무엇보다도 복식 개혁에 대한 준비가 가장 잘 된 대중들에게 원리를 설파한 여성들이 주로 입었다"; *The Life and Work of Susan B. Anthony* (Indianapolis; Kansas City: Bowen-Merrill, 1899), 113. 참조.

98 Stanton, Eighty Years and More, 201.

99 Charles Neilson Gattey, *The Bloomer Girls* (New York: Coward-McCann, 1968), 60.

100 Elizabeth Wilson, *Adorned in Dreams: Fashion and Modernity* (New Brunswick, NJ: Rutgers University Press, 2003), 27-30; Kaja Silverman, "Fragments of a Fashionable Discourse," in *On Fashion*, eds. Shari Benstock and Suzanne Ferriss (New Brunswick, NJ: Rutgers University Press, 1994, 183-84).

101 Cited in Harper, *The Life and Work of Susan B. Anthony*, 119. 이미 이 시점에 블루머를 포기했지만, 앤서니는 스미스의 분석을 공유하며 이렇게 대답했다: "나는 드레스 문제에 있어 내 의견에 홀로 서 있으며―나는 여성이 현재의 드레스를 입고서 남자와 동등한 임금을 벌 수 있는 그 어떤 분야의 직업도 찾을 수 없다―우리가 드레스를 일에 맞출 때까지 그 요구를 하는 것이 어리석다는 것을 느낀다―나는 매일 이 긴 치마가 끔찍하게 몸을 속박함을 점점 더 예리하게 느낀다―나는 도덕적 용기의 부족으로 그런 치마로 다시 돌아가게 되었음을 고백한다― 그리고 나는 그렇게 실패했다는 면에서 내 자신의 힘을 의심할 수 있을 뿐이다…" Elizabeth Cady Stanton and Susan B. Anthony, *The Selected Papers of Elizabeth Cady Stanton and Susan B. Anthony* (New Brunswick, NJ: Rutgers University Press, 1997), 321.

102 이 말은 이 매트릭스 없이 사고하는 것이 불가능하다는 것이 아니라, 자유주의적 존재론 내에서 불가능하다는 의미다.

1 Scott, *Seeing Like a State: How Certain Schemes to Improve the Human Condition Have Failed* (New Haven, CT: Yale University Press, 1998), 1.

2 "그런 통제를 실행하기 위해 필요한 광범한 행정상의 기반은 19세기 말에야 공고해지지만, 이 장은 17세기에 집중한다. 이동 통제는 또한 엄밀하게 말해 유럽—근대 민족국가의 요람—에 위치하지 않고, 당시 그것의 제1 촉수라고 묘사될 만한 곳, 아메리카에 위치한다, John C. Torpey, *The Invention of the Passport*, 7. 참조.

3 William Walters, "Secure Borders, Safe Haven, Domopolitics," *Citizenship Studies* 8, no. 3 (2004): 244. 월터스는 현재 유럽의 이민 체제는 "모빌리티를 붙잡으려고 하지 않고 길들이려고 하며, 벽을 세우려고 하지 않고 모빌리티를 이용할 수 있는 시스템을 세우려고" 한다고 주장한다. 월터스는 이러한 모빌리티 정치를 "domopolitic"이라고 부른다—"domus/domare"의 이중적 원리에 의해 조직된 정치: '길들이다'뿐만 아니라 '정복하다'나 '제압하다'를 뜻하는 동사 domare와 어원적으로 연결된, 집이나 가정을 뜻하는 domos. 이 개념은 내가 여기서 포착하고자 하는 이중성을 가리키는 또 다른 시도다. 긍정적인 측면들은, 내가 그렇게 긍정적이라고 말해도 된다면(나의 경우 자유, 그리고 월터스의 경우 소속감이나 제 자신의 장소라는 느낌, 시민의 지위뿐만 아니라 더 나아가 사회보장제도나 또는 더 개방적인 이민 정책들), 하나의 힘, 지배의 행위와 얽혀 있다. 그것은 월터스의 주장대로 "집의 존엄성"에 대한 위협으로, 그리고/또한 특정 질서(안보), 상된 공동체나 동질성에 대한 위협으로 인식되는 것을 길들이기 위해서 (그리고 그런 다음 허락하기 위해서) 필요하다고 인지된다. (248, 241–42 각각).

4 Plato, *Republic* (Indianapolis: Hackett, 1992), 558a, 561d.

5 17세기에는 배제와 "타자화" 과정이 아직 인종적 범주 내에서 안정화되지 않았다; see Uday Singh Mehta, *Liberalism and Empire: A Study in Nineteenth-Century British Liberal Thought* (Chicago: University of Chicago Press, 1999); *Vanita Seth, Europe's Indians: Producing Racial Difference, 1500–1900* (Durham, NC: Duke University Press, 2010); and Peter Linebaugh and Marcus Rediker, *The Many-Headed Hydra: Sailors, Slaves, Commoners, and the Hidden History of the Revolutionary Atlantic* (Boston: Beacon Press, 2000). 참조.

6 Étienne Balibar, "Racism as Universalism," in *Masses, Classes, Ideas: Studies on Politics and Philosophy before and after Marx* (New York: Routledge, 1994); Mehta, *Liberalism and Empire*.

7 Jennifer L. Morgan, *Laboring Women: Reproduction and Gender in New World Slavery* (Philadelphia: University of Pennsylvania Press, 2004).

8 Serhat Karakayali and Enrica Rigo, "Mapping the European Space of Circulation," in *The Deportation Regime: Sovereignty, Space, and the Freedom of Movement*, eds. Nicholas De Genova and Nathalie Peutz (Durham, NC: Duke University Press, 2010), 129.

9 Plato, *Republic*, 558a.

10 Plato, *Republic*, 561d (강조는 필자의 것).

11 Plato, *Republic*, 327b-c.

12 Plato, *Republic*, 328c.

13 아디 오피르는 대화를 소리 내어 읽는 데 10시간쯤 걸리는데, 화자들이 제1권 케팔로스의 집에 멈춘 후로는 배경 변화가 없다는 사실을 지적한다(*Plato's Invisible Cities: Discourse and Power in the Republic* (Savage, MD: Barnes & Noble, 1991), 105-6.

14 Plato, *Republic*, 432e; 369b, 394d; 432b, d-e respectively.

15 J. A. O. Larsen, "Demokratia," *Classical Philology* 68, no. 1 (1973): 45; Kurt A. Raaflaub, "Origins of Democracy in Ancient Greece" (Berkeley: University of California Press, 2007), 158. 자크 랑시에르가 이 맥락에서 주지시키듯, "그러나 '가난한 사람들'은" "인구 집단에서 경제적으로 불리한 부분으로 분류되지 않는다. 대신, 그저 중요하지 않은 사람들의 범주, 지배에 참여할 자격이 없는 사람들, 고려 대상이 될 자격이 없는 사람들의 범주를 지시할 뿐이다" (*Disagreement: Politics and Philosophy* (Minneapolis: University of Minnesota Press, 1999); 또한 시대와 언어가 다르긴 하지만, 즉 그리스와 그리스어가 아니라 로마와 라틴어지만 비슷한 주장을 하는 Giorgio Agamben, *Homo Sacer: Sovereign Power and Bare Life* (Stanford, CA: Stanford University Press, 1998), 176-77. 참조.

16 Stuart Elden, "Another Sense of Demos: Kleisthenes and the Greek Division of the Polis," *Democratization* 10, no. 1 (2003): 135.

17 Michel Verdon, "On the Laws of Physical and Human Nature: Hobbes' Physical and Social Cosmologies," *Journal of the History of Ideas* 43, no. 4 (1982)." 참조. 따라서 아리스토텔레스에게 있어 휴식은 "존재론적 우월성을 누렸다; 휴식은 끝에 다다랐거나 성취에 다다른 무언가의 쉼이다. 휴식은 총체와 완전성, 움직임이 가 닿으려고 노력하는 완결성의 표식이다. 그러니 어떤 면에서 휴식은 운동의 진짜 '원인'이다; 운동들은 이러한 공간의 집으로 가 닿으려는 시도로 설명될 수 있다." Thomas A. Spragens, *The Politics of Motion: The World of Thomas Hobbes* (Lexington: University Press of Kentucky), 1973, 66, 82, and 61-63.도 참조.

18 Claudia Baracchi, *Of Myth, Life, and War in Plato's Republic* (Bloomington; Indiana University Press, Combined Academic, 2002), 23-24.

19 Plato, *Republic*, 514a.

20 비슷한 맥락에서 한나 아렌트는, 플라톤에서 시작하지만 결코 그에게 국한되지 않은 이 패러다임 안에서 "인간의 움직임의 재능은" 몸이 아니라 "영혼에 부여되었다"고 주장한다. 영혼은 "제 자신뿐만 아니라 몸도 움직이게 시키도록 되어 있다." "What Is Freedom?" in *Between Past and Future: Eight Exercises in Political Thought* (New York: Penguin, 1977), 158.

21 Baracchi, *Of Myth, Life, and War in Plato's Republic*, 25.

22 제임스 스콧James Scott처럼 존 어리는 이 의미가 현재의 모빌리티 개념들 안에 여전히 보

존되고 있다는 사실을 보여 준다; *Mobilities* (Malden, MA: Polity, 2007), 8. 참조.

23 Plato, *Republic*, 563d.

24 그리고 그건 실로 "그 자신"이었다. 샐리 서틀워스Sally Shuttleworth의 월경 출혈 연구는 자유주의적 평등주의에서의 여성 배제와 통제 불가하고 과도한 움직임에 관한 가설들 사이의 연관성을 드러내 보여 준다; "Female Circulation: Medical Discourse and Popular Advertising in the Mid-Victorian Era," in *Body/Politics: Women and the Discourses of Science*, eds. Mary Jacobus et al. (New York; London: Routledge, 1990), 47–68. 참조.

25 Thomas Hobbes, *Leviathan* (Cambridge: Cambridge University Press, 1996), 141–42, 154도 참조.

26 (그린블랫을 따라) 바니타 세스가 예리하게 지적하듯, 홉스의 개인은 내면성이 없다. 그는 그저 가면일 뿐이다. 홉스가 개인을 "혼돈의 원천"으로 생각했듯이, 오직 그의 개인성 자체가 부인되고 파격적인 획일성이 담보되어야만 그는 "질서의 주동자"로 상상될 수 있다 (*Europe's Indians*, 67). 세스는 홉스의 경우 자연상태에서 시민 상태로 나아가는 것에는 "개인의 구성 변화"를 내포하지 않는다고 주장한다. 즉, 개인으로 하여금 "내면성"이 불화가 아니라 질서의 원천이 될 수 있는 주체를 생각할 수 있게 하는 변화가 없다는 것이다. 아마도 그러한 변화의 부재는 홉스의 주체가 항상 이미 사회적이라는 사실로 설명될 수 있을 것이다(이것은 맥퍼슨의 주장이다). 그러나 아마도 그러한 변화는 그럼에도 찾을 수 있을 것이다. 낸시 허슈만은 법이 개인 안에서 생산하는, 극미하긴 하지만 일부 변화를 추적한다. 공포는 또한 내적으로 작동하고 행동의 특정 경향성을 생산한다; *The Subject of Liberty: Toward a Feminist Theory of Freedom* (Princeton, NJ: Princeton University Press, 2003). 혹은 어쩌면 우리는 프로스트가 제안하듯 홉스를 생각할 때 내면성의 구조를 아예 제거하고, 홉스의 물질성으로 하여금 모든 차원과 측면이 외부적인 주체를 형성하도록 내버려 두어야 할지도 모른다; *Lessons from a Materialist Thinker: Hobbesian Reflections on Ethics and Politics* (Stanford, CA: Stanford University Press, 2008). 참조. 어떤 식이건, 주체의 이러한 변형들은—내적인 것이든 혹은 함께 살아가기의 새로운 조건들의 기능이든(세스나 맥퍼슨이 다른 방식으로 제안하는 것처럼)—그저 극미한 차원일 뿐만이 아니라 또한 편평하기까지 하다. 그러므로 위의 나의 주장이 가능하다: 우리는 여기서 하나의 모델이 개발되는 것을 보기 시작하지만, 그건 여전히 표면에 국한되어 있다.

27 Richard Peters, *Hobbes* (London: Penguin, 1956), 94.

28 Hobbes, *Leviathan*, 145 (강조는 필자의 것).

29 Torpey, *The Invention of the Passport*; Cresswell, *On the Move: Mobility in the Modern Western World* (New York: Routledge, 2006); and in very different ways Gilles Deleuze and Félix Guattari, *A Thousand Plateaus: Capitalism and Schizophrenia* (London: Athlone Press, 1988).

30 Iris Marion Young, "Feminist Reactions to the Contemporary Security Regime," *Hypatia* 18, no. 1 (2003): 228.

31 Hobbes, *Leviathan*, 91.

32 *De Cive*, in Thomas Hobbes, *The English Works of Thomas Hobbes of Malmesbury* (London: J. Bohn, 1839), ii, 127.

33 Torpey, *The Invention of the Passport*.

34 "공화정에서 법에 대한 **공포**로 인해 인간이 하는 모든 행동들은 그 사람이 하지 않을 **자유**가 있는 행동들이다." Hobbes, *Leviathan*, 146.

35 그리고 운동은 그 둘을 함께 묶어 주는 요소다. 스프라겐스가 자연상태에서의 폭력적으로 부딪치는 몸들과 유사하게 본 끊임없는 미립자들의 충돌은 타인들의 운동에 대한 우리의 취약성을 보여 준다; *The Politics of Motion; and John Rogers, The Matter of Revolution: Science, Poetry, and Politics in the Age of Milton* (Ithaca, NY: Cornell University Press, 1996).참조. 더욱 심화된 분석을 보려면, 제3장 참조. 사만다 프로스트는 (*Lessons from a Materialist Thinker*, 7) 홉스가 "상호주체적으로, 그리고 물질적 환경과 관련하여" 주체를 구축한다고 주장한다. 프로스트는 홉스를 독해하는 내내 거의 버틀러식 주체로 묘사한다—주체의 언어와 욕망, 심지어 생각까지 대개 타인들에게 부여된다(혹은 어쩌면 타인들과 함께 발생한다—제5장에서 다룰 것이다). 그리고 우리가 이러한 상호주체성에 내재한 폭력에 취약한 정도를 명백히 드러내 보여 주는 것은 다름 아닌 주디스 버틀러일 것이다. 내가 지적했듯이 이런 식으로 운동을 폭력으로 생각하는 방식은 앞 장에서 본 자유로서의 운동의 독해와 반대되지 않는다.

36 Hobbes, *Leviathan*, 88–89; Foucault, *Society Must Be Defended: Lectures at the Collège De France*, 1975–76 (New York: Picador, 2003), chapter 4.

37 Hobbes, *Leviathan*, 88–89.

38 공화정이 시간을 부여한다는 주장은 세스에 있어 다른 의미를 지닌다: 세스는 사회 없이는 시간이 텅 빈 채로 있다고 주장한다. 시간이 인간 조건의 중재자가 되는 것은 사회적 존재 내에서만 가능하다: "따라서 계약의 순간에 개인은 과거를 떠나 역사를 만들지 않는다. 대신, 그는 무에서 역사를 창조한다. 그는 창세기 신이 인간을 창조했듯 시간을 창조한다." (*Europe's Indians*, 72).

39 홉스에 따르면 공포는 하나의 "혐오"다: "대상으로부터 상처의 의견과 함께…무언가로부터 벗어나려는…노력" (*Leviathan*, 38, 41).

40 *Leviathan*, 38 (강조는 필자의 것).

41 Spragens, *The Politics of Motion*, 65.

42 카를로 갈리Carlo Galli는 주권의 **공간** 분석에서 비슷한 결론에 다다른다. 공화정 내에 "개인의 모빌리티는 남지만, 그것은 갈등을 일으키는 절대적·자연적 차원이 결여된 것이다. 요컨대, 국가는 동거에 안정성을 주는 역할을 하지만 주체에 영속성이나 뿌리내림은 부과하지 않는다"; *Political Spaces and Global War* (Minneapolis: University of Minnesota Press, 2010), 31. 참조. 스프라겐스 또한 이 운동 제한에서 공간의 역할을 강조했다: "홉스의 세계에서 정치의 임무는…무엇보다도 **봉쇄**의 임무다—'고독하고 가난하고 불쾌하고 잔인하고 짧은'… 삶을 생산하는 자연의 힘들을 봉쇄하기" (*The Politics of Motion*, 193, 강조는 필자의 것).

43 Hirschmann, *Gender, Class, and Freedom in Modern Political Theory*.

44 Hobbes, *Leviathan*, 239.

45 Hobbes, *Leviathan*, 91.

46 로크와 아메리카에 관해서는 연구가 매우 많이 되었지만, 식민화 프로젝트에 관한 홉스의 관여에 대해서는 학문적 연구가 별로 이루어지지 않았다. 이러한 맥락에서 로크가 식민지들에 금융상의 관심을 가졌을 뿐 아니라(미주 66번 참조), 홉스도 버지니아 컴퍼니에 투자했다는 사실을 지적하는 것이 중요하다; Richard Tuck, *The Rights of War and Peace: Political Thought and the International Order from Grotius to Kant* (Oxford; New York: Oxford University Press, 1999), 128.도 참조.

47 "아메리카의 여러 곳에 사는 야만인들은… 오늘날 저 야만적인 방식으로 산다"(Hobbes, *Leviathan*, 89). 칼 슈미트는 '만인이 만인에 대해 늑대' 패러다임은 신세계와 관련하여 이해되어야 한다고 주장한다: "16세기와 17세기에 '만인이 만인에 대해 늑대'가 되살아났고 그 등식은 친선의 표현과 함께 구체적 의미를 얻게 되었다. 왜냐하면 그게 지역화되었기 때문이다─그 등식이 제 자신의 공간을 얻었는데, 바로 아메리카다. *The Nomos of the Earth in the International Law of the Jus Publicum Europaeum* (New York: Telos, 2003), 96.

48 Quentin Skinner, *Hobbes and Republican Liberty* (Cambridge: Cambridge University Press, 2008), 99–103; Tuck, *The Rights of War and Peace*, 137.도 참조.

49 *De Cive*, 96, in Skinner's *Hobbes and Republican Liberty*, 98.

50 결과적으로 다른 분석을 내놓게 되는 다른 관점에서 캐럴 페이트먼은 사회계약이 정당성을 얻으려면 무주지無主地의 패러다임을 띠어야 하는 "정착자 계약"이라고 비슷한 주장을 펼친다. The Settler Contract," in *Contract and Domination*, eds. Charles Mills and Carole Pateman (Malden, MA: Polity, 2007). 참조.

51 Schmitt, *The Nomos of the Earth*, 96.

52 Seth, *Europe's Indians*, 75–76.

53 Hobbes, *Leviathan*, 89. 찰스 밀스Charles Mills는 유럽의 공간-인종적 표식이 단락 말미에 덧붙여져야 한다고 주장하면서 이 외관상의 모순을 설명한다: "그렇게 비유럽 자연상태는 실제적이고 야생적이며 인종화된 장소이다…반대로 유럽의 자연상태는 가설도 아니고 또는 실제라 하더라도 길들이는 사람의 일, 일종의 꽃 피고 열매 맺는 정원으로서, 가지치기는 필요하겠으나 실제로는 벌써 부분적으로 길들여진 것이다." *The Racial Contract* (Ithaca, NY: Cornell University Press, 1997), 46. 적어도 특정한 관점에서 여기서 나의 주장은 그의 주장과 부딪히지 않고 오히려 지지한다.

54 Mehta, *Liberalism and Empire*, 46. 그러나 얀 니더반 피터세Jan Nederveen Pieterse와 비쿠 파레크Bhikhu C. Parekh는 "모순이 단지 자유주의 사상과 자유주의 관행 사이에만 존재하는 것이 아니라 자유주의 사상 자체 내에 존재한다"고 옳은 지적을 한다. *The Decolonization of Imagination: Culture, Knowledge, and Power* (London: Zed Books, 1995), 82.

55 Mehta, *Liberalism and Empire*, 63.

56 따라서 사실상 이러한 보편적인 최소치는 위계적으로 실체화한다. 에티엔 발리바르는 "보편주의가 단지 그저 단순한 말이나 유사철학이기를 거부하고 효과적인 개념 체계가 되면 그것은 반드시 그 핵심에 그 자체의 반대, [심지어] 극단적인 정반대의 것을 포함시키게 된다"고 주장한다. 따라서 "인간의…그 어떤 정의도—보편주의나 인도주의로서의 보편주의에 필수적인 것— 숨어 있는 위계를 내포하지 않은 것은 한 번도 제시된 적이 없었다." ("Racism as Universalism," in *Masses, Classes, Ideas: Studies on Politics and Philosophy before and after Marx* (New York: Routledge, 1994), 197.

57 그리고 여기서 구별은 중요하다: 낸시 허슈만은 "사람들이 적절한 교육을 받으면 생기는, 합리적으로 생각할 수 있는 자연적인 잠재성이라 규정되는 재능들capacities과 역량 abilities, 즉 우리가 실제로 할 수 있는 것들을 구별해야만 한다"고 적절한 주장을 펼친다. *Gender, Class, and Freedom in Modern Political Theory*, 85.

58 "아메리카의 야만인들에게 일부 좋은 도덕적 판단이 없는 건 아니다. 그들 또한 조금의 산수를 할 줄 안다. 그리하여 큰 수는 아니지만 더하기와 나누기를 할 수 있다." Hobbes, *Leviathan*, 459.

59 Hobbes, *Leviathan*, 459 (강조는 필자의 것).

60 Hobbes, *Leviathan*.

61 Hobbes, *Leviathan*.

62 Hobbes, *Leviathan*.

63 그러나 이러한 지리적 구분은 깨지기 쉬운 것이다. 결국, "홉스의 '타자'는…대등한 사람이다: 우리 자신이 '야만인'이다"; Galli, *Political Spaces and Global War*, 28. 아메리카가 그의 자연상태를 찾아볼 수 있는 구체적 장소라는 것을 지적하면서도, 그는 또한 이 주장을 철회한다. (어쩌면 주로) 그의 나라 영국을 포함해 그 어떤 사회도 어느 순간 붕괴될 수 있다. 그러나 우리가 보았듯 이러한 와해는 완전하지 않다. 유럽(유럽인들이 아니라 하더라도)과 신세계 간의 분리(불안정한 분리라 하더라도)라는 측면에서 타자와 자아 간의 구분은 그럼에도 대두되기 시작한다.

64 그러한 구별의 인상적인 사례는 레베카 스테인의 관광산업 연구에서 찾을 수 있다. 스테인은 오슬로 평화협정 이후 아랍권 국가로 여행하는 유대계 이스라엘인들의 이미지와 이스라엘로 여행하는 아랍인 관광객들의 이미지를 비교한다. "유대계 이스라엘인 관광객이 자유롭게 국경을 넘어 아랍의 땅으로 들어가는 영웅적 여행자로 묘사되는 반면, 이스라엘로 입국을 시도하는 아랍 관광객은 상당한 불안의 대상이 되었다." "'First Contact' and Other Israeli Fictions: Tourism, Globalization, and the Middle East Peace Process," *Public Culture* 14, no. 3 (2002): 517. 국경을 넘는 행위에서 개인성과 자유가 재확인되는 자유로운 개인(유대계 이스라엘인의 경우)과 달리, 아랍 관광객들은 식민지 시절 여행기의 전통처럼 종종 "최하층 폭도들"로 묘사되었다(531). 후자의 경우 여행의 이동은 범죄처럼 기록되고 있다고 스테인은 주장한다(532).

65 이 책에서 다루지는 않으나 같은 방식의 또 하나의 분리가 이 맥락에서 생각해 볼 가치가 있다. 일부 이동을 그 안에 새겨진 위험으로 인해 자유롭지 못한 것으로 유형화하는 것과

마찬가지로 일부 이동은 그 이동의 행위자를 묘사함으로써 수동적 희생자로 유형화된다. 이 묘사가 또렷하게 드러나는 것은 성산업을 위한 여성(그리고 어린이) 밀매에 관한 논의다. 여기서, 글로벌 위치 선정(인종·민족·국가적 정체성 분산뿐만 아니라 글로벌 부의 분배)은 젠더(그리고 나이)와 결합되어 전통적인 자유주의적 주체의 이동을 타자(화된) 이동들과 구별한다. 자유와 노예제와 이동(특히 이민)에 관한 가설들에 있어서의 그러한 분열의 비평을 보려면, Wendy Chapkis, "Soft Glove Punishing Fist: The Trafficking Victims Protection Act of 2000," in *Regulating Sex: The Politics of Intimacy and Identity*, eds. Laurie Schaffner and Elizabeth Bernstein (New York: Routledge, 2005), 51-66. 참조.

66 그의 글보다 더—그리고 아마 그의 지적 관심사와 밀접하게 연관되어— 아메리카는 로크의 개인적·금융적 관심을 사로잡았다. 직접 관여하기도 하고 후원자 앤서니 애슐리 쿠퍼 Anthony Ashley Cooper(섀프츠베리 초대 백작)를 통하기도 하면서 로크는 대략 10년간 민간과 공공 분야 식민 행정 관리자를 역임했다. 그리하여 그는 바하마컴퍼니와 로열아프리칸컴퍼니의 노예무역에 막대한 자금을 투자했다. 아마도 가장 유명한 것은 1660~1670년에 *Fundamental Constitutions of Carolina*의 초안 작성과 후일의 개정 작업에 기여한 일일 것이다. 식민지 프로젝트에 대한 로크의 개인적 관여를 상세히 보려면: David Armitage, *The Ideological Origins of the British Empire* (Cambridge: Cambridge University Press, 2000); David Armitage, "John Locke, Carolina, and the Two Treatises of Government," *Political Theory* 32, no. 5 (2004); Maurice William Cranston, *John Locke: A Biography* (London: Longmans Green, 1957); Duncan Ivison, "Locke, Liberalism and Empire," in *The Philosophy of John Locke: New Perspectives*, ed. Peter R. Anstey (London: Routledge, 2003), 86-105; Vicki Hsueh, "Cultivating and Challenging the Common: Lockean Property, Indigenous Traditionalisms, and the Problem of Exclusion," *Contemporary Political Theory* 5 (2006). 참조.

67 Armitage, *The Ideological Origins of the British Empire*, 97. Said, *Orientalism* (New York: Pantheon Books, 1978); Nederveen Pieterse and Parekh, *The Decolonization of Imagination*.도 참조. 아미티지는 이러한 제국 팽창의 정당화를 대영제국 형성의 종교-기반 정당화 방식의 최소화에 기인한다고 본다. 스페인제국과 달리, 대영제국의 이데올로기적 토대는 종교 자체에 기댄 적이 없었다. 특히 *Letter on Toleration*에서 소유가 종교적 근거에만 토대를 두어야 한다는 생각을 거절했던 로크의 경우 해외 정착을 정당화할 수 있는 또 다른 근거를 제공할 필요가 있었다.

68 Armitage, *The Ideological Origins of the British Empire*, 97.

69 Pateman, "The Settler Contract."

70 Seth, *Europe's Indians*, 82-83, 13, 각각.

71 Seth, *Europe's Indians*, 64, 4, 각각.

72 나는 여기서 명백하게 발리바르의 등식으로 유희를 하고 있다. 그러나 나는 그의 이 주체 분석과 지적 유산에 완전히 헌신하는 것은 아니다. 나의 목표는 경계가 지어진 《폴리스》의 핵심에 있는 유형화를 지석하는 깃이다 ─종종 "주체"의 범주를 포섭하는 권리를 품은 존재.

73 Seth, *Europe's Indians*, 99.

74 Locke, *An Essay Concerning Human Understanding* (New York: Penguin, 1997), II.21.8.

75 2004년의 에세이에서 데이비드 아미티지는 로크가 아마도 *Fundamental Constitution of Carolina*을 개정하는 일에 관여하고 있는 와중에 이 장을 썼을 것이며, 그의 재산 이론과 "직접적으로 연결된 증명 가능한 식민지 맥락이 있다"고 주장한다; "John Locke, Carolina, and the Two Treatises of Government," 602. 참조. 던컨 이비슨Duncan Ivison은 더 나아가 우리가 두 개의 맥락이 서로 얽혀 있는 것을 볼 수 있고, 둘의 연관성을 따져 볼 수 있으며, 서로 어떻게 도움을 주었는지 알 수 있을 것이라고 주장한다; "Locke, Liberalism, and Empire," in *The Philosophy of John Locke: New Perspectives*, ed. Peter R. Anstey (London: Routledge, 2003), 86, 105.참조. Barbara Arneil, *John Locke and America: The Defence of English Colonialism* (Oxford: Oxford University Press, 1996), 118–32.도 참조.

76 James Tully, *An Approach to Political Philosophy: Locke in Contexts* (Cambridge: Cambridge University Press, 1993), 129.

77 아네일은 "농업노동과 식민주의 간의 결합은 심대하다"고 주장한다. "자유주의적 식민주의에 관해 이야기할 때 우리는 주로 정착과 농업노동에 집중하게 된다." "Liberal Colonialism, Domestic Colonies and Citizenship," *Journal of the History of Political Thought* 33, no. 2 (2012): 497.

78 Locke, *Two Treatises of Government* (New Haven, CT: Yale University Press, 2003), ii: § 32.

79 Locke, *Two Treatises of Government*, ii: §43. 몇 단락 위에서 로크는 좀 더 절제된 비율 1대 10, 또는 어쩌면 1대100을 제시한다(ii: §37).

80 Locke, *Two Treatises of Government*, ii: §28.

81 Locke, *Two Treatises of Government*, ii: §26.

82 William W. Bassett, "The Myth of the Nomad in Property Law," *Journal of Law and Religion* 4, no. 1 (1986): 134.

83 Bassett, "The Myth of the Nomad in Property Law, 150.

84 Hirschmann, "Intersectionality before Intersectionality Was Cool," in *Feminist Interpretations of John Locke*, eds. Nancy Hirschmann and Kirstie McClure (University Park: The Pennsylvania State University Press, 2007), 165. 여기서 허슈만의 분석의 중심축은 계층이다. 허슈만이 각 부에서 제시하는 제안을 따라, 이렇게 재산의 결핍을 토대로 합리성을 부정하는 것을 토착 아메리카인들의 경우처럼 재산과 인종 측면 모두에 관여하는 부정과 연결시켜 생각해 보면 흥미로울 것이다.

85 Locke, *Two Treatises of Government*, ii: §37.

86 Locke, *Two Treatises of Government*, ii: §26.

87 Locke, *Two Treatises of Government*, ii: §37.

88 Locke, *Two Treatises of Government*, ii: §4.

89 가장 명시적으로는 Locke, *Two Treatises of Government*, §ii: 93, 136, 222; Wendy Brown,

Walled States, Waning Sovereignty (New York: Zone Books, 2010), 44.도 참조.

90 그러나 로크가 인디언이 처한 상황에 "이성의 법칙"을 적용할 때 그가 말하는 이성이 그들의 것인지(행동하는 행위자로서) 혹은 우리의 것(해석하는 자로서)인지 뚜렷하지 않다는 사실을 주목하라. 예를 들어, §30의 로크의 진술을 들 수 있다: "그렇게 이 이성의 법칙은 그 사슴을 죽인 인디언의 것으로 만든다; 비록 그전에는 모든 이의 공통의 권리였다고 하더라도 그 대상에 노동을 들인 사람의 소유가 되는 것이 허락된다." 로크는 소유권을 부여하는 게 동의가 아니라 노동이라는 자신의 주장의 일부로 이 주장을 펼친다. 그러나 그가 여기서 사슴의 전유의 합법성을 판단하기 위해 우리에게 우리 자신의 이성을 이용할 것을 요구하는 것인지, 혹은 똑같이 할 수 있는 "인디언의" 능력에 대해 주장을 펼치는 것인지 명료하지 않다.

91 Schmitt, *The Nomos of the Earth*, 75.

92 "인간은 자연의 법칙 하에 있는가? 무엇이 인간으로 하여금 그 법칙에서 자유롭게 만들었나? 무엇이 그 법의 범위 내에서 자기 자신의 의지에 따라 자신의 재산을 처분할 수 있게 하였나? 나는 성숙의 상태라고 대답한다. 그 상태에서 인간은 그 법을 알고 그러므로 그 범위 내에서 자신의 행동을 유지할 수 있을 것이라고 판단될 수 있다. 인간이 그 상태를 성취하면 그는 그 법이 어디까지 자신의 가이드가 되는지 알 수 있고, 또 어디까지 자신의 자유를 이용할 수 있을지 알 수 있으며, 그에 걸맞게 행동할 수 있을 것이라고 가정된다." 그러므로: "우리는 자유롭게 태어나고, 합리적으로 태어난다"고 그는 주장한다. "그렇다고 우리가 그 둘을 다 실제로 행사할 수 있다는 것은 아니다: 나이가 하나를 불러오고, 하나를 불러오면 나머지도 함께 온다." Locke, *Two Treatises of Government*, ii: §59, 61.

93 *Treatises*에는 그 목록이 앞의 두 개로만 구성되었으나, 그것은 로크의 목록이 아니라 로크가 인용한 리처드 후커Richard Hooker의 목록이다(ii: §60). *Essay*에는 이 목록이 몇 번 등장하는데 거기에는 로크 자신의 말로 나온다.

94 Uday Singh Mehta, *The Anxiety of Freedom: Imagination and Individuality in Locke's Political Thought*, Contestations (Ithaca, NY: Cornell University Press, 1992), 107, 10. 한 발 더 나아가, 광인이 인식론적 구속을 거부하고 그리하여 "사물"의 인지의 토대가 되는 연결고리를 깨뜨리는 경향을 넘어, 광인의 마음 또한 너무 쉽게 움직여서 감정적으로 불안정하게 될 수 있다고 추측하는 게 가능하다.

95 여기서 야만인의 공간적 문제가 울타리치기의 장소 문제를 넘어섰다고 지적하는 것은 가치 있는 일이다. "적절하게" 위치 잡을 수 있는(즉, 경계 지어진 위치에 고정되는) 추정된 능력의 부재에 더해, 로크는 《인간오성론》에서 야만인의 합리성 결함을 구체적 위치의 작용으로 밝히고 있다. 태생적인 아이디어를 반박하는 로크의 논박은 의미심장한 예시가 된다. 그는 마음이 원래 비어 있다는 것(그의 그 유명한 타불라 라사tabula rasa(아무것도 쓰여 있지 않은 깨끗한 석판—옮긴이) 원리)을 증명하기 위해 이렇게 제안한다: "당신이나 내가 솔다니아만에서 태어났다면 아마도 우리의 생각과 개념은 그곳에 살고 있는 저 야만스러운 호텐토트족의 생각과 개념을 벗어나지 않았을 것이다. 그리고 버지니아의 왕 아포찬카나가 잉글랜드에서 교육받았다면 그는 아마도 신성을 알았을 것(로크가 생각하는 추정

상 생득의 아이디어 중 하나)이며, 훌륭한 수학자가 되었을 것이다." 로크가 "말을 나누어
본…" 대부분의 토착 아메리카인들은 "상황이 달랐더라면 이해력이 빠르고 합리적일 수 있
었으며," 따라서 관련된 경험을 그들에게 제시하는 것이 왜 그들의 마음을 성숙한 영국인
의 마음과 같은 동등한 능력으로 이끌 수 없는 것인지 그 이유가 뚜렷하지 않다. 달리 말해,
왜 아포찬카나 왕이 잉글랜드에서 교육을 받아야 하며 그저 영국인과 마찬가지일 수 없는
가; Locke, *An Essay Concerning Human Understanding*, I.4.12, II.xvi.6. 아마도 공간 전치
사 "안에in"는 그저 말실수일 것이나, 로크의 합리성과 공간성을 연결한 격자와는 꽤 일관
된 면이 있다. 더욱이 이것은 나중에 좀 더 발전되고 체계화된 제국주의 장치들에서 앤 스
톨러가 밝혀낸 원리의 초창기적 표현일 수 있다: 모국(또는 아버지의 나라)에서의 교육은
식민 통치의 관리와 지속가능성에 있어 필수적인 것으로 간주되었다; *Along the Archival
Grain: Epistemic Anxieties and Colonial Common Sense* (Princeton, NJ: Princeton
University Press, 2009), chapter 3. 참조. 스톨러는 이러한 지역적 정서 함양을 로크에서 기
원하고, 그리고 그의 "도덕적 사고는 매일의 기질에서, 또 가르침을 받아야만 하는 거동의
습관에서 체현된다는 주장"으로 거슬러 올라갈 수 있다고 주장한다. 이런 것들은 교육이
일어나는 특정 공간에 밀접하게 고정되었다(96-97).

96 Arneil, "Liberal Colonialism, Domestic Colonies and Citizenship." 앤 스톨러는 식민지
를 "인간의 가치"가 평가되는 "관리된 모빌리티의 원리"로서 규정한다. "Colony," *Political
Concepts: A Critical Lexicon* 1 (2012).

97 비키 슈Vicki Hsueh는 로크의 식민지 전유 이론의 토대에 있는 이 가정이 근거가 없고 어
쩌면 아예 틀린 것임을 로크가 잘 알고 있었다는 사실을 보여 준다. 슈는 로크가 "캐롤라이
나 식민 개척자들이 [그의] 서기관 관찰 하에 지역의 다양한 토착민들—본질적으로 지
역 종족들은 *Two Treatises*에서 말하는 진보적인 '문명화된' 사람들에게 기술과 지식을 전수
해 일정 정도의 생산성과 안정성을 올리게 했다—로부터 다양한 정주성 조림과 경작, 채집
을 배웠다는 사실을 로크가 잘 알고 있었다는 것을 보여 준다." 그러한 정보는 *Two Treatises*
에서 제시된 땅과 관계하는 두 가지 방식(울타리치기와 "쓸모 없는 땅") 사이의 이분법이
"식민 의존성과 불안정과 우연성의 역사 다시쓰기와 종국적인 지우기"의 산물이었다는
것을 보여 주는지도 모른다. Hsueh, "Cultivating and Challenging the Common," 203;
Armitage, "John Locke, Carolina, and the Two Treatises of Government."도 참조. 파레
크는 더 나아가 *Second Treatise*의 과잉축적에 관한 유명한 섹션: "목초지나 그의 울타리가
썩거나 식재한 과실이 죽으면 이 땅은 방치되어 그의 울타리에도 불구하고 쓸모없는 땅으
로 여겨지고 그러면 어느 누구의 소유도 될 수 있다" (ii: 38). 이 섹션은 게으른 부자의 비평
으로 쓴 것이 아니라 토착 아메리카인들로부터 울타리 처진 땅을 강탈하는 일을 정당화할
목적으로 쓴 것이었다. 파레크는 이 주장이 울타리를 쳤더라도 3년에 한 번씩 땅이 썩어 퇴
비가 되게 놔두는 관행이 땅을 완전하게 활용하지 못했다는 사실이므로 유럽인들의 토지
강탈이 가능하다는 정착민들의 주장을 지지하기 위해 펼쳐졌다고 주장한다; Nederveen
Pieterse and Parekh, *The Decolonization of Imagination*, 85. 참조. 이러한 주장들이나 바셋
의 주장에 따르면 과잉 이동의 개념은 특정한 정체성 범주들을 낚을 냉소적인 갈고리에 지

나지 않음을 알 수 있다. 사실 이러한 경우들에서, 이동의 신화가 그러한 정당화 메커니즘으로 작용하기 위해 날조되어야 할 정도로, 구체적 이동의 패턴들은 관련성이 없어 보인다. 이 독해의 장점을 무시하지 않으면서, 이 장은 허울을 벗겨 내려 하지 않고, 대신 그 신화가 미리 무엇을 형성하고 또 무엇을 생산해 내는지 살펴본다.

98 따라서 "생산성과 효율성에 관한 유럽인들의 생각"은 땅을 유럽인의 관점에서 볼 때 "비문명화된" 것으로 간주하고, 그에 따라 그 땅이 "진짜 빈 것이 아님"에도 정착이 가능해진다. Margaret Kohn and Keally D. McBride, *Political Theories of Decolonization: Postcolonialism and the Problem of Foundations* (New York: Oxford University Press, 2011), 103. 체계적인 토지 경작의 부재와 그 땅의 "텅 빔" 사이의 연결은 "경작의 권리"라는 개념을 통해 (그에 앞선 그로티우스Grotius처럼) 로크에 의해 강조되었다. 캐럴 페이트먼은 "The Settler Contract"에서 이러한 결합의 중요한 측면들을 분석한다.

99 유명한 문구: "땅이 없는 국민들을 위한 국민 없는 땅."

100 로크는 법을 "오직 늪과 벼랑으로부터 우리를 둘러싸는" 울타리로 일컫는다. Locke, *Two Treatises*, ii: §57.

101 제1장, 제2장에서 이 구조의 몇몇 사례를 제공했는데, 다른 사례들도 들 수 있다. 또 다른 사례로 허가 시스템을 들어 보자. 검문소를 통과하기 위해서 팔레스타인인은 특정 허가증이 있어야만 한다. 이것은 DCO(지구 지휘관)가 발행한다. 그러나 대부분의 지구 지휘관들은 대부분의 팔레스타인인들의 경우 검문소─그들이 통과 허가를 받아야만 통과할 수 있는 바로 그 검문소─를 통과한 후에야 만날 수 있는 곳에 위치한다. 바로 이런 식으로, 검문소를 통과하기 위해서 허가증이 필요하며, 허가증을 받기 위해서 검문소를 통과해야만 한다. 그 외 다른 사례들도 많다.

102 그러나 이비슨은 "로크가 자신의 주장이 국내·국외에 미칠 파급력 둘 다를 생각하고 글을 썼다"고 주장한다("Locke, Liberalism and Empire"). 실제로 아네일은 자신의 훗날의 연구에서 로크의 "농업노동과 이성 한 쌍에 대한 사상적 헌신이, 시민사회로부터의 분리를 통한 관습과 '진보/발전'으로부터의 이탈과 함께 로크의 자유주의적 식민주의의 주요 구성 조건"이라는 것을 증명하려 한다. 그러나 이 식민주의는 외부적인만큼 국내적이었다: "이 근본적인 믿음들은 토착민들에게 심오한 영향력을 끼칠 수 있을 뿐만 아니라 ⋯ 잉글랜드 국내의 게으르고 비합리적인 사람들에게도 똑같은 영향력이 있다." "Liberal Colonialism, Domestic Colonies and Citizenship," 502.

103 라인보우와 레디커는 여기서 17세기 초반 식민화를 지지하는 주장을 펼친 리처드 하클루잇Richard Hakyluyt을 인용한다(*The ManyHeaded Hydra*, 16). "빈자를 위한 법에 대한 에세이"에서 "거리에 떼를 지어 있는 거지들"이란 로크의 언급도 참조. 우리는 이 수사를 19세기 말까지도 찾아볼 수 있다; Bruce L. Kinzer, *England's Disgrace?: J. S. Mill and the Irish Question* (Toronto: University of Toronto Press, 2001).참조.

104 라인보우와 레디커는 이 "심오하고 광범위한 영향을 미치는 원인"(즉, 울타리치기)의 결과는 생존을 토대로 한 농업에서 상업적 농업으로의 전환, 임금노동의 증가, 도시 인구의 증가, 시장의 세포화, 글로벌 무역의 증가, 그에 따른 식민 시스템의 설립이었다고 주장한다

(*The Many-Headed Hydra*, 16).

[105] Linebaugh and Rediker, *The Many-Headed Hydra*, 44.

[106] P. S. Atiyah, *The Rise and Fall of Freedom of Contract* (Oxford: Oxford University Press, 1985), 85-86.

[107] 이것은 16, 17세기 울타리치기 사업의 주요한 결과였는데, 가난한 사람들에게 일정 형태의 토지 보상을 주었던 18세기 의회의 울타리치기보다 훨씬 더 영향이 컸다.

[108] 집, 자유주의적 주체의 울타리 쳐진 땅—이데올로기이자 권력의 테크놀로지로서—은 그에 맞게 이 이동의 거울 이미지로 형성된다: "부르주아는 자신들의 초기 권력과 계층 특성을… 상업과 산업에서 가져오기보다 사회적·일시적 가치로서 '여우 거주지'를 확립하는 전략적 이식으로부터 더 많이 얻는다." Paul Virilio, *Speed and Politics: An Essay on Dromology* (New York: Columbia University, 1986), 34.

[109] Torpey, *The Invention of the Passport*, 8. De Genova and Mae Peutz, *The Deportation Regime*, 57.도 참조. 카라카얄리와 리고는 봉건제도의 부동성immobility은 그 자체로 허구라고 주장한다. 또는 좀 더 잘 표현하자면, 부동성을 현실화시키려는 끊임없는 노력(즉, **정주성의 생산**)은 끊임없는 억압의 작용이었다고 주장한다, "Mapping the European Space of Circulation."참조.

[110] Procacci, "Social Economy and the Government of Poverty", in *The Foucault Effect:Studies in Governmentality*, eds. Colin Gordon, Graham Burchell, Peter Miller (Chicago: University of Chicago Press 1991), 158, 61 (강조는 필자의 것). 아마도 이런 이유로 17세기에 빈곤층이 "실업자…죄수, 그리고…광인"과 같은 범주에 들어갔을 것이다. 그들 모두는 "거대한 감금의 집들" 안에 집을 할당받아야만 했다; Foucault, *Madness and Civilization: A History of Insanity in the Age of Reason* (New York: Vintage Books, 1973), 38-39.참조. 메리 푸비Mary Poovey에 따르면 가난과 극빈 상태pauperism의 구별은 19세기의 산물이지만, 가난한 사람들의 이동을 사회질서에 대한 위협으로—그리고 가난을 유랑으로—이렇게 유형화한 것은 16세기까지 거슬러 올라갈 수 있다; *Making a Social Body: British Cultural Formation, 1830-1864* (Chicago: University of Chicago Press, 1995).참조.

[111] Cherbuliez; cited in Procacci, "Social Economy and the Government of Poverty," 160.

[112] Foucault, *Madness and Civilization*, 39-50; Atiyah, *The Rise and Fall of Freedom of Contract*, 67-68, 527-28; and Locke "Essay on the Poor Law."

[113] 1575년 빈민법은 두 문제를 동시에 처리하기 위해 "부랑자 처벌"을 "빈민 구제"와 "규정에 의한 **교정의 집** 건설"과 함께 묶어 놓았다(Foucault, *Madness and Civilization*, 43). 아티야는 그 모델이 1834년 새 빈민법에 의해 어떻게 거의 뒤집히는지 보여 준다: "노동자들은 극심한 궁핍 상태를 제외하고 국가로부터 생계를 얻을 권리를 포기하는 대신 계약의 자유와 이동의 자유를 얻었다"(*The Rise and Fall of Freedom of Contract*, 527). 그럼에도 감금의 논리는 지속된다; 월터스는 수용소(주로 추방수용소)를 똑같은 논리가 동시대에 작동하는 것으로 본다; "Deportation, Expulsion, and the International Police of Aliens," *Citizenship Studies* 6, no. 3 (2002): 286.참조.

114 Torpey, *The Invention of the Passport*, 8. 물론 빈민을 속박하고 싶은 이러한 욕구는 아티야가 지적한 노동 모델의 전환과 산업노동자들의 이동의 자유 증가로 끝나지 않는다. 17세기부터 오늘날까지 우리는 "'고정된 인구집단의 수용'(예를 들어, 반-유랑법, 빈민법, 그리고 나중에 생긴 공공주택)을 생산하고 그런 다음 수용소와 추방"으로 이어지게 만들고 싶어 하는 욕망을 목격할 수 있다. 그 모두는 계속되는 "정주화 캠페인"의 "구성 조건들을 대변한다"(Walters, "Deportation, Expulsion, and the International Police of Aliens," 286). 미국의 동시대 복지 개혁은 종종 비슷한 정주화 논리를 따르면서 복지 수혜자들을 이상적으로는 "규범적 가족" 안으로 조직해 안정된 위치(집)에 속박하려는 열망을 보인다; Anna Marie Smith, *Welfare and Sexual Regulation* (Cambridge: Cambridge University Press, 2007). 참조.

115 Foucault, *Madness and Civilization*.

116 Locke, "Essay on the Poor Law," 184.

117 Locke, "Essay on the Poor Law," 187. 로크는 이러한 공간적 제약을 어기는 거지들에게 점점 더 심한 처벌을 제안한다. 예를 들어, "14세가 넘은 여자가 자신의 교구를 벗어나 구걸하는 게 발견되면(한 교구의 주민으로서 교구에서 5마일 이내에서 구걸을 하는 게 발견되면)" 그자는 자신의 비용으로 교구로 이동되어 "빈민 감독에게" 넘겨져야 한다. 그러나 그 여자가 "주거지에서 5마일 이상 떨어진 곳에서" 발견되거나 혹은 똑같은 위치에서 두 번째로 "합법적 허가증 없이 구걸하는 게 발견되면" 그자는 "교정의 집으로 옮겨져 그곳에서 3개월 동안 중노동을 해야만 한다." 그러한 엄격한 공간 규제는 적어도 공식적으로는 거지에게 신분을 밝히기 위해 자신의 교구의 배지를 달도록 규정함으로써 작동하기 시작했다(9). 가장 이동성이 활발한 부랑자들(교구에서 먼 곳에서 발견된 자)은 땅이 없고 뿌리가 뽑힌 이동의 장소에 감금되어야 했다: 그들은 배에 태워 바다로 보내졌다(185-6): 교정의 집이 아니고…거주지도 아니고…그러나 그게 해양국가 안에 있으면…그들은 다음 항구도시로 이동되어 그곳에서 중노동을 해야 한다. 그러다가 국왕의 선박이 근처로 올 경우 그들을 태워 줄 기회를 준다면 그자는 그곳 해군함에서 병사의 월급을 받으며 3년을 봉사하고…그들이 허가를 받지 않고 육지로 나가면 탈영병으로 처벌을 받아야 하고, 또는 그자들이 육상으로 보내졌을 경우, 그들이 허가 받은 것보다 더 멀리 가거나 더 오래 머물 경우 처벌을 받아야 한다.

118 Locke, *Essay*, II.xxxiii.6; Emily C. Nacol, "Poverty, Work and 'the People' in Locke's Political Thought," *10th apt Annual Conference* (Columbia: University of South Carolina, 2012).도 참조.

119 Hirschmann, *Gender, Class, and Freedom in Modern Political Theory*, 83; C. B. Macpherson, *The Political Theory of Possessive Individualism: Hobbes to Locke* (Oxford; New York: Oxford University Press, 1985), 226.도 참조.

120 "우리는 합리적 존재로 태어난다. 그러나 우리를 그렇게 만드는 것은 사용하고 행사할 때만 가능하다"라고 로크는 주장한다. 마음을 훈련할 가장 좋은 방법은 수학이며, 그러므로 수학을 "시간과 기회가 있는 모든 사람들에게 가르쳐야 한다"(그리고 다음 섹션에서 로크

는 "재산과 시간"의 공식을 제기한다). 로크는 이것이 어린 시절에 일어나야 한다고 주장하는데, 그 이유는 "근면과 응용 없이 불가능하며, 근면과 응용은 시간과 수고를 요하기 때문이다. 어른은 그들의 인생에 정착해 그만한 시간이 없으며 따라서 잘 되지 않는다." 그러나 "재산과 시간"의 조건이 붙는 것은 또한 모든 아이들에게 기대할 수 없다는 것을 의미한다: "가난한 시골 사람"의 아이들이나 "아메리카인들"은 보통 이러한 기회를 누리지 못한다; Locke, *The Conduct of the Understanding* (London: W. Blackader, 1800), §6.참조.

121 Locke, *The Conduct of the Understanding*, §6.

122 Locke, *Essay*, 2.21.67

123 이것은 두 개의 프로젝트가 만나 이전의 식민지 독해와 수렴되는 지점이다. 산드로 메자드라Sandro Mezzadara가 지적하듯, "재산 자체의 개념은 존 로크에게 '인류학적'인 개념이다." 자아의 재산—몸의 경계를 확보하기, 합리성에 대한 능력, 열정을 지배하기, "모든 '물질적' 재산의 근간을 이루는 노동을 할 수 있기 위해서 자신"을 훈육하기—을 설립한 후, 개인은 "시민이 될 수 있다." 이러한 과정에서 이 인물은 또한 제 자신의 경계들, 즉 시민권의 "타자들"이 되는 일련의 인물들을 생산한다: 여성(로크의 견해로는 본성상 가정 내에서 남자의 권위에 스스로를 예속시킬 운명을 타고난 사람), 무신론자, 어리석은 자, 게으른 빈민, 아메리카 인디언. "Citizen and Subject: A Postcolonial Constitution for the European Union?" *Situations: Project of the Radical Imagination* 1, no. 2 (2006): 33.

124 Walters, "Deportation, Expulsion, and the International Police of Aliens," 270–71.

125 로크에 있어 모빌리티 체제를 통해 모양을 잡아 가는 둘 사이의 연결고리에 관해서는(아메리카의 식민화뿐만 아니라 국내의 농장 식민지와 노동 식민지의 초기 형태를 중진시키는 데 있어), Arneil, "Liberal Colonialism, Domestic Colonies and Citizenship."참조.

126 Locke, *Two Treatises of Government*, ii: §36.

127 노마디즘의 거울 이미지와 비슷하게, 이 자유의 이미지는 대부분 신화적이다. 새로운 식민지로 이주하는 가난한 인구집단(그리고 범죄자들)에 대한 로크의 생각은 17세기에 광범위하게 적용되었으나(그리고 스페인과 포르투갈의 경우 15세기부터), 그것은 자유로운 이민 프로젝트가 아니라 인구집단을 제거하고 이송하기 위한 프로젝트였다. 1597년 부랑자 단속법은 추방을 합법화했고, 그러면서 식민지 개척 회사들에 일손을 제공할 수 있도록 경범죄자들의 경우 처벌의 일환으로 새로운 식민지로 징용되었다; Linebaugh and Rediker, *The Many-Headed Hydra*; Walters, "Deportation, Expulsion, and the International Police of Aliens."참조.

128 흄과 그를 따라 스미스도 암묵적 동의의 각기 다른 맥락에서 이러한 자유의 가설에 의문을 제기한다: "가난한 농부나 장인이 외국어도 모르고 그곳의 생활방식도 모르는 상황에서 하루하루 근근이 받는 임금으로 살아가야 하는데 자기 나라를 떠날 자유로운 선택권이 있다고 진지하게 말할 수 있는가? 우리는 차라리 한 사람이 잠자고 있을 때 배로 옮겨졌고, 배를 떠나는 순간 바다로 뛰어들어 죽을 수밖에 없는데도 그가 배에 남기로 함으로써 주인의 지배에 자유롭게 동의한다고 주장하는 게 나을 것이다." 흄은 여기서 이동할 능력이 있다는 것과 가만히 있기로 한 것이 자유를 뜻하는 게 아니라는 사실은 다른 사회

적 요소들을 지적하는 것이라고 주장한다; David Hume, "On the Original Contract" in *The Philosophical Works* (Edinburgh; London: Adam Black and William Tait, 1826), iii: 520. Adam Smith, *Lectures on Jurisprudence*, eds., R. L. Meek, D. D. Raphael and P. G. Stein (Oxford: Clarendon Press, 1978), 403.도 참조.

제5장 정치적인 모든 것의 실체와 의미

1 Uday Singh Mehta, *The Anxiety of Freedom: Imagination and Individuality in Locke's Political Thought, Contestations* (Ithaca, NY: Cornell University Press, 1992).

2 산드로 메자드라의 메타경계metaborder는 이러한 동시적 분리와 연결의 좋은 사례이다. 대도시와 식민지를 분리하는 메타경계(공간적이기도 하고 시간적이기도 한 경계: 식민지는 다른 곳이고, 또 과거다)는 식민지 질서의 조건이 되는 일련의 구분에 필수적이다. 그러면서도 이 메타경계는 "탈식민주의" 세계의 대도시들 내에서 스스로를 재생산하며, 유럽 내에서 공간을 가르고 연결하고, 아직 지나지 않은 식민지 과거의 반향을 울리며 유럽 도시들 내에서 식민지 통제 매트릭스를 재생산하고 있다. "Citizen and Subject: A Postcolonial Constitution for the European Union?" *Situations: Project of the Radical Imagination* 1, no. 2 (2006): 31–42.

3 여성, 남성, 아이들, 하인들, 음식, 섹스, 하수下水 또는 제조 활동의 이동과 속박이 가정·공공영역을 생산했다. 상인, 농부, 노동자, 선원, 무역업자, 투자자, 소비자, 농산물 또는 돈의 순환이 도시와 농지의 형성에 관련을 맺는다. 그리고 마지막으로 피식민지 사람들, 식민지 개척자들, 혹은 이 범주 어디에도 딱 들어맞지 않는 사람들(부랑자, 죄수, 산업화되지 못한 빈민)의 이동에 가해진 운동과 정지가 있다.

4 모빌리티 연구를 하는 여러 이론가들은 공유된 공간—"사회", "국가" 혹은 단순히 "이동"—이 상승하는 이동의 흐름의 특성을 지녔다고 상상한다. 대부분의 연구자들에게 이것은 "이동의 공간"으로 보이는 것이지만, "[또한] 그 자체로 운동 중에 있는 공간인" 현대 정치적 공간의 특질이다. Carlo Galli, *Political Spaces and Global War* (Minneapolis: University of Minnesota Press, 2010), 7. 비슷한 선상에서 존 어리는 사회를 비교적 안정적인 존재("사회로서의 사회성the social"이나 민족-국가 내에 국한된 사회 개념과 같은 정의에 의존하는)로 이해하는 시각에서 벗어나 "모빌리티로서의 사회성the social"이라는 아이디어로 바꾸어야 한다고 주장한다. John Urry, *Sociology Beyond Societies: Mobilities for the Twenty-First Century* (London and New York: Routledge, 2000), 2. 다음도 참조: Urry, *Mobilities*; Virilio, *Speed and Politics*; Marshall Berman, *All That Is Solid Melts into Air: The Experience of Modernity* (New York: Simon and Schuster, 1982). 그러나 이동에 대한 강조가 근본적으로 현대적인 특성이라고 보는 모빌리티 연구의 트렌드는 전통적 정치사상 또한 종종 사회적/정치적 존재들을 움직이는 집단체, 또는 운동을 통해 형성되는 집단체들로 간주한다는 사실을 놓치고 있다.

5 적어도 17세기부터 중국 소녀의 묶인 발은 중국에 대한 환유로서 작용했다: 퇴보적이고 전
제적이며 근본적으로 부동적인 이미지(진보적인 유럽의 이미지와 대조된다). 묶인 발—젠
더화되었고 기형적이며 이질적이고 때로 이국풍인—은 방해받은 모빌리티를 통해 예증되
는(또한 실행되고 확보되는) 자유의 결핍의 지표로서 사용되었다. 나는 서구 사상의 다른
영역에서도 이 용어가 많이 이용되고 있음을 살펴본다; Hagar Kotef, "Little Chinese Feet
Encased in Iron Shoes," in *Political Theory*, 근간. 참조.

6 자신의 몸을 "그렇게 자유로운 운동"에 익숙하게 만들어서, 결국 "굳건하게 걷는" 법을 배우
는 사람을 계몽으로 진입하는 사람으로 본 칸트의 은유는 의미심장한 사례이다(Immanuel
Kant, "What Is Enlightenment," 제3장의 나의 분석 참조). 이 은유는 19세기에 "부르주
아 자의식"을 구현하게 된 세계에서 존재의 방식을 포착해 보여 준다. Andrew Hewitt,
Social Choreography: Ideology as Performance in Dance and Everyday Movement, Post-
Contemporary Interventions (Durham, NC: Duke University Press, 2005), 81

7 이것이 이전 장, 특히 로크에 초점을 맞춘 분석의 주요 주장이었다. 그러나 그러한 논법은
17세기나 잉글랜드와 신세계의 관계에만 국한된 것은 아니다.

8 Catherine Kudlick, "Disability History: Why We Need Another 'Other,'" *The American
Historical Review* 108, no. 3 (2003): 766.

9 Thomas Hobbes, *Leviathan* (Cambridge: Cambridge University Press, 1996), 120, 114, 각각.

10 Elias Canetti, *Crowds and Power* (London: Gollancz, 1962).

11 Michael Hardt and Antonio Negri, *Multitude: War and Democracy in the Age of Empire*
(New York: Penguin, 2004).

12 피터 라인보우와 마커스 레디커에 따르면 이 다수의 몸의 개념화를 이미 16세기에서 볼
수 있다. 몰수된 그룹의 위협적인 다수가 유형화되는 인물인 히드라는 종종 "점점 증가
하는 노동의 글로벌 시스템에서 질서 유지의 어려움을 묘사"하기 위해 언급되는 신화였
다; *The Many-Headed Hydra: Sailors, Slaves, Commoners, and the Hidden History of the
Revolutionary Atlantic* (Boston: Beacon, 2000), 3.참조. 따라서 홉스는 《베헤모스》에서
히드라의 머리들을 살 수 없다고 말한다(즉, 이 질서의 논리로부터 새로운 질서로 통합될
수 없다는 뜻). 그러한 타협의 시도는 오직 더 많은 반란의 머리들이 출현하게 만들 뿐이
다. 대신, 머리들을 잘라 버려야 한다; *The English Works of Thomas Hobbes of Malmesbury*
(London: J. Bohn, 1839), vi: 245.

13 Doreen B. Massey, *For Space* (London: Thousand Oaks, CA: Sage, 2005), 7.

14 Massey, *For Space; Henri Lefebvre, The Production of Space* (Malden, MA: Blackwell,
1991).도 참조.

15 애쉬 아민Ash Amin은 한 남자가 기차에서 의식을 잃은 어떤 일화—그의 용어로 사건
event—를 묘사한다. 그는 그 사건이 순간적으로 승객들을 하나로 뭉치게 했다고 주장한
다. 즉, 불안감, 위태로움, 그리고 위급한 걱정으로 하나의 공동체가 되었다는 것이다: "독
특한 그 사건으로 인해 우리는 단일한 대중이 되어 상황에 의해 똑같이 영향받았는데, 그
것은 우리의 나약함과 협동심을 깨닫게 해 주는 역할을 했다." Paper presented at the

"City/Space Workshop," Tel Aviv, 2013.

16 아래서 내가 짧게 언급할 시온주의 운동은 여러 개인들과 공동체들의 다중 운동이 새로운 정치현실로 형성되고, 새로운 국가를 창조하고 공간을 영구적으로 바꾸어 놓을 수 있는 그러한 사례가 된다.

17 Adi Ophir, "State," *Mafteakh: Lexical Journal for Political Thought* 3 (2011): 69. 오피르는 "현대국가는…지적인 구성체, 일종의 칸트적 이데아, 즉 경험의 세계에 적절한 표상 represenation이 없는 개념으로서 세계에 나타났다"고 주장한다(72).

18 웬디 브라운Wendy Brown은 "후기 현대 주체들"의 "영적-정치적 욕망들"과 이러한 울타리치기 일부(특히 벽 쌓기)의 물질성 사이의 연결고리를 펼쳐 보인다. 울타리를 치려는 욕망을 계속해서 생산하는 것은, 바로 주체들과 국가들의 완전하게 울타리를 칠 수 있는—"취약성과 무제한성, 침투성과 위반"을 보호하고 분리할 수 있는—능력의 결핍이다. *Walled States, Waning Sovereignty* (New York: Zone Books, 2010), 107-8.

19 John Torpey, *The Invention of the Passport: Surveillance, Citizenship, and the State* (Cambridge: Cambridge University Press, 2000); Max Weber, *Politics as a Vocation* (Philadelphia: Fortress Press, 1965).

20 Virilio, *Speed and Politics*, 43.

21 Hobbes, *Leviathan*, 9.

22 한나 아렌트가 밝혔듯이, 이 패러다임은 플라톤에서 시작한다. 이 패러다임 내에서 "인간의 움직임의 재능은 영혼에 부여된 것으로, 영혼은 제 자신뿐만 아니라 몸도 움직일 수 있게 한다." "What Is Freedom?" in *Between Past and Future: Eight Exercises in Political Thought* (New York: Penguin, 1977), 158.

23 Hobbes, *Leviathan*, 9.

24 Hobbes, *Leviathan*, 158.

25 Adriana Cavarero, *Stately Bodies: Literature, Philosophy, and the Question of Gender* (Ann Arbor: University of Michigan Press, 2002), 165, 66.

26 Cavarero, *Stately Bodies*, 173.

27 Thomas A. Spragens, *The Politics of Motion: The World of Thomas Hobbes* (Lexington: University Press of Kentucky, 1973). 이 책의 제3장도 참조.

28 예를 들어, Arendt, *The Human Condition* (Chicago: University of Chicago Press, 1998).

29 푸코의 유명한 전도轉倒에 따르면 "정치는 다른 수단에 의한 전쟁의 지속이다"; *Society Must Be Defended: Lectures at the Collège De France, 1975-76* (New York: Picador, 2003), 15. 참조.

30 Hobbes, *Leviathan*, 38, 41.

31 Hobbes, *Leviathan*, 149. 다음도 참조 Galli: "'국가들의 법과 자연의 법칙이 똑같은 것이라면' 내전을 끝내려는 국가의 독점적 목적—절대적이긴 하지만 제한된—은 국가의 울타리 친 공간이 항상-존재하는 국가들 간의 전쟁 가능성에 노출되어 있다는 것을 의미한다"(*Political Spaces and Global War*, 32).

32 Hobbes, *Leviathan*, 175.

33 홉스에 있어 완전한 자유liberty는 그것이 **모든 것**에 대한 권리이기 때문에 언제나 폭력이다(적어도 잠재적으로는 그렇다). 어떤 면에서 그것은 헤겔이 완전한 붕괴의 텅 빈 자유liberty, 즉 죽음이라고 본 완전한 자유다. 자연상태를 압축·요약하기 때문에 이 자유는 유혹적인 삶의 종말의 가능성이다.

34 Claudia Baracchi, *Of Myth, Life, and War in Plato's Republic* (Bloomington; Indiana University Press, 2002), 153.

35 Baracchi, *Of Myth, Life, and War in Plato's Republic*, 164–65.

36 Carl Schmitt, *Political Theology: Four Chapters on the Concept of Sovereignty* (Chicago: University of Chicago Press, 2005).

37 Hannah Arendt, *The Origins of Totalitarianism* (New York: Meridian Books, 1958), 398.

38 주권의 동시대적 기초 구조와 시원에 자리한 울타리치기 판타지에 관해서는, Brown, *Walled States*, 특히 제2장 참조. 용기로서의 경계선에 대해서는, Avery Kolers, *Land, Conflict, and Justice: A Political Theory of Territory* (Cambridge: Cambridge University Press, 2009). 참조. 오피르는 국가는 "정치적 몸의 상상적 울타리치기"라고 주장한다. 이 울타리치기는 "결코 끝나지 않는 임무"이지만, 그럼에도 "필수적인 임무"다. 그것은 "다른 모든 발전"의 전제 조건이다. "안과 밖 사이에 분명한 구분을 짓는 능력과, 사람들과 메시지와 사물이 감시받지 않은 채 들고나게 하는 걸 막는 능력은 통치할 수 있는 영역의 끊임없는 성장을 가능케 하고, 이 폐쇄된 영역 내에서의 침투와 간섭을 위한 능력을 발전시킬 감시와 통제, 추적과 규제를 규정하는 모든 메커니즘을 가능케 한다"("State," 75, 82).

39 John Agnew, "Borders on the Mind: Re-Framing Border Thinking," *Ethics & Global Politics* 1, no. 4 (2008); Stuart Elden, *The Birth of Territory* (Chicago: University of Chicago Press, 2013). 메라브 아미르에 따르면 주권은 국경의 수행능력의 효과다: 국경을 흉내 내는(그런 면에서 국경을 생산하기도 하지만 또한 국경을 번거롭게 하는) 다양한 국경-관례들의 수행능력. "Borders as Praxis," 근간.

40 그러나 국가의 안과 밖 사이의 관계에 관한 이 주장은 주권에 따라 정해지는 개념화를 요하지 않는다. 그것은 또한 권력과 정치 관계에 관한 다른 사상 모델들에 적용된다. 따라서 푸코는 이렇게 주장할 수 있다: "다른 권력들을 마주하는 독립적 권력의 문제일 때는, 정부는 국가이성raison d'État에 따라 제한된 목적들을 갖는다. 그러나 주체들의 행동을 통제해야만 하는 공공권력을 관리하는 문제일 때는 정부의 목적에 제한이 없다.… 국가이성에 따른 정부의 국제적 목적의 이러한 제한의 상관물, 국제관계에 있어서 이러한 제한의 상관물은 경찰국가의 정부 능력 행사에 있어서 제한의 부재이다." *The Birth of Biopolitics: Lectures at the Collège De France*, 1978-79 (New York: Palgrave Macmillan, 2008), 7.

41 우리가 홉스를 통해 보는 것은 국가를 규정하는 완전한 폐쇄의 욕망을 실현할 실제적 불가능성이 아니라 이중적, 심지어 자기모순적인 욕망이라는 점을 주지하자.

42 홉스의 말로 조혈造血이고, 길 아니자르는 더 넓은 흐름의 프레임에 위치시킨다. *Blood: A Critique of Christianity* (Columbia University Press, 2014).

43 나폴레옹이 "전쟁의 소질은 운동의 소질이다"라고 주장했을 때 "매우 명료하게 그것을 표현"한 것이다. Virilio, *Speed and Politics*, 47. 다른 많은 이들은 군사 문제들이 "기본적으로 움직임의 [문제], 움직임의 촉진과 방지의 문제"라고 주장했다. Reviel Netz, *Barbed Wire: An Ecology of Modernity* (Middletown, CT: Wesleyan University Press, 2004), 63.

44 홉스는 여기서 종교와 경제가 피를 통해 서로 엮인 오랜 전통을 따르고 있다. Gil Anidjar, "Christian and Money (The Economic Enemy)," *Ethical Perspectives: Journal of the European Ethics Network* 12, n0. 4 (2005), 497–519. 참조.

45 Hobbes, *Leviathan*, 174.

46 Hobbes, *Leviathan*, 174 (강조는 필자의 것).

47 Hobbes, *Leviathan*, 175.

48 마크 네오클레우스Mark Neocleous는 정치적 몸의 유기체적 이미지는 자유주의 사상에 이질적인 것이 아니라며 비슷한 주장을 펼친다. 자유주의적 민주주의에서 국가의 육체적 이미지는 개별 몸들(그리고 그들의 재산)이 우위에 설 수 있도록 자리를 내준다고 주장하는 클로드 르포르Claude Lefort, 필리프 라쿠-라바르트Philippe Lacoue-Labarthe, 장-뤽 낭시Jean-Luc Nancy, 사이먼 크리츨리Simon Critchley와는 반대로 네오클레우스는 이 이미지가 또한 자유주의 사상에서 주도적이라고 주장한다. 그에 따르면, 사회적 몸의 개념이 18세기에 주도권을 잡는다는 것은 동시에 집단적 보디폴리틱의 부르주아 방식의 육체화이자 파시스트적 사회의 상상의 상관물과 같다. Mark Neocleous, *Imagining the State* (Philadelphia: Open University Press, 2003). 마셜 버만Marshall Berman은 실제로 모더니티에서 이러한 구분들이 모두 유동적이라고 주장한다; *All That Is Solid Melts into Air: The Experience of Modernity* (New York: Simon & Schuster, 1982). 참조.

49 Virilio, *Speed and Politics*, 66. 에서 인용.

50 부분적으로, 이것은 이 제국을 "자유주의적"으로 만드는 요소들 중 하나다. 비릴리오는 홉스의 진술을 반영하면서도 꽤 다른 출처로부터 자신의 주장을 이끌어 내면서 폭력의 운동을 기본적으로 부르주아의 사업이라고 본다: 각기 다른 여러 역사적 노동계층 빈민들의 몸을 동원해 무기 혹은 표적으로 삼으려는 프로젝트(*Speed and Politics*, 62).

51 《자유해론Mare Liberum》에서 휴고 그로티우스Hugo Grotius의 주요 논점은 포르투갈과 이후 잉글랜드에서 정한 교역의 독점에 반대해 모든 국가들이 바다에서 자유롭게 교역할 수 있다는 것이었다; *The Freedom of the Seas* (New York: Oxford University Press, 1916). 참조. 이 주장의 상세한 분석과 그 역사적 맥락을 보려면, Philip Steinberg, *Social Construction of the Ocean* (Cambridge: Cambridge University Press, 2001). 참조.

52 다양한 사례는, David Armitage, *The Ideological Origins of the British Empire* (Cambridge: Cambridge University Press, 2000), 특히 제4장과 6장 참조.

53 Nicholas Barbon (1690), Armitage, The Ideological Origins, 143. 에서 인용됨.

54 Armitage, *The Ideological Origins*, 147. 아미티지는 정치경제 담론(19세기에 개별 학문으로 출현했으나 17세기까지 거슬러 올라갈 수 있다)이 이렇게 겉으로 보기에 모순되는 자유주의적 유럽 국가들의 특성들을 연결시켰다고 주장한다.

55 Carl Schmitt, *The Nomos of the Earth in the International Law of the Jus Publicum Europaeum* (New York: Telos, 2003), 43. 이 자유가 이론적으로 전쟁과 함께 항해와 노동(어업)의(바다가 개방된 이유라고 생각되는 "세 가지 매우 다른 인간 활동 영역들") 자유였다 하더라도 폭력은 언제나 승리했다: "평화로운 어부가 평화롭게 물고기를 낚을 수 있는 권리가 있는 곳에 호전적인 바다 권력은 수뢰를 놓을 수 있고, 중립적 무리가 자유롭게 항해할 수 있는 곳에 전쟁 당사자들은 수뢰와 잠수함과 항공기로 서로를 파괴할 권리가 있다."

56 Schmitt, *The Nomos of the Earth*, 94. 슈미트가 신세계—육지에 접한 대양들—에 관해 펼치는 하나의 주장. "자유로운 공간"과 "자유로운" 바다는 팽창과 전유와 점령에 놓인 그 어떤 제한으로부터 자유로웠다. 또한, 비릴리오: "바다의 권리는 매우 급속하게 범죄의 권리가 되었고, 모든 제약으로부터 자유로운 폭력의 권리가 되었다… 곧, '바다의 제국'이 공해 公海의 자리를 차지한다." (*Speed and Politics*, 65.도 참조)

57 따라서, "해군 전략에 관해 이제껏 쓰인 책 중 가장 굴절이 심한 책 *The Influence of Seapower on History* 1660-1783"은 "해군 전쟁을 국가들 간의 경제적 경쟁의 프레임" 안에 놓는다; Paul Q. Hirst, *Space and Power: Politics, War and Architecture* (Malden, MA: Polity, 2005), 68.참조. 이것은 또한 다음과 같은 생각을 가능케 하는 만연한 인식이 있었음을 의미하기도 한다: "자유주의는 영국의 정책이다"; "일반적으로 해상국가들에 적합한 정책"인 정책. 예를 들어, 육지로 둘러싸인 독일은 자신의 제국적 욕망들이 비-자유주의적 구조를 요한다고 생각했다(Foucault, *The Birth of Biopolitics*, 108). 달리 말해, 바다는 제국이 자유주의적 형태를 취할 수 있는 매개였다.

58 Ian Baucom, *Specters of the Atlantic: Finance Capital, Slavery, and the Philosophy of History* (Durham, NC: Duke University Press, 2005), 35-36.

59 "바다에서는 방어 태세를 취하고 적을 기다리는 게 거의 불가능하다. 선박들은 움직여야 하고, 고정된 위치는 공해상에서는 취할 수 없다." 따라서 제국은 종족끼리 전쟁하는 유목민의 형태를 취했다. 스텝 지대처럼 바다는 "유목민들과 그들의 가축이 비교적 자유롭게 이동할 수 있는 하나의 광활한 공간이었다." Hirst, *Space and Power*, 53.

60 이것은 질 들뢰즈와 펠릭스 가타리가 "전쟁은 국가에 대항하는 것이고, 국가를 불가능하게 만든다"라고 주장하게 이끈 요소들에 추가되어야 한다. 그러나 여기서 우리는 이러한 해체가 국가의 구조 자체에 필수적이라는 것을 볼 수 있다. 따라서 들뢰즈와 가타리의 진술을 여는 문구—"홉스가 국가는 전쟁에 반대한다고 본 것처럼"—는 완전히 틀린 말은 아니지만 매우 불완전한 지적이다: 사실 홉스의 국가는 자연상태의 전쟁, 또는 내전에 반대하지만, (그들의 용어대로) "전쟁기계"이다. *A Thousand Plateaus: Capitalism and Schizophrenia* (London: Athlone Press, 1988), 357.

61 Deleuze and Guattari, *A Thousand Plateaus*, 364.

62 Galli, *Political Spaces and Global War*, 40.

63 그는 둘 사이에 명백한 차이점들이 있지만, 또한 중요한 연속성이 있다고 주장한다: "혼성 왕정의 지배자들은 모든 제국의 행정가들과 비슷한 문제에 직면했다: 강력한 중앙정부가 먼 곳의 속국들을 통치할 필요성, 중앙정부와 지역 입법부 간의 충돌, 종종 저항하는 다양

한 인구집단에 공통의 규범과 문화를 부과할 필요성, 그에 따라 중앙정부가 지역 엘리트의 협력에 기대야 하는 의존성." Armitage, *The Ideological Origins of the British Empire*, 23.

64 따라서 갈리는 홉스의 정치가 경계에 대해서는 적대감을, 공간에 대해서는 무관심"을 보인 다고 주장할 수 있다. *Political Spaces and Global War*, 29.

65 Galli, *Political Spaces and Global War*, 40.

66 Hobbes, *Leviathan*, 398.

67 각기 다른 기술적·공간적 요소들이 이 속도에 기여한 방식들에 대한 체계적 분석을 보려면, 또한 속도가 항상 증가하는 직선의 가설에 대한 비평을 보려면, Hirst, *Space and Power*, 특히, 제6장 참조.

68 Virilio, *Speed and Politics*, 68.

69 Eyal Weizman, *The Least of All Possible Evils: Humanitarian Violence from Arendt to Gaza* (New York; London: Verso, 2012), 3.

70 Yotam Feldman, *The Lab* (a documentary, 2013).

71 Hirst, *Space and Power*, 120. 따라서 도시전쟁은 도시가 군사적 폭력의 운동(혹은 군사적 운동의 폭력인가?)을 파편화시키고 어느 정도 분산시키기 때문에 "혁명적 전쟁"이다.

72 그러나 여기서 와이즈만이 언급하는 합법성의 조절적 효과 문제가 개입한다: 예를 들어, 공중에서 시민들을 폭격하는 것은 오랜 기간 동안 지속가능하지 못하다(그리고 어느 정도 가 "오래"인지, 혹은 누가 "시민"인지 하는 문제는 지리적 요소들, 폭력의 정치 문제에 따라 달라질 수 있다).

73 방어벽 치기와 공간적 반응의 역사에 대해서는, Mark Traugott, *The Insurgent Barricade* (Berkeley: University of California Press, 2010).참조. 트라우곳Mark Traugott에 따르면, 16세기부터 방어벽은 단지 혁명의 테크닉이 아니라 상징이었다.

74 1971년 가자지구에서 반-봉기 운동의 일환으로 아리엘 샤론은 가자지구의 몇몇 난민촌에 폭넓은 도로 건설을 지시했다. 새 통행로를 내려고 불도저로 빌딩을 허물었는데, 그로 인해 군부대가 자유롭고 비교적 안전하게 통행할 수 있었을 뿐만 아니라 이스라엘이 제 마음 대로 여러 마을들을 쪼갤 수 있게 되었다. 이동을 제한하고 여러 지역의 땅을 고립시킬 목 적에 도로가 어떻게 이용되었는지에 대한 분석을 보려면, Ariel Handel, "Where, Where to and When in the Occupied Palestinian Territories: An Introduction to a Geography of Disaster" in *The Power of Inclusive Exclusion*, ed. Adi Ophir et al. (New York: Zone Books, 2009). 참조. 그러나 텍스트의 인용문은 다른 문맥에서 가져온 것이다: 그것은 엥겔 스가 마르크스의 《프랑스 계급투쟁 1848-1850》 서문에서 밝힌 1848년 이후 새단장한 새로 운 유럽 도시들의 묘사의 일부이다.

75 인권단체 브첼렘B'Tselem에 따르면, 2001년 이래 보안지대 건설을 목적으로 한 "벗겨 내기 stripping" 법안의 일환으로 수천 채의 주택이, 특히 가자지구에서 파괴되었다고 한다. 팔레 스타인인들이 이스라엘, 또는 이스라엘 군인들을 공격할지 몰라 안전지대를 확보한다는 명 목 하에 수천 에이커에 달하는 농지와 자연초목 지대가 파괴되었다(거기에는 잠재적 반란 자들을 은폐할 수 없는 키 믹은 식물—예를 들어 토마토나 호박 같은—이 자라는 밭도 포

함되었다). 가자지구에서 군사작전이 일어날 때마다 그 수치는 점점 더 커졌고, 그러면 그 수치를 서류로 작성하는 게 무익한 일로 보이지만 전략은 남는다: 해체, 파괴, 뿌리 뽑기; 집 —대체로 임시적인 집이다—과 생존수단을 체계적으로 수탈당한 난민들. 이스라엘은 또 다른 이유로도 팔레스타인인들의 집과 거주지를 체계적으로 파괴한다(주로 불법 건축물 이라는 주장으로, 팔레스타인인들의 거의 모든 건축물들이 불법으로 간주된다). 1967년 이 래 이스라엘은 oPt에서 2만 8천 채 이상의 주택을 허물었다; 데이터 출처는 ICAHD: The Israeli Committee against House Demolitions.(주택 해체를 반대하는 이스라엘 위원회)

76 벽은 가장 잔인한 사례이다. 언제나 테러를 방지할 수단이라는 명분이 따르는 벽은 원래 녹색선에 대충 만들어지기로 되어 있었다. 그것은 무엇보다도 좌파와 중도 시온주의자들 에 의해 점진적 분할 계획의 일환으로 장려되었고, 2003년까지 우파 시온주의자들이 이에 반대했다. 그러나 샤론의 집행으로 벽은 점점 더 동쪽으로 밀고 들어오면서 팔레스타인 도 시들을 빼곡하게 둘러싸고 그러면서 팔레스타인 영토 깊숙이 파고들게 되었다. 정착지들 주변의 보안 조치들과 함께 다른 울타리와 장애물들에 더해진 벽은 팔레스타인 영토를 수 십 개의 벽이 쳐진, 또는 울타리가 쳐진 고립지대로 쪼개 놓는 역할을 했다. 벽 건설에 관 한 공공의 논의와 계획에 대한 자세한 묘사를 보려면, Shaul Arieli and Michael Sfard in *The Wall of Folly* (Tel Aviv: Yediot Hachronot, 2008).참조. 아리엘 헨델은 정착지를 "게이 트로 통제하는 공동체"로서 분석한다: 울타리로 둘러싸인 공동체들로, 그 울타리는 그들 의 자치도시 영토를 훨씬 넘어선 곳까지 뻗어 있고, 사실상 다른 모든 공동체들을 막는 역 할을 한다. Handel, "Gated/Gating Community: The Settlements Complex in the West Bank," *Transactions of the Institute of British Geographers* (근간).

77 포위정책이 효과를 낸 이래로 가자지구에서 터널에 토대를 둔 경제가 발달했다. 대부분의 터널(이집트와 가자지구 사이의 국경 아래 판 터널들)은 하마스에 의해 통제되고 식량과 사람, 돈, 물품, 무기를 밀수입하는 데 쓰인다. 인권단체 기사Gisha에 따르면, "터널 산업" 은 "가자지구 경제활동의 가장 큰 원천 중 하나"다(www.gisha.org). 현재 6백 개에서 1천 개 정도의 터널이 가자지구에 연결된 것으로 추산된다. 가자지구 경제에서 터널의 역할에 관해서는, Omar Shaban's analyses in *Pal-Think: Gaza Based Think and Do Tank* (http:// palthink.org/en/) 참조. 터널의 존재와 그 정치적 영향력, 특히 하마스 정부의 설립과 강 화에 관한 이스라엘의 관심 분석을 보려면, Merav Amir, "Matters of Siege: How and Why the Closure of Gaza Fails" 참조. (근간).

78 그러나 이 맥락에서 재건은 매우 민감한, 양날의 정치적 임무가 될 수 있다. 와이즈만은 제 닌(팔레스타인 도시) 재건에 관한 논쟁을 묘사한다: "유엔 팔레스타인 난민구호사업기구 (UNRWA) 엔지니어는…'파괴를 이용해 도로 폭을 4~6미터로 넓히고 싶어 했다.'" 그러 나 그는 마음속에 캠프에 관한 관심을 가지고 있었으나 캠프의 위원회는 그 변화에 저항 하며, 도로 폭을 넓히면 탱크가 "건물들 사이에 끼지" 않고 자유롭게 이동할 수 있게 함으 로써 이스라엘 군을 돕는 꼴이 될 것이라고 주장했다; *Hollow Land: Israel's Architecture of Occupation* (New York: Verso, 2007), 2004.참조.

79 Naveh in an interview to Yotam Feldman, *The Lab*.

80　드디어 여기서 와이즈만에게 한 나베흐의 말을 인용하는 게 가치 있는 일이 될 것이다(*Hollow Land*, 198):

"당신이 보는 이 공간, 당신이 보는 이 방은 그저 방에 대한 당신의 해석일 뿐입니다. 자, 당신은 당신의 해석의 경계를 확장할 수 있습니다. 그러나 결국 무한정으로 그럴 순 없죠. 건물과 골목을 포함하고 있기 때문에 물리학에 의해 제한을 받을 수밖에 없습니다. 문제는 이렇습니다. 골목을 어떻게 해석하겠습니까? 모든 건축가나 모든 도시계획자들이 그러는 것처럼 골목을 걸어 다닐 수 있는 장소로 해석하겠습니까? 아니면 걷는 게 금지된 장소로 해석하겠습니까? 이것은 오직 해석에 따라 달라집니다. 우리는 골목을 걷기가 금지된 장소로, 문을 통과가 금지된 장소로, 창문을 들여다보기가 금지된 장소로 해석했습니다. 왜냐하면 골목엔 무기가 우리를 기다리고 있고, 문 뒤엔 부비트랩이 우리를 기다리고 있기 때문이죠. 왜냐하면 적은 전통적, 전형적인 방식으로 공간을 해석하고 나는 이 해석을 따르다가 적의 덫에 빠지고 싶지 않기 때문이죠. 적의 덫에 빠지고 싶지 않을뿐더러 나는 적을 놀래고 싶습니다! 이것이 전쟁의 본성이죠. 나는 이겨야 합니다. 나는 예기치 못한 곳에서 나타날 필요가 있습니다…바로 그래서 우리가 벽들을 관통해 이동하는 방법론을 선택한 겁니다… 마치 제 길을 파고 기어가는 벌레가 여기저기 모습을 드러내다가 다시 사라지는 것처럼 말이죠."

81　Weizman, *Hollow Land*, 70, 209.

82　그리고 보컴Ian Baucom이 통화가치의 논리에 관하여 밝혀낸 것이 바로 이 침투성, 모든 의미와 영토에 침투할 수 있는 능력이다. 그 자체가 대서양 순환의 식민지 조직의 산물이며, 그 자체가 보컴이 보여 주듯 많은 이의 목숨을 앗아 갔다. 그러면 자본은 해상식민지적 폭력의 매트릭스의 또 다른 형태가 된다. Baucom, *Specters of the Atlantic*.

83　"비행하는 검문소"는 조건부 임시 검문소에 붙은 공식 이름이다. 그것의 유대어 이름을 글자 그대로 옮기면 "불시적인 검문소"나 "놀라게 하는 검문소"다. 종종 그 검문소는 지프차로 도로를 막고 무작위로 보안검문을 하는 형태를 취하기도 한다. 이 검문소들은 제1장에서 제시된 "일상 바꾸기"의 논리의 일환이다. 구체적인 보안 경계심을 높이는 것 외에도, 그 검문소들은 군사적 존재감을 드러내는 데 이용되기도 하고, 팔레스타인인들이 저항을 하더라도 이스라엘의 군사적 패턴을 예측할 수 없다는 것을 보여 주기 위한 목적을 띠기도 한다.

84　폐쇄된 군사지대는 종종 지역 장교들의 선언에 따라 oPt 내에 나타나기도 하고 사라지기도 한다. 그것은 시위가 있다거나 국제적, 지역적, 또는 이스라엘 좌파 조직의 활동이 있을 때면 기적적으로 출현한다. 그것은 팔레스타인 도시나 마을이 팽창할 수 있는 지역에는 좀 더 영구적으로 출현한다. 수년간 거주한 지역 옆에 어느 날 불쑥 생겨나 지역민들의 모든 이동을 제한하기도 한다. 혹은 그것은 이 지역에 나타나 주택 파괴를 정당화하기도 한다. 그것은 때로 특정 사람들을 마주하기 위해 나타나기도 한다: 폐쇄된 군사지대는 어느 날 문을 열고 팔레스타인인들이나 다른 활동가들의 이동을 속박하는 데 적용되기도 한다. 그러나 똑같은 지역의 정착민들의 이동은 방해받지 않는다.

85　Handel, "Where, Where to and When in the Occupied Palestinian Territories."

86 스톨러는 식민지 일반("Colony")에 대한 정의를 내리지만 바로 그 노력에 경고를 함께 보
    낸다. 특히 스톨러가 "제국의 형성"이라고 부르는 식민지들을 생각할 때 더욱 그러하다. 스
    톨러는 제국이 한 가지 형태로 나타나는 게 아니라고 주장한다(그리고 우리는 제국의 식민
    지들도 마찬가지라고 추론할 수 있다). 대신, 제국은 "지배의 테크놀로지들이 예외를 생산
    하고, 또 다양하게 변모하며 확산함으로써 번창하는 거대 정치조직이다." "On Degrees of
    Imperial Sovereignty," *Public Culture* 18, no. 1 (2006): 128. 우리가 이스라엘을 식민 지배
    의 사례로 고려해 볼 때 우리는 그에 걸맞게 두 가지 사항을 염두에 두어야 한다: ⓐ 이스라
    엘은 예외적이다. ⓑ 다른 식민 지배도 마찬가지로 예외적이다.

87 Stoler, "Colony." 사리 하나피가 이스라엘/팔레스타인에 관해 주장하듯이, 국경선은 "운
    반 가능하고 구멍이 많고 흐릿하며", "움직이는 경계선"으로 항상 다시 그어지고 변한다;
    "Spacio-Cide and Bio-Politics: The Israeli Colonial Conflct from 1947 to the Wall," in
    Against the Wall: Israel's Barrier to Peace, ed. M. Sorkin (New York: New Press, 2005),
    251-61. 참조.

88 Hilla Dayan, "Regimes of Separation: Israel/Palestine," in *The Power of Inclusive
    Exclusion: Anatomy of Israeli Rule in the Occupied Palestinian Territories*, eds. Adi Ophir,
    Michal Givoni, and Sari Hanafi (New York: Zone Books, 2009).

89 Lindsay Bremner, "Border/Skin," in *Against the Wall: Israel's Barrier to Peace*, ed. Michael
    Sorkin (New York: New Press, 2005), 132. 브렘너Lindsay Bremner는 "아파르트헤이트
    하에서 경계선은 넘어가는 것이 아니라, 안에 머물던 곳이었다"고 주장한다. 이 경계선들
    은 "구멍이 많도록 계획되었으며, 움직이는 몸을 통제하도록 계획되었다. 그것은 폐쇄의
    내러티브를 생산한 게 아니라, 수십만 건의 출입과 통행의 내러티브를 생산했다"(131).

90 최근 안보 연구자들은 이것이 훨씬 더 확산하여 일반적인 국경 구조가 되었다고 주장한
    다: 국경은 편재하게 되어, 외부성으로부터 내부성을 확실하게 갈라 놓는 논리는 더 이
    상 작동하지 않으며 군사, 경찰, 안보기관들 사이의 뚜렷한 구분이 흐려지기 시작했다;
    Étienne Balibar, *Politics and the Other Scene* (New York: Verso, 2002), 84. 참조. 일부 학
    자들에 따르면, 이것은 비교적 최근의 국경 위기이다(예를 들어, Didier Bigo, "Möbius
    Ribbon of Internal and External Security(Ies)," in *Identities, Borders, Orders Rethinking
    International Relations Theory*, eds. D. Jacobson, Y. Lapid, and M. Albert (Minneapolis:
    University of Minnesota Press, 2005), 103. 이 주장을 풀어 보면, 유럽의 공간이 스스로에
    식민지 논리를 취한다고 해석될 수 있다. 다른 학자들에 따르면, 이것은 그저 국경 논리 자
    체의 일부이지, 안보 체제에 특징적인 동시대의 특성이 아니다. 그러한 주장에는 때로 가
    장 깊은 구조적 측면에서 민족국가와 식민지는 서로 나란히 이해되어야 한다는 주장이 수
    반된다; Mezzadra, "Citizen and Subject?"; Merav Amir, "Borders as Praxis," 근간. 참조.

91 이 말은 사실상 모든 장소가 어느 때고 국경이란 뜻이 아니라, 국경은 어디서나 출현할 수
    있다는 말이다.

92 정지, 검문소, 분리된 통행, 울타리 쳐진 지역, 야간통행금지, 여타 이동에 가해진 제한들의
    여러 체제는 식민지 행정에서 필수적이다. 파농에 따르면: "식민지 주체가 배워야 하는 첫

번째 것은 자기 자리에 머물러야 하고 그 한계를 벗어나면 안 된다는 것이다. 따라서 식민지 주체의 꿈은 근육질의 꿈, 행동의 꿈, 공격적인 활력의 꿈이다. 나는 뛰고, 헤엄치고, 달리고, 산을 오르는 꿈을 꾼다. 나는 큰소리로 웃음을 터뜨리고, 강을 뛰어넘고, 한 무리의 차들이 나를 쫓는데 절대 나를 잡을 수 만은 없는 꿈을 꾼다." 피식민지 세계의 부동성은 오직 개인의 꿈속에서만 해결책을 찾는다—몸이 움직이지 못할 때 얼토당토않은 실현되지 못하는 욕망.

93 Handel, "Where, Where to and When in the Occupied Palestinian Territories," 214.

94 다시, 나베흐는 분리장벽—아마 이스라엘과 서안지구 사이에서 가장 눈에 띄고 안정적인 국경의 시뮬레이션일 것이다—에 대한 자신의 비전에서 이 원리를 명료하게 드러낸다. 장벽의 경로에 대한 논의를 언급하면서 나베흐는 "그들〔정치인들〕이 어떤 경로에 장벽을 치기로 합의를 보든 간에 나는 다 좋아—내가 통행할 수만 있다면"이라고 말했다(Weizman, *Hollow Land*, 217에서 인용). 장벽은 피점령자/피식민지인의 이동을 제한해야 하지만 점령자/식민지 개척자와 점령/식민화의 운동을 막아서는 안 된다.

95 자유주의적 국가와 자유주의적 몸 사이의 유비는 비록 때로 겉으로 드러나진 않더라도 이 책 내내 펼쳐졌다. 두 몸은 모두 자율적이고, 울타리가 쳐진 것으로 추정되며, 조절되고 통제된 운동의 모델을 통해 형태를 취한다. 두 몸은 모두 자유가 이동이고 이동이 자유인 존재들이다. 둘은 종종 긴장 관계에 있는 두 프로젝트의 교차 지점에서 구성된다: 한편으로, 끊임없이 경계를 보호하고 봉인하는 일을 하는 폐쇄의 프로젝트로서 자율의 프로젝트; 다른 한편으로, 종종 이 경계선들을 넘어서는 극대화된 운동의 프로젝트로서, 때로 "번식의"(홉스의 용어를 따르자면) 기능이 있고 그리하여 경계선의 안정성에 의문을 제기하는 프로젝트. 이 장의 홉스 독해를 통해 나는 이 폐쇄와 이 움직임의 비평을 제공했다; 자유주의적이고 자율적인 주체에 관하여 유사한 비평이 이루어졌다. 예를 들어, Judith Butler, *Undoing Gender* (New York; London: Routledge, 2004); Butler, *Precarious Life: The Powers of Mourning and Violence* (London; New York: Verso, 2004); Carole Pateman, "Women and Consent," *Political Theory* 8, no. 4 (1980); and Luce Irigaray, *This Sex Which Is Not One* (Ithaca, NY: Cornell University Press, 1985) 참조. 웬디 브라운은 *Walled States, Waning Sovereignty*에서 비평적 관점에서 이 유비를 완성하기 위한 핵심적 요소들을 제공한다.

96 여기서 식민지 공간에 관한 논쟁들을 가상선에 관한 장과 나란히 놓음으로써, 조절된 운동 모델을 취할 수 있는 능력이 끊임없이 해체되는 몸들 간의 그러한 유비를 개괄하는 일을 시작할 수 있다: 완전히 부동적이거나 혹은 과도한 유동성을 지닌 식민지 공간은 피식민지인들의 주체 위치를 운동의 (변화하는) 지배를 절대 따를 수 없는 자들로 구축한다.

97 라자 샤하다Raja Shehadeh는 *Palestinian Walks*에서 언덕을 걸어 오르기가 어떻게 저항의 한 형태가 되었는지 보여 준다. 그것은 끊임없이 이어지는, 땅을 제한하고 부정하고 통제하는 시도 와중에 그 땅에 기거하는 한 가지 방법이다. *Palestinian Walks: Forays into a Vanishing Landscape* (New York: Scribner, 2008). 이동이 그렇게 혹독하게 방해받고, 땅에 대한 권리가 위태로운 지경에 빠지고, 그 권리를 위한 투쟁이 결과적으로 막대한 풍경

의 변모를 불러오는 상황에서, 자연을 즐기는 단순한 행위 자체가 투쟁의 한 방식이 된다. 2010년 이래, 팔레스타인의 비폭력적 시민봉기의 주요 현장 중 하나가 라말라Ramallah 근방의 작은 마을 나비 살리Nebi Salih였다. 그곳 주민들의 식수를 대주던 마을의 샘인 Ein al-Qaws를 근처 정착지 정착민들이 차지해 버렸다. 그러자 매 주말 한 무리의 사람들이 샘까지 걸어가기 시작했다. 정착민들과 군이 팔레스타인인들의 접근을 막으려고 하면서 이 단순한 행동은 수많은 폭력적 사건을 유발했고 팔레스타인 저항의 상징이 되었다.

98 점령에서 하수가 하는 역할을 예리하게 통찰한 분석을 보려면 *Hollow Land*, 막간, 1967. 참조.

99 심지어 가장 높은 장벽도 우회할 수 있다. 장벽은 "테크놀로지, 비용, 사회조직, 경험, 그리고 그것이 막고자 하는 것의 의미를 증대시킬 수 있지만, 그것은 진입 금지 수단으로서 비교적 비효율적이다." Brown, *Walled States, Waning Sovereignty*, 109-10. 또한, M. J. Dear, *Why Walls Won't Work: Repairing the US-Mexico Divide* (New York: Oxford University Press, 2013)도 참조. 서안지구에서 검문소를 우회하는 것은 팔레스타인 지역의 일자리 부족으로 이스라엘로 일하러 가는 많은 이들에게 일상이 되었다. 일상의 저항 방식을 넘어(제임스 스콧의 말대로), 검문소를 우회하는 것은 공언된 저항 방식의 일부가 되었다—그 법의 합법성 자체를 반대하는 노력의 일환으로 그 법을 위반하기. 이스라엘과 팔레스타인 단체들의 협력을 통해 '불복종 여성(유대어로 Lo Met'zaitot)'이라 불리는 운동이 시작되었다. 이 운동은 각 팔레스타인인 그룹이 검문소를 불법적으로 우회한 후, 무사히 집으로 돌아오고 나서 그 행위를 공표하는 방식이다.

100 2009년 현재 잠재성은 서안지구에서 이동을 제한하는 주요 방식이 되었다: 많은 검문소들이 자유로운 이동을 위해 개방되었으나, 군인들이 통행하는 사람들을 감시하며 언제고 그들에게 접근할 태세를 갖추고 있다. 공식적으로 검문소가 폐쇄된 후에도 대부분의 건물은 그대로 남아 있어, 언제고 즉각 그 엄격한 이동체제를 재건할 수 있다. 더욱이 군이 "비행하는 검문소"에 의지하고 있다는 사실은 언제 어디라도 검문소가 될 수 있음을 의미한다.

101 Ann Stoler, *Along the Archival Grain: Epistemic Anxieties and Colonial Common Sense* (Princeton, NJ: Princeton University Press, 2009), 제3장; and *Race and the Education of Desire: Foucault's History of Sexuality and the Colonial Order of Things* (Durham, NC: Duke University Press, 1995).

102 Deborah B. Gould, *Moving Politics: Emotion and Act Up's Fight against Aids* (Chicago: University of Chicago Press, 2009); Michael Hardt, "Love as a Political Concept," "Concepts Workshop"에서 발표한 글. (Duke University, Durham, NC: Franklin Humanities Institute 2010).

103 Gould, *Moving Politics*, 3. 굴드는 정서 자체를 "제한이 없고…결부된 것이 없는, 자유롭게 부유하는 유동적인 에너지"로 간주한다.

104 "행동한다는 것은, 가장 일반적인 의미로, 주도적으로…무언가를 작동하게 만든다는 것이다." Arendt, *The Human Condition*, 177.

105 Michael Hardt, "Today's Bandung?," in *A Movement of Movements: Is Another World Really Possible?*, ed. Tom Mertes (New York: Verso, 2004), 236.

106 Charles Tilly, *Social Movements, 1768-2004* (Boulder, CO: Paradigm, 2004). 틸리는 운동 참여자들이 가치, 통일성, 수치, 헌신을 보여 주는 것이 활동가 그룹이나 정치적 프로세스를 사회운동으로 만드는 세 가지 주요 요소 중 하나라고 주장한다.

107 이 단체는 주요 공공 공간에서 잘 조직된 (물리적) 운동에 의해 여러 다른 (사회적/정치적) 운동들을 시뮬레이션하고 생산하려고 노력한다.

108 Artis video series를 통해 온라인으로 접근 가능한 인터뷰에서 (http://vimeo.com/3 7963094).

109 Elias Canetti, *Crowds and Power* (London: Gollancz, 1962), 16.

110 혹은 다소 두려움이 덜하거나. 카네티는 여기서 젠더의 차이나 군중 속에서 여성이 겪는 경험이 굉장히 다르다는 사실에 무감한 것 같다.

111 그리고 카네티가 이러한 평등을 실현하고 경험하려면 군중은 공유된 **방향**을 지녀야 한다고 주장하는 것이 의미심장하다(Crowds and Power, 29).

112 Arendt, *The Promise of Politics*, 117, 강조는 필자의 것.

113 따라서 1976년 《프라우다》가 "거리에서 행진하는 것이 권력을 향한 투쟁에서 노동자가 할 수 있는 최선의 준비다"라고 선언했다(Virilio *Speed and Politics*, 44에서 인용).

114 Arendt, *Human Condition*, 221.

115 Arendt, *Human Condition*, 224, citing Plato's *Republic*, 443E.

116 아렌트는 이것이 복수성을 유지하기 위해 필요한 조건이라고, 또 복수성은 행동, 따라서 정치를 유지하기 위한 조건이라고 주장할 수 있을 것이다. 다른 방식의 그 어떤 대표성도 사람들을 분산시킴으로써 정치적 삶의 가능성 자체를 와해시키거나 행동을 지배로, 정치를 "안정과 안보, 생산성으로" 대체할 것이다.

117 라인보우와 레디커(*The Many-Headed Hydra*)는 홉스의 주권자의 통합, 모든 사람을 하나의 검에 예속시킴으로써 통치할 수 있는 그의 능력이 잠재적으로 반란을 일으킬 수 있는 복수성을 통합하기 위해 필요하다고 주장한다: 16세기 후반과 17세기의 새로운 경제 체계에서 살아남을 수 없었던 그 모든 사람들의 복수성. 히드라—저항과 내전의 상징, 내전으로서 복수성의 상징—는 홉스에서 다른 모습, 또 다른 신화 속 동물의 몸, 즉 베헤모스의 모습을 취했다. Carl Schmitt, *The Leviathan in the State Theory of Thomas Hobbes: Meaning and Failure of a Political Symbol* (Westport, CT: Greenwood, 1996)도 참조.

118 반란과 시위부터 폭동과 봉기와 혁명에 이르기까지…새로운 형태의 협력을…가능케 했던 사람과 아이디어와 물건의 흐름은 비-국가 통제 몸들이 어떻게 국가에 대립하여 작동하는지 보여 주고, 사회 변화를 위한 노력과 내전과 혁명 사이의 다양한 연속성을 드러낸다; Linebaugh and Rediker, *The Many-Headed Hydra*, 4.참조. 사회운동과 반란이나 내전 사이의 유비를 좀 더 자세히 보려면 Sidney Tarrow, "Inside Insurgencies: Politics and Violence in an Age of Civil War," *Perspectives on Politics* 5, no. 3 (2007) 참조.

119 Hobbes, *Leviathan*, 114. 그는 "피대표인들의 통일성이 아니라 대표자의 통일성이 일인자 Person One를 만든다"라고 이어 간다.

120 W. J. T. Mitchell, "Image, Space, Revolution: The Arts of Occupation," *Critical*

Inquiry 39, no. 1 (2012): 9.

121 Tilly, Social Movements, 1768–2004. 이 용어는 사회주의와 공산주의 운동을 일컫는 데 사용되었다.

122 Giorgio Agamben, "Movement," 2005; lecture transcription at http://www.generation -online.org. 슈미트의 이 용어 사용에 대한 좀 더 정교한 분석은 이 책의 서론에서 찾아볼 수 있다.

123 이 말은 아감벤과 나란히 "민주주의는 운동이 출현할 때 멈춘다"; "좌파의 혁명적 전통은 나 치즘과 파시즘과 맞닿는다"; 또는 "확고한 정치적 개념"으로서의 운동은 사람들의 권력("이 동movement")을 양도한다고 주장하기 위함이 아니다. 위에서 언급한 많은 사례는(더 많은 사례를 덧붙일 수도 있다) 운동의 민주적 힘을 증명한다. 이 맥락에서 네오클레우스가 파시 즘과 자유주의가 모두 보호받아야 할 유기체로서 정치체의 이미지를 이용한다는, 거의 반 대되는 주장을 펼친다는 사실을 주목할 만하다. 반면에 좌파의 운동(아감벤이 파시즘과 유 사하게 본 운동)은 그에게는 정치학의 이러한 운동 모델들의 대안으로 주목받았다. 네오클 레우스의 "부르주아 민주주의와 파시즘 간의 연결성에 관해 다시 생각해 보기"에 대한 요구 는 (그와 다른 이들에 의해) 잘 이루어지며 세심한 주의를 받을 만하다; Berman, *All That Is Solid Melts into Air*; Agamben, *Homo Sacer: Sovereign Power and Bare Life* (Stanford, CA: Stanford University Press, 1998); and Foucault, *Society Must Be Defended*.참조. 그러 나 이 주장과 아감벤의 비평을 나란히 배치하는 것은 운동의 이 모델이 자유주의적-파시스 트 포물선arch이 제안하는 것보다 더 폭넓은 범위로 공유된다는 것을 보여 준다. 제2차 세 계대전 이래 비평적 사상 내에서 중추적이었고 생산적이었던 이러한 구조적 병행론은 오늘 날 정치 관계와 조직에 대해 생각하는 데 있어 더 이상 충분하지 못할 수 있다.

124 Carl Schmitt, *State, Movement, People: The Triadic Structure of the Political Unity; The Question of Legality* (Corvallis, OR: Plutarch Press, 2001), 18.

125 Mitchell, "Image, Space, Revolution," 9. 종종 많은 사회적·정치적 운동을 대변하는 것 은 얼굴이 아니라 공간이다—미첼은 2011년 봉기에 관하여 주장한다.

126 점거운동은 이 이중성—움직일 수 있는 능력(공간 내에서—뿐만 아니라 사물을 변화시 키는)의 본질적인 의존성과 간힌 공간의 필요성—에서 예외적인 것이 아니다. 또 다른 사 례는 19세기의 시온주의 운동으로서, 그것은 유대인의 팔레스타인 이주의 (합법적·불법 적) 해양 항해의 신화와 관행을 통해 형성되었다. 수백 척의 배; 엑소더스의 이미지와 언 어와 역사적 기억; 기존 공동체들과의 유대를 끊고 부정함으로써 항해를 위해 사람들을 준비시키는 해외에서의 젊은이의 운동—이 모두는 바라던 안정성을 향한 이동을 명시했 다: 집, 영구적인 거주지, "시온"/팔레스타인 내의 민족국가.

127 Arendt, *The Origins of Totalitarianism*, 293–97. 극단적인 공식에서, 이것은 아렌트의 난 민에 대한 설명에서 명백해진다. 아렌트의 주장은 이렇다: 국가 없는 국민이 잃은 것은 특 정한 권리가 아니라 자리를 잡을take place 권리, 거주할 권리이며, 그것은 정치적 존재의 가능성을 조건으로 한다: 공동체, 정치적 구조, 그리고 행동할 가능성을 위한 전제 조건을 형성할 가능성.

128 Mitchell, "Image, Space, Revolution," 13.

129 아렌트의 정치적인 것의 경계 설정—새로운 것이 출현할 수 있고, 그리하여 자유가 가능하고, 인간이 무언가 새로운 것을 만듦으로써 흔적을 남길 수 있는 장소로서—조차도 안정성을 요구한다: "[세계]가 더 이상 영구적인 것이 아무것도 존재하지 않는 운동으로 격렬하게 빠져들 때, 세계는 비인간적으로 변한다"라고 아렌트는 주장한다. Arendt, *Men in Dark Times* (London: Cape, 1970), 10-11.

130 "현대 국가 이론의 모든 중요한 개념들은 소멸된 신학적 개념인데, 그 이유는 그 개념들의 역사적 발전 때문만이 아니라 또한 그것들의 체계적 유동성 때문이기도 하다" 길 아니자르는 흐름의 개념을 강조한다. 따라서 그는 "이 개념들을 학구적으로, 말하자면 비평적으로 탐구해 보면, 그 안에 도는 피는 그 개념들의 움직임을 밀접하고 유려하게 따를 것이다"라고 주장한다. Anidjar, *Blood, viii; Schmitt, Political Theology*, 36.

131 일부 형태의 폭력을 합법적인 것으로, 일부를 불법적인 것으로, 일부를 묵과할 수 있는 것으로, 또 일부는 그렇지 않은 것으로, 일부를 가시적인 것으로, 일부를 은폐된 것으로 만드는 메커니즘들을 매핑하는 것은, 더 이상 단순히 국가의 독점으로 간주될 수 없는 폭력의 독점에서 빠져나갈 출구를 찾는 데 있어 필수적이다. 결국 폭력의 경제 내에는 비폭력을 옹호할 좋은 이유가 있으나, 우리는 또한 때로 폭력적 저항이 없으면 훨씬 더 폭력적인 조건들을 영구화하는 데 참여하는 것이라는 사실을 염두에 두어야 한다.

132 예를 들어, 이 프레임 내에서 식민지는 종종 과도하게 유동적(여기서 보듯 유동적인 영토, 앞에서 본 것처럼 운동을 통제할 수 없는 것으로 구축되는 인구집단)이거나 아니면 완전히 부동적(폐쇄, 장벽, 포위, 허가증의 체제)으로 묘사된다. oPt에서 볼 수 있고 다른 많은 식민주의 맥락에도 자리하고 있는 이러한 구조는 파농에 의해 식민주의 특성 중 하나로 확인되었다(*The Wretched of the Earth*). 그것은 운동과 안정성 사이의 균형을 얻는 데 실패해, 강제적인 억제력을 요구하는 공간과 몸들을 명시하는 정치질서나 폭발하는 군사력에 대한 묘사다.

133 이러한 변화의 예시를 보려면, Hagar Kotef and Merav Amir, "(En)Gendering Checkpoints: Checkpoint Watch and the Repercussions of Intervention." *Signs: Journal of Women in Culture and Society* 32, no. 4 (2007): 975-76. 참조.

134 따라서 슈미트가 "지구의 나머지 비유럽인들의 땅"의 자유는 결국 "유럽 국가들에 의해 점령당할 자유가 있다"는 뜻이라는 날카로운 주장을 펼칠 때, 그가 뜻하는 바는 유럽의 자유는 나머지 세계를 점령할 자유라는 것이다.

135 스톨러는 "보통명사로서 식민지는 사람들이 이주해 들어오고 나가는 장소로, 파랗게 질리고, 희망차고, 절망적이고, 격렬한 의지에 차고, 의지가 꺾인 순환의 장소"라고 주장한다. 그것은 "정착 불가능성과 통제되고 감시되는 이주의 특성을 지닌다. 정치적 개념으로서의 식민지는 장소가 아니라 관리되는 모빌리티의 원리이자, 인구집단을 동원하거나 이동을 막거나 일련의 변화하는 규칙과 위계에 따라 사람들을 재배치하는 원리이다: 채용에 적합한 사람들, 보조금을 주거나 강제해서 재정착을 유도할 만한 사람들, 극단적인 궁핍에 빠진 사람들, 혹은 특혜를 받을 만한 사람들, 거주 우선권을 받을 만한 사람들이나 감

금당할 만한 사람들." Stoler, "Colony."

136 Stoler, "Colony."

결론

1 Netz, *Barbed Wire: An Ecology of Modernity* (Middletown, CT: Wesleyan University Press, 2004), xi.

2 Netz, *Barbed Wire*, xi.

3 여기서 이 책 도입부에 묘사한 사례에서 시스템이 무너지는 두 가지 방식을 고려해 보자: 첫 번째, 시스템이 부재하는 경우(은행에 직원이 오라고 부를 때까지 건너서는 안 될 노란선; 가상선의 경우 선이 없다 하더라도 넘어서는 안 된다), 또는 두 번째 절대 상징이 될 수 없지만 존재하는 경우(줄 대신 전동 금속 회전출입구).

4 Erin Manning, *Politics of Touch: Sense, Movement, Sovereignty* (Minneapolis: University of Minnesota Press, 2007); Donna Haraway, "Situated Knowledges: The Science Question in Feminism and the Privilege of Partial Perspective," *Feminist Studies* 14, no. 3 (Autumn, 1988): 575–99; Elizabeth Grosz, *Volatile Bodies Towards a Corporeal Feminism* (Bloomington: Indiana University Press, 1994); Judith Butler, *Bodies That Matter* (New York: Routledge, 1993).

5 미셸 알렉산더Michelle Alexander는 노예제부터 인종분리와 대규모 투옥에 이르기까지 미국에서의 인종 통제와 속박의 여러 구체적 형태들을 개괄한다. 이러한 시스템들은 종종 스스로의 작동을 정당화하기 위해 통제 불가능한 이동의 모습—또는 현실—을 생산해 내야만 했다. 남북전쟁 후, "다수의 이전 노예들이 고속도로를 배회할" 때, 일부 남부 주들은 흑인에게 적용된 엄격한 '유랑법'을 제정해서 정규 일자리를 갖지 못한 자들을 범죄자로 만들고 감금할 수 있게 했다. 그러한 법은 아프리카계 미국인들의 "제어하기 어려운" 이동의 이미지를 부풀려서 그들의 이동을 범죄와 연결 짓고 결국 새로운 유폐와 강제노역 시스템을 정당화하는 데 이용되었다. 대규모 감금 시스템은 면밀한 감시와 가혹한 선고를 목적으로 아프리카계 미국인들을 표적으로 하는 인종 프로파일링, 불심검문, 불균형적인 약물 관련법의 관행으로 힘을 얻어 인종 통제의 새 시스템으로서 인종분리를 대신하게 되었다. 동시에 중죄인에게 공공주택을 차단함으로써 많은 아프리카계 미국인 남성들이 홈리스가 되었고, 그에 따라 그들이 결국 교도소로 다시 돌아가는 일이 용이해졌다 Michelle Alexander, *The New Jim Crow: Mass Incarceration in the Age of Colorblindness* (New York: New Press, 2010), 187, 28, 57. 참조. 따라서 "흑인이면서 운전하기driving while black"가 유죄가 되는 현상은 미국에서 인종적 위협이 어떻게 인식되고 통제되는지 그 양상의 핵심을 포착한다: 가만히 있어야 하는(노예 상태로 있어야 하는) 사람들의 이동(자유)은 그 자체로 위협이 된다.

6 샐리 셔틀워스는 19세기에 정치·경제 영역에서 여성의 배제가, 어떤 측면에서는 그들의 몸을 몸의 "흐름"에 의해 생산되는 "과잉의 조건" 내에 존재하는 것으로 규정함으로써 정당

화되었다는 것을 보여 준다. 몸의 흐름을 조절하고 통제할 능력의 부재가 그들의 합리적 능력을 손상시켜 그들이 대등한 인간으로서 "합리적" 사회질서에 참여할 수 있는 능력이 떨어지게 되었다는 것이다; "Female Circulation: Medical Discourse and Popular Advertising in the Mid-Victorian Era" in *Body/Politics: Women and the Discourses of Science*, ed. Mary Jacobus et al., (New York: Routledge), 1990. 참조. 모든 흐름 중에서 월경이 주 무대를 차지했다. 토머스 라쿼Thomas Laquer는 월경에 대한 집중과 이 몸의 흐름과 발정난 동물의 예기치 못한 미쳐 날뛰는 행동 사이의 연결이 "한결같은 일상의 집중을 요하는 공적인 활동에 여성들이 참여하는 것을 반대하는 주장의 근거"로 작용했다고 주장한다. "여성들은 자신의 몸에 너무나 속박되어(그 자체가 라쿼가 아주 잘 예증하듯, 최근에 나타난 현상이다) 그러한 노력에 참여할 수 없다"; 특히 이 몸이 그 자체로 유동성을 갖게 된 이래로. 다른 포유류들의 발정기 패러다임이 월경을 주기적인 운동의 질서가 아니라 불안정하고 폭발적인 흐름의 프레임 안으로 구축하게 만든다; *Making Sex: Body and Gender from the Greeks to Freud* (Cambridge, MA: Harvard University Press, 1990), 216, 218. 참조.

7 이스라엘의 네게브Negev—이스라엘 남부의 거대한 사막 지역—에는 현재 45개의 승인되지 않은 마을이 있고, 18만 명의 이스라엘의 아랍 베두인 소수민족 중 7만 6천 명 이상이 그곳에 거주하고 있다. 기본적인 기반시설(전기나 수도, 하수, 교육 등)을 부정당하는 것 외에도 이 마을들은 국가에 의해 항상 철수되거나 파괴되며, 지역민들에 의해 재건되고 그런 다음 다시 허물어지고 있다. 이 반복되는 사이클은 1948년 전쟁의 결과로 그때부터 계속되고 있으며 이 마을들을 움직이는 정착지로 만들고 있다. 이스라엘 정부는 그들의 유목민적 특성 때문에, 이 비-유대 시민들이 토지 보유권을 갖지 못한다고 주장한다. 그러나 이 "노마디즘"은 종종 국가에 의해 생산된다: 1947년 이후 이스라엘은 그들의 마을에서 종족들을 쫓아냈고 반복적으로 그들을 집단으로 이곳에서 저곳으로 이주시켰다. 또다시, 우리는 노마디즘의 생산이 빈 땅의 이미지, 즉 다른 이동에 열려 있는 빈 땅의 이미지를 가능케 함을 볼 수 있다: (유대) 시민의 자유로운 이동; 국가의 팽창 운동. 그러므로 베두인 투쟁의 기초는 땅에 대한 정착과 노마디즘과 통제에 대한 문제들이다. 그것들은 단순한 허울이 아니라, 시민권 문제가 타협될 수 있는 물질적 형태이다. 더 자세한 정보를 보려면, the Regional Council of Unrecognized Villages at http://rcuv.wordpress.com/; Negev Coexistence Forum for Civil Equality; and Human Rights Watch report "Off the Map," http://www.hrw.org/en/reports/2008/03/30/map; Ahmad Amara, Ismael Abu-Saad, and Oren Yiftachel, *Indigenous (in)Justice: Human Rights Law and Bedouin Arabs in the Naqab/Negev* (Cambridge, MA: Human Rights Program at Harvard Law School, 2012). 참조. Suhad Bishara and Haneen Naamnih, "Nomads against Their Will: The Attempted Expulsion of the Arab Bedouin in the Naqab: The Example of Atir-Umm Al-Hieran," Adalah (The Legal Center for Arab Minority Rights in Israel), 2011. 도 참조.

Agamben, Giorgio. *Homo Sacer: Sovereign Power and Bare Life*. Stanford, CA: Stanford University Press, 1998.

Agamben, Giorgio. "Movement," 2005. http://www.generation-online.org/p/fpagamben3.htm.

Agnew, John. "Borders on the Mind: Re-Framing Border Thinking." *Ethics & Global Politics* 1, no. 4 (2008): 175-91.

Alexander, Michelle. *The New Jim Crow: Mass Incarceration in the Age of Colorblindness*. New York: New Press, 2010.

Amara, Ahmad, Ismael Abu-Saad, and Oren Yiftachel. *Indigenous (in)Justice: Human Rights Law and Bedouin Arabs in the Naqab/Negev*. Cambridge, MA: Human Rights Program at Harvard Law School, 2012.

Amir, Merav. "Borders as Praxis," forthcoming.

Amir, Merav. "Matters of Siege: How and Why the Closure of Gaza Fails," forthcoming.

Anidjar, Gil. *Blood: A Critique of Christianity*. New York: Columbia University Press, 2014.

Anidjar, Gil. "Christian and Money (The Economic Enemy)." *Ethical Perspectives: Journal of the European Ethics Network* 12 n0. 4 (2005).

Arbel, Tal. "Mobility Regimes and the King's Head: A History of Techniques for the Control of Movement in the Occupied West Bank." Paper presented at "Commemorative Occupations: Chechnya, Iraq, Palestine, Governing Zones of Emergency," Harvard University, February 25-26, 2006.

Arendt, Hannah. *The Origins of Totalitarianism*. New York: Meridian Books, 1958.

Arendt, Hannah. *Men in Dark Times*. London: Cape, 1970.

Arendt, Hannah. "What Is Freedom?" In *Between Past and Future: Eight Exercises in Political Thought*. New York: Penguin, 1977.

Arendt, Hannah. *On Revolution*. London: Penguin Classics, 1990.

Arendt, Hannah. *The Human Condition*. Chicago: University of Chicago Press, 1998.

Arendt, Hannah. *The Promise of Politics*. New York: Schocken Books, 2005.

Arieli, Shaul and Michael Sfard. *The Wall of Folly*. Tel Aviv: Yediot Hachronot, 2008.

Armitage, David. *The Ideological Origins of the British Empire*. Cambridge: Cambridge University Press, 2000.

Armitage, David. "John Locke, Carolina, and the Two Treatises of Government." *Political Theory* 32, no. 5 (2004): 602-27.

Arneil, Barbara. *John Locke and America: The Defence of English Colonialism*. Oxford: Oxford University Press, 1996.

Arneil, Barbara. "Disability, Self Image, and Modern Political Theory." *Political Theory* 37, no. 2 (2009): 218-42.

Arneil, Barbara. "Liberal Colonialism, Domestic Colonies and Citizenship." *Journal of the History of Political Thought* 33, no. 2 (2012): 492-523.

Atiyah, P. S. *The Rise and Fall of Freedom of Contract*. Oxford: Oxford University Press, 1985.

Azoulay, Ariella, and Adi Ophir. "The Monster's Tail." In *Against the Wall: Israel's Barrier to Peace*. Edited by M. Sorkin. New York: New Press, 2005.

Azoulay, Ariella, and Adi Ophir. *This Regime Which Is Not One: Occupation and Democracy between the Sea and the River (1967—)*. Tel Aviv: Resling, 2008.

Azoulay, Ariella, and Adi Ophir. *The One-State Condition: Occupation and Democracy in Israel/Palestine*. Stanford, CA: Stanford University Press, 2012.

Azoulay, Ariella and Adi Ophir, *Bad Days: Between Disaster and Utopia* [in Hebrew]. Tel Aviv: Resling Publishing, 2002.

B'Tselem. "Builders of Zion: Human Rights Violations of Palestinians from the Occupied Territories Working in Israel and the Settlements." Written by Lein, Yehezkel, and Najib Abu-Rokaya. 1999. Accessed March 2014. www.http://www.btselem.org.

B'Tselem. "Forbidden Roads: Israel's Discriminatory Road Regime in the West Bank." 2004. Accessed June 2014. http://www.btselem.org.

B'Tselem. "Ground to a Halt: Denial of Palestinian's Freedom of Movement in the West Bank." 2007. Accessed June 2014. http://www.btselem.org.

Balibar, Étienne. "Citizen/Subject." In *Who Comes after the Subject?* Edited by Peter Connor Eduardo and Jean-Luc Nancy. New York: Routledge, 1991.

Balibar, Étienne. "Racism as Universalism." In *Masses, Classes, Ideas: Studies on Politics and Philosophy before and after Marx*. New York: Routledge, 1994.

Balibar, Étienne. *Politics and the Other Scene*. New York: Verso, 2002.

Balibar, Étienne. "Cosmopolitanism and Secularism: Controversial Legacies and Prospective Interrogations." *Grey Room* 44 (2011): 6-25.

Baracchi, Claudia. *Of Myth, Life, and War in Plato's Republic*. Chesman; Bloomington; Indiana University Press, Combined Academic, 2002.

Barda, Yael. *The Bureaucracy of the Occupation: The Regime of Movement Permits 2000-2006*. Tel Aviv: Hakibbutz Hameuchad, The Van Leer Jerusalem Institute, 2012.

Bassett, William W. "The Myth of the Nomad in Property Law." *Journal of Law and Religion* 4, no. 1 (1986): 133-52.

Baucom, Ian. *Specters of the Atlantic: Finance Capital, Slavery, and the Philosophy of*

History. Durham, NC: Duke University Press, 2005.

Bauman, Zygmunt. *Globalization: The Human Consequences.* New York: Columbia University Press, 1998.

Ben-Ari, Eyal. *From Checkpoints to Flow-Points: Sites of Friction between the Israel Defense Forces and Palestinians.* Gitelson Peace Publication. Jerusalem: Harry S. Truman Research Institute for the Advancement of Peace, Hebrew University of Jerusalem, 2005.

Benvenisti, Meron. *Intimate Enemies: Jews and Arabs in a Shared Land.* Berkeley: University of California Press, 1995.

Berman, Marshall. *All That Is Solid Melts into Air: The Experience of Modernity.* New York: Simon & Schuster, 1982.

Bigo, Didier. "Security and Immigration: Toward a Critique of the Governmentality of Unease." *Alternatives: Global, Local, Political* 27 (2002).

Bigo, Didier. "Möbius Ribbon of Internal and External Security(Ies)." In *Identities, Borders, Orders Rethinking International Relations Theory.* Edited by D. Jacobson, Y. Lapid, and M. Albert. Minneapolis: University of Minnesota Press, 2005.

Bigo, Didier. "Detention of Foreigners, States of Exception, and the Social Practices of Control of the Banopticon." In *Borderscapes: Hidden Geographies and Politics at Territory's Edge.* Edited by Carl Grundy-Warr and Prem Kumar Rajaram. Minneapolis: University of Minnesota Press, 2007.

Bishara, Azmi. *Yearning in the Land of Checkpoints.* Tel Aviv: Babel Press, 2006.

Bishara, Suhad, and Haneen Naamnih. "Nomads against Their Will: The Attempted Expulsion of the Arab Bedouin in the Naqab: The Example of Atir–Umm Al-Hieran." Adalah, 2011.

Blackstone, William. *Commentaries on the Laws of England.* Chicago: University of Chicago Press, 1979.

Brandt, Frithiof. *Thomas Hobbes' Mechanical Conception of Nature.* Copenhagen: Levin & Munksgaard, 1927.

Bremner, Lindsay. "Border/Skin." In *Against the Wall: Israel's Barrier to Peace.* Edited by Michael Sorkin. New York: New Press, 2005.

Brown, Wendy. *Walled States, Waning Sovereignty.* New York: Zone Books, 2010.

Burke, Edmund. *Reflections on the Revolution in France.* Oxford: Oxford University Press, 2009.

Butler, Judith. *Gender Trouble: Feminism and the Subversion of Identity.* New York: Routledge, 1990.

Butler, Judith. *Bodies That Matter: On the Discursive Limits of Sex.* New York: Routledge, 1993.

Butler, Judith. *Precarious Life: The Powers of Mourning and Violence.* London; New

York: Verso, 2004.

Butler, Judith. *Undoing Gender*. New York and London: Routledge, 2004.

Canetti, Elias. *Crowds and Power*. London: Gollancz, 1962.

Castells, Manuel. *The Rise of the Network Society*. Malden, MA: Blackwell, 2000.

Cavarero, Adriana. *Stately Bodies: Literature, Philosophy, and the Question of Gender*. Ann Arbor: University of Michigan Press, 2002.

Cavarero, Adriana. *Horrorism: Naming Contemporary Violence*. New York: Columbia University Press, 2009.

Chapkis, Wendy. "Soft Glove Punishing Fist: The Trafficking Victims Protection Act of 2000." In *Regulating Sex: The Politics of Intimacy and Identity*. Edited by Laurie Schaffner and Elizabeth Bernstein. New York: Routledge, 2005.

Constant, Benjamine. *Political Writings*. Cambridge: Cambridge University Press, 1988.

Cranston, Maurice William. *John Locke: A Biography*. London: Longmans and Green, 1957.

Cresswell, Tim. *On the Move: Mobility in the Modern Western World*. New York: Routledge, 2006.

Dayan, Hilla. "Regimes of Separation: Israel/Palestine." In *The Power of Inclusive Exclusion: Anatomy of Israeli Rule in the Occupied Palestinian Territories*. Edited by Adi Ophir, Michal Givoni, and Sari Hanafi. New York: Zone Books, 2009.

Dear, M. J. *Why Walls Won't Work: Repairing the Us-Mexico Divide*. Oxford: Oxford University Press, 2013.

De Genova, Nicholas, and Nathalie Mae Peutz. *The Deportation Regime: Sovereignty, Space, and the Freedom of Movement*. Durham, NC: Duke University Press, 2010.

Deleuze, Gilles, and Félix Guattari. *A Thousand Plateaus: Capitalism and Schizophrenia*. London: Athlone Press, 1988.

Dossa, Shiraz. "Human Status and Politics: Hannah Arendt on the Holocaust." *Canadian Journal of Political Science/Revue canadienne de science politique* 13, no. 2 (1980): 309-23.

Dworkin, Gerald. *The Theory and Practice of Autonomy*. Cambridge; New York: Cambridge University Press, 1988.

Elbaz, Sagi. *Minority Opinion in Israeli Media*. Tel Aviv: Dionun, 2013.

Elden, Stuart. "Another Sense of Demos: Kleisthenes and the Greek Division of the Polis." *Democratization* 10, no. 1 (2003): 135-56.

Elden, Stuart. *The Birth of Territory*. Chicago: University of Chicago Press, 2013.

Esmeir, Samera. Paper presented at "Crisis in Gaza and Prospects for Peace," University of California, Berkeley, March 2009.

Fanon, Frantz. *The Wretched of the Earth*. New York: Grove Press, 2004.

Foucault, Michel. *Madness and Civilization: A History of Insanity in the Age of Reason*.

New York: Vintage Books, 1973.

Foucault, Michel. *Discipline and Punish: The Birth of the Prison.* New York: Vintage Books, 1979.

Foucault, Michel. *The History of Sexuality,* vol. 1. New York: Vintage Books, 1990.

Foucault, Michel. *Society Must Be Defended: Lectures at the Collège De France,* 1975-76. New York: Picador, 2003.

Foucault, Michel. *Security, Territory, Population: Lectures at the Collège De France,* 1977-78. New York: Palgrave Macmillan, 2007.

Foucault, Michel. *The Birth of Biopolitics: Lectures at the Collège De France,* 1978-79. New York: Palgrave Macmillan, 2008.

Freeden, Michael. *Liberal Languages: Ideological Imaginations and 20th Century Progressive Thought.* Princeton: Princeton University Press, 2005.

Freudendal-Pedersen, Malene. *Mobility in Daily Life: Between Freedom and Unfreedom.* Burlington, VT: Ashgate, 2009.

Frost, Samantha. *Lessons from a Materialist Thinker: Hobbesian Reflections on Ethics and Politics.* Stanford, CA: Stanford University Press, 2008.

Galli, Carlo. *Political Spaces and Global War.* Minneapolis: University of Minnesota Press, 2010.

Gattey, Charles Neilson. *The Bloomer Girls.* New York: Coward-McCann, 1968.

Gazit, Shlomo. *The Carrot and the Stick: Israel's Policy in the Administered Territories,* 1967-1968. Washington, DC: B'nai B'rith Books, 1985.

Gordon, Neve. *Israel's Occupation.* Berkeley: University of California Press, 2008.

Gordon, Neve. "Democracy and Colonialism." *Theory & Event* 13, no. 2 (2010).

Gould, Deborah B. *Moving Politics: Emotion and Act Up's Fight against Aids.* Chicago: University of Chicago Press, 2009.

Green, Thomas Hill. *Lectures on the Principles of Political Obligation, and Other Writings.* Cambridge: Cambridge University Press, 1986.

Greenblatt, Stephen. "Psychoanalysis and Renaissance Culture." In *Literary Theory/ Renaissance Texts.* Edited by Patricia Parker and David Quint. Baltimore: Johns Hopkins University Press, 1986.

Gregory, Derek. *The Colonial Present: Afghanistan, Palestine, and Iraq.* Malden, MA: Blackwell, 2004.

Grosz, Elizabeth. *Volatile Bodies Towards a Corporeal Feminism.* Indianapolis: Indiana University Press, 1994.

Grotius, Hugo. *The Freedom of the Seas.* Oxford: Oxford University Press, 1916.

Haakonssen, Knud. *Traditions of Liberalism: Essays on John Locke, Adam Smith, and John Stuart Mill.* St. Leonards, Australia: Centre for Independent Studies, 1988.

Habermas, Jürgen. *The Structural Transformation of the Public Sphere: An Inquiry into a Category of Bourgeois Society.* Cambridge, MA: mit Press, 1991.

Hammami, Rema. "On the Importance of Thugs: The Moral Economy of a Checkpoint." *Middle East Report* 231 (2004): 26-34.

Hanafi, Sari. "Spacio-Cide and Bio-Politics: The Israeli Colonial Conflict from 1947 to the Wall." In *Against the Wall: Israel's Barrier to Peace.* Edited by M. Sorkin. New York: New Press, 2005.

Handel, Ariel. "Where, Where to and When in the Occupied Palestinian Territories: An Introduction to a Geography of Disaster." In *The Power of Inclusive Exclusion,* edited by Adi Ophir et al. New York: Zone Books, 2009, 179-222.

Handel, Ariel. "Gated/Gating Community: The Settlements Complex in the West Bank." *Transactions of the Institute of British Geographers* (forthcoming).

Haraway, Donna. "Situated Knowledges: The Science Question in Feminism and the Privilege of Partial Perspective." *Feminist Studies* 14, no. 3 (Autumn 1988): 575-99.

Hardt, Michael. "Today's Bandung?" In *A Movement of Movements: Is Another World Really Possible?* Edited by Tom Mertes. New York: Verso, 2004.

Hardt, Michael. "Love as a Political Concept." Paper presented at "Concepts Workshop," Duke University, Durham, NC, Franklin Humanities Institute, November 29, 2010.

Hardt, Michael, and Antonio Negri. *Multitude: War and Democracy in the Age of Empire.* New York: Penguin, 2004.

Harper, Ida. *The Life and Work of Susan B. Anthony.* Kansas City: Bowen-Merrill, 1899.

Hass, Amira. "Israel's Closure Policy: An Ineffective Strategy of Containment and Repression." *Journal of Palestine Studies* 31, no. 3 (2002): 5-20.

Hass, Amira. "The Natives' Time Is Cheap." *Ha'aretz,* February 23, 2005.

Hayek, Friedrich A. von. *The Constitution of Liberty.* Chicago: University of Chicago Press, 1978.

Hewitt, Andrew. *Social Choreography: Ideology as Performance in Dance and Everyday Movement.* Durham, NC: Duke University Press, 2005.

Hindess, Barry. "The Liberal Government of Unfreedom." *Alternatives: Global, Local, Political* 26, no. 2 (2001): 93-111.

Hirschmann, Nancy. *The Subject of Liberty: Toward a Feminist Theory of Freedom.* Princeton, NJ: Princeton University Press, 2003.

Hirschmann, Nancy. "Intersectionality before Intersectionality Was Cool." In *Feminist Interpretations of John Locke.* Edited by Nancy Hirschmann and Kirstie McClure. University Park: The Pennsylvania State University Press, 2007.

Hirschmann, Nancy. *Gender, Class, and Freedom in Modern Political Theory.* Princeton, NJ: Princeton University Press, 2008.

Hirst, Paul Q. *Space and Power: Politics, War and Architecture.* Malden, MA: Polity, 2005.

Hobbes, Thomas. *The English Works of Thomas Hobbes of Malmesbury*. London: J. Bohn, 1839.

Hobbes, Thomas. *Leviathan*. Cambridge: Cambridge University Press, 1996.

Hobhouse, L. T. *Liberalism and Other Writings*. Cambridge: Cambridge University Press, 1994.

Hsueh, Vicki. "Cultivating and Challenging the Common: Lockean Property, Indigenous Traditionalisms, and the Problem of Exclusion." *Contemporary Political Theory* 5 (2006): 193-214.

Human Rights Watch. "Off the Map: Land and Housing Rights Violations in Israel's Unrecognized Bedouin Villages." 2008. Accessed June 2014. http://www.hrw.org/en/reports/2008/03/30/map.

Hume, David. "On The Original Contract." In *The Philosophical Works*. London: Adam Black and William Tait, 1826.

Hume, David. *An Inquiry Concerning Human Understanding*. Indianapolis: Hackett, 1993.

Institute for Policy and Strategy, "National Strength and Security Balance." In Third Annual Conference on "The New Strategic Landscape: Trends, Challenges, Responses." Edmond Benjamin De Rothschild Herzliya Conferences Series, 2002.

Irigaray, Luce. *This Sex Which Is Not One*. Ithaca, NY: Cornell University Press, 1985.

Ivison, Duncan. "Locke, Liberalism and Empire." In *The Philosophy of John Locke: New Perspectives*. Edited by Peter R. Anstey. London: Routledge, 2003.

Johnston, David. *The Idea of a Liberal Theory: A Critique and Reconstruction*. Princeton, NJ: Princeton University Press, 1994.

Kant, Immanuel. *Critique of Pure Reason*. Mineola, NY: Dover Publications, 2003.

Kant, Immanuel. "What is Enlightenment." 1784. Available, among other places, at http://www.columbia.edu/acis/ets/CCREAD/etscc/kant.html

Kaplan, Caren. "Transporting the Subject: Technologies of Mobility and Location in an Era of Globalization." PMLA 117, no. 1 (2002): 32-42.

Karakayali, Serhat, and Enrica Rigo. "Mapping the European Space of Circulation." In *The Deportation Regime*. Edited by Nicholas De Genova and Nathalie Peutz. Durham, NC: Duke University Press, 2010.

Kinzer, Bruce L. *England's Disgrace?: J. S. Mill and the Irish Question*. Toronto: University of Toronto Press, 2001.

Klausen, Jimmy Casas. "Hannah Arendt's Antiprimitivism." *Political Theory* 38, no. 3 (2010): 394-423.

Kohn, Margaret, and Keally D. McBride. *Political Theories of Decolonization: Postcolonialism and the Problem of Foundations*. Oxford: Oxford University Press, 2011.

Kolers, Avery. *Land, Conflict, and Justice: A Political Theory of Territory*. Cambridge:

Cambridge University Press, 2009.

Kotef, Hagar. "Little Chinese Feet Encased in Iron Shoes," *Political Theory forthcoming.*

Kotef, Hagar, and Merav Amir. "(En)Gendering Checkpoints: Checkpoint Watch and the Repercussions of Intervention." *Signs: Journal of Women in Culture and Society* 32, no. 4 (2007): 973-96.

Kudlick, Catherine. "Disability History: Why We Need Another 'Other.'" *The American Historical Review* 108, no. 3 (2003): 763-93.

Laqueur, Thomas Walter. *Making Sex: Body and Gender from the Greeks to Freud.* Cambridge, MA: Harvard University Press, 1990.

Larsen, J. A. O. "Demokratia." *Classical Philology* 68, no. 1 (1973): 45.

Lavi, E. "The Palestinians and Israel: Between Agreement and Crisis—the Next Round." *Adkan Astrategi [in Hebrew]* 12, no. 4 (2010): 67-80.

Lefebvre, Henri. *The Production of Space.* Cambridge, MA: Blackwell, 1991.

Linebaugh, Peter, and Marcus Rediker. *The Many-Headed Hydra: Sailors, Slaves, Commoners, and the Hidden History of the Revolutionary Atlantic.* Boston: Beacon, 2000.

Locke, John. *The Conduct of the Understanding.* London: W. Blackader, 1800.

Locke, John. *Some Thoughts Concerning Education; and, of the Conduct of the Understanding.* Indianapolis: Hackett, 1996.

Locke, John. *An Essay Concerning Human Understanding.* New York: Penguin, 1997.

Locke, John. "An Essay on the Poor Law," in *Political Essays.* Cambridge: Cambridge University Press, 1997, 182-198.

Locke, John. *Two Treatises of Government.* New Haven, CT: Yale University Press, 2003.

Lomasky, Loren. "Liberalism Beyond Borders." In *Liberalism: Old and New.* Edited by Ellen Frankel Paul, Fred Miller Jr., and Jeffrey Paul. Cambridge: Cambridge University Press, 2007.

Lorde, Audre. *Sister Outsider.* Berkeley: Crossing Press, 1984.

Macpherson, C. B. *The Political Theory of Possessive Individualism: Hobbes to Locke.* Oxford: Oxford University Press, 1985.

Malkki, Liisa. "National Geographic: The Rooting of Peoples and the Territorialization of National Identity among Scholars and Refugees." *Cultural Anthropology* 7, no. 1 (1992): 24-44.

Manning, Erin. *Politics of Touch: Sense, Movement, Sovereignty.* Minneapolis: University of Minnesota Press, 2007.

Maoz, Eilat. "The Privatization of the Checkpoints and the Late Occupation." Accessed June 2014. whoprofits.org.

Marx, Karl. *Capital: A Critique of Political Economy,* vol. 1. London: Penguin Books in association with New Left Review, 1981.

Marx, Karl, and Friedrich Engels. *The Class Struggle in France 1848-1850*. Literary Licensing, 2013.

Marx, Karl, and Friedrich Engels. "Manifesto of the Communist Party." In *The Marx-Engels Reader*. Edited by Robert Tucker. New York: Norton, 1978.

Massey, Doreen B. *For Space*. Thousand Oaks, CA: Sage, 2005.

Mayr, Otto. *Authority, Liberty, and Automatic Machinery in Early Modern Europe*. Baltimore: Johns Hopkins University Press, 1986.

McClure, Kirstie Morna. *Judging Rights: Lockean Politics and the Limits of Consent*. Ithaca, NY: Cornell University Press, 1996.

Mehta, Uday Singh. *The Anxiety of Freedom: Imagination and Individuality in Locke's Political Thought?* Ithaca, NY: Cornell University Press, 1992.

Mehta, Uday Singh. *Liberalism and Empire: A Study in Nineteenth-Century British Liberal Thought*. Chicago: University of Chicago Press, 1999.

Melville, Herman. *Moby Dick*. Oxford: Oxford University Press, 1988.

Merleau-Ponty, Maurice. *Phenomenology of Perception*. London: Routledge and Kegan Paul, 1974.

Mezzadra, Sandro. "Citizen and Subject: A Postcolonial Constitution for the European Union?" *Situations: Project of the Radical Imagination* 1, no. 2 (2006): 31-42.

Mill, John Stuart. *On Liberty and Other Writings*. Cambridge: Cambridge University Press, 1989.

Mills, Charles. *The Racial Contract*. Ithaca, NY: Cornell University Press, 1997.

Mitchell, W. J. T. "Image, Space, Revolution: The Arts of Occupation." *Critical Inquiry* 39, no. 1 (2012): 8-32.

Morgan, Jennifer L. *Laboring Women: Reproduction and Gender in New World Slavery*. Philadelphia: University of Pennsylvania Press, 2004.

Nacol, Emily C. "Poverty, Work and 'the People' in Locke's Political Thought." Paper presented at the "10th APT Annual Conference," University of South Carolina, October 12, 2012.

Nederveen Pieterse, Jan, and Bhikhu C. Parekh. *The Decolonization of Imagination: Culture, Knowledge, and Power*. London: Zed Books, 1995.

Neocleous, Mark. *Imagining the State*. Philadelphia: Open University Press, 2003.

Netz, Reviel. *Barbed Wire: An Ecology of Modernity*. Middletown, CT: Wesleyan University Press, 2004.

Newman, David. "Boundaries, Borders, and Barriers: Changing Geographic Perspectives on Territorial Line." In *Identities, Borders, Orders: Rethinking International Relations Theory*. Edited by Mathias Albert, David Jacobson, and Yosef Lapid. Minneapolis: University of Minnesota Press, 2001.

Norton, Anne. "Heart of Darkness: Africa and African Americans in the Writings of

Hannah Arendt." In *Feminist Interpretations of Hannah Arendt*. Edited by Bonnie Honig. University Park: Pennsylvania State University Press, 1995.

Nyers, Peter. "Abject Cosmopolitanism: The Politics of Protection in the Anti—Deportation Movement." *Third World Quarterly* 24, no. 6 (2003): 1069-93.

Ophir, Adi. "The Semiotics of Power: Reading Michel Foucault's Discipline and Punish." *Manuscrito* xii 2, 1989: 9-34.

Ophir, Adi. *Plato's Invisible Cities: Discourse and Power in the Republic*. Savage, MD: Barnes & Noble, 1991.

Ophir, Adi. "State." *Mafteakh: Lexical Journal for Political Thought* 3 (2011).

Orna Ben-Naftali, Aeyal M. Gross, and Keren Michaeli. "Illegal Occupation: Framing the Occupied Palestinian Territory." *Berkeley Journal of Int'l Law* 23, no. 3 (2005): 551-614.

Pateman, Carole. "Women and Consent." *Political Theory* 8, no. 4 (1980): 149-68.

Pateman, Carole. "The Settler Contract." In *Contract and Domination*. Edited by Charles Mills and Carole Pateman. Malden, MA: Polity, 2007.

Peled, Yoav, and Gershon Shafir. *Being Israeli: The Dynamics of Multiple Citizenship*. Cambridge: Cambridge University Press, 2002.

Peters, Richard. *Hobbes*. London: Penguin Books, 1956.

Pitts, Jennifer. *A Turn to Empire: The Rise of Imperial Liberalism in Britain and France*. Princeton, NJ: Princeton Unversity Press, 2005.

Plato. *Republic*. Indianapolis: Hackett, 1992.

Poovey, Mary. *Making a Social Body: British Cultural Formation, 1830-1864*. Chicago: University of Chicago Press, 1995.

Portes, Alejandro, and Rubén G. Rumbaut. *Immigrant America: A Portrait*. Berkeley: University of California Press, 2006.

Pradeep Jeganathan. "Checkpoints: Anthropology, Identity and the State," in *Anthropology at the Margins of the State*, eds. Veena Das and Deborah Poole (Santa Fe: School of American Research Press, 2004), 67-80.

Procacci, Giovanna. "Social Economy and the Government of Poverty." In *The Foucault Effect: Studies in Governmentality*. Edited by Colin Gordon, Graham Burchell, and Peter Miller. Chicago: University of Chicago Press, 1991.

Raaflaub, Kurt A. "Origins of Democracy in Ancient Greece." Berkeley: University of California Press, 2007.

Raijman, Rebeca, and Adriana Kemp. "Labor Migration, Managing the Ethno-National Conflict, and Client Politics in Israel." In *Transnational Migration to Israel in Global Comparative Context*. Edited by Sarah S. Willen. Lanham, MD: Rowman & Littlefield, 2007.

Rana, Junaid. "The Language of Terror." In *State of White Supremacy: Racism, Governance, and the United States.* Edited by Moon-Kie Jung, João H. Costa Vargas, and Eduardo Bonilla-Silva. Stanford, CA: Stanford University Press, 2011.

Rancière, Jacques. *Disagreement: Politics and Philosophy.* Minneapolis: University of Minnesota Press, 1999.

Rawls, John. *Political Liberalism,* expanded ed. New York: Columbia University Press, 2005.

Rogers, John. *The Matter of Revolution: Science, Poetry, and Politics in the Age of Milton.* Ithaca, NY: Cornell University Press, 1996.

Said, Edward. *Orientalism.* New York: Pantheon Books, 1978.

Said, Edward. "Zionism from the Standpoint of Its Victims." *Social Text,* no. 1 (1979): 7-58.

Sassen, Saskia. *The De-Facto Transnationalizing of Immigration Policy.* Florence: Robert Schuman Centre at the European University Institute, 1996.

Sassen, Saskia. *Guests and Aliens.* New York: New Press, 1999.

Sassen, Saskia. *Territory, Authority, Rights: From Medieval to Global Assemblages.* Princeton, NJ: Princeton University Press, 2006.

Sayigh, Yezid. "The Palestinian Paradox: Statehood, Security and Institutional Reform." *Conflict, Security & Development* 1 (April 2001).

Sayigh, Yezid. "Inducing a Failed State in Palestine." *Survival: Global Politics and Strategy* 49, no. 3, 2007.

Schmitt, Carl. *The Leviathan in the State Theory of Thomas Hobbes: Meaning and Failure of a Political Symbol.* Westport, CT: Greenwood, 1996.

Schmitt, Carl. *The Nomos of the Earth in the International Law of the Jus Publicum Europaeum.* New York: Telos, 2003.

Schmitt, Carl. *Political Theology: Four Chapters on the Concept of Sovereignty.* Chicago: University of Chicago Press, 2005.

Schmitt, Carl. *State, Movement, People: The Triadic Structure of the Political Unity: The Question of Legality.* Corvallis, OR: Plutarch, 2001.

Scott, James C. *Seeing Like a State: How Certain Schemes to Improve the Human Condition Have Failed.* New Haven, CT: Yale University Press, 1998.

Seth, Vanita. *Europe's Indians: Producing Racial Difference, 1500-1900.* Durham, NC: Duke University Press, 2010.

Shamir, Ronan. "Without Borders? Notes on Globalization as a Mobility Regime." *Sociological Theory* 23, no. 2 (2005): 197-217.

Shapin, Steven, and Simon Schaffer. *Leviathan and the Air-Pump Hobbes, Boyle, and the Experimental Life.* Princeton, NJ: Princeton University Press, 1989.

Shehadeh, Raja. *Palestinian Walks: Forays into a Vanishing Landscape.* New York: Scribner, 2008.

Shenhav, Yehuda, and Ya'el Berda. "The Colonial Foundations of the Racialized Theological Bureaucracy: Juxtaposing the Israeli Occupation of Palestinian Territories with Colonial History." In *The Power of Inclusive Exclusion: Anatomy of Israeli Rule in the Occupied Palestinian Territories*. Edited by Michal Givoni, Adi Ophir, and Sari Hanafi. New York: Zone Books, 2009.

Shuttleworth, Sally. "Female Circulation: Medical Discourse and Popular Advertising in the Mid-Victorian Era." In *Body/Politics: Women and the Discourses of Science*. Edited by Mary Jacobus et al., New York: Routledge, 1990.

Silverman, Kaja. "Fragments of a Fashionable Discourse." In *On Fashion*. Edited by Shari Benstock and Suzanne Ferriss. New Brunswick, NJ: Rutgers University Press, 1994.

Skinner, Quentin. *Hobbes and Republican Liberty*. Cambridge: Cambridge University Press, 2008.

Smith, Adam. *Lectures on Jurisprudence*. Edited by R. L. Meek, D. D. Raphael, and P. G. Stein. Oxford: Clarendon Press, 1978.

Smith, Anna Marie. *Welfare and Sexual Regulation*. Cambridge: Cambridge University Press, 2007.

Spragens, Thomas A. *The Politics of Motion: The World of Thomas Hobbes*. Lexington: University Press of Kentucky, 1973.

Stanton, Elizabeth Cady. *Eighty Years and More; Reminiscences, 1815-1897*. New York: Schocken Books, 1971.

Stanton, Elizabeth Cady, and Susan B. Anthony. *The Selected Papers of Elizabeth Cady Stanton and Susan B. Anthony*. New Brunswick, NJ: Rutgers University Press, 1997.

Staves, Susan. "Chattel Property Rules and the Construction of Englishness, 1660-1800." *Law and History Review* 12.1 (1994).

Stein, Rebecca L. "'First Contact' and Other Israeli Fictions: Tourism, Globalization, and the Middle East Peace Process." *Public Culture* 14, no. 3 (2002): 515-44.

Steinberg, Philip. *Social Construction of the Ocean*. Cambridge: Cambridge University Press, 2001.

Stoler, Ann. *Race and the Education of Desire: Foucault's History of Sexuality and the Colonial Order of Things*. Durham, NC: Duke University Press, 1995.

Stoler, Ann. "On Degrees of Imperial Sovereignty." *Public Culture* 18, no. 1 (2006): 125-46.

Stoler, Ann. *Along the Archival Grain: Epistemic Anxieties and Colonial Common Sense*. Princeton, NJ: Princeton University Press, 2009.

Stoler, Ann. "Colony." *Political Concepts: A Critical Lexicon* 1 (2012).

Tadiar, Neferti Xina M. *Things Fall Away: Philippine Historical Experience and the*

Makings of Globalization. Durham, NC: Duke University Press, 2009.

Tarrow, Sidney. "Inside Insurgencies: Politics and Violence in an Age of Civil War." *Perspectives on Politics* 5, no. 3 (2007): 587-600.

Tilly, Charles. *Social Movements, 1768-2004*. Boulder, CO: Paradigm, 2004.

Torpey, John C. *The Invention of the Passport: Surveillance, Citizenship, and the State.* Cambridge: Cambridge University Press, 2000.

Traugott, Mark. *The Insurgent Barricade*. Berkeley: University of California Press, 2010.

Tuck, Richard. *The Rights of War and Peace: Political Thought and the International Order from Grotius to Kant*. Oxford: Oxford University Press, 1999.

Tully, James. *An Approach to Political Philosophy: Locke in Contexts*. Cambridge: Cambridge University Press, 1993.

Urry, John. *Sociology Beyond Societies: Mobilities for the Twenty-First Century*. London: Routledge, 2000.

Urry, John. *Mobilities*. Malden, MA: Polity, 2007.

Verdon, Michel. "On the Laws of Physical and Human Nature: Hobbes' Physical and Social Cosmologies." *Journal of the History of Ideas* 43, no. 4 (1982): 653-63.

Virilio, Paul. *Speed and Politics: An Essay on Dromology*. Los Angeles: Semiotext(e), 1986.

Von Leyden, W. *Seventeenth-Century Metaphysics: An Examination of Some Main Concepts and Theories*. London: Gerald Duckworth, 1968.

Walters, William. "Deportation, Expulsion, and the International Police of Aliens." *Citizenship Studies* 6, no. 3 (2002): 265-92.

Walters, William. "Secure Borders, Safe Haven, Domopolitics." *Citizenship Studies* 8, no. 3 (2004): 237-60.

Walters, William. "Border/Control." *European Journal of Social Theory* 9, no. 2 (2006): 187-203.

Weber, Max. *Politics as a Vocation*. Philadelphia: Fortress, 1965.

Weizman, Eyal. *Hollow Land: Israel's Architecture of Occupation*. New York: Verso, 2007.

Weizman, Eyal. *The Least of All Possible Evils: Humanitarian Violence from Arendt to Gaza*. New York; London: Verso, 2012.

Whelan, Frederick G. "Citizenship and the Right to Leave." *The American Political Science Review* 75, no. 3 (1981): 636-53.

White, P. J. "Materialism and the Concept of Motion in Locke's Theory of Sense-Idea Causation." *Studies in History and Philosophy of Science* 2.2 (1971).

Wilson, Elizabeth. *Adorned in Dreams: Fashion and Modernity*. New Brunswick, NJ: Rutgers University Press, 2003.

Wollstonecraft, Mary. *The Vindication of the Rights of Women.* Mineola, NY: Dover, 1996.

Ya'alon, Moshe. "The Strategic Environment and the Principles of Responses." The Third Herzliya Conference. Herzliya, Israel: Interdisciplinary Center (idc), 2002.

Young, Iris Marion. "Feminist Reactions to the Contemporary Security Regime." *Hypatia* 18, no. 1 (2003): 228.

Zerilli, Linda M. G. *Feminism and the Abyss of Freedom.* Chicago: University of Chicago Press, 2005.

이동과 자유

2022년 1월 20일 초판 1쇄 발행

지은이 l 하가르 코테프
옮긴이 l 장용준
펴낸이 l 노경인 · 김주영

펴낸곳 l 도서출판 앨피
출판등록 l 2004년 11월 23일 제2011-000087호
주소 l 우)07275 서울시 영등포구 영등포로 5길 19(37-1 동아프라임밸리) 1202-1호
전화 l 02-336-2776 팩스 l 0505-115-0525
전자우편 l lpbook12@naver.com
블로그 l blog.naver.com/lpbook12

ISBN 979-11-90901-73-4